Tous Continents

Collection dirigée par
Anne-Marie Villeneuve

De la même auteure

Sionrah, Tome I - Les Héritières, Éditions Québec Amérique, Collection Tous Continents, 2009.

SIONRAH

Tome II – L'Ordre

Catalogage avant publication de Bibliothèque et Archives nationales du Québec et Bibliothèque et Archives Canada

Bordeleau, Line
Sionrah
(Tous continents)
Sommaire: t. 1. Les héritières -- t. 2. L'Ordre.
ISBN 978-2-7644-0636-6 (v. 1)
ISBN 978-2-7644-0985-5 (v. 2)
I. Titre. II. Titre: Les héritières. III. Titre: L'Ordre. IV. Collection: Tous continents.

PS8603.O714S56 2009 C843'.6 C2008-940240-5
PS9603.O714S56 2009

Conseil des Arts du Canada Canada Council for the Arts

SODEC Québec

Nous reconnaissons l'aide financière du gouvernement du Canada par l'entremise du Fonds du livre du Canada pour nos activités d'édition.

Gouvernement du Québec – Programme de crédit d'impôt pour l'édition de livres – Gestion SODEC.

Les Éditions Québec Amérique bénéficient du programme de subvention globale du Conseil des Arts du Canada. Elles tiennent également à remercier la SODEC pour son appui financier.

Québec Amérique
329, rue de la Commune Ouest, 3e étage
Montréal (Québec) Canada H2Y 2E1
Téléphone : 514 499-3000, télécopieur : 514 499-3010

Dépôt légal : 2e trimestre 2011
Bibliothèque nationale du Québec
Bibliothèque nationale du Canada

Projet dirigé par Pierre-Yves Villeneuve
Révision linguistique : Claude Frappier et Chantale Landry
Conception graphique : Célia Provencher-Galarneau
Montage : Andréa Joseph [pagexpress@videotron.ca]
Illustration en couverture : Rielle Lévesque

www.quebec-amerique.com

Imprimé au Canada

Line Bordeleau

SIONRAH

Tome II – L'Ordre

Je dédie cet exemplaire à Nathalie,

Une chose a principalement guidé l'écriture de ce deuxième tome; la ferme intention de faire réagir le lecteur en lui donnant matière à réflexion. J'espère maintenant avoir atteint mon but...

Bonne lecture

Line Bordeleau

Québec Amérique

C'est avec une infinie tendresse et beaucoup d'amour
que je dédie ce livre à mes parents.
Merci de votre indéfectible soutien et de vos encouragements…

À ma mère,
ancienne institutrice,
qui n'a jamais cessé de croire en moi…
Merci d'être là, encore et toujours.

À mon père,
un homme droit et bon
qui m'a appris ce qu'est le courage,
la persévérance et la détermination.
Merci pour la ténacité dont tu fais maintenant preuve
face à la maladie.

À ma belle-mère,
qui nous a quittés pour un monde meilleur,
merci d'avoir été présente dans ma vie.

Tous les êtres humains trébuchent un jour sur la vérité.
La plupart se relèvent rapidement, secouent leurs vêtements
Et retournent à leurs préoccupations,
Comme si de rien n'était.

Winston Churchill

Prologue
LES RÉVÉLATIONS

Le profond déséquilibre qui prévaut actuellement sur Terre ne peut que conduire les êtres humains à commettre les pires abominations. Sous le couvert de la science et dans l'ombre des puissances occultes, l'homme se prend pour Dieu. Incapable d'étancher sa soif de pouvoir et de domination, il force la nature à se plier à sa volonté. Tôt ou tard, il finira par détruire tout ce qui lui permet de vivre. Cela s'est déjà produit il y a longtemps. Le même scénario se profile à l'horizon...

Mon discours peut vous paraître on ne peut plus défaitiste, mais vous en conviendrez, les évènements qui se produisent actuellement à travers le monde laissent présager le pire.

J'ai atteint l'âge de cent treize ans. Ma vie tire à sa fin. Cependant, ma mission n'a toujours pas été accomplie intégralement. Certes j'ai rencontré l'Élue de la treizième prophétie et cela a largement contribué à éclairer mon esprit sur les temps à venir. Mais je dois également souligner que, dernièrement, j'ai moi-même fait d'importantes découvertes.

Deux ans avant le début de la convergence harmonique, des jumelles identiques sont nées : l'ange de la treizième prophétie, Leyla Wallace, et sa sœur, Alison Soren. La première porte en elle la Lumière de la création et la vie éternelle tandis que l'autre, son double manipulé génétiquement en laboratoire et dont l'ADN a été contaminé par des aberrations chromosomiques, provoque sur son passage la destruction et la mort de l'âme.

Le 21 décembre 1999 – année comportant treize lunes –, le sceau d'airain qui scellait la treizième prophétie fut brisé. Ce jour marqua le début du grand cycle annoncé par les peuples anciens comme étant « le temps de l'avertissement ».

Cette année encore, en 2004, treize lunes sont apparues dans le ciel dont deux en juillet, mois au cours duquel l'Élue a rencontré son propre démon : sa véritable jumelle.

Le manoir de la Pointe-aux-Roches porte lui aussi le sceau du treize et Maëlla Liss Mac Lyn Fadden y a vécu treize ans avant d'être assassinée par Goulhen.

Le cromlech de Gabbro, porte interdite profanée par Alison Soren à son départ de l'Annwin, est lui aussi constitué de treize mégalithes, chacun marqué d'un symbole cabalistique. Lieu de grand pouvoir, ce cercle de pierres ouvre une importante brèche dans le voile opaque qui protège les univers. Cette ouverture permet désormais de voyager d'un monde à un autre. Gabbro fait partie de ces endroits mythiques qui demeurent profondément imprégnés des événements dont ils ont été témoins au cours des siècles.

À la base de cet impressionnant monument se trouve un ensemble de quartz. Une fois activés, ces cristaux émettent un flux d'ondes qui perce la croûte terrestre jusqu'à son réseau tellurique. Telle une gigantesque toile d'araignée, ces lignes de force relient tous les portails énergétiques de la Terre, dont les trois principaux sont ceux de Drombeg, en Irlande, de Stonehenge, en Angleterre, et de Gabbro, à Sionrah.

Ce système cristallin implanté jadis par le conseil des druides d'Erundy et qui parcourt le globe en formant ce qu'on appelle la « Matrice » est semblable au système vasculaire qui charrie le sang dans l'organisme humain. Il a pour fonction première de canaliser et de préserver les ressources naturelles de la planète. Il accorde en quelque sorte à Gaïa le pouvoir de se maintenir en vie.

Le jour où Alison Soren a franchi le cromlech, poussée par la volonté tyrannique de Goulhen et des armées du mal, une puissante onde de choc a emprunté ce réseau pour se propager sur toute la surface de la Terre. Cette forte vibration a eu pour effet de déséquilibrer les forces de la nature. Goulhen est parvenu à déstabiliser notre monde et à freiner l'évolution de la conscience humaine. S'il veut prendre le contrôle de la Terre et régner en maître, il doit d'abord éteindre l'étincelle divine qui brûle dans le cœur des hommes.

Comme vous l'avez sans doute remarqué : le nombre treize est très présent dans l'histoire que je vous raconte, c'est parce qu'il est porteur des plus puissantes énergies, celles du changement.

Selon la treizième et dernière prophétie, le 21 décembre 2012 est une date importante puisque ce jour-là, le monde tel que nous le connaissons s'éteindra.

Que nous réserve l'avenir ? Nul ne peut le prédire avec exactitude. Que se fomente-t-il dans les coulisses du pouvoir ? Qui décide de ce dont l'humanité a besoin ? Qui définit les termes du progrès et jusqu'où Goulhen et ses prêtres noirs sont-ils prêts à aller pour obtenir ce qu'ils convoitent ? Tout se trame en secret. La désinformation est devenue monnaie courante. L'humanité a été endormie, programmée, hypnotisée à ses dépens. Et les adeptes de l'ombre veillent à ce qu'elle ne se réveille pas, le temps qu'ils instaurent un nouvel ordre mondial.

Au train où vont les choses, la planète s'essoufflera avant que les hommes ne réalisent l'urgence de la situation !

Mais tout n'est peut-être pas perdu. L'alliance des trois enfants annoncée par la dernière prophétie peut encore renverser la vapeur. Avec l'aide des peuples de la Terre, ils peuvent même forcer le mal à se retrancher. Voilà pourquoi je m'efforce de les rassembler avant de quitter définitivement le monde terrestre. Je suis Alfred Bartholdi, dix-septième et dernier descendant de la lignée des messagers du temps. Je suis chargé de remettre à ces jeunes gens les sept clés qui ouvrent le grand livre de la connaissance, celui-là même dont l'interprétation fut falsifiée par les forces de l'ombre afin de tromper les hommes sur leur véritable nature.

L'ascension de l'humanité aura lieu. L'avenir de notre planète en dépend. Le temps du déni est révolu. Il appartient à chacun de nous de s'y préparer.

Comme cela a été prédit, un nouveau monde renaîtra des cendres de l'ancien. Il existe déjà à un niveau de conscience supérieur. Reste à savoir s'il nous sera un jour accessible...

Chapitre 1
LA VISION

Accroupie derrière une benne à ordures, la respiration sifflante, Einry tremble de tout son corps. Elle n'a jamais rien ressenti d'aussi violent. Pour la première fois de sa courte vie, la peur de mourir lui déchire les entrailles. Les bruits de pas de son agresseur résonnent dans sa tête telle une sentence exécutoire.

— Einry ! susurre l'homme qui la poursuit. Je sais que tu es là.

Son assaillant est maintenant tout près. Elle porte la main à sa bouche pour étouffer son cri.

Einry n'a que douze ans. Jamais sa mère n'aurait permis qu'elle traîne dans la rue à une heure aussi tardive, mais la petite lui a menti. Elle n'est pas allée chez son amie, comme elle le lui a fait croire, mais plutôt au parc pour rencontrer le garçon avec qui elle clavarde depuis quelques mois. D'ailleurs, lui aussi a menti. Il n'a pas quinze ans, mais plutôt le double de son âge. Elle regrette tant d'avoir raconté des mensonges à sa mère… Personne ne viendra plus la sauver à présent. « Je suis perdue ! » s'affole-t-elle en refoulant ses larmes.

L'homme sort un couteau de sa veste. Il ne laissera pas cette stupide gamine lui échapper encore une fois. Il tend l'oreille ; elle est là, tout près de lui. Il l'entend respirer.

Il contourne le bac à ordures. Dès qu'Einry l'aperçoit, elle se lève et se remet à courir, mais il est plus rapide et fond sur elle comme un aigle sur sa proie. Sous le poids de son agresseur, la fillette s'effondre par terre en hurlant. Celui-ci pique la pointe de sa lame dans son mollet et remonte le long de sa cuisse. La pauvre enfant se tord de douleur. Avec une violence inouïe, il la retourne et déchire ses vêtements.

Bouleversé par la brutalité de l'agression, Kireg cherche à s'extirper de sa vision. Il se force à ouvrir les yeux dans l'espoir que s'évanouisse la terrible scène dont il vient d'être témoin.

L'agresseur, excité à la vue de tout ce sang qui jaillit, continue de taillader le corps de sa pauvre victime. Il prend plaisir à contempler sa peur, à prolonger son supplice. La voir souffrir lui procure une sensation grisante. Il inflige la torture avec fascination, chacun de ses coups étant calculé de façon à faire durer son plaisir, à faire monter en lui l'excitation. Sa proie ne doit surtout pas mourir, pas avant qu'il n'atteigne l'orgasme.

Brisée par la souffrance, Einry étouffe un dernier sanglot avant de perdre connaissance. « Pardon, maman… » sont les dernières paroles qu'elle prononce avant que le voile d'obscurité ne tombe sur elle.

Dans un état second, l'homme tranche par mégarde la carotide d'Einry et le sang se met à gicler partout. Il cherche à réparer sa faute, mais il est trop tard, le mal est fait. Tandis qu'une mare de sang noir se répand sur le sol, un ultime soubresaut agite le corps de la fillette. Privé de son ultime plaisir, le tueur se renfrogne.

La jeune Einry expire son dernier souffle.

— Joseph ! Réveille-toi !

Kireg secoue son grand frère sans ménagement, mais celui-ci se retourne sans ouvrir l'œil.

— Laisse-moi dormir, bougonne-t-il. On est mercredi, c'est ma seule journée de congé !

Trop énervé pour renoncer, Kireg relève la toile d'un coup sec. Il doit absolument parler à son grand frère de ce qui vient de se produire. Joseph est le seul qui soit au courant. Pour être certain qu'il ne se rendorme pas, il rabat brusquement l'édredon au pied du lit.

— Kireg ! grogne encore son frère en ramenant le petit drap par-dessus sa tête. Va jouer ailleurs !

— Ça s'est reproduit…

Quand l'information parvient au cerveau encore engourdi de Joseph, celui-ci se redresse vivement.

— Que… quoi ? Tu as eu une autre vision ?

— Oui. C'était vraiment horrible !

— Qu'est-ce que tu as vu ?

— Une fillette en train de se faire poignarder.

Maintenant bien réveillé, Joseph rejette ses couvertures et bondit hors de son lit.

— Tu en es sûr ? demande-t-il en attrapant son pantalon. À quoi as-tu touché cette fois ?

— À un pendentif que j'ai trouvé par terre, dans le parc.

— Tu l'as avec toi ?

— Bien sûr ! marmonne Kireg en fouillant ses poches.

À travers les quelques pièces de monnaie, il récupère la petite croix pendue à une chaînette en or pour la tendre à son frère. Joseph l'attrape et l'examine quelques secondes avant de la lui redonner.

— As-tu vu où ça s'est produit ?

— Je pense que ça s'est passé dans le vieux cimetière, près de l'église en ruine.

Joseph enfile rapidement son t-shirt, des bas et une paire de chaussures pendant que Kireg trépigne d'impatience près de la porte.

Neuvième d'une famille de onze enfants – quatre garçons et sept filles –, Kireg a grandi à la campagne. Plusieurs de ses frères et sœurs ont déjà quitté le village de Dunfanaghy, ce qui fait qu'il ne reste à la maison que Joseph, Rowenna, Erin, Niam et Mell. Léonore Mackenzie, sa mère, gère avec patience et doigté tout ce beau monde, tandis que son père dirige le plus gros élevage ovin du Nord de l'Irlande.

Même s'il n'a que quatorze ans, Kireg a appris très tôt à travailler dur. Entre ses corvées quotidiennes et l'école, il trouve cependant le temps de s'adonner à son passe-temps favori : faire enrager ses sœurs. Rowenna lui en veut à mort depuis qu'il a raconté à son petit ami qu'elle porte des bourrures dans son soutien-gorge. La petite Mell est la seule qui lui adresse encore la parole.

Il y a quelques mois, Kireg a reçu une forte décharge électrique en tentant de trafiquer le câble qui sert à capter les chaînes de sport à la télévision.

C'était le soir précédant la finale de la coupe du monde de rugby. Fan de l'équipe irlandaise XV du Trèfle, Kireg ne voulait absolument pas manquer le match. Il était prêt à faire n'importe quoi, même à grimper dans le poteau du câblodistributeur pour trafiquer les fils.

Sur un forum, un internaute lui avait expliqué comment faire. Il devait simplement retirer le filtre, une sorte de petit cylindre métallique marqué d'une bande rouge et or situé juste sous la boîte de jonction. Le hic, toutefois, c'était que ça prenait un outil spécial pour dévisser la bague et que la fameuse boîte de jonction se trouvait fixée à un câble, à près de cinq mètres au-dessus du sol, sur le même poteau qui amenait l'électricité jusqu'à la maison. Armé d'une paire de pinces et d'un tournevis, il s'était hissé jusqu'à la boîte. Il avait réussi à retirer le dispositif sans trop de problème, mais en voulant redescendre, il était accidentellement entré en contact avec une ligne à haut voltage. Il s'était pris quatorze mille volts en pleine poitrine.

Depuis cet incident qui a bien failli lui coûter la vie, Kireg a développé un pouvoir étrange qui lui permet de voir des choses que personne d'autre ne peut même soupçonner. Il lui suffit maintenant de toucher un objet pour apercevoir les traces mnésiques laissées par les gens sur celui-ci. Avec son nouveau don de clairvoyance, chaque détail peut être perçu très nettement. Au début, il trouvait assez amusant de connaître les petits secrets des gens ; il se servait surtout de son talent comme outil de chantage sur ses sœurs, mais depuis environ un mois, ses visions sont devenues horriblement violentes. À trois reprises, il a assisté à des meurtres. Il aurait pu croire que ce n'étaient que des rêves. Toutefois, à son grand désespoir, ses visions ont été confirmées par les comptes rendus des journaux.

Léonore Mackenzie attrape une autre assiette d'aluminium sur le dessus de la pile et y dépose l'abaisse qu'elle vient tout juste de travailler au rouleau, puis elle empoigne son coupe-pâte pour enlever le surplus qui pendouille tout le tour du moule.

— Où allez-vous comme ça ? demande-t-elle aux garçons en secouant ses mains pleines de farine.

En entendant la voix de sa mère, Joseph sursaute.

— Maman ! bredouille-t-il. Tu ne devais pas te rendre en ville pour faire des emplettes ?

— Ton père avait besoin du camion. Tu n'avais tout de même pas l'intention d'aller retrouver cette Briana !

— Pourquoi ça vous dérange tant, papa et toi, que je la fréquente ?

— On a déjà discuté de ça, jeune homme ! menace sa mère du bout de son rouleau à pâte. Et tu connais la position de ton père là-dessus !

Joseph soupire et Kireg en profite pour changer de sujet.

— Pourquoi papa avait-il besoin du camion ?

Léonore saupoudre un peu de farine sur le plan de travail et y jette une motte de pâte collante.

— Un autre mouton a été égorgé la nuit dernière.

— Papa doit être furieux ! s'exclame Joseph, soulagé que l'attention de Léonore se tourne vers autre chose.

— Avec raison ! répond cette dernière en étirant vigoureusement l'abaisse dans tous les sens. C'est le troisième ce mois-ci ! S'il y a une bête sauvage qui rôde dans les parages, il faudra rapatrier le troupeau avant la saison de la tonte ! Et nous savons tous que ce n'est pas souhaitable ! Au fait, Kireg, une certaine Kelly a téléphoné tout à l'heure. J'ai noté son numéro sur la table.

Kireg soupire. C'est la troisième fois qu'elle appelle depuis le début de la semaine. Il se demande ce qu'elle peut bien lui vouloir.

Léonore étale la pâte dans une assiette à tarte et découpe l'excédent avec son couteau.

— Et vous alliez où comme ça ? insiste-t-elle en puisant à nouveau dans le bac de farine avec son tamis.

— Au village ! s'empresse de répondre Kireg en passant une main dans sa chevelure noire en désordre.

Au même moment, Mell entre dans la cuisine en trottinant.

— Je peux venir avec vous ? demande-t-elle d'une voix suppliante.

— Non ! rétorque sa mère d'un ton sec. Tu dois terminer de ranger ta chambre.

— Oh ! S'il te plaît, maman ! Je finirai en revenant, c'est promis !

Léonore prend le temps de déposer la passoire sur le comptoir avant de se pencher vers sa fille.

— J'ai dit non, jeune fille. Le ménage d'abord. Allez ouste ! Je ne veux plus en entendre parler !

— Je ne peux jamais rien faire dans cette maison ! rouspète Mell en tournant les talons. J'en ai assez que tu me traites en bébé !

— Alors, arrête d'agir comme si tu en étais un !

Agacée par le caractère impétueux de sa cadette, Léonore soupire. Si Mell lui donne déjà du fil à retordre à sept ans, qu'est-ce que ce sera à l'adolescence ? Kireg et Joseph profitent de la diversion pour tenter de s'esquiver en douce, mais Léonore les intercepte avant qu'ils n'aient rejoint la porte.

— Ton père ne t'avait pas demandé de repeindre la clôture, Kireg ?

— Si, répond le principal concerné en plongeant ses grands yeux verts aux prunelles translucides dans ceux de sa mère. Mais je vais le faire ce week-end. Je me rends justement à la quincaillerie pour acheter un autre gallon de peinture. Celui que m'a donné papa est à moitié vide.

Léonore fait quelques pas vers la cuisinière avant de se retourner vers Joseph.

— Et toi ? Tu te lèves bien tôt, aujourd'hui.

Joseph travaille de nuit dans une station-service. Il termine son quart de travail à six heures et d'ordinaire, il dort au moins jusqu'à la mi-journée.

— Il s'est offert pour m'accompagner, s'empresse de répondre Kireg à sa place. Ensuite, il va m'aider à nettoyer le garage.

— C'est vrai, mon grand ? Comme c'est gentil de ta part.

À l'instant où sa mère se détourne, Joseph jette un regard noir à son frère.

— Eh bien ! On se revoit tout à l'heure, les garçons !

Léonore verse une bonne louche de préparation aux prunes dans son fond de tarte avant d'ajouter :

— À propos, Kireg…

Sur le point de franchir le seuil, ce dernier s'encadre dans le chambranle.

— … il ne faudrait pas que tu oublies de repeindre la section derrière la cabane de jardin ! Ton père va tout vérifier…

— Oui, maman, je sais. À tout à l'heure !

Soulagé de prendre enfin congé de sa mère, Kireg referme la porte derrière lui.

— Nettoyer le garage… hein ? s'écrie Joseph en descendant l'escalier du porche. On peut dire que tu profites drôlement de la situation !

— Il fallait bien que je trouve quelque chose, se défend Kireg. Tu devrais me remercier au lieu de te lamenter. Je t'ai rendu un fier service !

Depuis que Léonore sait que Joseph fréquente Briana Fitzpatrick, la fille unique du maire de Dunfanaghy, elle le surveille de près. Elle ne voudrait surtout pas qu'il soit victime d'un différend qui ne le concerne pas. Collin Fitzpatrick est un homme rancunier qui n'a jamais pardonné à Morag de lui avoir ravi sa dulcinée. Depuis des années, il rumine sa vengeance…

Il serait bien capable de démolir la réputation de son fils rien que pour avoir le plaisir de dire qu'il a enfin obtenu réparation.

— Fier service, mon œil ! marmonne Joseph. D'ailleurs, je me demande bien qui a pu rapporter aux parents que je voyais Briana…

— Ne me regarde pas comme ça ! rouspète Kireg. Ce n'est pas moi !

— Qui est-ce, alors ?

— Erin, sans doute. Elle et Briana sont dans la même classe !

Joseph jette un regard suspicieux à son jeune frère.

— Écoute ! soupire Kireg. Si j'avais vraiment voulu te faire du tort, ne crois-tu pas que j'aurais aussi dit à maman que tu la vois en cachette tous les soirs, à la station-service ?

Et vlan ! Kireg vient de clouer le bec à son frère.

Déstabilisé, Joseph le dévisage.

— Là, j'admets que tu marques un point ! Bon ! On y va ?

Joseph ouvre le cadenas et sort sa bicyclette de la cabane de jardin. Kireg fait de même avant de refermer la porte.

— Ce ne sont pas mes affaires, Joseph, ajoute Kireg en enfourchant son vélo, mais j'espère que tu es conscient que tu commets un détournement de mineure !

— Y en a marre avec ça ! s'emporte Joseph. Pour moi, ça ne fait aucune différence qu'elle ait dix-sept, dix-huit ou bien vingt et un ans ! Cette fille me plaît ! Merde ! C'est ma vie après tout !

— Je te conseille juste d'être prudent, ajoute Kireg en jouant avec les freins de son vélo. Si Fitzpatrick en venait à apprendre que sa fille chérie te fréquente sans sa permission, il serait bien capable de t'envoyer en prison !

Joseph accueille cette déclaration d'un grognement.

« Pourquoi ça me retombe toujours dessus ? » rumine-t-il en silence. « J'en ai assez de payer le prix de ce conflit ! Papa devrait régler ses histoires avec Fitzpatrick une bonne fois pour toutes ! »

Chapitre 2
L'ENLÈVEMENT

C'est un véritable miracle que Paolo Nova soit encore en vie. Il y a dix jours, Bérengère lui a tiré dessus à deux reprises. La première balle a traversé son épaule droite tandis que la seconde l'a atteint à la tête. Sa vie ne tient plus qu'à un fil.

L'homme de trente-trois ans repose dans un état critique à l'hôpital de Château-Fort, à proximité d'Orseille. Les spécialistes craignent que les lésions causées par le passage du projectile dans le cortex cérébral entraînent de graves séquelles neurologiques. Si tel était le cas, Paolo risquerait de passer le reste de sa vie dans un fauteuil roulant ou, pire encore, de vivre dans un coma végétatif permanent.

Les autorités d'Orseille n'ont encore arrêté aucun suspect dans cette affaire. Pour l'heure, ni le mobile du crime, ni l'identité de l'agresseur n'ont pu être connus avec certitude. De plus, les enquêteurs ne détiennent aucune piste, mis à part les traces de sang laissées par la victime, qui leur ont permis de reconstituer la scène du drame avec précision.

Depuis que Mégane a appris la nouvelle, elle fait la navette entre le manoir et l'hôpital. Jamais elle n'a pris le bus aussi souvent ! Elle utilise son pouvoir de guérison – surtout la nuit pour ne pas être gênée par le va-et-vient du personnel – pour tenter de sauver la vie de son ami. Mais le coma de Paolo complique sa tâche. Tant que son âme n'aura pas accepté son aide, elle ne pourra soigner que les blessures superficielles de son corps.

Leyla accompagne parfois sa sœur, mais pas aussi souvent qu'elle le voudrait. Elle doit poursuivre ses recherches afin de retrouver le troisième enfant.

Au moment où Mégane se lève pour dégourdir ses jambes ankylosées, la porte s'ouvre à la volée. Maud, l'ex-femme de Paolo, entre en trombe dans la chambre.

— Comment va mon petit mari, aujourd'hui ? susurre-t-elle en s'approchant du lit.

Ces mots sonnent terriblement faux aux oreilles de Mégane. Depuis que Maud a appris que son ex est à l'article de la mort, elle s'est fait muter au troisième étage, dans le service de neurochirurgie. Cette mégère surveille de près ses intérêts !

— Tu es encore là, toi ! s'exclame Maud, d'un ton méprisant, en apercevant Mégane. Tu n'as rien de mieux à faire de tes après-midi ?

— Rien de mieux que de prendre soin d'un ami, non ! réplique sèchement Mégane. Et toi ? Tu fais semblant de travailler ?

— Ne joue pas à la plus fine avec moi, tu pourrais le regretter...

Mégane lui jette un regard empli de haine. Elle n'a jamais aimé cette femme sournoise qui profite du fait que Paolo soit dans le coma pour tenter de convaincre son entourage qu'elle a de la peine pour lui. Maud joue une ignoble comédie. Cette évidente hypocrisie, cette fausse empathie, dégoûte Mégane au plus haut point.

Pendant que les deux femmes se toisent, la porte s'ouvre à nouveau et le neurochirurgien entre dans la pièce. Il salue poliment Maud d'un hochement de tête et se tourne ensuite vers Mégane.

— Vous devriez aller vous reposer, mademoiselle Mégane. Il n'y a rien que vous puissiez faire pour le moment.

Tout le personnel hospitalier la connaît maintenant par son prénom. Il faut dire que la chambre de Paolo est presque devenue son second chez-soi.

— Vous êtes gentil de vous inquiéter pour moi, docteur, mais j'aimerais rester.

Maud lui jette un regard réprobateur, mais Mégane s'en fiche complètement.

— Je voudrais être là quand il va ouvrir les yeux.

— Je comprends. Il vaudrait quand même mieux que vous ne vous fassiez pas trop d'illusions, objecte le médecin. Il risque fort de ne pas se réveiller. Ses fonctions vitales ne sont maintenues que par des moyens artificiels. Le tracé de son électroencéphalogramme est plat et son cerveau est entré dans une phase végétative. C'est un état de mort cérébrale.

Feignant d'être affligée, Maud réprime un sourire de contentement. Toutefois, ce léger mouvement, à peine perceptible à la commissure de ses lèvres, n'échappe pas à Mégane qui s'insurge en silence. « Comment peut-on tomber aussi bas ? »

Inconscient de tout ce qui se trame sous ses yeux, le médecin continue d'ausculter son patient. Pendant qu'il vérifie ses signes vitaux, Maud reste plantée là, à côté du lit, à faire semblant d'être affligée. Mégane en a la nausée.

Maud se voit déjà hériter de la fortune de son ex. Avide de richesses, elle ne rêve que du moment où elle empochera le magot. D'ici là, elle devra cependant jouer son rôle à la perfection. Personne ne doit se douter de ce qu'elle manigance, pas même cette stupide gamine qui se prend pour mère Teresa.

L'enquête de Leyla piétine. Personne au bureau de l'État civil irlandais ne daigne la renseigner convenablement. Tout ce qu'on accepte de lui dire au téléphone c'est qu'en effet, il y a bien plusieurs familles Radhan qui habitent l'Irlande… Leyla n'avait toutefois pas besoin de se le faire confirmer. L'antipathique préposée aux renseignements refuse cependant de lui donner d'autres indications lui permettant de les retracer plus facilement, pas même le nom de la province où les chercher. Leyla raccroche le combiné, frustrée de n'avoir rien obtenu de plus.

Elle jette un coup d'œil à sa montre : onze heures cinquante-deux. Avec le décalage horaire, il est presque dix-sept heures en Irlande. Les bureaux vont bientôt fermer. « Assez pour aujourd'hui ! » décrète-t-elle en se calant dans son fauteuil.

Ses pensées dérivent aussitôt vers Paolo qui se bat courageusement pour rester en vie. À la simple pensée de le perdre, ses yeux s'embuent de larmes. « Pourquoi s'en prend-on toujours à ceux que j'aime ? »

Leyla aurait voulu rester au chevet de son ami, prendre soin de lui jusqu'à ce qu'il aille mieux, mais monsieur Bartholdi a beaucoup insisté pour qu'elle entame la recherche du troisième enfant sans perdre une seconde. « Alison et Bérengère ne doivent absolument pas le retrouver avant toi ! » a-t-il souligné avec autorité. « La vie du garçon en dépend et sans lui, votre quête serait vouée à l'échec. »

Même si elle est tout à fait consciente de l'urgence de sa mission, Leyla hésite à partir pour l'Irlande. Normalement, elle aurait déjà sauté dans un avion pour retracer l'enfant. Ça aurait été plus simple que de passer ces innombrables coups de fil qui n'aboutissent pas. Mais il y a Paolo et Mégane. Elle sait fort bien que Paolo risque de ne pas se remettre de ses blessures ou pire, d'y succomber, si Mégane n'intervient pas à temps. Qu'il soit encore en vie tient déjà du miracle ! Il y a aussi Mégane qui n'a pas tout à fait terminé son année scolaire. Si Leyla lui fait manquer ses examens finaux, Michel Maudrez, son père adoptif, pourrait bien se servir de cette excuse pour tenter de lui retirer la garde de Mégane. Leyla ne se remettrait jamais d'être séparée à nouveau de sa sœur.

Submergée par le flot d'émotions contradictoires qui se bousculent en elle, Leyla ravale la boule qui s'était formée dans sa gorge. Prise dans un douloureux dilemme, elle cherche une solution.

Puis ses pensées dérivent vers les multiples rebondissements qui ont marqué les derniers mois : l'apparition du spectre de sa tante Zola, l'accident de Mégane et leur rencontre inopinée avec Paolo Nova, l'arrivée dans le décor de Bérengère Soren et de sa fille adoptive, Alison, une jumelle dont elle ignorait totalement l'existence jusque-là, son passage dans l'Annwin et son retour à la maison, qui fut marqué par des révélations invraisemblables.

Sans compter que depuis qu'Alison a franchi la porte interdite du cromlech de Gabbro, personne ne l'a revue. Même chose pour Bérengère. Elles ont toutes les deux disparu dans la nature.

À son retour de l'Annwin et avec l'aide de Mégane et de Paolo, Leyla avait découvert le passage secret du hangar à bateau, celui-là même que Bérengère avait emprunté dans le but de se rendre au cercle de pierre où elle comptait y retrouver sa fille. Pour être certains que la grosse femme ne reviendrait pas sur ses pas, ils avaient fermé le tunnel en vissant un contreplaqué sur le plancher.

Dans une des malles du grenier, Leyla avait trouvé une carte du réseau souterrain qui s'étendait comme une toile d'araignée sous le domaine de la Pointe-aux-Roches. Puisque l'ouverture du hangar était déjà condamnée, il ne restait plus que deux autres accès : l'un au sous-sol de la maison, dans une pièce fermée à clé, et l'autre sous un chêne marqué d'un pentagramme, au cœur même de la forêt attenante au manoir. Leyla n'avait pas encore exploré ces galeries souterraines. Elle aurait voulu le faire avec Mégane et Paolo, mais compte tenu des derniers événements, elle a dû remettre son projet à plus tard…

Avant de rentrer chez lui le soir de l'agression, Paolo l'avait prise dans ses bras et l'avait embrassée tendrement. Oubliant la petite escapade qu'il avait eue avec son ex-femme, Leyla avait écouté son cœur et répondu à ses avances. Toutefois, elle avait éprouvé un terrible pressentiment, comme si Paolo avait couru un grave danger. Incertaine du sens à donner à ce qu'elle avait ressenti, elle avait préféré taire ce détail.

Quand elle a appris la nouvelle de l'agression, sa prémonition lui est revenue en mémoire, comme un coup de semonce. Depuis, elle se reproche durement de ne pas en avoir averti Paolo. Elle aurait peut-être pu empêcher le drame de se produire.

Leyla se remémore sa vision, revoit mentalement la scène. Bérengère court dans les bois, les yeux fous, le visage maculé de sang. Son pied glisse sur une racine. Elle s'étale par terre. À bout de souffle, elle se relève et reprend sa course comme si elle était poursuivie par une horde de démons. Puis elle trébuche à nouveau, mais se retient in extremis à une branche. Quelque chose glisse de sa poche. Bérengère ne semble pas s'en être rendu compte. Au même instant, un rayon de soleil perce la cime des arbres, faisant scintiller un Beretta 9 mm.

« Mon Dieu, non ! » s'écrie Leyla en se levant d'un bond. « Comment ai-je pu passer à côté d'une telle évidence ? » Sans attendre, elle attrape son manteau et ses clés de voiture, puis sort de la maison.

Seize heures trente. Après avoir passé un coup de fil à son ami Hogan, Maud quitte l'hôpital. Elle se réjouit déjà du plan qu'ils ont échafaudé pour dépouiller son ex-mari de sa fortune. Paolo ne représente plus rien à ses yeux. D'ailleurs, il n'a jamais été autre chose qu'un pourvoyeur. À part peut-être au tout début de leur relation, mais ce souvenir remonte à une époque si lointaine…

La jeune femme fourrage dans son sac à main, à la recherche de son trousseau de clés. Elle ouvre la portière et se glisse sur le siège du conducteur de la luxueuse Mercedes cabriolet qu'elle s'est appropriée le jour même où elle a appris le drame.

Dès que le moteur de la voiture vrombit, une intense jubilation l'envahit. Maud engage le levier de vitesse et sort du stationnement pour se mêler à la circulation de l'heure de pointe.

Dans une petite heure, elle a rendez-vous avec le notaire de Paolo, histoire de vérifier si son nom figure toujours sur le testament. Et même si son ex-mari l'a déshéritée, ce dont elle doute fortement, elle compte bien faire chanter son notaire. Cet homme dans la cinquantaine, avec qui elle a couché à quelques reprises afin d'obtenir des renseignements sur son ex, a commis pas mal d'irrégularités de ce genre au cours de sa carrière. Il ne tient certainement pas à ce qu'une chose pareille s'ébruite ! Vendre des informations personnelles n'est pas très bien vu dans ce métier.

En attendant l'heure de son entretien, Maud décide de passer prendre une bouchée au Café des Terrasses, un petit bistro situé dans la rue Louvois, juste en face du bureau du notaire. Elle ira ensuite rejoindre Logan.

Elle gare la décapotable dans le seul espace encore disponible du stationnement, juste à côté d'une vieille camionnette dont la carrosserie est rongée par la rouille. Au moment où elle referme la portière, un individu la surprend par derrière en lui plaquant un coton imbibé de chloroforme sur le visage. Après quelques vains efforts de résistance, les réflexes de la jeune femme faiblissent et elle perd connaissance. Son agresseur la hisse sans difficulté dans la fourgonnette, puis il quitte les lieux sans que personne ait remarqué quoi que ce soit.

Calée dans le fauteuil de cuirette près du lit de Paolo, Mégane relève la tête de son cahier de maths.

— Leyla ! Je ne t'attendais pas si tôt.

— J'avais besoin de me changer un peu les idées. Il y a du nouveau ?

Mégane n'a pas le courage de lui annoncer le pronostic pessimiste du médecin. Leyla en a déjà suffisamment sur les épaules avec ses recherches.

— Non. Son état demeure stationnaire.

— Aucune amélioration ? s'étonne Leyla en accrochant son coupe-vent dans le placard.

— Aucune.

— Et tes pouvoirs de guérison ?

Mégane se lève pour céder la place à sa sœur, mais Leyla préfère rester debout.

— Je fais mon possible, Leyla… N'oublie pas que Paolo a pris une balle dans la tête !

— Oui, mais tu as bien guéri Hamada dans le désert !

Effectivement, Mégane avait sauvé la vie du nomade dont une flèche avait transpercé l'abdomen. Cependant, Hamada avait eu beaucoup de chance.

— C'était en Annwin, réplique Mégane en glissant son cahier de mathématiques dans son sac. Et Hamada n'était pas plongé dans le coma.

Mégane ne pouvait absolument pas agir contre la volonté de l'âme. Étant dans un état plus ou moins végétatif, celle de Paolo lui était actuellement inaccessible. De plus, le temps ne s'écoulait pas de la même façon dans les deux mondes. En Annwin, une heure équivalait à peine à quelques fractions de seconde de notre temps terrestre. Même si Mégane ne pouvait pas se l'expliquer, elle restait persuadée que cette différence avait joué en sa faveur.

— Qu'est-ce que le coma vient faire là-dedans ? veut savoir Leyla.

— Je suis incapable d'atteindre sa conscience. Je ne peux rien faire d'autre que d'attendre qu'il veuille bien me faire signe.

— Mais toi, Mégane, tu étais aussi dans le coma après ton accident, et tu t'en es bien sortie !

— Ce que j'essaie de te faire comprendre, Leyla, c'est qu'il doit d'abord accepter que je l'aide. Pour l'instant, je suis incapable de communiquer avec lui. Il se peut aussi qu'il n'ait pas envie de revenir... Je n'ai pas le droit de lui imposer la guérison contre son gré. Tu comprends ?

Les paroles de Mégane frappent Leyla en plein cœur. Des sanglots s'étranglent dans sa gorge, mais elle parvient à les contenir. En voyant la déception et la tristesse se peindre sur le visage de sa sœur, Mégane s'en veut d'avoir été aussi brusque.

— Il n'est peut-être pas trop tard, Leyla ! se reprend-elle. Parle-lui, dis-lui ce que tu ressens. Il est possible qu'il entende ta voix... malgré tout. Je pense que ça vaut la peine d'essayer.

Après avoir repris un peu le contrôle de ses émotions, Leyla finit par acquiescer d'un signe de tête. Pendant que Mégane enfile son manteau, Leyla s'installe dans le fauteuil près du lit et cueille la main de Paolo dans la sienne.

Mégane décide d'attendre avant de parler à Leyla de ses investigations concernant Maud. Inutile de la bouleverser davantage.

— J'ai quelques courses à faire avant de rentrer à la maison. Veux-tu que je te rapporte quelque chose à manger ?

— C'est très gentil, Mégane, mais non merci. Si j'ai faim, j'irai prendre une bouchée à la cafétéria.

— On se revoit tout à l'heure, alors.

— À plus !

— Tu ne pars pas avant que je ne sois revenue, hein ?

— Non, Mégane ! Je t'attendrai, promis.

Mégane sort de la chambre en refermant doucement la porte derrière elle. Un sentiment de culpabilité l'envahit. S'il y a quelque chose qu'elle déteste plus que tout, c'est bien de cacher des choses à sa sœur.

Attablé au Café des Terrasses, Hogan Rice jette un coup d'œil à sa montre. Maud aurait dû être arrivée depuis longtemps déjà. « Mais qu'est-ce qu'elle fout ? » s'impatiente-t-il. Le jeune homme attrape son téléphone portable et compose le numéro de l'infirmière. Le dispositif de messagerie vocale se met automatiquement en marche.

— Ça fait trente minutes que j'attends comme un con dans le restaurant ! rugit-il dans le combiné. On avait dit vingt heures ! Rappelle-moi dès que tu prends mon message… J'ai peut-être du nouveau.

Hogan raccroche. Il règle l'addition et se dirige vers la sortie. Dans le stationnement, il remarque la présence d'une Mercedes noire, étrangement semblable à celle que Maud a dérobée à son ex. Il fait le tour du bolide pour se rendre compte qu'il s'agit en fait du même véhicule. « La garce ! jure-t-il entre ses dents. Elle tente de me doubler… »

Chapitre 3
NANCY RIOPELLE

En sortant comme une furie du bureau de Gabriel Bourdier, le directeur général de *Primeur*, le journal pour lequel elle bosse depuis plusieurs années, Nancy manque de renverser la secrétaire qui s'apprêtait à frapper à sa porte. Trop en colère pour s'excuser, elle se fraie un chemin à travers les cloisonnettes des chroniqueurs sans même écouter les doléances de la jeune femme. Bourdier refuse catégoriquement de publier son article.

Nancy a pourtant travaillé d'arrache-pied sur ce reportage, récoltant preuves par-dessus preuves, se basant sur des témoignages crédibles, documentant avec rigueur chaque propos, chaque fait. Au fil des mois, elle a amassé suffisamment de matériel pour impliquer plusieurs membres du gouvernement. Un dossier en béton. Les renseignements dont elle s'est servie pour étayer ses dires provenaient de sources fiables. Toutes, sans exception, corroboraient sa théorie selon laquelle plusieurs ministres étaient impliqués dans le projet, et ce, à différents degrés. Un scoop qui aurait eu l'effet d'une bombe… si Bourdier avait seulement voulu lui donner sa chance.

Incapable de se calmer, Nancy décide d'aller prendre l'air. Une fois dans la rue, elle marche jusqu'à la terrasse du coin où elle entre prendre un café. Elle passe sa commande et va s'installer au fond du restaurant, à l'écart des autres clients.

Après plusieurs mois de tentatives infructueuses, Nancy était enfin parvenue à trouver une faille dans les protections de l'Ordre. Elle avait non seulement infiltré la secte, mais avait également mené en parallèle sa petite enquête sur le projet Binaire, une expérience faisant partie d'un plus vaste programme nommé Obédience.

Toute cette affaire avait en fait commencé lorsque Marcus, son rédacteur en chef, lui avait demandé d'enquêter sur le cas d'une femme qui s'était plainte d'avoir été agressée par son psychiatre. En grattant un peu, Nancy s'était vite rendu compte que l'histoire était plus complexe. En apparence, cette agression, comme on en voit malheureusement trop souvent, aurait pu passer pour un simple fait divers. En réalité, Nancy y avait découvert un véritable complot.

À la fin des années soixante, un certain docteur Grégoire Britza, médecin traitant à l'Institut psychiatrique du Royal-Mount, avait mené, sous la coupe de l'Ordre, une expérience de manipulation du comportement sur des patients venus se faire traiter pour une simple dépression. Le projet Obédience avait alors pris un nouvel essor. Britza avait gavé ces pauvres gens de barbituriques hypnotiques hyperpuissants, d'amphétamines et de drogues hallucinogènes comme le LSD, les plongeant dans des transes hallucinatoires psychotiques qui pouvaient durer jusqu'à plusieurs jours.

Pour déstabiliser davantage ses sujets d'expérience, le brillant psychiatre les enfermait pendant des semaines dans une chambre sourde où défilait en boucle un message subliminal. Privés de toutes stimulations sensorielles, ils finissaient par y laisser leur santé mentale. Britza les soumettait ensuite, de trois à cinq fois par jour, à des séances d'électrochocs de plus de cent cinquante volts. Sans le moindre remords, il leur infligeait des sévices d'une violence inouïe afin d'ouvrir dans leur cerveau une sorte de zone tampon qui lui servirait plus tard à reprogrammer leur personnalité. Plus le traumatisme était grand, plus le mur d'amnésie était étanche et efficace.

Après un certain temps, toutefois, les agissements du docteur Britza commencèrent à s'ébruiter. Le psychiatre fut arrêté puis relâché, faute de preuves. L'Institut psychiatrique du Royal-Mount fut définitivement fermé et le Collège des médecins retira au docteur Britza son droit d'exercer. Par contre, la technique de déprogrammation de l'esprit par l'usage de la torture, de la souffrance et du traumatisme ne disparut pas pour autant. Au contraire, elle s'affina, se codifia, se normalisa et s'intensifia. Quelques années plus tard, Obédience avait donné naissance au projet Binaire, qui était maintenant répandu à travers le monde.

Avide de se tailler une place au sein de la presse écrite, Nancy n'avait pas hésité une seconde à mettre de côté les faits divers pour enquêter sur cette affaire intrigante. Plus elle en apprenait sur les projets Obédience et Binaire et plus elle s'approchait du gouffre.

Chapitre 4
LE COMMERCE

Cinq heures du matin. L'église paroissiale sonne l'angélus, rappelant à ses ouailles de prier pour le salut de leurs âmes. L'aube naissante de ce lundi matin pluvieux teinte l'horizon d'un voile de cendres, comme si les ténèbres de la nuit refusaient de céder leur place à la clarté du jour. Au loin, le faisceau lumineux d'un phare déchire la pénombre, perçant à peine l'épais brouillard qui se répand sur la ville. C'est l'heure où les démons rentrent au bercail. Doughal Breenan tourne dans l'allée de gravier jouxtant la maison.

La résidence des Breenan est miteuse et délabrée. Les bardeaux du toit sont couverts de déjections d'oiseaux et les fenêtres sont crasseuses au point que même sans rideaux, personne ne peut distinguer quoi que ce soit à l'intérieur. Tout un pan de la galerie, qui cerclait autrefois la splendide demeure ancestrale, s'est effondré et les autres sections menacent de faire de même si d'urgents travaux de réfection ne sont pas entrepris. Et c'est sans parler de la pelouse – si toutefois ce fouillis de mauvaises herbes peut encore être appelé ainsi – qui n'a pas été tondue depuis des lustres.

Aujourd'hui âgée de soixante-dix-neuf ans, Jeannine Breenan vit seule avec son fils Doughal, un individu austère et colérique qui a dépassé la quarantaine. La pauvre femme est impotente des suites d'une chute, pour le moins suspecte, survenue dans l'escalier il y a plusieurs années.

À l'étage, sa mère est profondément endormie. « Parfait ! se réjouit Doughal, les médicaments font effet. »

L'homme travaille comme gardien de nuit dans un hôpital pour handicapés mentaux. Un boulot simple, sans véritables responsabilités, qui n'exige pas trop d'efforts et qui lui permet de piger allégrement dans les réserves de médicaments de l'hôpital sans avoir recours aux fastidieuses ordonnances des médecins. Sa mère en paye d'ailleurs le prix puisqu'il la gave de somnifères à longueur de journée pour éviter d'avoir à s'en occuper.

Depuis cinq ans maintenant, Doughal exploite un commerce illicite dans le sous-sol de la maison familiale. Il kidnappe des enfants pour ensuite les revendre sur le marché noir. Tout cela à l'insu de sa mère, bien entendu. Comme elle est alitée et incapable de se lever toute seule, elle ne lui pose pas trop de problèmes. Quand il doit traiter des affaires urgentes, comme d'ailleurs c'est le cas aujourd'hui, il augmente simplement sa dose et le tour est joué ! Il ne se soucie pas trop des effets secondaires, ni d'ailleurs du phénomène d'accoutumance, sa mère n'est qu'un vieux meuble inutile dont il va bientôt falloir se débarrasser de toute façon.

— C'est toi, Dough ? murmure la vieille dame d'une voix éraillée.

— Qui veux-tu que ce soit ?

— Il faut que tu m'amènes à l'hôpital. J'ai besoin de voir un médecin…

— Cesse donc de te lamenter sur ton sort ! Tu es nourrie, lavée, torchée. Tu trouves que je n'en fais pas encore assez ? Si tu continues de te plaindre, je te jure que je n'hésiterai pas à te placer dans un hospice !

— Comment peux-tu me traiter ainsi, espèce d'ingrat, après tout ce que j'ai fait pour toi ?

Sans un mot, Doughal se rend dans la salle de bain, ouvre la porte de l'armoire à pharmacie et s'empare de la bouteille de somnifères. Il prélève deux cachets, emplit un verre d'eau et revient dans la chambre.

— Tiens, ça va engourdir ton mal.

— Non ! Je ne veux pas de cette saleté ! rugit sa mère en se débattant et en pinçant les lèvres.

— Ne m'oblige pas à te forcer, maman. La dernière fois, tu en as eu pour une semaine à avoir mal au poignet.

Doughal resserre son emprise sur le bras de sa mère, qui cesse peu à peu de se débattre.

— C'est mieux comme ça. Ouvre la bouche, maintenant.

Sa mère fait non de la tête.

Lui enfonçant les doigts dans le creux des joues, Doughal contraint sa vieille mère à obtempérer.

Après avoir déposé les comprimés sur sa langue, il l'oblige à avaler une gorgée d'eau. Avant de ressortir de la chambre, il s'assure qu'elle ne va pas recracher les cachets.

Kireg abandonne sa bicyclette sur le gazon et entraîne son frère derrière les murs écroulés de la vieille église.

— Je suis sûr que l'agression s'est déroulée ici...

Du regard, Kireg cherche la benne à ordures. Plein d'appréhension, il résiste à la vague d'angoisse qui monte en lui. Avant de paniquer pour de bon, il décide de fermer les yeux pour tenter de revoir mentalement la scène.

— La fille était accroupie derrière un conteneur à déchets.

— Un conteneur ? s'exclame Joseph. Mais Kireg ! Cette église est en ruine ! Il n'y a plus personne pour ramasser les déchets depuis belle lurette ! Tu dois certainement te tromper !

En vérité, Kireg n'est plus certain de rien. Dans sa vision, il a bel et bien remarqué les pierres tombales et les caveaux funéraires, mais a-t-il vraiment aperçu les vestiges de l'église ? Maintenant qu'il y repense, il en doute.

Devant son air déconfit, Joseph lui donne une tape amicale dans le dos.

— Ce n'est pas grave, un détail te reviendra peut-être plus tard…

— Pas grave ? s'emporte Kireg. Une fille est morte poignardée et tu oses me dire que ce n'est pas grave !

— Tu n'es pas responsable de ce qui est arrivé…

— Au contraire ! Je suis peut-être la seule personne au monde qui peut aider les policiers à retrouver le corps de cette pauvre fille !

Submergé par une bouffée de tristesse, Kireg tombe à genoux sur le gazon, le visage entre les mains.

— Je me sens tellement impuissant, Joseph ! J'ai l'impression de vivre dans un cauchemar perpétuel… Si je ne peux même pas changer le cours des événements, alors à quoi me servent ces visions ? Ça n'a aucun sens !

— Tu feras mieux la prochaine fois, l'encourage maladroitement son frère.

— C'est ça ! Et en attendant, une autre fille va se faire tuer !

Quand la camionnette se gare à l'arrière de la maison, Doughal écrase sa cigarette dans le cendrier et descend à la cave pour débarrasser l'étagère qui dissimule l'entrée du bunker. Il ramasse les vieux journaux éparpillés sur les tablettes et les glisse dans une boîte en carton. Puis il dépose par terre les récipients de peinture et tout le bric-à-brac qui encombre les rayonnages. En s'aidant du poids de son corps, il pousse ensuite le lourd meuble de métal qui grince en râpant le béton du plancher. Une fine ligne dans les fondations de la maison laisse deviner une ouverture. Il actionne le mécanisme de roulement et tout un pan de mur se dérobe.

Lorsqu'elle entend le bruit sourd de l'engrenage, Katelyn se recroqueville au fond de sa prison, tel un animal terrorisé. Elle ne sait pas depuis combien de temps elle est enfermée ici : une semaine, un mois, peut-être même davantage. Comme il n'y a pas de fenêtre, elle a vite perdu la notion du temps.

Tout ce dont elle se souvient, c'est d'être montée à bord d'une voiture bleue, de marque Audi. Elle ne connaissait pas le type qui l'attendait à la sortie du lycée, mais il prétendait être un confrère de travail de son père, un ingénieur métallurgique. Pour la convaincre de monter, l'homme a prétendu qu'un grave accident s'était produit à l'usine et qu'on avait transporté son père d'urgence à l'hôpital. Katelyn était tellement inquiète qu'elle n'a posé aucune question. Quand l'homme s'est engagé sur l'autoroute au lieu de tourner à droite sur Wood Hill pour rejoindre l'hôpital, Katelyn a paniqué. Elle a voulu sauter du véhicule en marche, mais l'homme avait pris soin de verrouiller les portes électroniquement.

Pour le reste, elle n'avait plus qu'un vague souvenir de ce qui s'était produit, car l'homme lui avait injecté quelque chose à l'aide d'une seringue. Quand elle a repris connaissance, elle était étendue par terre, dans ce trou à rats.

Fermée par des barreaux de fer, l'entrée du bunker mesure à peine un mètre sur un mètre cinquante.

Doughal éclaire le fond de la cellule avec sa lampe torche. Aveuglée par la lumière, Katelyn se tapit dans un coin. Il déverrouille le cadenas et pousse la grille métallique qui grince en pivotant sur ses gonds.

— Tu as faim ?

La jeune fille fait non de la tête.

— Tu finiras bien par avaler quelque chose…

Doughal pousse vers elle un bol rempli d'une bouillie informe, puis lui tend une tranche de pain et une bouteille d'eau.

Katelyn s'empresse de boire goulûment.

Il attrape ensuite le seau rempli d'urine et d'excréments pour le remplacer par un récipient vide.

— Tu vas avoir de la compagnie, annonce-t-il malicieusement à sa prisonnière. Peut-être que ça te redonnera de l'appétit !

Madame Flanagan a des yeux tout le tour de la tête. Malgré son handicap qui l'oblige à se déplacer en fauteuil roulant, la commère du quartier peut rapporter avec une précision étonnante les moindres faits et gestes de ses voisins.

Quand une camionnette blanche ralentit pour tourner dans l'entrée des Breenan, la vieille femme attrape ses jumelles et se met à lorgner dans cette direction. À son grand désespoir, les vitres de côté du véhicule sont teintées et la lunette arrière est trop sale pour qu'elle puisse voir à l'intérieur. Mais elle ne se laisse pas décourager pour autant. Elle agrippe son calepin et tire un trait de crayon sous ses précédents relevés. Elle jette un coup d'œil à l'horloge numérique accrochée au mur de son salon : onze heures dix-neuf. Elle note cette information à côté de la date.

Cordelia Flanagan tient un registre minutieux de tout ce qui se passe chez le grand fainéant de Doughal Breenan, le fils unique de sa plus proche voisine. Chaque fois qu'elle en a l'occasion, madame Flanagan répète à qui veut l'entendre que ce grand échalas s'occupe de sa mère comme d'un sac de patates. « Même pas foutu de faire prendre l'air à cette pauvre Jeannine ! » Cela doit bien faire plus de six mois qu'elle n'a pas mis le nez dehors.

Madame Flanagan écornifle également du côté de chez Léonore Mackenzie, mais son angle de vue est plus limité à cause de la végétation – qu'elle soupçonne être du cannabis, un mot qu'elle a entendu à la télévision lors d'un reportage sur les dernières perquisitions effectuées par les policiers fédéraux. Ces plants de marijuana ont pris d'assaut l'ancien jardin des Breenan.

Quand la fourgonnette disparaît de l'autre côté de la maison, Cordelia pose ses jumelles sur le rebord de la fenêtre et retourne à son émission télévisée. Si elle se fie à ses derniers relevés, le véhicule ne réapparaîtra pas avant un bon moment.

« Pauvre Jeannine », marmonne-t-elle en effectuant le signe de la croix. « Son fils, c'est le diable en personne ! »

En route vers la quincaillerie, Kireg avance en silence.

— Tu devrais tout raconter à la police, murmure Joseph à son intention.

— Parce que tu crois qu'ils vont me prendre au sérieux ? proteste vivement Kireg.

— Décris-leur la fille ! insiste encore son frère. Peut-être que ça les aidera à savoir qui elle est ! Ils auront peut-être des photos à te montrer !

— Tout ce dont je me souviens, Joseph, c'est qu'elle paraissait très jeune. Mais je n'ai pas vraiment eu le temps de voir son visage ! J'étais trop occupé à essayer de ne pas me vomir dessus.

— Décris-leur ses vêtements, alors…

— Il faisait trop noir !

— Et la benne à ordures ?

— Il y en a partout dans le village ! C'est toi-même qui me l'as fait remarquer tout à l'heure !

Un long silence s'ensuit. Les deux frères marchent côte à côte, tenant leurs bicyclettes par le guidon, chacun plongé dans ses propres réflexions.

— Salut Kireg ! lance une voix de fille derrière eux.

Kireg se retourne et aperçoit Kelly Madden qui lui sourit de toutes ses dents.

— J'ai appelé chez toi, ce matin.

— Je sais, ma mère m'a fait le message. Qu'est-ce que tu voulais ?

— Je me rends au cinéma avec des amis, ça te tente de venir avec nous ?

— Pas mal, lui souffle Joseph à l'oreille. Tu veux que j'aille à la quincaillerie pour toi ?

Kireg lui donne un coup de coude dans les côtes pour le faire taire.

— Je ne peux pas, pas aujourd'hui, déclare Kireg. Je dois… il faut que je range le garage.

— Une autre fois, alors.

— C'est ça, une autre fois.

Kelly repart de son côté, l'air déçue. Une fois devant la quincaillerie, Kireg demande à son frère :

— Tu entres avec moi ?

Joseph hésite quelques secondes avant de répondre.

— J'ai promis à quelqu'un de passer lui dire bonjour.

— Dis plutôt que c'est à Briana Fitzpatrick que tu as promis de passer dire bonjour ! ironise Kireg d'un air maussade.

— Kireg ?

— Quoi encore ?

— Je tiens à ce que tu saches que je serai toujours là. Je sais que ce n'est pas facile pour toi de vivre avec toutes ces… horreurs. Je me demande même comment tu fais pour supporter tout ça. Je te trouve très courageux, tu sais.

Kireg baisse les yeux.

— Merci, Joseph ! Je l'apprécie. Tu es d'ailleurs le seul à qui je peux me confier. Il est hors de question que j'en parle à papa. Encore moins à maman. Tu la connais ! Elle serait toujours sur mon dos.

Joseph enveloppe les épaules de son frère d'un bras protecteur.

— Sois certain que jamais je ne te laisserai tomber, tu m'entends ? Jamais ! Peu importe ce qu'il adviendra…

— Pourquoi vous me gardez prisonnière ? s'enquiert timidement Katelyn.

Doughal ne répond pas et continue de s'affairer.

— Laissez-moi partir, poursuit la fillette. Je vous promets de ne rien dire à personne. Mon père vous donnera de l'argent…

— Mange, répond simplement Doughal en poussant le bol dans sa direction.

Mais Katelyn n'a pas faim. Elle se dit que c'est le moment ou jamais de s'enfuir. Dès que l'attention de Doughal se relâche un peu, elle en profite pour se faufiler le long du mur. Elle va enfin atteindre la grille quand Doughal comprend ses intentions. Il bondit vers elle et lui assène un violent coup de pied dans les côtes. Katelyn est littéralement catapultée dans le fond de la cellule. En tombant, elle se frappe la tête sur le mur de béton et perd connaissance. Son corps décharné gît sur le sol, inerte.

Impatient d'en finir, Doughal bouscule les nouvelles arrivantes, les forçant à entrer dans le bunker. Puis il referme le grillage derrière elles et installe la chaîne et le cadenas. Encore à moitié droguées, les deux fillettes ne lui opposent aucune résistance. Katelyn gémit quand l'une d'elles tombe à la renverse en lui plantant un coude dans le ventre. Doughal appuie ensuite sur un bouton dissimulé derrière l'étagère et le panneau de placoplâtre coulisse sur son rail pour refermer l'entrée de la cache. Après avoir remis l'étagère en place, il entraîne Ismaël dans une autre pièce.

— Tu devais me livrer trois filles, dit-il en s'allumant une cigarette sans cesser de le dévisager.

— Je sais… mais il y a eu un petit pépin…

Doughal saisit Ismaël à la gorge et le pousse violemment contre le mur, comprimant sa trachée. Ismaël a du mal à respirer. Même s'il a l'air d'un adolescent à côté de Doughal, son corps est pourtant solide et résistant, mais son adversaire mesure bien une bonne tête de plus que lui.

— Jusqu'à maintenant, lui crache Doughal au visage, je me foutais de ce que tu faisais avec les filles avant de me les amener, du moment que tu ne les tuais pas. Mais là, tu exagères. Tu connais pourtant les règles !

Ismaël aime voir couler le sang. Il avait sept ans quand il s'était ouvert les veines des poignets pour la première fois. Il avait regardé goutter l'épais liquide sur le tapis du salon pendant que sa mère, paniquée, tentait d'arrêter l'hémorragie. Les mutilations qu'Ismaël s'infligeait ne tenaient pas tant de l'envie de mourir que de cette attirance qu'il avait pour le sang. Pendant des années, sa mère l'avait traîné chez un psy dans l'espoir de guérir cette obsession malsaine, mais chaque fois qu'elle le croyait en rémission, il récidivait.

À l'adolescence, Ismaël avait subitement cessé de se charcuter les avant-bras. C'est alors qu'il s'était mis à capturer de petits animaux qu'il cachait dans la remise à jardin, à l'insu de sa mère. Après leur avoir entaillé la gorge, il jouissait de les voir mourir au bout de leur sang. Son passe-temps illicite avait duré des années avant que sa mère ne découvre ce qu'il avait fait au chat.

Au collège, la première fille qu'il avait assassinée était une meneuse de claque, une enquiquineuse de premier ordre qui l'avait humilié devant toute la classe en le traitant d'attardé mental. Tous les étudiants étaient partis d'un grand rire. Les dents serrées, Ismaël s'était juré de se venger. Le mardi suivant, il s'était caché en bordure de la route et avait patienté jusqu'à ce que la grande blonde sorte de chez elle pour se rendre à son cours de danse, ce qu'elle faisait immanquablement chaque mardi soir. Toute la semaine, Ismaël s'était réjoui à l'idée de ce qu'il allait lui faire subir. Après l'avoir à moitié assommée, il l'avait traînée de force jusqu'à sa cabane secrète dans les bois. Il l'avait battue, violée et tellement mutilée que son visage était méconnaissable.

Son corps avait été enterré sous un monticule de détritus. Un chasseur de la région l'avait retrouvé cinq jours après qu'elle eut été portée disparue.

D'un geste rageur, Doughal le rejette par terre.

Ismaël titube et tombe à genoux. L'air pénètre à nouveau dans ses poumons. Une main sur la gorge, il inspire profondément sans lâcher Doughal des yeux. Un regard gris mal pacifié, consumé par la violence, aussi dur que l'acier de sa lame qui repose contre sa cuisse. Les deux hommes se toisent et se mettent au défi, mais aucun ne faiblit. Au bout d'un moment, Ismaël renonce à poursuivre leur petite joute mentale. Il se relève et secoue son pantalon.

— Si c'est ce qui t'inquiète, articule-t-il avec peine, personne n'a rien vu. J'ai pris soin d'effacer toutes les traces. Ils ne pourront jamais remonter jusqu'à nous.

Considérant que la conversation est close, Ismaël se dirige vers la porte, mais Doughal l'interpelle.

— Débrouille-toi pour me trouver une autre fille avant jeudi ! Le client en a demandé quatre… Je ne vais certainement pas le décevoir à cause d'un imbécile dans ton genre !

— Mais Dough ! Ça ne me donne qu'une semaine !

— C'est ton problème ! se contente d'ajouter Doughal en tournant les talons.

L'émission télévisée a bien failli lui faire manquer le départ de la camionnette. « Comme c'est étrange, songe Cordelia en levant les yeux vers l'horloge, il n'est resté qu'une demi-heure aujourd'hui. » Madame Flanagan s'empresse de noter cette nouvelle information dans son précieux calepin. Elle déplace ensuite son fauteuil roulant jusqu'à l'angle de la baie vitrée, tire sur le rideau et s'empare de ses lunettes d'approche pour relever le numéro de la plaque minéralogique. Chaque fois qu'elle a tenté de le faire précédemment, il n'était pas visible : soit il était dissimulé par un bout de tissu, soit la plaque était trop sale pour qu'elle puisse relever le numéro.

Au moment où le véhicule s'engage sur la route, elle croise le regard du conducteur. Affolée, Cordelia s'écarte aussitôt de la fenêtre.

De la camionnette, Ismaël a pu voir cette voisine indiscrète l'observer avec ses jumelles pour ensuite se cacher derrière les rideaux. « Vieille commère », se dit-il en se promettant la prochaine fois de faire plus attention. Trop préoccupé par le court délai que lui a accordé Doughal pour trouver une autre fille, il se dit qu'il va en glisser un mot à Dough la prochaine fois qu'ils se rencontreront, puis il oublie l'événement.

Chapitre 5
LA CHASSE

Assise sur la banquette arrière de l'autobus, Mégane regarde défiler le paysage en silence. Elle se trouve confrontée à un véritable dilemme. Avouer ou taire à Leyla le résultat de ses investigations. Sa sœur comprendrait-elle ce qu'elle cherche à prouver en espionnant Maud ainsi ? Peut-être. Mais Mégane est loin d'en être sûre, c'est pourquoi elle décide de ne rien dire à Leyla pour l'instant.

Tout a en fait commencé jeudi dernier quand elle a surpris Maud, l'ex-femme de Paolo, en train de subtiliser des médicaments dans la pharmacie de l'hôpital, après son quart de travail. La chambre de Paolo se trouvant sur le même étage, Mégane a vite compris que ce local était rigoureusement gardé sous clé et que seul le pharmacien responsable et un autre membre autorisé du personnel avaient le droit d'y entrer. Comment Maud s'était-elle procuré la clé ? Mégane n'en avait aucune idée, mais elle l'avait surprise à se faufiler dans la réserve pour en ressortir le sac à main démesurément gonflé.

Craignant qu'elle fasse profiter Paolo de son butin à son insu, Mégane avait résolu de jouer au détective pendant ses temps libres. Ce soir-là, elle avait filé l'ex-femme en douce dans ses déplacements. C'est fou ce qu'on pouvait apprendre sur une personne en si peu de temps ! En fait, Mégane s'était rendu compte que les médicaments que Maud avait volés n'étaient peut-être pas seulement destinés à son ex.

L'infirmière s'était rendue dans un des quartiers les plus pauvres et mal famés de la ville. Un endroit où les prostituées s'affichent au grand jour et où les gangs de rues agissent en toute impunité, sans être dérangés par la présence policière. Toutefois, ce qui avait tout particulièrement retenu son attention, c'était ce bâtiment délabré au coin de la rue Bastien et du boulevard Mildred. Situé dans un secteur où les maisons closes et les bars clandestins se disputent la devanture avec les commerces illicites et les logements miteux, cet édifice aux vitres brisées avait l'air désaffecté. Curieuse, Mégane s'était risquée à y entrer. Elle y avait découvert une véritable piquerie. Du couloir, elle avait pu voir Maud transiger avec un homme. Celui-ci lui avait remis une liasse d'argent et une petite boule enrobée d'aluminium en échange de quelques fioles de verre provenant de toute évidence de l'hôpital. Nerveuse, Maud avait rapidement saisi les billets et la drogue pour les dissimuler dans son sac à main.

L'ex-femme de Paolo est toxicomane. Ça ne fait plus aucun doute aux yeux de Mégane. Ce fait est indéniable. Et cette dépendance aux stupéfiants et aux médicaments la rend instable et dangereuse. Ce que Mégane redoute à présent, c'est qu'elle s'en prenne à Paolo. Elle pourrait vouloir éliminer son ex pour empocher sa police d'assurance et ainsi payer sa drogue.

Perdue dans ses pensées, Mégane ne réalise pas qu'elle a dépassé son arrêt. « Zut ! » peste-t-elle en sonnant plusieurs fois. Elle se lève et se dirige vers la porte arrière du véhicule. « Je n'avais pas prévu me taper un kilomètre de marche avant d'aller dormir ! »

Une fois à la maison, Mégane s'allonge sur le divan, complètement vannée. En deux jours, elle n'a dormi que quelques heures. Un engourdissement gagne peu à peu ses membres et elle sombre dans une étrange torpeur, alternant entre l'état de veille et la somnolence.

Sans qu'elle sache ni comment ni pourquoi, elle se retrouve coincée dans une cage, au cœur de la forêt.

Elle et trois autres filles d'âge mineur sont enfermées dans cette minuscule hutte de rondins, suspendue à plus de six mètres du sol. Un grand gaillard bedonnant et chauve est adossé à l'arbre, une hache à la main. Un sourire cynique se dessine sur son visage à moitié mangé par une barbe de plusieurs jours.

Pressentant le danger, Mégane lutte de toutes ses forces pour sortir de ce cauchemar, mais son esprit résiste à toutes ses tentatives. La ligne ténue entre l'éveil et le sommeil se dissout enfin, comme si elle devait résolument déchiffrer le sens des événements qui vont suivre…

Avant de hisser la cage au sommet de l'arbre, l'homme a exposé aux filles les règles du jeu auquel elles vont participer malgré elles.

Quand le signal de départ sera donné, l'homme chauve tranchera la corde retenant la cage. Leur prison précaire s'écrasera alors au sol. Peu importe qu'elles soient blessées ou pas, elles ne bénéficieront que de cinq minutes pour fuir et se cacher avant que la traque ne commence officiellement.

Chaque fois que l'une d'elles sera capturée, un vêtement lui sera retiré. Quand elles seront complètement nues, les arbalétriers pourront les abattre à vue comme du vulgaire gibier. Seule la dernière à être prise aura la vie sauve.

Puisqu'elle ne peut dorénavant plus échapper à sa vision, Mégane rassemble ses idées pour échafauder un plan.

Disséminés à travers les bois, une dizaine d'hommes attendent avec impatience le début de la chasse. Quand la sirène retentit, le maître de jeu brandit sa hache et, d'un coup sec, tranche la corde. Les filles se mettent à hurler. Au contact du sol, la cage se brise en mille morceaux et les proies sont enfin libérées.

Des gémissements de douleur, des pleurs et des cris de terreur épouvantables déchirent le silence de la nuit. Certaines sont blessées.

Excité à la vue de tout ce sang, un prédateur posté près du point de départ rampe discrètement en direction du gibier. Ce qu'il aime par-dessus tout, c'est lire la peur dans les yeux de ses victimes. Une fille rousse retient son attention. Elle est plus grande que les autres et sans doute un peu plus âgée.

Mégane s'écroule par terre, pantelante. Un éclat de bois s'est fiché dans sa cuisse. Elle se force à se relever en s'appuyant sur son autre membre. Une fille rampe déjà vers la lisière des bois, laissant derrière elle une traînée de sang, facilement repérable. Une autre s'est brisé la jambe ; la fracture ouverte laisse voir une partie du tibia. Mégane claudique jusqu'à elle.

Bien dissimulé dans les fougères, le chasseur observe la scène.

— Laisse-moi regarder ta blessure, lui dit Mégane en s'approchant.

La fillette âgée d'une douzaine d'années ne cesse de gémir. Mégane s'accroupit à côté d'elle et caresse son visage en murmurant des paroles réconfortantes. Lorsqu'elle sent qu'elle a toute son attention, elle lui explique :

— Je dois replacer l'os et refermer la plaie, sinon tu ne pourras pas t'enfuir pour échapper aux chasseurs. Tu comprends ce que je dis ?

La petite hoche affirmativement la tête.

Mégane pose une main de chaque côté de la fracture pour immobiliser le membre blessé. Une vague de panique traverse les yeux de la fillette quand elle comprend ce qu'elle s'apprête à faire. La petite tente de se libérer, mais Mégane tient bon. En s'aidant de son genou, elle donne un coup sec et le tibia reprend sa place sous les chairs déchirées. Les hurlements de la fillette percent le silence et l'écho de sa douleur se répercute à travers les arbres. Sitôt que Mégane pose ses mains sur la blessure sanglante, une chaleur bienfaisante soulage la jeune fille, qui se calme peu à peu.

L'homme planqué dans les bois ne manque rien de la scène qui se déroule sous ses yeux.

— Quel est ton nom ? questionne Mégane pour lui changer les idées.

— Katelyn.

— Moi, c'est Mégane.

Un craquement de branche dans les bois attire leur attention. Mégane relève vivement la tête et fouille les buissons du regard.

— Il ne faut pas traîner ici ! dit-elle en se concentrant à nouveau sur sa tâche.

— Pourquoi est-ce que tu m'aides ? demande la fillette. Tu pourrais t'enfuir comme les autres ?

— Ta fracture est très grave, explique Mégane en continuant de s'affairer. Si je ne soigne pas ta jambe tout de suite, tu ne pourras pas marcher et ces sauvages te captureront avant même que tu n'aies atteint cet éboulement.

Mégane désigne du menton un amas rocheux situé à une trentaine de mètres. Puis, elle ferme les yeux pour mieux se concentrer.

Un peu plus loin, piaffant d'impatience, le prédateur aux aguets jette un rapide coup d'œil à sa montre. Plus que deux minutes à attendre. S'il n'en tenait qu'à lui, il aurait déjà capturé la belle rousse et pas seulement pour la dépouiller de ses vêtements... Mais les règles étant les règles, il s'y plie, même de mauvaise grâce. Ne pas respecter les consignes l'exclurait des prochaines chasses, et ça, il ne peut absolument pas l'envisager. Quand on a goûté à ce jeu, on en devient vite accro.

— Tu es médecin ? demande encore Katelyn.

— Non ! répond Mégane, mais je m'y connais un peu.

De plus en plus mal à l'aise face à la gentillesse de Mégane, Katelyn détourne les yeux. Si les rôles avaient été inversés, elle n'aurait certainement pas perdu son temps à s'occuper d'une inconnue. Elle aurait préféré sauver sa peau. Tandis que la fillette prend la mesure de sa faiblesse, elle baisse les yeux. C'est alors qu'elle réalise que Mégane aussi est blessée.

— Tu saignes !

— Je sais, mais c'est superficiel. Allez ! Il faut y aller !

Mégane se redresse et tend la main à Katelyn pour l'aider à se relever.

— Tu auras peut-être du mal à mettre du poids sur ta jambe au début, mais tes forces reviendront vite.

Avant de quitter les lieux, Mégane s'empare de la corde qui a servi à hisser leur cage.

— Qu'est-ce que tu vas faire avec ça ? lui demande Katelyn en s'impatientant.

— On ne sait jamais, ça peut servir...

Après quelques minutes de marche laborieuse, Mégane repère un épais taillis de saules. Considérant que c'est l'endroit idéal pour s'abriter, du moins temporairement, elle demande à Katelyn de monter la garde, le temps de retirer l'éclat de bois qui s'est fiché dans sa jambe.

Katelyn aurait préféré mettre une plus grande distance entre elles et leurs poursuivants, mais après ce que Mégane a fait pour elle, elle lui doit bien ça.

— Au moindre mouvement, tu m'avertis... murmure Mégane.

— Dépêche-toi !

Sans attendre, Mégane déchire le tissu de son pantalon pour bien voir l'angle d'entrée de l'éclisse, piquée dans le haut de sa cuisse. Elle prend une grande inspiration avant de tirer d'un coup sec. Un flot de sang jaillit aussitôt de la blessure qu'elle s'empresse de couvrir avec ses mains pour contrer l'hémorragie. Puis elle se concentre afin de refermer la plaie. Sa magie prendra un certain temps à agir, mais au moins, les risques d'infection sont maintenant écartés.

— Ils arrivent ! panique Katelyn en se redressant.

— Attends !

Mais la fillette est déjà loin. Avant que Mégane n'ait fait deux pas, un homme en habit de camouflage sort des fourrés en pointant sur elle son arbalète.

— On dirait que c'est mon jour de chance ! lance-t-il, en avançant vers sa proie.

En fin connaisseur, il fait le tour de Mégane, évaluant la qualité du gibier qu'il vient de débusquer.

— … Tu vas d'abord m'enlever ça ! annonce-t-il en pointant son arme sur son corsage.

Mégane déboutonne rageusement son chemisier, dévoilant un soutien-gorge de dentelle bleue. Les yeux brillants d'excitation, l'homme contemple avec avidité cette jeune poitrine au galbe parfait. Même s'il meurt d'envie de la caresser, il se retient. Il sait que sa patience sera bientôt récompensée.

D'un geste provocateur, Mégane jette son vêtement par terre.

— Tss-tss ! fait le chasseur, mécontent. Tu vas gentiment me ramasser ça et me le donner en main propre.

Sans quitter son agresseur des yeux, Mégane se penche, empoigne son chemisier et le lui tend. Tout son corps se raidit quand il effleure délibérément sa paume.

— Maintenant, déguerpis avant que je ne change d'avis.

Mégane crache à ses pieds avant de détaler. L'homme sourit, dévoilant une dentition impeccable. « Plus elles sont rebelles, plus la chasse est excitante ! » rêvasse-t-il.

— Tu seras à moi avant la fin de la nuit, fillette, susurre-t-il en la regardant disparaître derrière les arbres.

La bouche sèche, Mégane progresse lentement dans les bois, à l'affût du moindre bruit. Elle cherche à percer les ténèbres, s'arrêtant à l'occasion pour tendre l'oreille. Soudain, un cliquetis d'arbalète qu'on arme la cloue sur place. Paniquée à l'idée que son traqueur l'ait déjà retrouvée, elle pivote sur elle-même, prête à charger. L'instant d'après, un cri d'effroi déchire le silence, immédiatement suivi par des piétinements de lutte, des craquements de branches et un appel à l'aide étouffé.

Mégane met quelques secondes avant de réaliser que cette voix est celle de Katelyn. Elle avance maintenant plus rapidement en direction du brouhaha. Dans une éclaircie, elle aperçoit enfin la fillette.

Katelyn est étendue au sol, face contre terre. Monté à califourchon sur son dos, l'homme maintient d'un bras de fer son visage dans la mousse tandis que de l'autre, il cherche fébrilement à lui retirer son jean. Son arme repose à côté de lui, à portée de main.

Mégane n'a pas droit à l'erreur. Après un bref moment d'hésitation, elle fond sur lui comme un animal sur sa proie. D'un geste vif, elle enroule sa corde autour de son cou et tire de toutes ses forces. Coincé dans cet étau, l'homme se débat, cherchant à tâtons à récupérer son arme, mais Mégane, qui a compris sa ruse, le renverse en arrière.

L'air passe de moins en moins dans la trachée du chasseur et son visage se congestionne, passant au rouge cramoisi. Mégane redouble d'ardeur. L'homme commence à défaillir, ses réflexes sont de plus en plus lents. Dans un geste désespéré, il parvient à empoigner son couteau, étire le bras vers l'arrière et, à l'aveuglette, taillade les poignets de son attaquante qui relâche aussitôt son emprise.

Mégane se réveille en nage. Une vive douleur à l'avant-bras lui rappelle sa lutte. Encore sous le choc, elle s'assoit sur le canapé et prend une grande inspiration. Ses mains blanchies par l'effort portent encore les marques violacées des cordages.

Après avoir passé la journée au chevet de Paolo, Leyla s'apprête à descendre à la cafétéria pour avaler un morceau quand elle entend la voix de sa tante Zola résonner dans sa tête.

« La vie d'Alfred Bartholdi est en danger. Tu dois te rendre d'urgence à l'hospice. Une force maléfique tente de s'emparer de son âme. Le vieux bougre résiste, mais il s'affaiblit rapidement. Son cœur ne résistera pas bien longtemps. »

Leyla attrape ses affaires et court vers la sortie. La résidence pour personnes âgées est à une trentaine de minutes de l'hôpital de Château-Fort, mais la circulation de l'heure de pointe ralentit considérablement les chances de Leyla d'arriver à temps. Sans quitter la route des yeux, elle empoigne son cellulaire et compose le numéro de la maison de retraite.

— Bonjour ! Pouvez-vous envoyer immédiatement quelqu'un à la chambre de monsieur Bartholdi ? Il est en difficulté.

— Pardon ? objecte une voix nasillarde à l'autre bout du fil. Comment pouvez-vous…

Avant que l'autre ne termine sa phrase, Leyla ajoute :

— Je viens de lui parler au téléphone ! s'ingénie-t-elle.

— Au téléphone ? s'étonne la réceptionniste. Mais il n'y a aucun appareil dans les chambres de nos pensionnaires.

— Je lui ai offert un téléphone portable pour qu'il puisse me joindre en tout temps.

— Alors pourquoi n'a-t-il pas appuyé sur le bouton d'urgence au lieu de vous appeler ?

« Décidément, cette secrétaire a réponse à tout ! »

— Je n'en ai aucune idée ! s'emporte Leyla en actionnant son clignotant pour tourner à gauche. Mais si vous n'envoyez pas quelqu'un sur-le-champ, je vous tiendrai personnellement responsable de…

— Je prends bonne note de vos récriminations, mademoiselle. Ce sera tout ?

— Non ! Passez-moi votre supérieur immédiatement !

— Un moment, je vous prie, annonce la réceptionniste avec condescendance.

Au bout de quelques secondes, une tonalité se fait entendre. Elle a raccroché ! Dans un mouvement de colère, Leyla lance son portable sur le siège du passager.

« Cette imbécile va laisser mourir Alfred sans même lever le petit doigt ! »

Enragée, Leyla appuie sur l'accélérateur pour effectuer un dépassement, mais aussitôt qu'elle traverse la ligne pointillée, la voiture qu'elle tente de doubler augmente sa vitesse, l'empêchant de passer devant. Outrée par l'attitude du chauffard, Leyla réintègre sa voie de mauvaise grâce. L'imbécile ralentit comme pour la narguer. À la prochaine éclaircie, Leyla tente à nouveau de le dépasser, mais le salaud, au volant de sa Volvo, recommence son petit manège. Bien décidée cette fois à passer devant, Leyla enfonce l'accélérateur à fond. Au sortir du virage, toutefois, un camion citerne apparaît dans son champ de vision. Leyla freine, mais l'autre conducteur ne lui laisse aucune chance. Afin d'éviter l'impact, Leyla donne un coup de volant au dernier moment. Elle perd le contrôle de son véhicule qui dérape et fait une formidable embardée dans le décor.

Depuis que Mégane est revenue de l'Annwin, elle souffre de violentes migraines. Elles sont presque toujours déclenchées par des visions et la toute dernière, celle qu'elle a eu pendant sa sieste, la trouble profondément. « Des hommes qui chassent des enfants comme du gibier... Qui peut bien se livrer à de telles horreurs ? »

Alors qu'elle se fait cette réflexion, Mégane se souvient du procès qui a ébranlé la Belgique, il y a quelques années. Des hommes avaient enlevé des mineures pour les revendre à un réseau international de prostitution et de pédophilie. Le tapage médiatique qui avait entouré cette affaire avait fait le tour de la planète.

Comme il lui reste un peu de temps avant que Leyla ne rentre, Mégane allume son ordinateur portable et lance une recherche sur Internet. Elle tombe sur le site d'un quotidien irlandais, le *Donegal Democrat*. Dans un article publié il y a environ trois semaines, on parle de la disparition de cinq fillettes. Les noms de Ailïs Walsh, six ans, Debbie O'Sullivan, quinze ans, Katelyn Haley, onze ans, Eadan Tully, sept ans, et Einry Monaghan, douze ans, sont cités dans le texte. Les enlèvements remontent pour certains à plus de trois ans. Avant d'être enlevées, les jeunes filles habitaient toutes dans le nord de la province d'Ulster, dans le comté de Donegal, en Irlande du Nord.

Aucune photo n'est publiée sur le web, mais Mégane décide d'imprimer quand même l'article, convaincue que la Katelyn de l'article est aussi celle de son cauchemar.

Chapitre 6
L'ESPIONNAGE

Quand Kireg rentre à la maison, vers onze heures trente, son père est déjà arrivé. Le camion est garé devant le garage. Kireg laisse tomber sa bicyclette sur le gazon et s'approche du véhicule. Le mouton égorgé il y a deux jours gît dans la boîte. Il grimpe sur le marchepied et touche la pauvre bête du bout des doigts dans l'espoir d'en apprendre davantage sur les causes de sa mort, mais rien ne se produit. Kireg saute par terre et se dirige vers le porche.

— Me voilà ! annonce-t-il en entrant dans la cuisine.

— Où en es-tu avec la peinture ? s'informe son père, la bouche pleine.

— Je n'ai pas encore commencé… Mais ne t'inquiète pas, j'aurai fini ce soir, comme prévu.

— Parfait ! Et n'oublie pas la section…

— … derrière la cabane de jardin, termine Kireg à sa place. Oui, je sais, maman me l'a déjà dit.

— Tu veux bien repeindre aussi le côté des Breenan ?

— Mais papa ! rechigne Kireg. Ça va me prendre au moins deux jours !

— La paie n'en sera que plus substantielle, mon garçon !

— Mais c'est lundi, demain !

— Ta mère m'a dit que tu étais en congé scolaire… Alors où est le problème ?

Kireg soupire bruyamment. À quoi bon argumenter ? Il sait que de toute façon il n'aura pas le dernier mot.

— Je sais que je t'en demande beaucoup, reprend Morag, mais tu sais comme moi que la vaillance n'est pas la plus grande qualité de Doughal Breenan ! Regarde un peu dans quel état est sa maison ! Ça fait peine à voir !

— La pauvre Jeannine doit être bien mal en point pour tolérer une chose pareille ! renchérit sa mère en déposant un panier de pain sur la table.

Kireg en attrape un morceau et étale un peu de beurre avant de mordre dedans avec rage.

— Tu veux un peu de potage, mon chéri ? l'interroge sa mère en s'apprêtant à verser une louche de soupe dans un bol.

— Non, merci ! Je n'ai pas faim.

Léonore repose la louche dans la soupière et s'assoit à table.

— Où est passé ton frère, au fait ?

— Aucune idée ! maugrée Kireg.

— Ne me dis pas qu'il est encore parti voir Briana Fitzpatrick !

En entendant ce nom, Morag relève la tête de son assiette.

— Quoi ? Il la fréquente encore ? Je l'ai pourtant averti ! Il ne perd rien pour attendre, celui-là…

Kireg s'éclipse avant que la conversation ne dégénère. Chaque fois que ses parents abordent le sujet épineux des fréquentations de son frère, la tension monte d'un cran. D'après Kireg, Joseph joue un jeu dangereux. Si jamais Collin Fitzpatrick apprend que sa fille adorée fréquente un gars de vingt et un ans, et de surcroît, un fils de Morag, il en fera certainement une syncope.

Amis depuis l'enfance, Collin et Morag avaient pratiquement été élevés ensemble. À l'âge adulte, ils sont pourtant devenus les pires ennemis du monde. Tout ça à cause d'une fille : Léonore Mackenzie. Collin n'a jamais pardonné à Morag de lui avoir ravi le cœur de sa dulcinée. Depuis ce temps, chaque fois qu'il en a l'occasion, il cherche à faire du tort à sa famille. Il est tellement obnubilé par sa haine qu'il ne réalise pas à quel point les gens l'évitent. Il est en train de faire le vide autour de lui. Sa femme l'a quitté l'année dernière pour aller vivre en Écosse. Briana parle de plus en plus de s'installer définitivement chez sa mère. Elle ne comprend pas pourquoi son père s'acharne autant sur Joseph, le garçon qu'elle aime. S'il ne change pas, Collin va finir par se retrouver tout seul. Même ses amis les plus fidèles commencent à trouver qu'il exagère.

Après avoir revêtu son jean taché et son vieux t-shirt, Kireg attrape le gallon de peinture et tout le matériel pour l'étaler avant de sortir de la maison. Puis il se dirige vers le fond de la cour.

Il en veut à son frère Joseph qui s'est désisté à la dernière minute pour accompagner Briana au cinéma. Du fait qu'il travaille de nuit à la station-service, son père lui épargne la plupart des corvées de ferme. Avec ce surplus de travail imprévu, Kireg voit son escapade du lendemain tomber à l'eau. Adieu la partie de pêche avec son ami Gerald !

Il est près de seize heures trente quand Kireg termine de repeindre le premier côté de la clôture. Sans attendre, il attrape le contenant de métal et traverse chez les Breenan. Plus vite il se débarrassera de cette corvée, plus vite il pourra faire autre chose. Une fourgonnette blanche est garée à l'arrière de la maison, près de l'entrée de la cave, mais Kireg n'y porte pas vraiment attention. S'il veut terminer de repeindre la clôture avant la tombée du jour, il n'a pas une minute à perdre.

En passant à côté, toutefois, sa curiosité l'emporte. Les mains en visière, Kireg étire le cou pour voir à l'intérieur. À part un vieux rouleau de moquette et quelques outils rouillés, il ne discerne pas grand-chose. Il s'apprête à s'en aller quand un éclat de verre capte soudain son attention. Intrigué, Kireg contourne le hayon resté ouvert et jette un coup d'œil dans l'habitacle. Il n'ose pas monter à bord, de peur que Doughal le prenne par surprise. Par expérience, il sait qu'il ne faut pas le contrarier. La dernière fois, il y a laissé quelques plumes.

C'était aux fêtes de Noël, deux ans plus tôt. En fin de matinée, Kireg s'était présenté chez sa voisine pour vendre des tablettes chocolatées. Les fonds amassés devaient lui servir à payer une partie de son voyage de fin d'études. Il venait à peine d'appuyer sur la sonnette que la porte s'ouvrait déjà à la volée, exhibant un Doughal en caleçon littéralement enragé. Kireg n'avait même pas eu le temps de placer un mot. Figé sur place, il avait écouté le bouillant sermon de son voisin, la bouche encore ouverte. Doughal l'avait menacé de lui botter le derrière s'il s'avisait de revenir quémander et avant de lui claquer la porte au nez, il l'avait poussé sans ménagement. Kireg avait titubé, puis manqué la première marche de l'escalier avant de se retrouver au bas de la galerie, face contre terre, ses tablettes de chocolat éparpillées sur la neige.

Kireg n'a jamais parlé de cet incident à sa famille, de peur que son père traverse lui-même administrer une correction à cette grosse brute qui ose s'en prendre à ses enfants. Mais depuis ce jour-là, il a toujours pris soin de se tenir loin de ce sauvage.

Sur le qui-vive, Kireg commence par effleurer la carrosserie. Quantité d'images se forment sur la rétine de ses yeux, imprimant un sentiment d'urgence à son esprit en alerte. Même s'il ne distingue rien de précis, il comprend que quelque chose ne tourne pas rond.

Il jette un coup d'œil à gauche et à droite, personne à l'horizon. Des voix lui parviennent de la cave, mais rien d'intelligible. Doughal et son visiteur doivent être encore occupés. Faisant fi des dangers, il se décide à grimper dans le véhicule. Il se penche pour regarder sous la banquette. À part une vieille paire d'espadrilles, quelques torchons imbibés d'huile et les outils qu'il a vus au travers de la fenêtre, il n'y a rien de bien intéressant. Il étire le bras pour attraper ce qui avait d'abord capté son attention. Ce n'est pas du verre, mais un morceau de plastique provenant d'un emballage quelconque. Avant de redescendre du véhicule, il frôle les parois intérieures, touche un sac de croustilles tombé par terre, des papiers de gomme et une canette de bière vide. Son intuition l'avertit d'un danger. C'est à ce moment-là qu'il remarque la seringue usagée abandonnée sur le tapis. Dès que ses doigts entrent en contact avec le tube de verre, Kireg bascule dans le vide.

La noirceur est tombée depuis quelques heures déjà. L'endroit est désert. Entre deux habitations isolées par des pâturages s'élève parfois un buisson de bruyère. Un fossé se creuse de chaque côté de la route, suffisamment profond pour qu'un malfaiteur puisse s'y cacher. Kireg avance avec prudence, il ne reconnaît pas le quartier. Ce pourrait aussi bien être Port na Blagh que Meenmore, situé à quarante-cinq minutes de Dunfanaghy. Ou encore, n'importe quel autre petit village d'Irlande du Nord ou d'ailleurs.

Kireg n'a pas beaucoup voyagé hors des limites du comté de Donegal. La seule fois où il a passé les frontières, il avait à peine onze ans et il avait dormi presque tout le trajet jusqu'à Belfast. C'était l'année où son frère aîné, Monroe, était entré à l'Université Queen's. En l'emmenant avec eux, ses parents avaient espéré lui donner le goût d'entreprendre des études supérieures mais, mis à part son effarement devant l'imposante cité étudiante d'architecture gothique, Kireg n'avait guère été impressionné par tout le reste. Il préférait les grands espaces verts de Dunfanaghy et l'air pur de la campagne.

Kireg reconnaît la camionnette blanche garée dans l'ombre d'un petit boisé, tous phares éteints. Le véhicule semble abandonné, mais Kireg doute que ce soit le cas. Tout est trop silencieux.

En se retournant, il aperçoit une silhouette qui descend la rue. Comme la scène est plongée dans le noir, il n'arrive pas à distinguer s'il s'agit d'une fille ou d'un garçon. Il accélère le pas, puis se met à courir. Même si Kireg sait qu'il ne peut pas intervenir, c'est plus fort que lui. La silhouette traverse la route, se retrouvant tout à coup éclairée par un lampadaire. Kireg déglutit. C'est une jeune fille à peine plus âgée que Mell. La petite ne se doute aucunement de ce qui l'attend. « Arrête ! hurle mentalement Kireg, rebrousse chemin, cours te mettre à l'abri ! » Mais ses cris ne servent à rien.

Soudain, Kireg reprend confiance. La fillette vient de remarquer la présence du véhicule. Elle s'immobilise quelques secondes, hésitant à poursuivre. Puis elle jette un regard inquiet autour d'elle, repère une maison où il y a encore de la lumière. Elle fait quelques pas dans cette direction, mais contre toute attente, elle revient au dernier moment vers la route. Quand elle parvient à la hauteur de la fourgonnette, l'inévitable se produit. La portière latérale coulisse et une poigne de fer l'agrippe et la force à monter. Avant qu'elle ne réalise ce qui lui arrive, le véhicule est déjà loin.

Quand Kireg ouvre les yeux, la seringue repose au creux de sa paume ouverte. Il s'empresse de la fourrer dans sa poche. Un claquement sec le fait sursauter. Mieux vaut déguerpir au plus vite ! Il saute en bas de la camionnette et se réfugie sous la galerie, juste à temps pour voir Doughal et son comparse apparaître dans l'embrasure de la trappe.

— Vers quelle heure dois-tu livrer la marchandise ? s'enquiert Ismaël en se rongeant les ongles.

— Dans la nuit de vendredi à samedi, répond Doughal en rabattant les volets de bois qui ferment l'accès à la cave.

— Tu veux que je continue de recruter ?

— Oui. Mais attention ! Pas de mauvaises surprises, cette fois…

— T'inquiète.

Sans rien ajouter, le plus jeune des deux hommes referme le hayon arrière avant de s'installer au volant de la fourgonnette et de démarrer.

Pendant que le véhicule disparaît à l'angle de la maison, Doughal s'accroupit pour replacer la chaîne et verrouiller le cadenas interdisant l'accès à la cave. Kireg cesse aussitôt de respirer. Si son voisin relève la tête, il est foutu. Il se trouve directement dans son champ de vision. Quand Doughal se redresse enfin, le jeune garçon pousse un soupir de soulagement.

Doughal ne s'attarde pas bien longtemps dehors après le départ de son comparse. Dès qu'il tourne le coin de la maison, Kireg rampe pour sortir de sous la galerie. Dans sa précipitation, il s'écorche accidentellement la jambe sur un clou rouillé qui dépasse d'une planche. Il blêmit en voyant les rebords déchirés de son jean s'imbiber de rouge. Ses jambes deviennent molles comme du coton.

Kireg essaie de se calmer. Ce n'est ni le moment, ni l'endroit pour paniquer ! En prenant appui sur un pilier du balcon, il se redresse. C'est alors qu'il aperçoit le contenant de peinture. « Heureusement qu'ils n'ont rien vu, songe-t-il avec soulagement. Il s'en est fallu de peu, tout de même ! »

— Kireg ! s'écrie Joseph en apercevant son frère dans l'embrasure de la porte.

Alerté par le timbre de voix de son grand garçon, Léonore accourt dans la cuisine. Kireg est aussi blême que le torchon à vaisselle qu'elle javellise tous les jours. Son pantalon est déchiré, maculé de boue… et de sang coagulé.

— Tu veux bien me dire ce qui t'a mis dans cet état ? s'enquiert-elle en se précipitant pour l'aider à s'asseoir.

— Je me suis écorché la jambe sur un clou, répond Kireg.

Léonore s'accroupit pour inspecter la blessure.

— Aide-le à enlever son pantalon, Joseph. Je vais aller chercher la trousse de premiers soins dans la salle de bain.

Joseph obtempère.

— Doughal mijote quelque chose de louche, lui murmure Kireg à l'oreille. J'ai surpris une conversation…

— Chut ! l'enjoint Joseph. Maman revient.

Léonore dépose le nécessaire sur la table de la cuisine et approche une chaise. Elle imbibe un tampon de liquide désinfectant et nettoie les rebords de la plaie. Au contact de l'antiseptique, Kireg tressaute et détourne la tête.

— L'entaille est assez profonde ! lance Léonore.

Elle applique délicatement une couche de crème antibiotique avant de terminer avec un pansement.

— Voilà !

Kireg soupire de soulagement.

— Tu veux bien aider ton frère à monter dans sa chambre, Joseph ! Et toi…

Léonore pointe un index menaçant sur son fils estropié.

— Repos jusqu'au souper ! Compris ?

— Oui, maman.

Une fois dans sa chambre, Kireg s'affale sur son lit et raconte en détail à son grand frère ce qui s'est passé chez les Breenan, y compris sa vision.

— Je n'en reviens pas ! s'exclame Joseph en se frottant le menton. Et tu dis qu'il doit livrer la marchandise tôt demain matin ? Tu crois qu'il peut s'agir de…

— De filles ? termine Kireg à sa place. Oui. Et ce n'est pas tout, j'ai trouvé ça dans la camionnette.

Kireg ouvre la main.

— Une seringue ? Tu penses qu'il drogue ses victimes ?

— Aucun doute là-dessus !

— Attends un peu ! Ça veut dire que Doughal serait impliqué dans toutes ces histoires d'enlèvements ?

— Chut ! Baisse le ton ! Ce n'est pas ce que j'ai dit, réplique vivement Kireg. Je n'ai aucune preuve, que des visions !

— Il faut absolument en parler à la police.

— Non ! rétorque vertement Kireg. Tu sais comme moi qu'ils ne peuvent rien faire ! Personne ne peut être accusé à partir de simples visions.

— Dans ce cas, on devrait peut-être organiser une petite visite de reconnaissance, histoire de récolter quelques indices justement…

— Es-tu fou ? S'il nous surprend, on n'est pas mieux que morts !

Joseph réfléchit.

— Doughal travaille de nuit, non ?

— Et toi aussi, à ce que je sache ! réplique platement son frère.

— Je suis en congé demain soir…

— N'y pense même pas ! Et de toute façon, l'accès à la cave est fermé par une chaîne et un cadenas.

— Pas de problème ! J'ai tout ce qu'il faut.

— Tu es complètement cinglé, Joseph, tu sais ça ?

— Merci pour le compliment ! Dois-je comprendre que tu te dégonfles ?

Kireg ne répond pas. N'importe où ailleurs, il aurait sauté sur l'occasion, mais pas chez Doughal Breenan. Ce fou furieux lui donne froid dans le dos.

— Si tu préfères, on pourrait y aller ce soir, poursuit Joseph. Avant qu'il ne se débarrasse des filles. Je pourrais me faire remplacer au travail.

— Non ! C'est trop risqué ! décrète finalement Kireg. Je ne te l'ai jamais dit, mais j'ai déjà eu un… problème avec Doughal.

Kireg lui raconte l'incident survenu il y a deux ans.

— Pourquoi ne m'en as-tu jamais parlé ? Je serais allé lui régler son compte à ce grand fainéant !

— C'est précisément ce que j'ai voulu éviter. Et maintenant que j'en sais plus sur lui, je n'ai vraiment pas le goût d'aller me foutre dans ses pattes. Ce type est un malade. Un vrai psychopathe !

— On ne part pas en guerre contre lui, Kireg, on va juste voir ce qu'il manigance.

Kireg réfléchit un moment avant de reprendre la parole.

— D'accord. Mais on jette seulement un coup d'œil et on s'en va…

Chapitre 7
L'HOSPICE

Debout au milieu de la pièce, Alfred ose à peine respirer tant la douleur est intense. Comme si sa cage thoracique était soudain prise dans un étau. Le mal irradie jusque dans son dos, ses épaules, sa mâchoire, son bras et sa main gauche. Sur le point de défaillir, il se rattrape de justesse aux montants du lit. Il voudrait appeler à l'aide, crier aux anges qui se pressent dans sa chambre que son heure n'est pas venue, mais son vieux corps ne répond plus aux commandes de son cerveau. Le pauvre se retrouve face à son pire cauchemar. Il va mourir sans avoir terminé sa mission. Alfred était pourtant certain, après avoir rencontré l'Élue, qu'on lui permettrait de rester jusqu'à la fin de son mandat.

Qui a changé les règles ? Le vieil homme n'en sait trop rien. Mais sa vie lui échappe, il le sent. De toutes ses forces, il lutte et résiste à la mort. Malgré son acharnement à vouloir rester, son âme quitte progressivement son corps. Ses membres s'engourdissent, figés et raidis par l'affaiblissement de son cœur. Ses jambes ne le supportant plus, il trébuche et s'affale par terre. « Quelle fin décevante, songe-t-il en sombrant de plus en plus dans l'inconscience, avoir vécu si longtemps et devoir partir si près du but. »

Leyla est étourdie. Pendant que sa voiture dérapait sur la route 231, entre Orseille et Sionrah, sa tête a violemment heurté la vitre de côté. Heureusement, quelqu'un qui avait vu l'accident se produire s'est arrêté pour lui porter secours.

— Vous n'avez rien, mademoiselle ? demande-t-il en ouvrant la portière.

— Ça va. Je suis juste un peu sonnée.

— J'ai pris en note le numéro de plaque du chauffard. Vous devriez porter plainte !

— Oui. Je le ferai, merci.

Leyla tente de redémarrer le moteur de sa voiture.

— Je pense sérieusement que vous devriez attendre les secours, insiste encore l'homme aux tempes grisonnantes. Ils sont en route, je les ai joints il y a quelques minutes.

— Écoutez, monsieur…

— Brown, Ainsley Brown.

— J'apprécie énormément votre aide, monsieur Brown, mais je dois partir immédiatement. Un de mes amis a… Il est peut-être même déjà trop tard…

L'homme perçoit l'accent de détresse dans la voix de Leyla.

— Laissez-moi vous aider ! propose-t-il, tout sourire. Ma voiture est là-haut. Je vais vous conduire. Mon fils attendra la dépanneuse à votre place. Où demeure votre ami ?

— À l'hospice de Sionrah.

Encore trop hébétée, Leyla se laisse entraîner par cet homme raffiné, richement vêtu. Pendant le trajet, elle reste silencieuse. Il faut dire que le cinquantenaire n'est pas très bavard lui non plus. Les seules paroles qu'ils échangent sont leurs noms et prénoms respectifs ainsi que leur numéro de téléphone, de façon que Leyla sache où récupérer sa voiture. Arrivé à destination, Ainsley Brown lui remet un bout de papier.

— Le numéro d'immatriculation de la fourgonnette. Ne laissez pas ce type s'en tirer comme ça.

Leyla tend la main pour prendre le carré de papier déchiré.

— Déclarez l'incident aux policiers…

— Promis.

Quand Maud reprend connaissance, elle est allongée sur le sol, chevilles attachées et poignets liés dans le dos. Ses agresseurs l'ont abandonnée dans un entrepôt désaffecté, un bâillon sur la bouche. Plusieurs carreaux sont brisés et il flotte une odeur âcre de poussière métallique et de polluants chimiques. Quelques fluorescents jettent un éclairage blafard sur des murs sales couverts de graffitis obscènes. Trois crochets de boucher sont suspendus à un rail, au plafond, au-dessus d'une mare de sang à peine séché.

Maud a terriblement mal à la tête. Probablement un des effets secondaires du gaz anesthésiant. Elle prendrait volontiers quelques comprimés d'aspirine. Une raideur dans ses membres inférieurs l'empêche de se concentrer sur sa situation précaire.

Le jour décline. Depuis combien de temps est-elle retenue prisonnière ? Si seulement elle pouvait voir sa montre… Un bruit à l'extérieur du bâtiment attire soudain son attention. Une voiture vient de se garer devant l'édifice. Une portière claque. Des chiens aboient. Avant qu'elle ne réalise ce qui se passe, la porte de l'entrepôt s'ouvre à la volée et trois dobermans s'élancent vers elle, tous crocs dehors.

Cinq heures du matin. Le ciel commence à s'éclaircir. Le paysage sépia retrouve peu à peu sa coloration naturelle. Encore dans un état comateux, Ryan Picot actionne machinalement son clignotant pour tourner dans le stationnement du Café des Terrasses. Il gare sa vieille Renault 5 à côté de la superbe Mercedes cabriolet, qui n'a pas bougé depuis deux jours.

D'ailleurs, Ryan s'étonne de la voir encore là. Il s'approche du véhicule et, les mains en visière, jette un coup d'œil à l'intérieur. Garniture en fibres de carbone, sièges en cuir capitonné, volant sport multifonction, pommeau de vitesse gainé de cuir, système GPS, radio satellite… « Qui peut être assez con pour laisser traîner un bijou pareil dans un stationnement désert ? rumine-t-il en se redressant. De toute évidence, quelqu'un qui a les moyens de s'en payer un autre ! »

Même en économisant toute sa vie, Ryan ne pourrait jamais s'offrir une voiture aussi luxueuse, à moins de gagner à la loterie ! Tout en se dirigeant vers la porte réservée aux employés, il se dit que si la voiture est encore là ce soir, à la fermeture, il contactera les policiers. D'ici là, une montagne de boulot l'attend.

Une fois à l'hospice, Leyla traverse la réception en courant sans même jeter un regard à la secrétaire qui s'offusque de son irruption en lui chantant des bêtises. Au fond de la salle, elle bifurque à gauche pour rejoindre l'aile ouest. Le couloir est désert. Les employés de jour ont déjà quitté les lieux et ceux qui travaillent le soir n'ont pas encore entamé leur quart. Une plage horaire où les services aux bénéficiaires sont plus restreints. De plus en plus inquiète, Leyla grimpe les marches deux à deux et fonce directement à la chambre d'Alfred. En ouvrant la porte, elle aperçoit le vieil homme qui gît par terre, inconscient. Elle s'approche, il ne respire plus. Paniquée, elle presse à plusieurs reprises le bouton rouge accroché aux montants du lit et court dans le corridor, à la recherche de quelqu'un qui pourrait l'aider. Deux interminables minutes s'écoulent avant qu'elle ne rencontre enfin une infirmière. Leyla l'attrape par le bras et l'entraîne jusqu'à la chambre.

— Depuis quand est-il ainsi ? s'informe cette dernière en s'agenouillant près du vieil homme, pour noter ses signes vitaux.

Visiblement confuse, Leyla met quelques secondes avant de répondre.

— Je… je ne sais pas. J'ai téléphoné il y a environ une heure pour vous avertir, mais la réceptionniste m'a raccroché au nez. Quand je suis arrivée, monsieur Bartholdi était dans cet état.

— Retournez dans la salle d'attente, mademoiselle.

Mais Leyla est trop secouée pour consentir. Elle demeure dans l'embrasure de la porte, figée, à regarder l'infirmière qui amorce les manœuvres de réanimation. Une minute plus tard, le médecin arrive à son tour.

— Vous ne pouvez pas rester ici ! déclare-t-il d'un ton autoritaire.

À contrecœur, Leyla se retire.

Elle s'installe plus loin dans le corridor pour surveiller le déroulement des opérations. Mais lorsque les brancardiers repartent avec le corps d'Alfred, Leyla se résigne à regagner la salle d'attente où elle se laisse choir sur une chaise en attendant que le médecin vienne la voir. Ses yeux se remplissent de larmes et sa vue s'embrouille. Elle s'en veut de ne pas être arrivée plus tôt. Qui sait si elle aurait pu sauver son ami ? Elle ne remarque pas la présence des autres visiteurs dans la pièce, ni qu'elle est soudain devenue le centre d'attention. On chuchote, on la dévisage, mais Leyla est trop secouée pour s'en rendre compte.

Une petite fille s'avance vers elle, grimpe sur la chaise d'à côté.

— Pourquoi tu pleures ?

Après quelques secondes, Leyla réalise que c'est à elle que la fillette s'adresse.

— C'est quoi ton nom ? poursuit la gamine. Moi, c'est Sofia.

— Je m'appelle Leyla.

— Ta maman est morte, Leyla ? C'est pour ça que tu pleures ?

— Non, mon cœur, c'est un bon ami à moi qui est très mal en point et je crains de le perdre.

Sofia pose sa petite main potelée sur la joue de Leyla afin d'essuyer une larme.

— Ne sois pas triste. S'il meurt, il va aller au paradis... C'est beau, tu sais, le paradis. C'est plein d'anges avec des ailes. Il y a aussi de la musique, des fleurs et plein de bonbons de toutes les couleurs.

Leyla sourit devant la naïveté de l'enfant.

— ... et quand toi aussi tu seras vieille, ajoute la petite avec conviction, tu iras le rejoindre. Comment il s'appelle, ton ami ?

— Alfred.

— Est-ce qu'il est beaucoup vieux ?

Leyla sourit.

— Très.

— Sofia ! gronde une voix au bout du couloir.

La petite fille saute par terre et regagne sagement sa place.

— Je t'ai déjà demandé de ne pas adresser la parole aux étrangers ! chuchote sa mère en se rapprochant pour que Leyla ne l'entende pas. Surtout pas à la sorcière de Sionrah !

— Elle n'a pourtant pas l'air si méchante, souffle la fillette en enfilant son manteau.

Leyla a l'habitude de ce genre de situation. Les habitants de Sionrah sont méfiants et superstitieux à son égard. Les adultes surtout.

En sortant de l'hospice, Sofia se retourne une dernière fois pour lui adresser un signe discret de la main. Leyla lui sourit en retour.

Une demi-heure plus tard, le médecin du centre lui apprend qu'Alfred a été transféré d'urgence à l'hôpital de Château-Fort. Son état est critique.

— Je suis désolé. J'ai bien peur qu'il ne passe pas la nuit, ajoute le docteur en déposant gentiment une main sur son épaule.

Un soleil de plomb accueille Hogan Rice à sa descente d'autobus. Il dépose son sac de sport, s'allume une cigarette et enlève son blouson de cuir qu'il lance négligemment sur son épaule. De sa main libre, il ajuste ses verres fumés avant de reprendre son sac et de se diriger vers le boulevard du Parc.

Comme Hogan n'a pas de nouvelles de Maud depuis plusieurs jours, il a décidé de lui rendre une petite visite. « Si cette junkie pense pouvoir me doubler sur cette affaire, je lui réserve un chien de ma chienne ! »

Traversant la rue, il vérifie les numéros des trois immeubles d'habitation en briques rouges qui s'enfoncent derrière une plantureuse végétation. Les écouteurs sur les oreilles, la musique à fond, il remonte encore deux pâtés de maisons, bifurque à droite à un nouveau croisement avant de s'arrêter au coin de la rue de la Citière. Au fond d'une ruelle étroite, il aperçoit enfin ce qu'il cherche. Une lueur triomphante s'allume dans ses prunelles de fauve. « Je t'ai retrouvée ! »

Hogan monte l'escalier du porche et frappe trois coups à la porte.

Il n'y a aucun signe de vie à l'intérieur. Hogan toque à nouveau, cette fois avec plus d'ardeur. Une vieille dame apparaît sur le palier du haut.

— Vous voyez bien qu'elle est absente !

Hogan étire le cou pour voir qui parle. Il sursaute. Une grande femme aux cheveux d'un blond fadasse exhibe sous son peignoir empesé des cuisses chargées de cellulite et des seins flasques que son soutien-gorge baleiné arrive à peine à contenir. Une racoleuse de bas étage qui se donne des airs de femme respectable.

— Savez-vous où je peux la trouver ?

— Aucune idée, mon beau !

— Et ça fait longtemps qu'elle est absente ?

La femme hausse les épaules en lui adressant un sourire édenté.

— Mais si tu as besoin de quoi que ce soit…

La femme entrouvre son peignoir.

— Merci quand même !

Hogan s'apprête à s'en aller quand la femme du deuxième le rappelle.

— Laisse-moi ton nom, mon joli, et je lui dirai que tu es passé la voir.

— Ce ne sera pas nécessaire.

De toute façon, Hogan n'a pas l'intention de quitter les lieux sans avoir au moins inspecté l'intérieur. Peut-être trouvera-t-il quelques indices qui le mettront sur une piste… Ça vaut la peine de courir le risque : l'ex-mari de Maud doit bien valoir près de trois millions de dollars ! Ce serait dommage de laisser une somme pareille lui passer sous le nez !

Hogan contourne le bâtiment. Une fois à l'arrière, il sonde la poignée de la porte. C'est fermé. Il passe la main sur le chambranle, regarde sous le paillasson, soulève un vase en céramique renfermant une plante toute rabougrie. « Bingo ! » Il se redresse et insère la clé dans la serrure. Dès qu'il met le pied à l'intérieur, une odeur de pourriture lui monte au nez et lui soulève le cœur.

Chapitre 8
LA MISSION

Plus l'heure approche, plus il est nerveux. Même s'il a échafaudé un plan d'action minutieux, un imprévu pourrait survenir à tout moment. Sa jambe l'élance encore, là où le clou a déchiré la chair, mais la sensation de brûlure et de picotement a presque disparu. La crème antiseptique a fait son effet. Il peut maintenant marcher sans boitiller.

Debout près de la fenêtre, Kireg étire à nouveau le cou pour apercevoir l'allée des Breenan. Depuis le départ de Doughal, peu après vingt-deux heures, il a dû vérifier une bonne trentaine de fois que celui-ci avait bel et bien quitté la maison. Incapable de rester en place, il recommence à faire les cent pas dans sa chambre.

Kireg a d'ailleurs passé une bonne partie de la soirée à se morfondre en imaginant les pires scénarios. Son voisin Doughal pourrait décider au dernier moment de ne pas aller travailler, ou pire encore, de revenir plus tôt que prévu et les surprendre en flagrant délit. Peut-être même a-t-il déjà posté quelqu'un pour surveiller la maison… Sa mère ? Cette éventualité lui semble plausible. La vieille madame Breenan habite encore avec lui. Et si elle décidait d'appeler la police…

« Non, non, non ! se répète Kireg, je dois arrêter de penser à ce qui pourrait arriver de pire ! Tout va bien aller. » Il prend une grande inspiration pour calmer l'angoisse qui lui noue les entrailles.

Kireg a rarement été aussi anxieux. Avoir su, s'introduire par effraction dans la maison d'un psychopathe aurait fait partie de la liste des choses qu'il s'était juré de ne jamais faire, comme de sauter en bungee ou de descendre dans une mine à mille mètres sous terre. Ce genre de sensation forte n'est pas pour lui. Kireg jette un coup d'œil à sa montre. « Nom d'un chien ! murmure-t-il en sentant son cœur s'emballer, il est presque vingt-trois heures. » Encore une fois, il se force à ralentir sa respiration. « Je devrais peut-être me mettre au yoga ! Avec tout ce qui se passe, je risque d'en avoir besoin pour me calmer. »

Vingt-trois heures douze. Kireg tente de se convaincre que ce qu'il s'apprête à faire est justifié, que leur intervention va peut-être même sauver des vies. Cette pensée le rassérène et il reprend petit à petit le contrôle de ses émotions. Le bip discret qu'émet sa montre lui annonce que le temps est venu de se préparer. Kireg ouvre fébrilement sa penderie et sort au hasard quelques vêtements aux couleurs sombres. Il enfile un jean, passe son chandail de coton ouaté par-dessus son t-shirt et chausse une vieille paire d'espadrilles. Il fouille ensuite sous son matelas pour reprendre la paire de gants en latex qu'il a dérobés dans la trousse de secours. Les nerfs aussi tendus que des cordes de violon, il tourne la poignée et pousse la porte qui s'ouvre en grinçant. Kireg se maudit de ne pas avoir songé à ce détail. Il retient sa respiration et tend l'oreille. La maison est parfaitement silencieuse. Il attend encore quelques secondes pour être sûr que tout le monde dort à poings fermés avant de s'attaquer à l'escalier. S'il évite la troisième marche, qui craque chaque fois qu'on pose le pied dessus, il atteindra le sous-sol sans que personne s'en rende compte.

Une fois devant la chambre de Joseph, Kireg se fige dans l'embrasure de la porte. Un véritable arsenal est étendu sur l'édredon : tournevis électrique, petit marteau, clé à molette, cordes en nylon, flasque d'huile végétale, bombonne aérosol de poivre de Cayenne, gaz butane, gants de caoutchouc, appareil photo numérique et… couteau de cuisine.

— Mais qu'est-ce que tu vas faire avec tout ça ? panique Kireg en s'approchant du lit.

— C'est juste au cas où. T'inquiète ! On n'aura probablement pas besoin de toutes ces choses !

Kireg saisit le couteau.

— C'est celui de maman, non ?

Joseph hoche distraitement la tête en finissant de s'habiller.

— Elle va te tuer si elle apprend que tu as tranché autre chose que de la viande avec son couteau préféré ! Elle ne veut même pas que Rowenna s'en serve pour tailler les légumes.

— Elle n'a pas besoin de le savoir ! lance Joseph en lui balançant un sac de sport. Tu veux bien mettre tout ça là-dedans ?

Kireg obtempère en se disant que son frère est plus parano que lui.

— Ça y est ! Tu es prêt ? s'informe Joseph en enfilant sa cagoule.

Kireg hésite.

— Madame Breenan ne dort peut-être pas encore… Doughal est parti depuis seulement une heure !

— Ne me dis pas que tu as peur d'une pauvre vieille ! réplique Joseph pour le taquiner.

Dans un effort pour paraître détaché, Kireg esquisse un sourire.

— Moi ? Peur ? Pfft !

— Alors, allons-y !

Le cœur battant, Kireg emboîte le pas à son frère.

Heureusement, le ciel nocturne est chargé de nuages, donc pas d'étoiles et pas de pleine lune. Il fait noir comme chez le loup.

Les deux frères contournent la clôture par le fond de la cour et s'empressent de se mettre à l'abri derrière le fouillis de mauvaises herbes.

De là, Kireg peut voir madame Flanagan dans sa chaise berçante qui écoute la télévision.

— Tu es prêt ? murmure Joseph en sortant ses outils.

Kireg remonte le capuchon sur sa tête et traverse l'éclaircie pour se planter au coin de la maison. Pendant que Joseph trafique le cadenas de la cave, il monte la garde. Joseph fait signe à Kireg de le rejoindre. Il a retiré la chaîne et ouvert les battants de bois. Les deux frères s'introduisent dans la trappe et descendent les huit marches de béton mangé par le chiendent. Au bas de l'escalier, une autre porte, en métal cette fois, leur barre la route.

— Eh merde ! Je n'ai jamais vu une serrure aussi complexe, murmure Joseph pour lui-même. Je ne suis pas sûr de parvenir à l'ouvrir.

— Comment ça ? s'énerve Kireg. Tu avais dit qu'il n'y aurait pas de problème ! Ça commence drôlement mal ! On devrait peut-être abandonner tout de suite avant…

— Cesse donc de jouer les pessimistes ! coupe Joseph. On est à l'abri des regards, ici, c'est déjà ça.

« Maigre consolation », murmure Kireg en pianotant sur sa cuisse. Après plusieurs minutes de vaines tentatives, Joseph se résigne.

— Je vais passer par devant. Attends-moi ici.

— Tu es complètement débile ou quoi ? éclate Kireg. Madame Flanagan ne dort pas ! J'ai vu de la lumière à sa fenêtre tout à l'heure ! Indiscrète comme elle l'est, cette vieille fouine va certainement se rendre compte de quelque chose !

— Ne t'inquiète pas pour ça, petit frère, je trouverai bien un moyen de lui passer sous le nez ! Je t'ouvrirai la porte de l'intérieur.

— Non, Joseph ! C'est trop dangereux ! Il faut revoir notre plan…

— C'est ce soir ou jamais, Kireg ! Il faut agir avant qu'il n'efface les preuves.

— On devrait peut-être laisser la police faire son boulot…

— Je te rappelle, monsieur « je me dégonfle », que c'est toi qui refuses de leur en parler.

— C'est parce qu'on n'a pas de preuves… se défend Kireg.

— Eh bien ! C'est précisément ce qu'on est venu chercher, des preuves. Il ne faut pas abandonner maintenant, on touche presque au but ! On se retrouve dans quelques minutes.

Joseph remet sa cagoule et disparaît en haut des marches.

Après dix interminables minutes, Kireg ne tient plus en place. « Joseph a certainement rencontré des ennuis pour être aussi long », se dit-il en promenant ses mains sur les murs de béton de l'entrée de la cave pour tenter de découvrir quelque chose mais les résultats ne sont guère concluants. Comme il s'apprête à abandonner, un bruit de métal le fait bondir en arrière. Son cœur s'emballe et ses jambes manquent de se dérober sous lui. Il recule dans un coin sombre et retient sa respiration. La porte s'ouvre doucement et Joseph apparaît dans l'embrasure, la cagoule remontée au sommet de la tête.

Kireg sort de l'ombre.

— Tu m'as fichu une de ces trouilles, soupire-t-il. J'ai cru un instant que tu t'étais fait prendre !

— Petite complication…

En apercevant la tête que fait son frère, Joseph s'empresse d'ajouter:

— … Rien de grave, rassure-toi ! Je te raconterai tout ça en détail tout à l'heure. Allez ! Entre.

Les membres inférieurs encore flageolants, Kireg enjambe le seuil.

— Je n'ai rien remarqué de louche, poursuit son frère à voix basse. Il cache peut-être les filles au rez-de-chaussée… ou encore dans une chambre, à l'étage ! Je crois que je vais aller y jeter un coup d'œil pendant que tu explores le sous-sol !

— Pas question ! proteste vivement Kireg.

Joseph se retourne, surpris par le timbre de voix de son frère.

— On s'en tient au plan ! rugit Kireg. Tu n'as pas l'air de te rendre compte que nous risquons la prison si quelqu'un nous surprend ! Bon, je vais toucher à tout ce foutu bazar et voir ce qu'il advient. Ensuite, on dégage avant que maman ne s'aperçoive de notre disparition.

En portant des gants de latex, Kireg ne risque pas de laisser ses empreintes partout, mais il ne ressent pas non plus la vibration des objets. « Tant pis pour l'anonymat », songe-t-il en retirant ses gants.

— Qu'est-ce que tu fous ? aboie son frère en le voyant faire. Tu vas laisser des empreintes partout !

— Je dois toucher les objets avec mes doigts, Joseph, sinon ça ne fonctionne pas.

— Tu as trouvé quelque chose ?

— Non, rien. Et si tu arrêtais de me déconcentrer, peut-être que mon pouvoir serait plus efficace, réplique Kireg.

Après une minute à regarder son frère essayer d'entrer en contact avec les objets, Joseph trépigne d'impatience. Il jette un coup d'œil à sa montre. « Il faut fouiller plus vite. On n'aura pas de seconde chance », se dit-il. Pendant que Kireg examine une lampe, Joseph s'esquive sans faire de bruit et part explorer le rez-de-chaussée.

Kireg s'approche d'une étagère de métal sur laquelle repose une boîte de vieux journaux ainsi que toute une panoplie d'objets disparates. Il effleure le papier journal, touche les gallons de peinture, tâte les bouts de bois et de métal, les morceaux de céramique, les caisses de fils électriques ainsi que les outils éparpillés sur les tablettes. L'épaisse couche de poussière lui chatouille le nez. Au moment d'éternuer, il plonge son visage au creux de son coude pour étouffer le son.

Un bruit de pas résonne à l'étage au-dessus de lui. Kireg sursaute. Un bocal lui glisse des mains et se fracasse sur le béton. Le mouvement cesse aussitôt au rez-de-chaussée. Figé sur place, le regard de Kireg passe des débris de verre à l'escalier.

Puis tout s'enchaîne rapidement. La porte s'ouvre en haut des marches et une silhouette apparaît dans l'escalier. Kireg plonge derrière le vieux sofa tandis qu'un faisceau de lumière parcourt la pièce.

— Kireg ? chuchote Joseph en éclairant avec sa lampe de poche.

— Abruti ! J'ai failli mourir d'une crise cardiaque, répond Kireg en sortant de sa cachette. J'ai cru que Doughal était revenu ! Mais qu'est-ce que tu faisais là-haut ?

— La même chose que toi ! Mais je n'ai rien découvert d'intéressant, à part peut-être le fait que la pharmacie est remplie de médicaments. C'était quoi ce vacarme ?

— Un pot m'a glissé des mains.

Kireg désigne les morceaux de verre éparpillés sur le sol.

— Tu as du nouveau ? demande encore Joseph.

— Non.

Kireg s'accroupit pour ramasser les débris qu'il glisse au fur et à mesure dans sa poche en faisant bien attention de ne pas se couper.

— J'espère que Doughal ne se rendra compte de rien.

Comme Kireg termine sa phrase, il aperçoit, au milieu des éclats de verre, un objet métallique.

— Joseph ! Regarde ! Une clé…

Joseph se penche à son tour.

— Je me demande ce qu'elle ouvre ?

Au moment où les doigts de Kireg entrent en contact avec le métal froid, sa vision se brouille et tout devient noir.

Chapitre 9
CONFÉRENCE DE PRESSE

L'hôtel Marriott, situé à proximité de la colline parlementaire, accueille cet après-midi un point de presse donné par le très controversé ministre de la santé, Daveth Carrey. Il doit s'adresser aux journalistes concernant l'accusation qui a été portée contre lui d'avoir généreusement garni les coffres de la firme de biotechnologie Movidas, une société qui détient les brevets de fabrication de Balise, une micropuce encapsulée dans du verre biocompatible et injectable dans le corps humain. Le bruit qui court fait mention d'une somme frôlant les deux milliards de dollars. Il est vrai que les rumeurs qui entourent ce dossier incitent à la prudence. Des membres de l'opposition lui reprochent également de se servir de sa position au sein du gouvernement pour promouvoir la puce à des fins autres que médicales.

Une flopée de journalistes attendent déjà que débute la conférence. Nancy Riopelle, reporter chez *Primeur*, a convaincu son rédacteur en chef de lui confier l'affectation. Elle s'est installée au premier rang. Elle ne veut rien manquer du discours, mais surtout, elle compte bien éclaircir certains points concernant un autre dossier.

Carrey a dix minutes de retard. La foule commence à s'impatienter. L'attachée de presse du ministre, une blonde malingre au visage anguleux, entre dans la salle et monte sur la tribune. Elle déclare que le ministre Carrey est bloqué dans la circulation, mais qu'il sera là d'une minute à l'autre. Une rumeur de mécontentement monte dans l'assistance. L'index sur son oreillette, elle lève la main pour faire taire les journalistes.

— On m'annonce à l'instant que le ministre vient de passer les portes de l'hôtel.

Nancy sort de son sac à main un magnétophone et le dépose sur ses genoux. Il s'écoule encore plusieurs minutes avant que Carrey n'entre dans la salle.

Grand orateur, Daveth Carrey a la réputation de subjuguer son auditoire, mais ses discours sont souvent vides de sens et s'emploient à cacher la plupart du temps ses véritables intentions. Nancy n'a jamais saisi la fascination du public pour ce politicien. Pour elle, Carrey a beau être charismatique, il est avant tout un maître de la tromperie et de la dissimulation. Il ne lui reste qu'à trouver les preuves pour étayer son sentiment.

Affichant une assurance imperturbable, le ministre entre dans la salle. Il lève les bras en guise de salut tout en se dirigeant d'un pas décidé vers la tribune.

— Désolé pour le retard ! dit-il en se penchant vers le micro. Cette ville est un véritable parc de stationnement ! Rappelez-moi d'en glisser un mot au ministre des transports ! Merci, Rachelle.

La jeune relationniste s'esquive discrètement à l'arrière de la scène pendant que Daveth Carrey entame son allocution. Au bout d'une demi-heure, il s'interrompt pour répondre à une première série de questions.

— Vous ne réfutez donc pas avoir versé une somme importante, près de deux milliards si les chiffres sont exacts, à la firme Movidas pour le développement de la micropuce ? demande un journaliste, de l'arrière de la salle.

— Pas du tout ! réplique aussitôt le ministre, visiblement content que la question lui soit posée. La micropuce fait partie des technologies de l'avenir vers lesquelles nous devons nous tourner. Actuellement, vous pouvez faire implanter vos animaux domestiques. Si votre chien s'égare et ne porte pas sa médaille, il sera peut-être recueilli par une société protectrice. L'agent utilisera alors un scanneur pour vérifier si la bête est dotée d'une micropuce sous-cutanée. Si c'est le cas, il contactera la base de données qui joindra aussitôt le propriétaire.

— La puce n'est donc pas destinée aux humains..., lance la reporter du *Times*.

— Elle est actuellement en phase d'expérimentation sur des prisonniers incarcérés dans des établissements de haute sécurité.

— Aux États-Unis, intervient un homme à côté de Nancy, il est possible de se faire implanter une puce. Qu'avez-vous à dire là-dessus ?

— Rien. Cette implantation est faite sur une base volontaire, non ?

— La micropuce a déjà été implantée sur des militaires et des employés du gouvernement lors de la guerre du Golfe, lance à son tour Nancy. Vous voudriez nous faire croire que tous ces gens étaient consentants ? N'est-ce pas le but ultime de l'Ordre d'implanter tout le monde ?

Un murmure de surprise parcourt alors la salle.

— Quel Ordre ? rétorque le journaliste à côté d'elle.

Nancy l'ignore, trop concentrée sur son plan d'action. Le ministre Carrey esquive habilement la question.

— Vous travaillez pour *Primeur*, n'est-ce pas ? Un journal d'une grande rigueur qui s'ingénie à publier des articles avec du... contenu, dit-il sur un ton ironique. Vous cherchez quoi en venant ici ? À vendre une autre de vos insanités ?

— Dois-je comprendre que vous êtes en train de nier les faits ? réplique Nancy tout en restant polie.

— Je n'ai rien à déclarer à votre feuille de chou. Maintenant, si un autre journaliste a une question, je serai heureux d'y répondre.

Les yeux du ministre Carrey sont braqués sur elle, la dévisageant avec animosité. Sous ce regard inquisiteur, Nancy sent son assurance faiblir. Elle maudit intérieurement le pouvoir de cet homme.

— *Primeur* est un journal tout ce qu'il y a de plus sérieux, monsieur le ministre, déclare Nancy. Je vous repose donc ma question…

Elle est aussitôt interrompue par Carrey.

— Vous n'avez pas à me la reposer, j'y ai déjà répondu !

Devant la colère silencieuse du ministre, Nancy change son angle d'attaque.

— Vous voulez bien nous dire quelques mots sur le projet Binaire ? N'est-il pas vrai que ce projet est en fait une extension d'Obédience, qui a battu son plein dans les années soixante ?

Tout le monde dans la salle s'est tu, conscient de la joute oratoire qui s'est engagée entre les deux parties. Une sourde fureur brille dans les yeux du ministre. Nancy en a la chair de poule. Sentant peser sur elle le regard de ses pairs, elle se dit que sa carrière est également en jeu. Sa situation est précaire, elle marche sur des œufs. « Attention, Nancy, songe-t-elle en soutenant son regard, cet homme est dangereux ! » Le ministre se décide enfin à prendre la parole.

— Vous faites preuve d'une imbécillité ridicule, mademoiselle ! rétorque-t-il d'une voix cinglante.

— Je n'accepterai pas que vous m'insultiez ! proteste Nancy avec véhémence.

— N'ayez crainte ! Vous vous humiliez très bien vous-même, mademoiselle. D'ailleurs, si mon discours vous indispose à ce point, vous pouvez quitter la salle. Ce ne sera pas une grande perte, je vous l'assure. Revenez nous voir quand vous aurez compris ce qu'est votre travail.

Quelques ricanements mesquins éclatent dans l'assistance, vite remplacés par un sentiment d'indignation. Sans rien ajouter, Nancy ramasse ses affaires et tourne les talons. De toute façon, son but est atteint. Même si le ministre Carrey n'a pas répondu à ses questions, elle est tout de même parvenue à l'ébranler, à le faire sortir de ses gonds et cela, tous les journalistes présents l'ont remarqué.

Chapitre 10
LA CONSPIRATION

La chambre dans laquelle monsieur Bartholdi a été transféré est située au deuxième étage de l'hôpital de Château-Fort, dans l'unité des soins intensifs. Le cardiologue n'est guère plus optimiste que le médecin du centre de retraite. Le cœur du vieil homme a été considérablement affaibli par l'infarctus.

« Quelle ironie ! » songe Leyla, accablée par la douleur. Ses deux seuls amis sont maintenant en danger de mort, et ce, dans le même hôpital où elle a failli perdre sa sœur à peine quelques mois plus tôt !

Leyla n'est autorisée à voir le vieil homme que très tard en soirée. Lorsqu'elle entre dans sa chambre, elle sent son cœur se serrer dans sa poitrine. Le vieil homme est intubé et sous respirateur. Il est branché à plusieurs appareils, les mêmes auxquels Mégane était reliée lorsqu'elle a été hospitalisée après avoir été happée de plein fouet par un chauffard. Le choc avait été si violent qu'elle était passée à un cheveu de mourir.

Comme Leyla s'approche du lit d'Alfred, une idée lui traverse l'esprit. Elle embrasse son vieil ami sur le front et lui adresse quelques mots d'encouragement avant de ressortir dans le couloir. Une fois à l'extérieur de l'hôpital, elle compose sur son téléphone portable le numéro de la maison.

— Allo ! Mégane ?

— Leyla ! Où étais-tu ? Je commençais vraiment à…

— Alfred a fait un arrêt cardiaque ! l'interrompt Leyla avant qu'elle ne termine sa phrase. Il a été admis aux soins intensifs de l'hôpital de Château-Fort. Il ne va pas bien du tout. Les médecins disent qu'il ne passera pas la nuit.

— Pauvre Alfred, c'est terrible !

— Je sais qu'il est tard, poursuit Leyla, mais est-ce que tu pourrais venir me rejoindre ? Peut-être qu'avec tes dons tu parviendrais…

— Je ne sais pas, coupe aussitôt Mégane qui voit tout de suite où sa sœur veut en venir. Alfred est vieux… Peut-être que le temps est venu pour lui de quitter ce monde.

— Non, Mégane ! Il ne peut pas partir maintenant ! Pas avant de m'avoir dit ce qu'il sait. Alfred est le dernier messager. Je t'en prie…

Mégane réfléchit.

— D'accord. Je vais passer le voir. Mais je t'avertis tout de suite, j'interviendrai seulement, et je dis bien seulement, si son âme le permet. En revanche, si son heure est venue, je veux que tu me promettes de le laisser partir.

— Tout ce que tu veux, Mégane. Je t'attendrai dans le hall. À tout à l'heure.

Mégane n'a aucun moyen de transport et il n'y a plus d'autobus de ville à cette heure tardive. Comme l'hôpital est loin de la maison, elle décide d'appeler un taxi. Lorsque le chauffeur la dépose, Leyla court à sa rencontre pour payer la note.

— Merci d'avoir fait aussi vite, Mégane.

Leyla entraîne sa sœur dans son sillage à travers un dédale de couloirs. Elles rejoignent l'unité des soins intensifs en empruntant l'escalier plutôt que l'ascenseur. Leyla entre la première dans la chambre et retient la porte pour que Mégane y pénètre à son tour, mais celle-ci s'arrête dans l'embrasure.

— Il est peut-être trop tard, Leyla. Il y a déjà toute une légion d'anges dans la pièce qui attendent d'accompagner Alfred.

Complètement anéantie, Leyla s'effondre sur la chaise.

— Je vais quand même questionner son âme, ajoute Mégane pour l'encourager, tout n'est peut-être pas perdu !

Mégane soulève la main d'Alfred et la presse délicatement entre les siennes. Elle ferme les yeux. Les doigts du vieil homme sont déjà froids et commencent à perdre de leur coloration.

Une première entité se fait sentir, sa présence est glaciale et morbide. Mégane est secouée de se retrouver face à la Mort.

« Tu ne dois pas prolonger indûment les souffrances de cet homme. Mais tant qu'il respire, il possède le libre arbitre. Je me conformerai donc à ses désirs. Tu peux sonder son âme, Mégane Wallace. »

Dans les ténèbres engendrées par la Mort, une lumière se manifeste et repousse doucement la flétrissure de la Grande Faucheuse. Une vieille femme aux cheveux argentés prend soudain forme. Mégane est un peu surprise. Normalement, l'âme est seule à se prononcer et les autres entités se plient à sa volonté. La vieille dame est vêtue de loques et marche en s'appuyant sur une canne en or massif, incrustée de pierres précieuses. Les orbites de ses yeux sont vides et creuses. Deux cicatrices referment ses paupières mutilées. L'aveugle s'adresse à elle avec beaucoup de déférence.

« Je suis Bramah Voldar, première de la lignée des messagers du temps. Après moi, seize autres mages se sont incarnés sur Terre afin de préserver la connaissance pour l'Élue. Alfred est le dernier de ces gardiens détenteurs du savoir oublié de tous. Avant de regagner les royaumes de Lumière, il doit transmettre les sept clés à votre sœur, celles dont elle aura besoin pour mener à bien sa périlleuse mission. Si je viens vers toi ce soir, Mégane, c'est que le cours des événements a été modifié par les forces de l'ombre. Alfred Bartholdi doit survivre à cette attaque. »

Leyla ne tient plus en place. Pourquoi est-ce aussi long ? Elle n'ose cependant pas déranger Mégane qui a l'air très concentrée.

Mégane pose sa main droite sur le torse d'Alfred. Elle s'attend à une nouvelle intervention des anges, mais ceux-ci se sont retirés derrière elle. Elle sent dans leur silence un accord tacite, tous semblent souhaiter qu'elle use de son pouvoir et intercède en faveur du vieil homme. Elle comprend qu'Alfred ne doit pas mourir maintenant. Mégane lui pose alors mentalement la question :

« Alfred, souffle-t-elle, c'est Mégane, Mégane Wallace. J'ai le pouvoir de vous guérir, si votre âme le permet. Acceptez-vous mon aide ? Acceptez-vous que je soigne votre cœur ? »

Quelques secondes s'écoulent avant qu'elle ne perçoive la voix du vieil homme.

« Oui, mademoiselle Wallace, vous pouvez guérir mon corps, et tout ce que vous voudrez tant qu'à y être ! Mais seulement parce que je ne dois pas faillir à ma mission. »

Mégane se tourne ensuite vers Leyla, demeurée un peu en retrait.

— Il accepte mon aide, mais la prochaine fois, il faudra le laisser partir.

Le sourire aux lèvres, Leyla hoche la tête en guise d'assentiment.

Mégane installe le champ magnétique qui va lui servir à guérir le vieil homme et invite Leyla à se placer de l'autre côté du lit. Les entités présentes dans la pièce se dissipent.

— Prends sa main, l'enjoint-elle.

Leyla obtempère. Toutes deux, elles referment le cercle de guérison autour d'Alfred en se tenant par la main. Elles restent ainsi, au chevet de leur vieil ami, jusqu'à ce qu'aux petites heures du matin elles tombent de fatigue et s'endorment, la tête posée sur les rebords du lit.

C'est le médecin qui les réveille en entrant dans la chambre, pour vérifier l'état de son patient.

— Bonjour ! lance-t-il, de bonne humeur. Comment allez-vous ce matin ?

Il attrape le dossier du vieil homme et jette un coup d'œil aux inscriptions de la veille. Puis il relève la tête et observe quelques secondes le tracé sur les moniteurs. Il n'en croit pas ses yeux. Le pouls est revenu à la normale et le cœur du vieil homme bat maintenant avec force et régularité.

— Bon sang ! s'écrie-t-il. Qu'est-ce que vous lui avez fait ? On dirait qu'il a suivi une cure de jouvence !

Mégane et Leyla se regardent en esquissant un petit sourire.

— Il va mieux ? se risque Leyla.

— Il devra encore passer toute une batterie de tests, mais si j'en crois ses signes vitaux, il est sorti du pétrin ! C'est vous qui m'inquiétez par contre, vous devriez rentrer et dormir un peu.

Soulagées, Mégane et Leyla emboîtent le pas au cardiologue. Une fois dans le couloir, Leyla lui demande :

— Si je vous laisse mon numéro, vous pourriez m'avertir lorsqu'il se réveillera ?

— Bien sûr ! Je laisserai une note au dossier. Et vous êtes ?

— Leyla Wallace.

Le docteur lève le nez de son bloc-notes en haussant le sourcil gauche.

— Ce n'est pas vous, par hasard, qui habitez le manoir de la Pointe-aux-Roches ?

— Si, répond Leyla. Pourquoi ?

— Oh, pour rien, réplique l'homme en blouse blanche, en se replongeant dans son dossier.

Sous le regard appuyé de Leyla, il précise :

— Il y a beaucoup de ragots qui circulent au sujet du manoir de la Pointe-aux-Roches… Mais vous devez déjà être au courant, j'imagine !

— Quel genre de ragots ? veut savoir Leyla qui commence à en avoir assez de tous ces commérages.

— Certains racontent que Maëlla Liss serait de retour… Mais vous savez, les gens disent parfois n'importe quoi pour se rendre intéressants !

— Et vous, docteur ? insiste encore Leyla. Vous croyez à toutes ces divagations ?

Le stylo sous le menton, l'homme paraît réfléchir quelques secondes avant de répondre.

— *Errare humanum est*. Je pense quant à moi que ce sont de vieilles histoires… A fortiori, Maëlla Liss est morte et nous savons tous fort bien que les morts ne reviennent pas !

Tandis qu'elle dicte son numéro de téléphone au docteur, Leyla sourit malgré elle. « S'il savait à quel point ses théories sont fausses, il en perdrait son latin ! »

Avant d'aller au lit, Leyla passe un coup de fil.

— Puis-je parler à monsieur Ainsley Brown, s'il vous plaît ?

— Lui-même.

— Bonjour, monsieur Brown. C'est Leyla Wallace.

— Comment allez-vous, mademoiselle Wallace ?

— Ça va mieux.

— Et votre ami, il s'en remet ?

— Il a bien failli y rester, mais bon ! Il est hors de danger maintenant… grâce à vous, si je puis dire !

— Je suis heureux de l'apprendre. Mon fils a fait remorquer votre véhicule chez le concessionnaire automobile de Sionrah. Le mécanicien semblait croire que ce n'était finalement pas grand-chose. Avez-vous déclaré l'incident à la police ?

— Je viens tout juste de rentrer de l'hôpital, monsieur Brown. Mais ne vous inquiétez pas, je le ferai tout de suite après avoir dormi quelques heures. Je tenais aussi à vous exprimer toute ma gratitude. Sans votre sang-froid, je ne serais sans doute pas arrivée à temps. Vous pourriez remercier votre fils pour moi ?

— Je n'y manquerai pas ! Au revoir et bonne chance !

Leyla raccroche le combiné et monte se coucher.

Après son quart de travail, comme la voiture était toujours dans le stationnement, Ryan a téléphoné aux policiers.

En entrant le numéro de plaque minéralogique dans son système, l'agent a pu se rendre compte que la voiture appartient à un certain Paolo Nova, un homme qui a été victime d'une tentative de meurtre à son domicile, quinze jours auparavant. Les policiers ont tout de suite ouvert une enquête.

Le soir même, la Mercedes cabriolet a été envoyée à la fourrière pour être passée au peigne fin par les techniciens de la police scientifique. Du côté du conducteur, ils ont relevé trois séries d'empreintes digitales. Les premières appartiennent vraisemblablement au propriétaire du véhicule, tandis que les deux autres ne figurent dans aucune banque de données.

Toutefois, la seconde série correspond en tous points aux empreintes relevées sur la scène du crime.

D'ailleurs, les experts fouillent encore la voiture, à la recherche d'indices pouvant les mener à l'arrestation d'un suspect.

Chapitre 11
L'INTRUSION

Quand Kireg reprend connaissance après son escapade chez son voisin Doughal, il est allongé sur le lit de Joseph. Son frère lui éponge le front. Dehors, il fait encore nuit, mais le jour ne va pas tarder à pointer le bout de son nez.

— Enfin de retour parmi les vivants ! s'exclame Joseph. Tu m'as fait une de ces peurs !

— Que s'est-il passé ? s'enquiert Kireg en se tenant la tête à deux mains.

— Tu t'es évanoui après avoir touché cette foutue clé. J'ai dû tout laisser en plan pour te ramener ici.

Une vague de panique traverse le regard de Kireg.

— Tu veux dire que… tu n'as rien remis en place dans la cave des Breenan ? Quelle heure est-il au juste ?

— Trop tard pour y retourner, si c'est ce à quoi tu penses.

— Mais Joseph ! Il va se rendre compte qu'on s'est introduit chez lui…

— Ça, c'est sûr ! Mais il ne saura pas que c'est nous.

Kireg soupire.

— La clé, tu l'as apportée, j'espère ?

Joseph fouille dans sa poche.

— Tu veux parler de ça ?

— Et tu dis que j'ai perdu connaissance après y avoir touché ?

— Exact.

Kireg tend la main pour saisir la clé, mais Joseph recule.

— Oh non ! Pas question que tu touches à ça pour le moment ! réplique son frère en cachant la clé derrière son dos. Ça m'a pris plus de quatre heures pour te réveiller ! Je me voyais déjà annoncer à maman que je t'avais entraîné dans des histoires abracadabrantes !

— Donne-la-moi ! insiste Kireg. On va tout de suite être fixés.

Joseph approche sa main avec hésitation. Kireg s'impatiente.

— Si tu tournes encore de l'œil, dit son frère en déposant précautionneusement l'objet dans sa paume, je te verse toute une bassine d'eau sur la tête !

Dès que le métal touche sa peau, Kireg ferme les yeux, faisant aussitôt paniquer son frère qui le secoue comme un prunier.

— Çaaaa vaaaa, Joooseeeph, tu peux me lâcher.

— Désolé, Kireg ! J'ai cru que je te perdais à nouveau.

— Je ne ressens absolument rien. Tu es certain que je n'ai pas été en contact avec autre chose avant de perdre connaissance ?

— Kireg, tout s'est passé tellement vite ! Je n'ai pas pris le temps de regarder ce que tu fabriquais…

— J'ai certainement dû toucher à autre chose ! s'entête Kireg. Je ne vois pas d'autre explication.

— Tout ce dont je me souviens, c'est que tu ramassais les débris du bocal que tu avais fait tomber sur le béton.

Joseph consulte sa montre.

— Il est presque cinq heures du matin, maintenant. Tu devrais remonter dans ta chambre. Papa va bientôt se lever pour aller travailler.

— D'accord. Et toi, n'oublie pas de remettre le couteau de maman à sa place avant qu'elle ne s'aperçoive de sa disparition.

Saisi d'un frisson de terreur, Joseph se fige.

— Tu as rapporté le sac à dos, au moins ? s'affole Kireg.

Une montée d'adrénaline électrise le corps de Joseph. Son cœur s'emballe, sa respiration s'accélère.

— Quel con ! s'admoneste-t-il en se frappant le front.

Joseph a beau retourner le problème en tous sens, il ne voit qu'une seule solution.

— Je n'ai pas le choix, je dois y retourner.

— Mais tu es malade ! Doughal peut revenir d'une minute à l'autre !

— Si je ne suis pas revenu d'ici vingt minutes, appelle la police.

— Attends !

Trop tard. Joseph s'est déjà éclipsé, laissant derrière lui son petit frère complètement paniqué.

Joseph remonte son capuchon sur sa tête. Il s'est mis à pleuvoir des cordes. Le ciel est encore noir, mais les premières lueurs de l'aube commencent à teinter l'horizon d'une mince bande grisâtre. Joseph n'a pas une minute à perdre. Il se faufile derrière la remise à jardin, vérifie que la voiture de Doughal n'est pas dans l'allée et saute par-dessus la clôture. Puis il avance dans l'herbe mouillée jusqu'au buisson de ronces. Il jette un dernier coup d'œil aux alentours avant de courir jusqu'à la trappe du sous-sol. Il se glisse à l'intérieur et descend les marches deux à deux. Il sort sa lampe de poche et éclaire la pièce, à la recherche du sac à dos oublié. Kireg dit l'avoir laissé tomber derrière le divan !

Joseph progresse sans faire de bruit, tout en tendant l'oreille. Il ramasse les derniers éclats de verre éparpillés sur le béton et les enfourne dans sa poche. Il contourne ensuite le vieux canapé et se penche pour attraper le sac à dos. La peur lui vrille l'estomac. Il enfile la bandoulière en prenant soin de ne pas froisser le tissu de son imper. Un craquement sourd au rez-de-chaussée le fait sursauter. Il se fige sur place. Le sang bat dans ses tempes comme un tambour de guerre. Il doit se tirer de là au plus vite ! Tandis qu'il progresse vers la sortie, un nouveau grincement, cette fois dans l'escalier, l'oblige à s'arrêter de nouveau. Il s'attend à voir apparaître Doughal d'un moment à l'autre. Puis le bruit s'éloigne. Soulagé, Joseph se précipite vers la porte de métal qu'il referme doucement pour ne pas faire de bruit. Elle se verrouille automatiquement derrière lui.

— Merde ! jure-t-il en sortant. Il fait déjà clair !

Il remet sa cagoule, remonte son capuchon par-dessus et sort sous la pluie battante. Avant de s'éclipser, il referme les panneaux de bois interdisant l'accès à la cave et remet la chaîne et le cadenas en place.

Quand Doughal Breenan atteint le palier, il entend couiner le matelas dans la chambre de sa mère. Il gravit le reste de l'escalier avec énergie. La vieille femme est parvenue à se redresser toute seule et tente maintenant de se lever.

— Maman ! rugit Doughal. Qu'est-ce que tu fais ?

Sa mère sursaute et tombe par terre.

— Attends ! Je vais t'aider.

Doughal se précipite. Il la soulève aisément – elle pèse à peine une quarantaine de kilos – et la dépose sur le lit. C'est alors qu'une odeur d'excréments lui monte au nez.

— Qu'est-ce que tu pues ! Je vais changer ta couche.

Sa mère se laisse faire sans broncher, silencieuse. Doughal ne sait pas qu'elle peut remarcher. Il la croit invalide et c'est tant mieux. Avant longtemps, elle sera suffisamment forte pour pouvoir s'échapper. Elle ira se réfugier chez Cordelia Flanagan, sa plus proche voisine. En attendant, elle avale toute la cochonnerie que son fils lui donne sans rouspéter, mais aussitôt qu'il a le dos tourné, elle court se faire vomir. Enfin, courir est un bien grand mot !

La nuit dernière, Jeannine a entendu du grabuge au sous-sol. Elle s'apprêtait à sortir de sa chambre quand elle s'est ravisée : et si c'était Doughal qui revenait plus tôt que prévu ? La vieille femme s'était empressée de vérifier par la fenêtre. Non. Fausse alerte. Il n'y avait aucun véhicule dans l'allée, mais ça ne voulait quand même rien dire. Doughal aurait pu vouloir la surprendre en laissant sa voiture au bord de la route.

Ce n'était pas la première fois que Jeannine percevait des bruits en provenance de la cave, mais elle n'avait jamais osé y descendre pour vérifier. Du temps où son mari vivait, il y avait déjà séquestré un jeune garçon. Elle l'avait découvert un soir qu'il s'était absenté. Elle n'avait jamais osé en parler à qui que ce soit, de peur qu'il la batte à mort. Il n'aurait d'ailleurs pas hésité une seconde.

Jeannine espère à présent que son fils n'a pas emprunté le même chemin, même si elle y croit de moins en moins. Doughal a pourtant été le premier à souffrir des perversions de son père. Il a connu plus que sa dose de violence et d'humiliation.

Doughal ramasse le papier hygiénique souillé avec dédain et le fourre dans le sac à déchets avec la couche jetable. Puis il file se laver les mains à l'évier de la salle de bain.

— Tu veux que je te prépare une rôtie ? demande-t-il, en s'épongeant les mains sur la serviette.

— Je n'ai pas faim.

— À t'entendre, tu n'as jamais faim ! grogne Doughal, de retour dans la chambre. Mais tu manges quand même tout ce que je te monte.

— C'est toujours froid ce que tu me sers.

— Tu n'es pas à l'hôtel, je te signale.

Naturellement, Doughal se doute que sa mère lui cache des choses. Il l'a compris à son regard fuyant. En descendant les marches, il se demande si les calmants et les somnifères dont il la gave depuis des années font encore effet. « La prochaine fois, se dit-il, j'augmenterai la dose ! »

Une fois au rez-de-chaussée, Doughal se fige. Dans un pâle rayon matinal qui effleure obliquement le prélart poussiéreux de la cuisine, il distingue une trace de chaussure humide. « Mais qu'est-ce que… » songe-t-il en se penchant pour examiner les empreintes. « Ismaël… » Doughal descend à la cave à toute vitesse pour vérifier la cache. À première vue, tout semble en ordre, mais là aussi, il y a des marques de pas sur le béton ! « Putain de merde ! » jure-t-il entre ses dents. « Ce fils de pute tente de me doubler ! »

Doughal s'avance vers l'étagère de métal qui dissimule l'entrée du bunker. Il inspecte méticuleusement son contenu pour s'assurer que rien n'a été déplacé. Il fait ensuite le tour de la cave sans rien trouver d'anormal. Au moment de remonter l'escalier, un flash traverse son esprit. Écumant de rage, il revient en arrière, fouille frénétiquement chaque recoin de l'étagère, éparpillant les journaux dans toute la pièce. Le bocal contenant la clé du bunker a disparu.

— Je jure que je te tuerai de mes propres mains, Ismaël Rouvier !

Le carillon résonne dans le salon, faisant sursauter la commère Flanagan. La vieille dame relève la tête de son tricot, ajuste ses lunettes sur son nez et jette un coup d'œil à l'horloge. Sept heures du matin. « Qui peut bien venir me déranger si tôt ? » Elle se penche, dépose ses aiguilles à tricoter dans le bac à laine et roule jusqu'à la fenêtre. Elle entrouvre le store et vérifie l'allée ; aucun véhicule. La sonnette retentit de nouveau. Elle empoigne solidement les roues de son fauteuil et se propulse jusque dans la cuisine.

Depuis qu'elle vit seule, Cordelia a fait percer un judas, à dix centimètres au-dessus de sa poignée de porte. Elle approche son visage malingre de la petite lentille et, dès qu'elle aperçoit l'intrus, elle a un mouvement de recul. La grosse voix de Doughal résonne à travers la porte.

— Madame Flanagan, j'aimerais vous parler.

— Allez-vous-en ! Je n'ai rien à vous dire.

— Je veux juste vous poser une ou deux petites questions à propos d'hier soir.

— Je ne discute pas avec les types dans votre genre. Partez !

« Vieille bique ! » peste intérieurement Doughal, contrarié de se faire éconduire de la sorte.

— Madame Flanagan, quelqu'un s'est introduit chez moi par effraction, la nuit dernière. Je me demandais si vous aviez vu quelque chose de suspect, étant donné que vous veillez toujours très tard…

Doughal attend quelques secondes pour laisser la chance à sa voisine de lui répondre. Silence.

— Il serait passé par la porte d'en avant…

L'homme commence à s'impatienter. Qu'est-ce qu'elle attend pour déballer son sac ?

— Madame Flanagan, vous êtes toujours là ?

— Vous saurez, mon garçon, que je n'espionne pas mes voisins !

Doughal soupire d'exaspération. Il connaît bien la Flanagan. Sa réputation a depuis longtemps fait le tour du village.

— Mon ami vous a pourtant aperçu, l'autre jour, en train de l'épier par la fenêtre…

Nouveau silence.

— Vous êtes certaine que vous n'avez rien vu ?

— Rien du tout, je vous dis !

Doughal étouffe un juron, persuadé que la vieille bique ment. « Elle ne perd rien pour attendre », songe-t-il en écrasant son mégot de cigarette sous sa botte. « Je lui réglerai son compte plus tard ! »

— Merci quand même ! Oh ! madame Flanagan, si jamais un détail vous revenait, vous seriez très aimable de me faire signe.

« Tu peux toujours rêver, fainéant ! » lui répond-elle mentalement.

Doughal tourne les talons et descend l'allée.

Madame Flanagan le surveille par la fenêtre. Une fois qu'il a traversé la rue, elle attrape son téléphone et compose le numéro de Léonore.

— Bonjour ! Madame Mackenzie ? Cordelia Flanagan à l'appareil. C'est ça, votre voisine d'en face. Je m'excuse de vous déranger, mais…

Quand Cordelia raccroche le combiné, un sourire rusé illumine son visage.

Chapitre 12
RETROUVAILLES FAMILIALES

Ébranlée, Mégane fixe son écran d'ordinateur. Une photo de Katelyn Haley vient d'apparaître sur son moniteur.

— Leyla, viens voir !

— Ça ne peut pas attendre ? Je pars pour l'hôpital !

— Ce ne sera pas long.

L'imper sur le dos, Leyla retire ses chaussures et rejoint Mégane dans le bureau.

Depuis le début de la matinée, il tombe des clous. Le seul point positif de ce temps de chien, c'est que le gazon a commencé à verdir.

— Qui c'est ? s'informe Leyla en scrutant le visage souriant de la fillette aux longs cheveux blonds.

— Celle que j'ai vue dans mon rêve.

Étonnée, Leyla hausse un sourcil.

— Katelyn a été kidnappée il y a sept semaines, en Irlande du Nord.

— Depuis quand as-tu des visions, Mégane ?

— Depuis que nous sommes revenues de l'Annwin. J'avais vraiment l'impression d'être là, Leyla, dans cette forêt. Katelyn s'était blessée à la jambe. Je l'ai soignée et nous nous sommes enfuies ensemble. Tu te souviens ?

Leyla fait oui de la tête, puis elle se met à lire à haute voix.

« Enlevée à la sortie de son école le 7 avril dernier, Katelyn Haley, onze ans, n'a pas été revue depuis. Si vous détenez des informations concernant cette affaire, prière de vous adresser à votre service de police local. »

Leyla relève les yeux sur Mégane.

— Tu es sûre que c'est bien d'elle qu'il s'agit ?

— Certaine. Jamais je ne pourrai oublier son visage.

— On devrait peut-être contacter Julian Devaux, qu'est-ce que tu en penses ?

Une vague de panique traverse le regard de Mégane. Elle se voit déjà en train d'expliquer à Julian, enquêteur pour la Sûreté municipale d'Orseille, qu'elle a vu cette fille se faire agresser dans une vision.

— Pour lui dire quoi ? s'affole-t-elle. Que j'ai la faculté de voir des choses qui se sont déjà produites ?

— Peut-être que tu as une meilleure idée ?

Mégane baisse la tête. Non, elle n'a rien à proposer de mieux. Tout ça est tellement nouveau pour elle. Elle n'a pas encore appris à gérer ce don étrange.

— Je dois d'abord réfléchir, répond-elle au bout d'un moment.

— Ne réfléchis pas trop longtemps, Mégane. Peut-être qu'il sera trop tard quand tu te décideras à dire ce que tu sais…

— On voit bien que ce n'est pas toi qui vas passer pour une bête de foire ! s'irrite Mégane.

— Tu n'as pas à t'inquiéter, Julian ne te jugera pas.

— Mon œil, oui ! Il va certainement se dire que je suis dingue à enfermer !

— Tu le connais très mal ! Julian est d'un professionnalisme irréprochable. D'ailleurs, le département des enquêtes recourt parfois à des médiums pour élucider certains cas de disparition. Je peux t'assurer qu'il a l'habitude de ce genre de chose !

— Tu penses vraiment que c'est ce qu'il y a de mieux à faire ? résiste encore Mégane, pleine d'appréhension.

— Je ne sais pas, mais au moins tu auras tenté quelque chose ! Tu veux que je lui parle d'abord ?

— Ça ne te dérange pas ?

— Non, non. J'en profiterai pour prendre des nouvelles de Valéria. Tu veux te rendre directement au poste de police ou préfères-tu que je lui demande de passer à la maison ?

— J'aimerais mieux qu'il vienne ici. Je n'ai surtout pas envie de divertir tout le commissariat avec mon histoire de chasse aux enfants.

L'odeur de pourriture qui lui a soulevé le cœur en entrant dans l'appartement de Maud provenait en réalité de cette pièce de viande faisandée, abandonnée dans le four. Hogan a été obligé de s'enfouir le nez dans son gilet pour être capable de respirer. Maud ne devait pas avoir prévu s'absenter si longtemps.

Même en passant l'appartement au peigne fin, Hogan n'a rien trouvé qui laisse supposer que la jeune femme ait eu l'intention de prendre la fuite. Tous ses vêtements et ses effets personnels sont encore dans le placard et la vaisselle sale traîne dans l'évier. De plus, elle n'a pas pris ses messages sur le répondeur depuis plusieurs jours ! Ce qui confirme la théorie de Hogan selon laquelle elle n'est pas revenue chez elle.

À court d'hypothèses, Hogan se laisse choir sur le vieux Chesterfield qui trône au milieu de la pièce. « Où Maud a-t-elle bien pu aller ? »

Hogan connaît la jeune femme depuis presque un an. Assez longtemps pour savoir qu'un rien peut compromettre son équilibre mental précaire. Il la sait d'ailleurs dépendante à la morphine et prête à tout pour s'en procurer. C'est le genre de personne sur qui on ne peut généralement pas compter… mais que l'on peut manipuler à souhait, quand on sait s'y prendre.

Quand Maud lui avait exposé son plan, Hogan l'avait trouvé fort astucieux. Pendant qu'il se chargerait de débrancher son ex-mari, Maud récupérerait ses biens et falsifierait son testament. Ils se partageraient ensuite le magot.

L'idée en soi était assez simple. Le seul hic était qu'il y avait presque toujours quelqu'un à son chevet pendant la nuit. Hogan l'avait vérifié en se rendant à l'hôpital à quelques reprises. Selon lui, la jeune fille pouvait être aisément sacrifiée, mais Maud ne désirait pas faire une autre victime. Puisqu'elle n'était plus dans le paysage, Hogan avait maintenant carte blanche.

En arrivant à l'hôpital de Château-Fort, Leyla se rend directement au département des soins intensifs, mais l'infirmière lui annonce que monsieur Bartholdi est en salle d'examen et qu'il ne sera pas de retour dans sa chambre avant deux bonnes heures. Ce délai laisse à Leyla amplement le temps de passer voir Paolo.

Mégane se trouve déjà à son chevet. Plutôt que de revenir à la maison, elle s'est rendue directement à l'hôpital, après l'école.

— Tu as fait vite ! lance Leyla en déposant son sac à main à côté du lit. Il va mieux ?

— Je ne sais pas si l'on peut considérer ça comme une amélioration, annonce Mégane en se massant les tempes, mais depuis mon arrivée on dirait qu'il y a une plus grande activité cérébrale sur les moniteurs. Enfin, je crois…

— Encore ces migraines ?

— Normalement j'arrive à m'en débarrasser en prenant un ou deux comprimés d'acétaminophène, mais là, j'avoue qu'elle est coriace.

— Pauvre Mégane ! Tu veux que je reste avec toi cette nuit ? On pourrait tenter de faire quelque chose…

— Tu n'es pas trop fatiguée ?

— Je tiens le coup, et toi ?

— Si j'arrive à faire disparaître ces foutus maux de tête, ça devrait aller. Je n'ose plus quitter sa chambre. J'ai un mauvais pressentiment.

Leyla lui jette un regard interrogateur.

— Maud ne s'est pas présentée au travail aujourd'hui. Ni hier, ni avant-hier, d'ailleurs. Je pense qu'elle manigance quelque chose de pas très net.

— Comme quoi, par exemple ? s'enquiert Leyla.

— J'ai peur qu'elle tente de se débarrasser de Paolo…

— Pourquoi ferait-elle une chose pareille ?

Mégane hésite une fraction de seconde avant de répondre.

— S'il meurt, c'est elle qui héritera de sa fortune.

— Qu'est-ce que tu en sais ? s'exclame Leyla, abasourdie.

— J'ai vérifié auprès du notaire. Il m'a confirmé que Maud était la seule bénéficiaire du testament de Paolo. Ça veut dire qu'elle récolte tout, Leyla : son entreprise, ses placements, ses comptes banquaires, sa maison, sa voiture, tout !

— Attends ! Tu as téléphoné au notaire de Paolo pour lui demander…

Mégane baisse les yeux, l'air coupable.

— Je n'en reviens pas que tu aies fait une chose pareille !

— Je m'attendais à ce genre de réaction de ta part… C'est d'ailleurs pour cette raison que je ne t'avais rien dit…

— Tu n'as pas à te mêler de ça, Mégane Wallace ! Ce n'est pas parce que Paolo est dans le coma que tu dois t'immiscer dans ses affaires.

— Et puis merde ! J'ai encore une fois perdu une belle occasion de me taire !

— À force de fourrer ton nez partout, Mégane, tu vas finir par nous attirer des ennuis !

— Maud n'a aucune compassion pour Paolo, se défend Mégane. L'autre jour, quand le docteur a annoncé que les chances qu'il s'en tire étaient plutôt minces, elle a même souri ! Tu te rends compte ?

Leyla approche une autre chaise et s'assoit près de Mégane.

— Lundi dernier, achève Mégane, en me rendant à la cafétéria, je l'ai surprise en train de voler des médicaments gardés sous clé !

Cette nouvelle information inquiète Leyla.

— Tu joues un jeu dangereux, Mégane…

— Ne t'en fais pas, Leyla, elle ne s'est même pas rendu compte que je l'espionnais. J'ai été très prudente.

Leyla ne se sent pourtant pas rassurée. Elle voudrait protéger sa sœur, lui éviter de faire des faux pas. S'il lui arrivait quelque chose, elle ne se le pardonnerait jamais. D'un autre côté, elle ne peut pas l'empêcher de protéger Paolo.

— À quoi penses-tu, Leyla ?

— Tu crois que Maud aurait pu tenter d'éliminer Paolo en maquillant la scène pour faire croire à un vol ?

— Je n'avais pas vraiment pensé à cette éventualité, réfléchit Mégane, mais oui, ça pourrait être plausible, quoique…

Mégane laisse sa phrase en suspens. Leyla attend la suite.

— À bien y penser, j'en doute. À mon avis, Maud n'est qu'une opportuniste ! Elle ne s'intéresse à Paolo que depuis qu'il a été admis à l'hôpital. Je crois plutôt qu'elle profite de la situation.

— J'ai eu une vision, annonce gravement Leyla. J'ai vu Bérengère s'enfuir dans les bois, le visage barbouillé de sang. Elle avait une arme en sa possession. Ce matin, j'ai vérifié l'accès du tunnel, celui qui se trouve sous le grand chêne marqué d'un pentagramme. La terre a été retournée récemment… Bérengère est réapparue. Tout compte fait, le vol n'est peut-être pas le mobile du crime. Bérengère aurait très bien pu vouloir éliminer son frère…

Julian Devaux a été surpris, mais en même temps très heureux de l'appel de Leyla. Il s'est empressé d'accepter l'invitation à souper. Lui et Valéria ne l'ont pas vue depuis plusieurs mois ! Elle ne donne pas souvent de ses nouvelles, la Leyla. D'ailleurs, sa femme s'en plaint régulièrement. Toutefois, ni l'un ni l'autre n'oserait lui faire ouvertement le reproche. Leyla a toujours été indépendante et secrète, même du temps où elle vivait chez eux.

Après le repas, Mégane lui raconte son rêve. Julian le prend très au sérieux. Après avoir suivi de près la sordide histoire d'enlèvement en Belgique, plus rien ne peut le surprendre. Son expertise d'enquêteur, mais surtout son instinct de policier vétéran lui dicte de ne négliger aucun élément. C'est pourquoi il réclame à Mégane une description détaillée des lieux et lui demande de lui dresser un portrait-robot de l'homme chauve ainsi que des deux chasseurs. Mais plus important encore, il prend en note les moindres détails concernant les autres filles afin de vérifier leurs signalements dans la banque de données d'Interpol.

Chapitre 13
JUSTICE SOMMAIRE

Kireg a passé la journée à bayer aux corneilles. Il s'est même assoupi sur son pupitre pendant le cours d'anglais. C'est son ami Gerald qui l'a réveillé en le poussant du coude. Heureusement, madame Courtney n'a rien remarqué. La vieille chipie se serait empressée d'aller tout raconter à sa mère.

— Qu'est-ce que j'ai manqué ? murmure Kireg à son ami.

— Pas grand-chose, à part peut-être les dates d'examens.

Gerald glisse son cahier vers le coin de son bureau pour que Kireg puisse les recopier.

— C'est quoi ce gribouillis ? Tu écris tellement mal que je n'arrive même pas à te relire…

— Kireg ! l'interpelle le professeur. Vous avez quelque chose d'intéressant à annoncer à la classe ?

Tout le monde se tourne vers lui. Sa voisine de devant se met à glousser comme une dinde quand elle le voit rougir.

— Euh… non ! bafouille Kireg.

— Alors, vous pouvez certainement me rappeler ce dont nous étions en train de discuter à l'instant.

Kireg implore son ami du regard, mais Gerald se détourne, feignant de chercher quelque chose dans son coffret à crayons.

« Quel esprit de solidarité », se renfrogne Kireg avant de tenter sa chance.

— Euh… Des dates d'examens ?

— Je les ai effectivement mentionnées… il y a une demi-heure.

Kireg se sent fondre à vue d'œil.

— Si vous passiez moins de temps à dormir en classe, jeune homme, vous auriez de bien meilleurs résultats scolaires !

Au même moment, la cloche annonçant la fin des cours retentit. Dans le brouhaha des chaises qu'on pousse sous les pupitres, madame Courtney l'interpelle :

— Passez me voir avant de quitter la classe !

— Oui, madame.

— Je t'attends dans le corridor ! lui souffle Gerald en s'éloignant à grands pas, comme s'il craignait que madame Courtney l'apostrophe à son tour.

Kelly fait un détour pour passer près de lui avant de sortir de la classe. Mal à l'aise, Kireg baisse la tête. Il rassemble ses livres et ses cahiers en vitesse et les fourre pêle-mêle dans son sac. Puis il relève les yeux. Madame Courtney a vraiment l'air très irritée. Ça n'augure rien de bon pour lui. Kireg pousse son siège et se traîne les pieds jusqu'au bureau du professeur.

— Vous m'avez l'air épuisé, Kireg. Vos chaussures sont trop lourdes ?

— J'ai très mal dormi la nuit dernière, se défend maladroitement Kireg.

— Cette fatigue ne remonte peut-être pas seulement à la nuit dernière, jeune homme ! Vos notes ont somnolé toute la session ! Quelque chose ne va pas à la maison ?

— Non, non ! Tout va bien.

— Vos résultats scolaires me disent pourtant le contraire… Vous n'êtes pas encore en situation d'échec, mais vous êtes sur une très mauvaise pente !

L'enseignante plonge son regard dans le volumineux cahier dans lequel elle consigne tous les résultats d'examens de ses élèves. Elle glisse son doigt sur la liste et repère rapidement son nom.

— Soixante-deux à votre dernier contrôle, cinquante-sept le précédent, soixante-quatre en oral, cinquante-deux en compréhension…

Elle relève ses yeux myopes sur le visage blême de Kireg.

— Ce n'est pas ce que j'appelle performer ! Je suis dans l'obligation d'avertir vos parents, Kireg.

— Non ! proteste vivement ce dernier. S'il vous plaît, madame Courtney, ne faites pas ça !

— Ils sont en droit de savoir ! Ils peuvent vous aider à vous rattraper…

— Je vous promets que je vais faire des efforts ! Mes résultats vont s'améliorer, vous allez voir !

La maîtresse d'école plante ses yeux gris dans ceux du jeune garçon. De son index, elle remonte ses épaisses lunettes afin de mieux discerner les traits de son interlocuteur.

— Le trimestre est déjà presque fini. L'examen final aura lieu la semaine prochaine ! Il ne vous reste que très peu de temps pour vous reprendre !

— Je vous promets que je vais bien étudier, madame ! S'il vous plaît ! Mes parents ne pourraient de toute façon rien y changer.

Kireg espère de tout cœur que son argument produira son effet.

— Très bien ! accepte madame Courtney, après mûre réflexion. Je vous laisse une dernière chance. Ne me décevez pas, jeune homme !

— Promis.

Kireg s'empresse de s'éclipser avant que madame Courtney ne change d'avis. Il rejoint Gerald qui l'attend dans le corridor.

— Ouf ! s'exclame-t-il en entraînant son ami loin du local d'anglais. Je l'ai échappé belle ! Madame Courtney voulait tout raconter à mes parents… je veux dire, au sujet de mes notes.

— Ils finiront bien par le savoir, Kireg. Tu oublies qu'on va recevoir notre bulletin par la poste dans quelques semaines.

— Je sais. Mais ça me donne encore un peu de temps, au moins.

— C'est vrai que depuis un bout de temps tu n'as pas l'air dans ton assiette, mon vieux ! Tu es distrait, perdu dans tes pensées la majeure partie du temps. Tu as même oublié mon anniversaire…

Kireg vérifie la date sur sa montre à affichage numérique.

— Oh non ! Je suis désolé, Gerald ! C'est vrai que j'ai pas mal de choses à gérer ces temps-ci… Un autre mouton est mort la semaine dernière, probablement tué par une bête sauvage qui rôde dans les montagnes. Papa est furieux ! On va peut-être être obligés de rapatrier le troupeau avant la tonte. Et maman m'en demande toujours plus à la maison. Elle est sans cesse sur mon dos ! Tu la connais, une vraie mère poule !

— Kireg, tu ne pourrais pas, pour une fois, me dire franchement ce qui ne va pas ? On est amis depuis la maternelle ! Je le sais quand quelque chose te préoccupe. C'est quoi ton problème ? Tu n'as plus confiance en moi ?

— Tu sais bien que c'est faux, Gerald. Seulement…

— Seulement quoi ? Tu as peur que j'aille tout bavasser ? Ou peut-être que…

— Que tu ne comprennes pas ! coupe Kireg.

— Quoi ? Tu trouves que j'ai l'air d'un con ?

— Tu sais très bien que ce n'est pas ce que j'ai voulu dire !

— C'est quoi alors ?

Kireg soupire. De prime abord, il n'avait pas l'intention de parler à Gerald de son nouveau pouvoir. Lui et son frère avaient convenu qu'il serait sans doute préférable que personne d'autre ne le sache, du moins pour l'instant. Mais là, il risque de perdre l'amitié de Gerald et ça, il ne peut même pas l'envisager.

Kireg referme son casier et entraîne Gerald à l'extérieur du bâtiment. Une fois dans la cour de l'école, il jette un regard autour d'eux pour s'assurer qu'ils sont seuls.

— Tu me promets de ne rien dire ?

— Juré craché.

— Il y a quelques mois, entame Kireg sur le ton de la confidence, j'ai reçu un choc électrique en essayant de trafiquer le câble de la télé. Tu te souviens ? J'ai même fait un arrêt cardiaque.

Gerald hoche vivement la tête.

— À la suite de cette décharge, quelque chose dans mon cerveau a déraillé. Enfin, c'est ce que j'en ai déduit. Je peux maintenant voir des choses…

— Attends ! Qu'est-ce que tu veux dire par voir des choses ?

— Quand je touche un objet, je peux assister à des événements qui se sont déjà produits.

— Je ne comprends pas…

— C'est simple. Si je touche ta montre par exemple…

Kireg pose la main sur le poignet de son ami.

— Je sais que tu l'as reçue en cadeau de ta tante Martha pour ta confirmation, mais plus encore, je suis en mesure de te dire ce que tu as fait ces derniers jours pendant que tu la portais.

— Ah ouais ? s'exclame Gerald, sceptique. Et qu'est-ce que j'ai fait ?

— Tu as embrassé Kelly, la fille de l'épicier, sur la bouche et…

Le visage de Gerald s'empourpre, il paraît tout à coup mal à l'aise.

— … et elle t'a giflé.

Kireg se rend compte trop tard qu'il aurait dû taire ce détail.

— Quoi ? Tu m'espionnes ? réplique Gerald, froissé que son ami ait découvert son secret.

— Je ne t'espionne pas, Gerald ! se défend Kireg. C'est le pouvoir dont je t'ai parlé qui fait ça !

— Pouvoir mon œil, ouais ! Pas cool !

— Tu dois me croire…

— Je pensais qu'on était amis, Kireg.

— Mais… on est amis, Gerald !

— Un ami ne fait pas ce genre de chose.

Gerald tourne les talons et s'enfuit en courant.

— Attends ! Tu te trompes ! Je ne t'ai jamais suivi ! C'est ce foutu pouvoir… Je savais que tu ne comprendrais pas !

En entendant ces mots, Gerald se fige sur place puis se tourne vers Kireg.

— Tu as raison. Je ne comprends pas que notre amitié ne signifie rien à tes yeux. Si ton soi-disant pouvoir était aussi fort que tu le prétends, tu te serais souvenu de la date de mon anniversaire et tu aurais compris que Kelly compte vraiment pour moi !

Gerald tourne les talons sans laisser le temps à son ami de réagir. Interdit, Kireg le regarde disparaître au coin de la rue. Il se maudit de lui avoir révélé son secret. Joseph avait finalement raison !

— Il reviendra… affirme une voix féminine.

Kireg sursaute. Il cherche des yeux son interlocutrice.

— Qui a parlé ? s'inquiète-t-il en réalisant qu'il est seul dans la rue. Bon ! Encore autre chose ! Voilà que j'entends des voix maintenant.

Doughal Breenan est épuisé. Depuis l'intrusion à son domicile, il n'a dormi que quelques heures. Assis dans son vieux fauteuil en velours élimé, il se tient immobile, le visage crispé et hostile, les doigts profondément enfoncés dans les accoudoirs. Une affreuse migraine lui vrille les tempes, mais il repousse la douleur.

Rouvier est étendu par terre, inconscient. Doughal lui a un peu abîmé le portrait. Le soir de l'intrusion, Ismaël faisait de la prospection dans la région de Dublin. C'est du moins ce qu'il avait affirmé. Tout près de Merrion Square Park, il avait repéré et suivi deux filles potentielles, deux jolies frimousses à exploiter. Doughal n'avait évidemment pas cru son histoire. Fort comme un bœuf et dépassant Ismaël d'une bonne tête, il n'avait eu aucune difficulté à le mater. Il n'était cependant pas plus avancé puisque Ismaël n'avait pas cessé de clamer son innocence, malgré les coups.

Un mouvement au sol ramène Doughal à la réalité. Ismaël revient à lui. Doughal étire la jambe et, du bout de sa chaussure, repousse le corps contusionné qui roule mollement sur le dos. Ismaël ouvre péniblement ses paupières tuméfiées.

— Si ce n'est pas toi, Rouvier, alors c'est qui ?

— Va te faire foutre, Breenan !

— Je te rappelle que tu rames dans la même galère ! Si je coule, tu coules avec moi. Tu as donc intérêt à ce qu'on trouve le coupable, et vite !

Ismaël monte sur ses coudes et crache par terre. Un filet de bave mêlé de sang s'échappe de sa bouche et coule sur son menton. Il l'essuie du revers de sa manche. Puis il prend appui contre le mur pour se remettre debout.

— Tu me crois, maintenant, espèce d'enfoiré ?

— Ce n'est pas ce que j'ai dit, mais je suis disons… plus disposé à écouter tes explications.

— Tu as pensé à la vieille d'en face ? Celle qui m'a espionné par la fenêtre…

Ismaël a avancé cette hypothèse sans réfléchir.

— La Flanagan ! s'exclame Doughal d'un ton sarcastique. Tu n'as rien trouvé de mieux ? Elle est en fauteuil roulant, imbécile !

— Le fauteuil est peut-être juste un leurre.

— C'est ça ! Et elle travaille pour le FBI tant qu'à y être ! Arrête la came, Rouvier, ça te grille les cellules du cerveau !

— Penses-y, Dough ! Elle a peut-être entendu des cris et décidé d'alerter…

— Tu es vraiment con ou tu le fais exprès ? lance Doughal, la voix chargée de mépris. Les murs du bunker sont en béton armé ! Même si elle avait l'ouïe exceptionnellement fine, ce qui n'est évidemment pas le cas étant donné son âge, elle n'entendrait jamais jusque-là.

Tout en réfléchissant, Ismaël se tâte la joue pour vérifier les dégâts. Une légère pression lui arrache une grimace de douleur.

— Dis, tu n'aurais pas de la glace ? L'œil que tu m'as amoché me fait foutrement mal !

— Tu veux aussi que je te serve des biscuits et un verre de lait avec ta glace ?

Ismaël se renfrogne.

— Mais attends un peu ! s'écrie soudain Doughal, frappé par une évidence. Tu as parlé de notre petite magouille à quelqu'un d'autre, c'est ça ?

— Je te jure que non, proteste Ismaël avec vigueur.

Doughal change de position, Ismaël recule instinctivement.

— Ce qui nous ramène à toi, Rouvier. Tu n'as aucun alibi solide.

— Si j'avais vraiment voulu te doubler, Dough, j'aurais embarqué les filles et tu ne m'aurais jamais revu, crois-moi.

Ismaël n'a pas tort. Doughal avait d'ailleurs été très surpris d'entendre sa voix à l'autre bout du fil et plus étonné encore qu'il ait accepté de venir le rencontrer à la maison.

— Admettons que ce n'est pas toi… Qui aurait eu intérêt à venir fouiner dans mes affaires ?

— Tu ne m'as pas déjà dit que ta vieille restait encore avec toi ?

Doughal se lève d'un bond et franchit la distance qui le sépare d'Ismaël en deux enjambées.

— Laisse ma mère en dehors de ça ! crache-t-il en enfonçant avec fureur son index dans sa poitrine.

— Eh ! Du calme, vieux !

— Ma mère est entièrement sous mon contrôle. Elle n'a jamais posé problème jusqu'à maintenant.

— Jusqu'à maintenant…

Doughal fulmine, les poings serrés, prêt à frapper.

— Qu'est-ce que tu veux insinuer, espèce d'avorton ?

— Tu perds le contrôle, Dough ! Peut-être que c'est toi finalement qui représentes une menace pour l'organisation…

— Je suis le cerveau ! siffle Doughal entre ses dents serrées. C'est moi qui détiens les contacts à l'étranger et qui gère le business. Toi, tu n'es qu'un sous-fifre, incapable de contrôler ses pulsions meurtrières.

— C'est quand même moi qui fais tout le boulot !

— Peuh ! Recruter des gamines et les martyriser, c'est la partie facile ! Négocier les prix et préparer la marchandise pour la livraison demande beaucoup plus de doigté. Chose dont tu es incapable.

— Pas de filles, pas de marchandises…

— Attention, Rouvier ! Personne n'est indispensable. Des fous furieux dans ton genre, ça court les rues. Dis-le tout de suite si tu veux faire cavalier seul, je ne te retiens pas… Mais je t'avertis, je ne te ferai pas de cadeau.

Ismaël examine ses maigres options avant de répondre. C'est vrai qu'il n'a aucune planque où cacher les filles, aucun contact à qui les refiler ensuite. Doughal a toujours pris soin de ne rien lui dévoiler. Il n'a pas davantage de notions sur le commerce international de la prostitution ou sur la façon de marchander les prix. Et puis Doughal l'a toujours protégé, même quand il a fait de grosses bêtises.

— Tu peux compter sur moi, dit-il au bout d'un moment.

— Très bien. Mais à partir d'aujourd'hui, tu travailleras à « ma » manière, Rouvier.

Ismaël hoche docilement la tête.

— Ça veut dire plus de surprises… On n'est pas une entreprise de pompes funèbres, on a besoin des filles en vie.

— Qu'est-ce qu'on fait avec celles qui sont encore dans le bunker ?

— On suit le plan. Elles seront livrées au port de Dublin à la date prévue.

— Et qu'est-ce qu'on fait pour les intrus ?

— T'inquiète, je vais leur préparer une petite surprise…

Chapitre 14
LE SECRET

Mégane s'installe confortablement dans le fauteuil, à côté de Paolo, son livre de sciences physiques sur les genoux. Avec tout ce qui est arrivé dernièrement, elle n'a pas eu le temps de réviser son examen final. Il faut dire que depuis deux semaines, elle a manqué plusieurs jours d'école. Les événements se sont un peu précipités.

Comme elle se plonge dans sa lecture, la porte s'ouvre à la volée…

Une jeune femme au crâne fraîchement rasé s'encadre dans l'embrasure.

— Alison ! s'étrangle Mégane en se levant d'un bond.

— Je suis contente de te revoir, petite sœur ! réplique la jumelle d'un ton sarcastique.

— Qu'est-ce que tu fais ici ?

— Je suis venue rendre une petite visite à mon oncle adoré. Comment va-t-il au fait ?

— Qu'est-ce que tu veux ?

— Je viens finir le travail.

Mégane la regarde sans comprendre.

— Paolo doit mourir.

— C’est donc toi qui lui as tiré dessus ? Tu es aussi fourbe que ta mère.

Alison se met à rire.

— Je peux t’assurer que si ça avait été moi, il serait déjà mort. C’est Bérengère qui a tout foiré. La pauvre a eu des remords de conscience…

Alison referme la porte de la chambre derrière elle avant de s’avancer vers Mégane.

— Bérengère est faible. Je ne le suis pas.

— Ne fais pas ça, je t’en conjure, tente désespérément Mégane. Tu n’es pas comme Bérengère… Il n’est pas trop tard pour…

— Tu ne comprends pas, Mégane, Bérengère n’a rien à voir là-dedans…

Alison a prononcé le nom de sa mère adoptive avec dédain.

— … c’est Goulhen qui tire les ficelles.

Mégane recule et contacte Leyla par télépathie, l’avertissant du danger.

— Je te laisse une chance, Alison ! Quitte cette chambre avant que je n’appelle la sécurité !

Alison ignore son avertissement et fait quelques pas vers Paolo. Mégane se dirige discrètement vers le bouton d’urgence, mais Alison comprend ses intentions.

— À ta place, je ne ferais pas ça.

— Et pourquoi donc ? demande Mégane en continuant d’approcher.

Les yeux d’Alison s’étrécissent et toutes ses pensées se tournent vers Mégane qui s’apprête à enfoncer le bouton rouge. Aussitôt, les doigts de Mégane se crispent. Elle résiste, mais la pression augmente. Après un moment, ses bras retombent le long de son corps.

Depuis qu'Alison est revenue d'Annwin en passant par le cromlech, ses pouvoirs se sont considérablement développés. En contrôlant une partie de son cerveau, Goulhen lui transmet un peu de sa puissance.

— Tu ne toucheras pas à un seul de ses cheveux, déclare Mégane en luttant de toutes ses forces contre la douleur qui augmente dans son crâne. Ou bien…

— Ou bien quoi ? éclate Alison. Tu oses me menacer ? C'est toi qui vas m'en empêcher, peut-être ?

Sans même réfléchir, Mégane s'élance vers Alison. Celle-ci élève la main, projetant sa jeune sœur contre le mur, à l'autre bout de la pièce. Étourdie, Mégane se relève. Après avoir retrouvé son aplomb, elle tente de revenir à la charge, mais Alison est plus rapide et ses pouvoirs, plus coercitifs. Comme si elle venait de frapper un mur, Mégane retombe par terre. D'une simple pensée, Alison exerce une pression considérable sur son thorax qui la cloue au sol.

— Jamais tu ne pourras me vaincre, Mégane. Il faut t'y faire ! Je suis plus puissante que jamais !

— Tu me dégoûtes !

— Contente de te l'entendre dire ! C'est réciproque. J'ai toujours su que tu me causerais des problèmes…

Sous la pression, Mégane a de plus en plus de mal à respirer, puis elle perd connaissance.

Leyla intercepte le message de détresse de sa sœur pendant qu'elle est au chevet d'Alfred. Le vieil homme capte également l'appel.

— Ton ami Paolo court un grand danger, dit-il, Mégane aussi !

Leyla attrape ses affaires en vitesse et sort de la chambre en courant. Au passage, elle heurte un employé d'entretien qui échappe sa pile de serviettes par terre. Il lui lance un regard courroucé.

— Désolée ! lance-t-elle en se précipitant vers l'escalier.

Elle ne remarque pas que l'homme la dévisage. Sans rien ramasser, il se faufile jusque dans la salle d'attente où il tape un message texte sur son téléphone portable. *Tout est en place*. Puis il appuie sur la touche « Envoyer ».

Trois courtes vibrations contre sa cuisse annoncent à Bérengère que le message qu'elle attendait avec impatience depuis ce matin est enfin entré. Elle attrape son cellulaire et jette un coup d'œil sur l'écran. Quatre mots y apparaissent. Elle sourit. « Parfait ! » se réjouit-elle en le glissant au fond de sa poche.

Bérengère attache ses trois dobermans dans l'entrepôt avant d'entraîner sa prisonnière dans une autre pièce qui ressemble étrangement à un laboratoire. Sur les étagères, une soixantaine de bocaux sont alignés. Ce qu'il y a à l'intérieur retourne l'estomac de Maud. Des restes humains.

Paniquée, elle tente encore une fois de se libérer, mais sa geôlière la saisit par un bras, la soulève comme un vulgaire sac de patates et l'assoit rudement sur une chaise en bois. Elle enfile ensuite une paire de gants en cuir matelassé et déroule un brin de barbelé. En s'aidant de pinces, elle tortille le fil de fer autour des chevilles et des poignets de sa prisonnière, puis elle l'immobilise complètement en effectuant un tour au ras de son cou, un autre autour de sa taille et un dernier au niveau de ses genoux. Maud ne peut absolument plus bouger sans que les pics s'enfoncent dans sa chair. La femme lui enlève alors son bâillon.

— Vous êtes folle ou quoi ? hurle Maud.

— Simple précaution ! lui rétorque la matrone.

— Qui êtes-vous ? Que voulez-vous ?

Bérengère retire ses gants, les dépose sur une étagère derrière elle et sort son paquet de cigarettes de sa poche.

— Vous en voulez une ?

— Je ne fume pas.

Bérengère se met à rire aux éclats, exhibant une série de dents jaunies par la nicotine.

— Tu devras pourtant t'en contenter. Je n'ai rien d'autre à t'offrir. Bérengère Nova. Ce nom te dit quelque chose ?

Le visage déjà blême de Maud devient livide.

— Vous êtes…

— La sœur de Paolo Nova. Vous avez tout compris.

— Mais…

— Ne le prends surtout pas mal, Maud, si mon frère ne t'a jamais parlé de moi. Ce petit cachottier ne m'avait pas davantage raconté son mariage avec toi.

— Je vous jure que je n'ai rien à voir avec la tentative d'assassinat dont il a été victime.

— Évidemment ! puisque c'est moi qui lui ai tiré dessus.

Maud était loin de s'attendre à ce genre de confession. Une série d'expressions se bousculent sur son visage, un mélange d'effroi et d'incrédulité.

— N'aie pas l'air si étonnée ! lance Bérengère, la cigarette coincée entre les lèvres. Nous voulons toutes les deux la même chose, pas pour les mêmes raisons, cependant. Je sais que tu projetais de débrancher mon frère pour récolter ses millions…

Maud tente vainement de dissimuler sa stupéfaction.

— Qu'est-ce qui vous fait croire une chose pareille ? s'étrangle-t-elle en s'efforçant de ne pas trop remuer.

Les barbelés s'enfoncent déjà dans sa chair.

— Cessons un peu de jouer au chat et à la souris, tu veux bien ? Je suis également au courant que tu avais rendez-vous avec le notaire de mon frère. Je vais t'éviter le déplacement : tu es toujours bénéficiaire.

Un sourire fugace se dessine sur les lèvres de Maud qu'elle s'efforce de réprimer. « Cette imbécile est tellement prévisible ! songe Bérengère, je peux lire en elle comme dans un livre ouvert. Je me demande s'il est bien sage de lui confier cette mission… »

Au départ, Bérengère avait eu l'idée d'aider Maud à se débarrasser de Paolo, mais elle se rendait compte, à présent, que l'entreprise était beaucoup trop hasardeuse. Maud n'avait aucun talent pour mentir, ni d'ailleurs pour flouer qui que ce soit.

— Et vous voulez que je partage l'argent avec vous, je suppose ? conclut Maud avec enthousiasme.

— Tu te trompes. Sur toute la ligne ! Je n'ai rien à foutre de cet argent !

— Qu'est-ce que vous attendez de moi, alors ?

Bérengère ne réagit pas. Sa décision est prise. Elle tourne les talons et sort de la pièce sans même adresser un dernier regard à sa prisonnière. Elle referme la porte blindée derrière elle et pousse les verrous, laissant Maud se morfondre dans un silence hébété.

Après avoir dévalé les escaliers en courant parce que l'ascenseur n'arrivait pas, Leyla ouvre la porte du troisième étage et aperçoit la silhouette de sa jumelle au bout du corridor. Son crâne est rasé, mais elle la reconnaît quand même. Comme si Alison avait senti la fureur de son regard dans son dos, elle se retourne et lui adresse un large sourire. Au moment où la porte coulissante se referme, un message retentit dans les haut-parleurs. « Code bleu, chambre 313. Je répète : Code bleu, chambre 313 ». Alison sourit intérieurement en appuyant sur le bouton du rez-de-chaussée.

Le personnel hospitalier se presse en tous sens dans le couloir. Leyla arrive à temps pour assister aux manœuvres de réanimation. « Où est Mégane ? » s'affole-t-elle. Un signal sonore continu indique que le cœur de Paolo s'est arrêté de battre. Leyla se faufile dans la pièce. Trop occupés par l'urgence médicale, les infirmières ne font pas attention à elle. Mégane est étendue par terre, près de la fenêtre. Une auxiliaire s'affaire auprès d'elle.

Leyla s'accroupit.

— Que lui est-il arrivé ?

— Je ne sais pas, lui annonce la jeune femme. Elle était dans cet état à mon arrivée. Mais tout va bien. Ne vous inquiétez pas. Là ! Elle reprend connaissance.

Leyla effleure la joue de Mégane. Cette dernière marmonne quelque chose et Leyla doit se pencher pour entendre ce qu'elle dit.

— Alison est ici.

— Je sais.

Le personnel médical continue de s'activer autour de Paolo. Ventilation, massage cardiaque, injections intraveineuses d'adrénaline. Le médecin charge le défibrillateur à trois cent soixante joules.

— Deux, trois, dégagez !

Le corps de Paolo se soulève sous la décharge électrique, mais le tracé sur le moniteur reste désespérément plat. Un jeune interne poursuit les massages cardiaques pendant que l'appareil se recharge. Leyla jette un coup d'œil dans sa direction. Quelque chose cloche. Une vague de panique traverse son visage tandis que le teint de Paolo vire au bleu. Le médecin ne comprend pas lui non plus ce qui se passe. Affolée à l'idée de perdre Paolo, Leyla ferme les yeux et se concentre. Elle réalise avec horreur qu'une pression extérieure comprime l'arrivée du sang dans les artères qui irriguent le muscle cardiaque. Elle se force à respirer pour ne pas perdre pied. Paolo ne doit pas mourir. Elle se penche vers Mégane et murmure à son oreille :

— Tu peux faire quelque chose ? Il va mourir si on n'intervient pas tout de suite. Alison a bloqué l'aorte.

Rien qu'au son de sa voix, Mégane capte son désarroi. Même si elle est encore étourdie, elle ferme les yeux et se concentre pour atteindre en pensée le cœur de Paolo. À l'aide de son précieux pouvoir de guérison, elle libère les voies sanguines et, au moment où le défibrillateur délivre son second choc, le cœur de Paolo se remet à battre.

Même à distance, Alison ressent la magie du don de guérison de Mégane et comprend que sa mission a échoué. Elle jure en montant dans sa voiture. « J'aurais dû la tuer ! » Puis elle démarre en trombe et sort du stationnement sans même s'arrêter à la guérite.

— Comment allez-vous aujourd'hui, monsieur Bartholdi ? demande Leyla.

— Je suis en pleine forme ! En fait, je ne me suis pas senti aussi bien depuis des années ! Mais vous et votre sœur avez déclenché un fichu branle-bas de combat ici. Ils n'arrivent pas à comprendre ce qui m'arrive ! ajoute-t-il en ricanant. Vous savez que Mégane vous ressemble beaucoup ?

— Vous trouvez ?

— Oh oui ! Vous avez des airs de famille, c'est indéniable !

Alfred s'assoit sur le rebord de son lit et incite Leyla à prendre place à côté de lui, l'air grave.

— Il faut que je vous mette en garde. Alison, votre jumelle…

— Je sais, elle a tenté de tuer Paolo et s'en est prise à Mégane.

— Alison fait désormais partie de l'Ordre. Pour votre propre bien et celui de votre sœur, vous devez admettre que son âme est perdue… Même si vos deux destinées sont indissociables, elles sont néanmoins à l'opposé l'une de l'autre. Je sais que vous considérez encore Alison comme faisant partie de votre famille, mais vous avez tort. Vous êtes liées toutes les deux, c'est indéniable, mais pas de cette façon. Alison est ce côté sombre que vous devez combattre en ce monde. Vous ne serez capable de la déjouer que lorsque vous cesserez de vous méprendre sur sa véritable nature. Je sais que pour vous, la famille est sacrée. C'est un principe remarquable, mais en même temps, une de vos plus grandes faiblesses. Alison pourrait profiter de cette lacune pour vous faire beaucoup de mal.

Un silence lourd tombe sur la pièce.

D'un côté, le serment fait à sa mère de protéger sa sœur jumelle empêche Leyla d'abandonner Alison. Mais de l'autre, elle sait qu'Alfred a raison. Alison ne peut que lui faire du tort. Cependant, lui tourner le dos définitivement voudrait aussi dire qu'elle trahirait la confiance de sa mère. Leyla est déchirée par cette promesse qu'elle sait ne plus pouvoir tenir. Elle baisse la tête, réfléchit un moment avant de déclarer :

— Vous avez raison, Alfred. Je vais couper les ponts.

— Heureux de vous l'entendre dire, jeune fille. Maintenant, dit-il un peu mal à l'aise, je dois vous avouer quelque chose. Lorsque votre sœur m'a guéri avec ses pouvoirs, j'ai réalisé mon erreur.

Alfred joint ses mains.

— Je sais que j'ai mal agi, précise-t-il avant d'aller plus loin. J'aurais dû tout vous dire dès le premier jour, mais j'ai eu peur que vous ne vous défiliez.

Le vieil homme prend une longue inspiration pour se donner du courage.

— J'ai été marié pendant près de vingt ans, entame-t-il. Est-ce que je vous l'ai déjà dit ?

— Oui. Mais vous ne m'avez jamais vraiment parlé de votre femme.

— Eh bien ! Elle s'appelait Sylva. Je m'étais pourtant promis d'emporter cette vieille histoire dans ma tombe… Enfin, pour tout vous dire, je n'ai pas été un très bon mari pour elle. Je ne l'ai jamais vraiment aimée, je veux dire d'amour véritable, mon cœur appartenait à… une autre.

Alfred a failli prononcer le nom de Maëlla Liss. Leyla n'aurait certainement pas compris l'adoration qu'il vouait à cette femme délicieuse.

— Si vous ne l'avez jamais aimée, intervient Leyla, alors pourquoi l'avoir épousée ?

— Je ne suis pas fier de ce qui est arrivé. Dans ma jeunesse, j'ai causé de graves préjudices et commis des fautes irréparables.

À l'évocation de ces événements, le vieil homme se renfrogne.

— Sylva n'était pas jolie. Ses cheveux étaient négligés, ses vêtements, souvent démodés. Ses accoutrements ridicules la vieillissaient facilement de dix ans. Et elle était d'une timidité maladive. Quand un garçon lui adressait la parole, elle se figeait sur place, incapable de répondre, ou regardait par terre. Elle évitait de se mêler aux autres et passait le plus clair de son temps à lire des bouquins dans un coin. Tout le monde se moquait d'elle.

Une bouffée de tristesse envahit le vieil homme.

— Le soir du bal des finissants, je suis resté accoudé au bar une bonne partie de la soirée. À la fin, j'étais tellement ivre que je ne savais plus ce que je faisais. Après que tout le monde a quitté la salle, Sylva s'est approchée de moi. Elle a dû faire un effort incroyable pour surmonter sa gêne. Pour la première fois en six ans, elle m'a regardé droit dans les yeux en s'offrant gentiment pour me raccompagner. J'étais dans un état lamentable. Elle a passé un bras autour de ma taille et m'a aidé à me relever. J'ai titubé, mais elle m'a soutenu tout au long du trajet. Lorsque nous sommes arrivés près de chez moi, j'ai voulu la remercier en l'embrassant sur la joue. Mais les choses ont été plus loin…

Alfred se tourne en direction de la fenêtre. Dehors, des enfants jouent dans le parc, des cris enjoués lui parviennent à travers les carreaux. Comme Alfred aimerait remonter le temps, revenir en arrière, changer le dénouement de cette nuit où sa vie a basculé. Il inspire profondément, puis ses épaules s'affaissent.

— J'ai appris un peu plus tard qu'elle était enceinte.

Torturé, Alfred enfouit son visage dans ses mains.

Leyla s'approche et pose une main compatissante sur son épaule.

— Ce n'était pas comme aujourd'hui, vous savez. L'avortement n'était pas une option envisageable et quand mes parents ont appris ce qui était arrivé, ils m'ont obligé à l'épouser, reprend Alfred au bout d'un moment. Je lui en ai voulu longtemps de m'avoir piégé, d'avoir ruiné ma vie. À cette époque, j'étais incapable d'admettre que c'était moi le fautif. Sylva est morte et je n'ai jamais eu le courage de lui demander pardon.

Alfred n'ose plus regarder Leyla en face, de peur de lire sur son visage la déception, ou pire encore, le dégoût. Elle doit le haïr pour ce qu'il a fait.

— Plus tard, murmure-t-il dans un souffle, j'aurais pu renier mes engagements, mais je voulais qu'elle souffre autant que moi.

La voix d'Alfred se brise et il se met à pleurer comme un enfant.

Leyla ressent de la pitié pour son vieil ami. Elle ne connaît que trop bien cette détresse intérieure qui survient quand les rêves et les espoirs s'envolent, quand on perd foi en la vie. « Comme ils ont dû être malheureux », songe-t-elle en cueillant la main de son ami dans la sienne.

— Qu'est-il advenu de l'enfant qu'elle portait ?

Alfred essuie ses larmes du revers de la main.

— Il est venu au monde, mais je ne l'ai jamais reconnu comme étant mon fils. J'ai obligé Sylva à le donner en adoption. Vous devez me détester, n'est-ce pas ?

— Non.

— Sylva a continué de lui rendre visite à l'occasion, tandis que moi, j'ai ignoré son existence.

Le vieil homme relève la tête. Des rides profondes sillonnent son visage parcheminé, creusées par des années de regret. Alfred doit aujourd'hui se pardonner.

— Et lui ? demande Leyla. Il a cherché à vous retrouver ?

— Je crois que Sylva l'en a dissuadé. Il est mort il y a vingt-six ans.

— Je suis triste pour vous, poursuit Leyla. Mais ça ne sert à rien de ressasser le passé. Il faut se tourner vers l'avenir et continuer d'avancer.

Alfred soupire. Il se sent soulagé d'un poids, même s'il n'a pas dit toute la vérité. On est parfois mieux de taire certaines choses...

Chapitre 15
DAVETH CARREY

Daveth Carrey apprécie l'intimité de sa limousine qui se faufile en douceur dans les embouteillages qui paralysent la ville en cette heure de pointe. En face de lui prend place Rachelle Wagner, son attachée de presse. Un peu maigrichonne à son goût, la jeune femme donne l'impression de nager dans des vêtements trop sévères. Mais Daveth ne l'a pas engagée pour son look vieillot, mais bien pour ses compétences ainsi que son formidable sens de la discipline et du devoir.

— Votre dernière allocution a soulevé pas mal de controverses. Vous n'auriez pas dû vous emporter.

L'homme écoute les récriminations de son assistante d'une oreille distraite. Il a de toute façon l'intention de régler le problème que pose cette jeune journaliste à sa façon.

À quarante-deux ans, après avoir siégé durant plusieurs années au conseil municipal de sa localité, Daveth Carrey a finalement décidé de se lancer en politique. Poussé par l'ambition et l'appât du gain, il s'est fait élire député une première fois à la Chambre des communes en 1994. Moyen pour lui de militer pour le nouvel ordre mondial et de nouer de fructueuses relations. Personnage charismatique doté d'une éloquence persuasive et d'un physique plutôt agréable, il s'est rapidement taillé une place enviable au sein du gouvernement.

Tout en sirotant son verre de whisky irlandais, le ministre examine le dossier que lui tend Rachelle.

— Voici une liste de mesures à envisager pour redorer votre blason…

Encore une fois, il laisse parler la jeune femme.

Cinq minutes plus tard, la limousine franchit la guérite de surveillance du bâtiment abritant ses bureaux. Daveth range les dossiers dans sa mallette de cuir et descend du véhicule, son assistante sur les talons.

À la suite de sa petite altercation avec la reporter de *Primeur* lors de sa conférence de presse, Daveth Carrey a déposé une plainte contre la jeune femme et usé de ses relations pour tenter de la faire radier de l'ordre des journalistes.

La sonnerie du téléphone retentit. Bien calé dans son fauteuil directorial, Daveth attrape le combiné.

— Oui, Rachelle. Très bien, passez-le-moi !

Un léger bip lui indique que la communication vient d'être établie.

— Daveth Carrey.

Son interlocuteur lui apprend que la jeune journaliste de *Primeur* a publié un article dans lequel elle fait allusion aux projets Obédience et Binaire.

— Quoi ? hurle Carrey en attrapant le journal qu'il n'a pas encore eu le temps de parcourir. Comment devient-on aussi incapable ? Je vous avais pourtant demandé de la surveiller de près…

Maintenant habitué à ce genre d'emportement, son interlocuteur reste muet. Carrey survole rapidement l'article.

— D'où cette journaliste tient-elle toutes ces informations ? demande encore le ministre. Votre système de sécurité est un vrai gruyère !

— Il y a eu une fuite, monsieur le ministre, marmonne l'homme au bout du fil. Nous nous efforçons de la localiser et de la colmater.

La nouvelle, parue dans le journal tôt ce matin, a été explosive. On en parle déjà sur toutes les chaînes télévisées. Le travail de plusieurs années de désinformation médiatique vient de s'envoler en fumée.

— Trouvez-moi le mouchard qui a fait ça ! Me suis-je bien fait comprendre ?

— Oui, monsieur.

— Et débarrassez-moi de cette journaliste une bonne fois pour toutes !

— Je m'en occupe, monsieur.

— Ne la laissez pas filer, cette fois ! C'est votre dernière chance !

Daveth Carrey raccroche furieusement l'appareil. S'il y a une chose qui l'horripile plus que la traîtrise, c'est bien l'incompétence ! Le compte de cette minable journaliste aurait déjà dû être réglé !

Il attrape son téléphone et compose le numéro de son contact à l'Ordre.

— C'est moi. On a un problème…

Il explique la situation à son interlocuteur avant de raccrocher. Il espère seulement que l'Ordre sera plus efficace que ses propres agents.

Chapitre 16
LA DISPUTE

Depuis sa prise de bec avec Gerald, Kireg est d'humeur maussade. Il passe le plus clair de son temps dans sa chambre. Même son frère n'arrive plus à le dérider. Perdre l'amitié de Gerald lui a brisé le cœur.

Joseph frappe à sa porte.

— Kireg ? Je peux entrer ?

— Comme si tu avais l'habitude de te gêner !

Joseph s'encadre dans le chambranle.

— Pourquoi tu ne vas pas faire un tour dehors ? Il fait un temps superbe ! Appelle Gerald…

— Gerald et moi on s'est disputés. Il m'a dit d'aller me faire voir.

— Vous vous êtes disputés à quel sujet au juste ?

— Il tenait absolument à savoir…

— À savoir quoi ? s'inquiète tout à coup Joseph.

Kireg relève la tête.

— Je lui ai tout dit.

— Non ! Tu n'as pas fait ça, Kireg ! On en avait pourtant discuté tous les deux ! Tu ne devais en parler à personne…

— Ça n'a plus d'importance, maintenant. Il est trop tard.

Joseph vient s'asseoir à côté de son petit frère et lui entoure les épaules de son bras.

— J'aurais dû t'écouter, soupire tristement Kireg.

— Gerald finira bien par comprendre. Tu verras, il reviendra.

— J'en doute.

— Tu veux que j'aille lui parler ?

— Non ! Ne t'en mêle surtout pas ! Tu ne ferais qu'envenimer les choses.

— Mais, Kireg…

— J'ai dit non.

— Bon, comme tu voudras.

Joseph se lève et s'apprête à sortir.

— Ah ! Au fait ! J'étais venu te dire que la belle Kelly Madden est en bas.

Surpris, Kireg écarquille les yeux.

— Je ne veux surtout pas te dire quoi faire, mais cette fille est assez mignonne ! Si j'étais toi, je ne laisserais pas passer ma chance…

— Tu ne comprends pas ! s'emporte Kireg. Je ne peux pas sortir avec elle !

— Pourquoi ? s'étonne son frère.

— À cause de Gerald.

— Qu'est-ce que Gerald a à voir là-dedans ? Il ne va quand même pas intervenir dans ta vie amoureuse !

— Gerald a le béguin pour Kelly. Il va croire que j'essaie de la lui voler.

— Et c'est pour ça qu'il t'a largué ? Il est vraiment trop con ! Écoute, Kireg, disparaître et faire comme si de rien n'était n'a jamais rien réglé. Tu as l'air d'une autruche qui s'enfouit la tête dans le sable pour ne pas voir le chasseur qui braque son arme sur son derrière.

— Merci pour la métaphore !

— De rien. J'en ai d'autres comme ça, si ça peut t'aider à te dérider !

— Laisse faire !

— Kireg, ce n'est pas en restant enfermé dans ta chambre que tout va s'arranger. Appelle Gerald et dis-lui que tu veux le rencontrer. Explique-lui que ce n'est pas ta faute si cette fille te court après.

Kireg accueille la proposition de son frère d'un grognement.

— En attendant, qu'est-ce que je dis à la jolie demoiselle qui attend dans le salon ?

— Je n'ai vraiment pas envie de lui parler maintenant. Invente une excuse.

— Comme tu veux, soupire son grand frère. C'est à toi de voir.

Joseph referme la porte et disparaît dans l'escalier.

À nouveau seul dans sa chambre, Kireg se laisse choir sur son lit en maugréant. La vie serait tellement plus simple sans les filles ! Il y aurait moins de conflits entre les gars. Moins de rancune aussi. Et surtout, Gerald ne lui en voudrait pas. Kireg étire le bras pour attraper son lecteur MP3. Il enfile ses écouteurs et pianote pour changer de chanson.

— Tu as tort de te morfondre ainsi, jeune homme.

Kireg sursaute. Les paroles de Maëlla Liss s'élèvent par-dessus la musique. « Encore cette voix » ! songe-t-il. Depuis quelque temps déjà, cette femme met en péril sa raison en venant troubler son esprit. Kireg a l'impression de devenir fou.

— Tu ne pourras pas toujours fuir. Tu as reçu de merveilleux pouvoirs…

— Merveilleux pouvoirs ? s'emporte Kireg. Je ne vois que des meurtres ! Il n'y a rien de « merveilleux » là-dedans !

— Non, Kireg ! Tu as simplement la capacité d'entrevoir des bribes du passé…

— Je m'en passerais volontiers ! s'attriste ce dernier.

— Ce don est précieux, poursuit la voix de Maëlla Liss dans sa tête. En apprenant à te servir de ton pouvoir, tu pourrais contribuer à rendre le monde meilleur.

— Vous voyez bien que je ne suis pas à la hauteur ! éclate Kireg. Alors, choisissez donc quelqu'un d'autre pour faire votre ménage !

— Tu es le troisième enfant désigné par la treizième prophétie, Kireg Radhan. D'ailleurs, tu portes la marque du triskèle sur ta poitrine pour le prouver. Tu as été choisi parmi tous les autres pour ton courage et ta détermination. C'est un grand honneur que d'avoir…

— Je ne veux pas de cet honneur ! Je ne veux tout simplement pas être différent des autres. Je n'ai pas envie de sauver le monde !

— Tu as choisi ton chemin, jeune homme, avant même de t'incarner.

— Non ! C'est faux ! Tout ça est arrivé à cause de ce stupide accident. Ça m'apprendra aussi à bricoler le câble !

— Tout est dans l'ordre des choses, Kireg. Ce qui devait arriver est arrivé et rien au monde n'aurait pu l'empêcher. Les hasards n'existent pas.

— Quoi ? s'insurge Kireg. Vous insinuez que j'ai provoqué tout ça rien que pour obtenir ce foutu don ?

— Tout se déroule sur un autre plan, Kireg. Un plan qui n'est pour l'instant pas accessible à ta conscience. Un jour, tu te souviendras d'avoir fait ce choix par pur altruisme. En prenant forme humaine, ton âme a occulté les motivations véritables de ton cœur. Mais je te rassure tout de suite, cette précieuse information n'est pas perdue, elle est inscrite au plus profond de toi-même et refera surface le temps venu. À ce moment-là, tu te souviendras.

— Pourquoi moi ? Je ne suis pas plus intelligent ou plus rusé qu'un autre…

— L'intelligence ou la ruse n'ont rien à voir là-dedans, Kireg. Ce sont les qualités du cœur et de l'esprit qui importent.

— Je ne comprends rien à ce que vous dites.

— Je te parle ici de bonté, de douceur, de simplicité qui sont le propre des âmes élevées. L'altruisme et la compassion ne s'approfondissent que par la pratique. La sagesse humaine ne se livre qu'aux esprits assez éclairés pour comprendre que la beauté et l'enchantement sont en train de disparaître de ce monde fragilisé par l'inconscience de l'homme. Il faut être suffisamment persévérant pour accéder à l'illumination, pour atteindre cette grâce divine qui se répand dans l'âme au moment où la fusion du cœur et de l'esprit s'opère.

— Et vous croyez que j'ai ce qu'il faut pour y parvenir ?

— Ne te sous-estime surtout pas, Kireg. Tu es beaucoup plus puissant que tu ne l'imagines.

— Tout à l'heure, vous avez fait allusion à trois enfants. Qui sont les deux autres ? Je les connais ?

— Pas encore, mais cela ne saurait tarder. Elles se présenteront à toi dans très peu de temps.

— Ce sont des filles ?

— On ne peut rien te cacher.

— Comment les reconnaîtrai-je ?

— Oh ! Tu sauras tout de suite qui elles sont.

— Et cette treizième prophétie, elle dit quoi au juste ?

— Elle annonce qu'une guerre éclatera sur Terre, une guerre comme on n'en a jamais vu par le passé.

— Et cette guerre, on en viendra à bout ?

— L'avenir du monde n'est pas encore scellé sur la trame de l'univers. Certaines tendances se profilent à l'horizon, mais rien n'est encore définitif. Une chose est sûre, cependant, l'union des trois enfants sera déterminante.

— Qui devrons-nous combattre ?

— Cette part d'ombre qui infecte le cœur des hommes.

— Et ensuite ?

— Ensuite, le mal disparaîtra peu à peu de la surface de la Terre. Le voile d'oubli qui recouvrait jadis les origines de l'humanité se lèvera. Alors, vous saurez, vous verrez et vous comprendrez. Plus rien ne vous échappera. Plus personne ne pourra vous faire de mal, car vous aurez recouvré toute votre puissance.

Sur ces dernières paroles de sagesse, la présence de Maëlla Liss se retire. Kireg se retrouve à nouveau seul dans sa chambre. Il reste un moment à réfléchir à ce qu'il vient d'apprendre. Il convient que Maëlla Liss a raison sur un point : il doit régler son différend avec Gerald. Comme il s'apprête à se lever, une violente douleur à la tête, comme un coup de masse, lui fait perdre connaissance.

Doughal Breenan n'a pas perdu de temps. Après son entretien avec Ismaël, il a contacté son client pour convenir d'un lieu de livraison. Le lendemain soir, les quatre filles embarquaient sur un cargo de ravitaillement en partance pour la Belgique, destination : le Château des Ténèbres. Ce domaine de 742 hectares, dont le véritable nom lui était inconnu, était l'endroit le mieux gardé de la Belgique. Doughal ne connaissait le Château que de réputation. Il savait toutefois que les lieux étaient réservés à une certaine élite et que des choses pas très catholiques s'y déroulaient. Mais ce que le client faisait de la marchandise après expédition ne le regardait pas. Du moment qu'il recevait son dû, le reste il s'en foutait.

Avant de retourner travailler à l'hôpital pour handicapés, Doughal avait fait changer toutes les serrures de la maison. Il avait également renforcé la chaîne et le cadenas interdisant l'accès à la cave, puis installé lui-même quelques caméras de surveillance. Deux au rez-de-chaussée, trois au sous-sol et une à l'arrière de la maison pour surveiller l'entrée de la cave. Doughal avait encore des doutes à propos d'Ismaël, c'est pourquoi il avait pris toutes ces précautions sans lui en parler. En attendant que tout soit en place et opérationnel, il avait demandé à Rouvier de suspendre sa chasse. Il allait enfin savoir à quoi s'en tenir…

Chapitre 17
LE VRAI VISAGE D'ALISON SOREN

C'est en fouillant dans la chambre de Bérengère pendant son absence que Paolo était tombé sur une enveloppe portant la mention « Top Secret ». Intrigué, il n'avait pas pu s'empêcher de jeter un coup d'œil à l'intérieur. Le document concernait Alison. Au fil de sa lecture, Paolo avait découvert que sa nièce avait été victime d'une manipulation génétique. Dès la gestation, on avait introduit dans son ADN des aberrations chromosomiques qui avaient contaminé son patrimoine génétique alors que le développement utérin n'était encore qu'au stade embryonnaire.

Cette expérience faisait partie d'un plus vaste projet nommé Obédience. Un programme de contrôle du comportement fondé sur divers traumatismes autant psychologiques que physiques et mis en place par l'élite des grandes puissances mondiales par le biais de loges occultes. Réparti en plusieurs échelons, Obédience entraînerait chez le sujet une fragmentation de la personnalité, ce qui permettrait ensuite une reprogrammation de certaines parties du cerveau à des fins de contrôle mental.

Le premier échelon, l'Alpha, serait affecté à la personnalité de tous les jours, celle qui sert de façade aux autres. Le deuxième, le Bêta, serait réservé pour les crimes d'ordre sexuel comme la prostitution. Le Delta permettrait des opérations d'assassinat et d'espionnage tandis que le Gamma rendrait le sujet complètement amnésique. Le dernier échelon, l'Omega, serait utilisé quant à lui pour pousser le cobaye au suicide.

Dès l'âge de deux ans et tout au long de son enfance, Alison avait été conditionnée par Bérengère. Chaque matin, quand Elberth quittait la maison pour le travail, elle installait sa fille devant la télévision, l'incitant à visionner des films d'une violence inouïe comportant des scènes de boucherie et de sexualité explicite afin de la préparer à remplir sa mission.

Plus tard, vers l'âge de dix ans, Alison avait découvert qu'elle n'était pas comme les autres enfants, qu'elle disposait de pouvoirs psychiques. Dès lors, Bérengère avait commencé à l'emmener aux réunions de l'Ordre où se déroulaient des abus rituels. À douze ans, elle assistait déjà à des cérémonies initiatiques ponctuées de sacrifices aussi sanglants que cruels. On la droguait, l'agressait, la violentait, tout cela dans le but de créer chez elle un désordre profond de la personnalité.

Vers l'âge de seize ans, Alison avait commencé à assassiner pour le compte de l'Ordre. La seule fois où elle s'était risquée à refuser, Bérengère le lui avait fait payer en se vengeant sur son père. Alors qu'il se rendait au travail, Elberth avait perdu le contrôle de son véhicule qui avait fait plusieurs embardées avant de s'immobiliser dans la voie opposée. Les pompiers avaient dû utiliser les pinces de désincarcération pour sortir son corps désarticulé de sous le tas de ferraille. Selon la version officielle, les freins avaient lâché, mais Alison savait très bien ce qu'il en était. Son père avait passé à un cheveu d'y rester par sa faute. À compter de ce jour, Alison avait fait tout ce que Bérengère lui demandait.

À dix-sept ans, Alison avait fait une première tentative de suicide. Elle avait démarré la voiture de son père dans le garage et s'était étendue derrière le pot d'échappement. Quand Bérengère avait compris ses intentions, elle était entrée dans une colère noire. Déchaînée, elle l'avait battue à coups de batte de baseball jusqu'à ce qu'elle cesse de bouger. « Si tu veux t'enlever la vie, ma fille, avait-elle hurlé, sans cesser de la tabasser, arrange-toi pour ne pas rater ton coup ! » Alison avait passé deux semaines aux soins intensifs, entre la vie et la mort. Quand Elberth avait voulu savoir ce qui s'était passé, Bérengère avait prétendu que leur fille avait été victime d'un gang de rue.

À dix-neuf ans, Alison avait récidivé. Encore une fois, tout ne s'était pas déroulé comme elle l'avait prévu. Incapable de rejoindre la lumière, son âme avait été interceptée par une entité démoniaque qui l'avait attirée vers les dimensions inférieures où elle avait rencontré le malin : Goulhen Baphomet en personne. Maintenant qu'il lui avait fait franchir la porte interdite du cromlech, il ne restait plus une once d'humanité en elle.

Même si aujourd'hui elle ressemblait à s'y méprendre à Leyla, sa jumelle, elle n'en était pas moins qu'une pâle imitation, tout juste un clone modelé par les forces de l'ombre pour parvenir à ses fins.

Hogan Rice a mis au point un plan infaillible pour éliminer Paolo Nova. Enfin, le croit-il. Un plan qui ne tient aucunement compte de Maud, son ex-femme, puisqu'elle s'est évaporée dans la nature. Il projette également de se débarrasser des témoins gênants, comme cette petite fouine qui passe des nuits complètes au chevet de sa cible. Mais il doit au préalable s'assurer que tout soit bien en place.

Quand il passe sous l'enseigne de l'immeuble qui abrite les locaux de NOVATEC, l'agence immobilière de Paolo Nova, les néons se mettent à grésiller. Un crépitement semblable au bruit que font les câbles de haute tension, le long des lignes électriques. Puis les tubes fluorescents s'éteignent. « Curieux ! » se dit Hogan en relevant la tête.

La nuit où il avait fauché un piéton, sur la route 231, une violente tempête de neige faisait rage. La chaussée était très glissante. Hogan était bien le seul automobiliste à s'être aventuré dehors par un temps pareil. Le ciel et la terre se confondaient, unis par une avalanche incessante de flocons blancs. Pendant qu'il composait un numéro sur son cellulaire, la voiture avait dérapé. Le temps qu'il reprenne le volant, il avait complètement perdu le contrôle.

Hogan était tellement angoissé à l'idée d'avoir fauché quelqu'un – en plus avec un véhicule volé ! – qu'il s'était enfui lâchement, abandonnant sa victime à son triste sort. Il s'était persuadé que la neige qui tombait à plein ciel aurait tôt fait de faire disparaître le corps qui serait vite enseveli sous un linceul blanc. Toutefois, l'ironie du sort avait voulu qu'un kilomètre plus loin, la berline tombe en panne. Tous les circuits électriques s'étaient éteints en même temps. Hogan avait eu beaucoup de difficulté à ouvrir le capot, dont la tôle avait été froissée lors de l'impact. Le radiateur était percé, Hogan voyait goutter le liquide jaunâtre sur la neige, mais tout ça n'expliquait pas cette soudaine panne de courant. Après plusieurs tentatives infructueuses de faire redémarrer le moteur, il avait finalement abandonné l'automobile en bordure de la route et avait marché jusqu'au village voisin.

Quelques jours plus tard, par l'entremise des journaux, il avait appris que la fille qu'il avait heurtée ce soir-là s'en était miraculeusement tirée. Hogan s'était alors tenu sur ses gardes, craignant que les policiers remontent jusqu'à lui.

Avant d'entrer dans le bâtiment, Hogan donne un bon coup sur le côté de l'enseigne, le grésillement reprend et les néons se rallument. Il s'engouffre ensuite dans le portique et se plante devant la vitre blindée du bureau de la sécurité où se tient le gardien.

— Je suis de l'équipe de nettoyage de nuit, déclare Hogan.

Sans même relever les yeux de son émission télévisée, le quinquagénaire appuie sur un bouton. Un bip se fait entendre. Hogan pousse la porte et pénètre dans l'édifice. « Un jeu d'enfant ! » pense-t-il en se dirigeant vers l'escalier.

Hogan contourne la rampe d'accès pour handicapé et rejoint le deuxième étage en grimpant les marches deux à deux. Au fond du couloir, il aperçoit les bureaux de l'agence. Il fouille dans sa poche et sort son ensemble de crochetage. Il introduit d'abord l'entraîneur dans la serrure, puis à l'aide du crochet, soulève une à une les cinq goupilles qui bloquent l'engrenage. Une fois cette opération terminée, il tourne la poignée et se glisse à l'intérieur. Il referme doucement la porte derrière lui.

Chapitre 18
LA RÉCONCILIATION

Kireg avait mis sa violente migraine sur le compte du surmenage, mais sa couveuse de mère avait tenu à ce qu'il garde le lit. Même s'il n'en avait pas envie, Kireg s'était tout de même plié aux exigences de Léonore. Quand la santé de ses enfants était en cause, elle se montrait plus têtue qu'un mulet qui broute.

Avant de perdre connaissance, Kireg avait ressenti une forte pression au niveau des tempes, comme si sa tête était soudain prise dans un étau, comme si quelqu'un tentait de se faufiler dans son esprit. La douleur avait été si fulgurante qu'il n'avait même pas eu le temps de s'allonger sur son lit. Il était tombé par terre comme une masse. Sa mère l'avait trouvé étendu sur le plancher, sans connaissance. Depuis son réveil, toutefois, le mal avait considérablement diminué, il ne persistait plus qu'un élancement diffus semblable à un bon mal de tête.

Enfin seul dans sa chambre, Kireg attrape le combiné du téléphone et compose le numéro de Gerald. Au bout de sept sonneries, il perd patience et raccroche. Le fait que son ami ne réponde pas ne l'étonne pas outre mesure, ses parents ont un afficheur. Gerald filtre ses appels. Kireg est toutefois décidé à régler leur différend une bonne fois pour toutes. Gerald et lui se connaissent depuis l'enfance. Ils ont toujours été les meilleurs amis du monde. Ce n'est certes pas une fille qui va briser une amitié aussi solide ! Kireg décide donc de marcher sur son orgueil et de suivre le conseil de son frère et de Maëlla Liss en se rendant de ce pas chez son ami pour s'expliquer avec lui. Seulement, il doit contourner un obstacle majeur : sa mère. Comment s'éclipser sans être vu ?

Une idée lui traverse soudain l'esprit. Kireg se rend dans la chambre de son frère et attrape un chandail dans un de ses tiroirs. Il l'enfile par-dessus son t-shirt et remonte la cagoule sur sa tête avant de s'aventurer dans l'escalier. Lui et son frère étant à peu près de la même taille, il espère ainsi tromper sa mère. Il est sur le point de réussir son évasion, mais Léonore l'intercepte au moment où il sort son vélo du cabanon.

— Kireg Radhan ! lance-t-elle du balcon.

Le cœur du jeune garçon manque un battement.

— Où comptes-tu aller comme ça ?

— Mais maman… se lamente Kireg. Je vais mieux ! C'était juste un petit coup de fatigue !

— Tu tiens vraiment à ce que j'appelle le docteur Caddell ?

Kireg soupire. Léonore Mackenzie a toujours de bons arguments. Un tantinet excessifs, mais tellement infaillibles ! Elle saurait persuader la reine Élizabeth de lui céder le palais de Buckingham !

— Pas de discussion, jeune homme.

Kireg soupire en replaçant sa bicyclette dans la remise à jardin. Les explications devront attendre !

Normalement, Gerald est à la maison le dimanche matin. Le jour du Seigneur. Son père, en bon catholique, tient à ce que ses enfants soient tous présents pour prendre le petit déjeuner en famille.

Kireg attrape sa casquette et son baladeur. Sa mère lui a enfin permis de sortir à condition qu'il fasse le ménage de sa chambre avant de partir.

— Comment ça va, aujourd'hui ? lui demande-t-elle en le voyant apparaître dans la cuisine.

— En pleine forme ! répond Kireg en attrapant une banane dans le panier à fruits.

Sa mère soupire en le voyant faire.

— Le petit déjeuner est le repas…

— … le plus important de la journée, termine Kireg. Je sais, mais je n'ai pas très faim ce matin. Je suis un peu nerveux.

Léonore, ayant appris ce qui s'était passé avec Gerald, l'avait elle aussi encouragé à faire les premiers pas.

— Et ta chambre ? Je t'avertis, je ne veux pas de cochonneries par terre…

— Tout est impeccable, maman !

— Hum, hum ! grogne sa mère. Impeccable ? Tu en es bien certain ?

— Si tu ne me crois pas, va vérifier par toi-même !

— Très bien ! Vers quelle heure seras-tu de retour ?

— Je ne sais pas ! Ça va dépendre si Gerald veut m'écouter ou pas.

— Gerald est un bon garçon, Kireg. Je suis certaine qu'il prêtera l'oreille à tes arguments et que vous allez vous réconcilier.

— Merci, maman.

— Je trouve ça très courageux de ta part de prendre les devants, ajoute-t-elle avant que Kireg ne referme la porte.

Kireg lui sourit sans rien ajouter. « Ce n'est déjà plus un petit garçon ! » se dit Léonore en soupirant.

Une fois dehors, Kireg prend une grande inspiration pour se calmer. Il appréhende sa rencontre avec Gerald, même s'il sait que c'est ce qu'il y a de mieux à faire. Il enfile ses écouteurs et sa casquette, descend les marches du porche et se dirige vers le cabanon pour sortir son vélo. Il est encore tôt, mais le temps promet d'être splendide. La météo annonce une température de vingt-trois degrés Celsius. Et en plus, le ciel restera dégagé toute la journée.

En chemin, Kireg réfléchit à la manière d'aborder la chose avec son ami. Il compte tout lui dire, même ses soupçons concernant son voisin Doughal Breenan.

Une fois devant la maison des O'Brien, toutefois, son courage faiblit. Et si Gerald refusait de le voir ? Si…

Non. Avant de changer d'idée, Kireg couche sa bicyclette sur la pelouse et sonne à la porte. Après quelques secondes, Gerald en personne vient lui ouvrir.

— Qu'est-ce que tu fais ici ? lance-t-il en s'apprêtant à lui fermer la porte au nez.

Kireg bloque la manœuvre avec son pied.

— Comme tu ne réponds pas à mes appels, j'ai décidé de passer te voir !

— Qui est-ce ? s'écrie sa mère, de la cuisine.

— C'est pour moi, maman !

— On doit parler, Gerald.

— Je n'ai rien à te dire.

Gerald tente à nouveau de refermer, mais Kireg est plus rapide.

— Je ne t'ai pas tout dit, Gerald.

— Je ne tiens pas à entendre tes excuses.

Mais Kireg ne se laisse pas démonter. Il a décidé de tout raconter à son ami et il ira jusqu'au bout, peu importe son humeur.

— Si tu m'obliges à parler ici, alors je le ferai. C'est comme tu veux !

Au même moment, la petite sœur de Gerald se pointe dans l'embrasure en se glissant sous le bras de son frère qui tient toujours la poignée de porte.

— Salut, Kireg !

— Salut, Rose !

— Tu veux voir mes dessins ?

— Va-t'en, Rose ! réplique sèchement son frère. On discute sérieusement ! Ça ne se voit pas ?

Kireg se penche pourtant vers Rose.

— Montre-les-moi !

Heureuse et ravie que Kireg s'intéresse à ce qu'elle fait, la fillette s'exécute avec entrain.

— Wow ! s'exclame Kireg. Tu as vraiment beaucoup de talent.

Gerald s'impatiente en tapant du pied.

— Bon ! bougonne-t-il sans cesser de piaffer. Maintenant que tu as montré tes gribouillis, laisse-nous tranquilles !

— Ce ne sont pas des gribouillis ! proteste vivement la petite Rose en fronçant les sourcils. Tu fais tout le temps ça quand Kireg s'occupe de moi… Tu es jaloux et méchant, Gerald O'Brien !

Gerald pousse sa sœur en furie à l'intérieur et referme la porte pour ne plus entendre ses protestations. Il entraîne ensuite Kireg dans le jardin.

— Je t'écoute, mais fais vite, maman m'attend pour servir le repas.

— D'abord, je tiens à m'excuser d'avoir oublié ton anniversaire. Pardon aussi pour l'autre jour…

Gerald affiche un air satisfait.

— Je savais que tu m'espionnais…

— Tu te trompes, Gerald. Je ne t'ai jamais espionné.

— Pourquoi tu t'excuses, alors ?

— Parce que je ne me suis pas rendu compte que tu étais amoureux de Kelly. Si j'avais su, je lui aurais tout de suite dit que je n'étais pas intéressé à sortir avec elle.

— Parce que tu sors avec elle, maintenant ?

— Pas du tout ! se défend Kireg. Je la trouve gentille, mais elle ne m'intéresse pas. Je te la laisse, je n'ai vraiment pas de temps à consacrer à une fille en ce moment. J'ai beaucoup d'autres préoccupations…

— Comme quoi ? réplique sèchement Gerald. Espionner tes amis ?

Kireg ne relève pas la boutade.

— Comme je te l'ai expliqué l'autre jour, j'ai découvert que j'avais des pouvoirs… et en plus, j'entends des voix. Je pense que je suis en train de dérailler…

— Ouais, des pouvoirs qui te permettent de fouiner dans la vie des autres… Pas très cool, à mon avis !

— Je ne l'ai pas choisi, Gerald O'Brien. Et si ça peut te consoler, je reviendrais volontiers en arrière ! Depuis que je possède ce truc, je vois toutes sortes de choses horribles !

— Laisse-moi deviner… le chat du voisin qui a mangé le hamster de ta sœur ?

— Surtout des viols et des meurtres.

— Pardon ? s'étrangle Gerald.

— Et détrompe-toi, je ne suis pas victime d'hallucinations. Ces choses arrivent pour de vrai. Je l'ai lu dans les journaux.

— Tu veux dire que tu… devines réellement… l'avenir ? s'étonne Gerald, encore sous le choc.

— Je vois certaines choses, oui, mais ça a toujours un rapport avec le passé de l'objet que je touche.

— Pourquoi tu n'en parles pas à la police au lieu de me raconter tout ça ?

— Je n'ai aucune idée du moment et du lieu où ça se passe ! Si au moins j'avais des certitudes, je pourrais aider les policiers à trouver les coupables, mais je n'ai rien du tout, à part mes visions d'horreur. De vrais cauchemars ! L'autre jour, par exemple, en touchant un pendentif, j'ai vu une fille se faire attaquer, mais je n'ai aucune idée de l'endroit où ça s'est produit, ni où elle se trouve à présent. Ça pourrait aussi bien être dans un autre pays. Je ne peux pas en parler aux flics, ils vont me prendre pour un dingue !

— Tes parents sont au courant ?

— Es-tu fou ? Si ma mère apprend ça, elle va me ligoter sur une chaise pour le reste de ma vie. Il n'y a que Joseph qui sache… et toi, à présent. Je te fais confiance, Gerald, je sais que tu ne trahiras jamais mon secret.

— Tu es dans un foutu merdier, vieux !

— Merci de m'encourager ! réplique platement Kireg.

— Qu'est-ce que tu comptes faire, à présent ?

— Je ne sais pas. L'autre jour, j'ai bien cru être sur une piste…

Kireg raconte à son ami leur petite escapade chez les Breenan.

— Je te le jure, quand j'ai touché cette clé…

Blême, Kireg s'arrête au milieu de sa phrase. Il vient de comprendre pourquoi il a perdu connaissance.

— Quoi ? Qu'est-ce qu'il y a, Kireg ? Ça ne va pas ?

— Je dois y retourner…

— Retourner où ?

— Chez les Breenan…

Chapitre 19
MAGIE NOIRE

Le cordon d'argent qui relie l'âme de Paolo à son corps physique n'a jamais été rompu. Pas même après qu'Alison ait tenté de l'éliminer. Au contraire, ce lien subtil, qui garde la vie des mortels intacte, a été renforcé à la suite de sa rencontre avec l'être de Lumière.

Pendant son coma, cet ange lui a fait comprendre qu'il avait mis l'existence de Mégane et de Leyla en danger par le simple fait d'avoir introduit dans leur vie Alison et Bérengère.

— Tu ne dois pas poursuivre ton ascension dans la Lumière, lui a-t-il simplement déclaré. Retourne sur Terre et répare les torts que tu as causés. Par ta faute, l'Ombre et la Lumière vont devoir s'affronter plus tôt que prévu. L'Élue n'est pas encore prête pour ce combat. C'est à toi, désormais, qu'incombe la tâche de la protéger. Tu ne retourneras cependant pas les mains vides, je t'accorde un don précieux, celui de résister aux attaques magiques. Souviens-toi néanmoins que tu demeures un simple mortel.

Au moment où l'ange se retire, l'âme de Paolo réintègre son corps physique, prisonnière à nouveau de ce carcan trop étriqué.

Paolo a encore une fois frôlé la mort. Après que Bérengère eut tenté de le tuer en lui tirant dessus à deux reprises, c'est maintenant au tour d'Alison d'essayer de l'éliminer en comprimant les artères coronaires qui irriguent son muscle cardiaque, provoquant d'emblée un infarctus du myocarde. Heureusement, Leyla s'en est rendu compte à temps et Mégane a pu rétablir la circulation sanguine avant qu'il ne soit trop tard. Après que l'équipe médicale s'est retirée, Mégane a sondé son âme et la réponse qu'elle a obtenue ne laisse planer aucun doute : Paolo doit survivre.

— Ça y est ! se réjouit-elle en se retournant vers sa sœur qui trépigne d'impatience. J'ai obtenu sa permission.

Sans perdre une seconde, les deux sœurs s'installent au chevet de leur ami, bientôt rejointes par Alfred, qui s'est éclipsé de sa chambre en catimini.

Avant d'entamer le processus de reconstitution cellulaire, Mégane retire délicatement les bandages autour de la tête de Paolo. Elle tient à constater les dégâts avant d'entamer le processus de guérison. La balle est entrée par le front, a traversé le lobe préfrontal pour ressortir par derrière. Les médecins ne comprennent pas pourquoi Paolo n'est toujours pas mort. Sa survie tient du véritable miracle.

Mégane place sa main au-dessus de la tête de Paolo, cherchant à repérer la trajectoire du projectile.

— Tu vas devoir m'aider, Leyla ! lance-t-elle en remarquant le gonflement des chairs. Il y a de l'infection.

— Que dois-je faire ?

— Ouvrir le passage avec tes pouvoirs de télékinésie afin que je puisse passer sans encombre pour réparer les tissus broyés et nécrosés.

— Tu es folle ? Je risque d'aggraver son état ! C'est toi qui as des pouvoirs de guérison, pas moi.

— Tu n'as pas le choix, Leyla… Il y a trop d'enflures. Je ne vois strictement rien.

À contrecœur, Leyla accepte.

— Ne crains rien, la rassure sa jeune sœur avant de commencer, je vais te guider au fur et à mesure.

Mégane et Leyla ferment les yeux et se concentrent un moment avant d'entamer leur périlleuse mission. Tout se déroule bien jusqu'à ce que Leyla rencontre une certaine résistance.

— C'est coincé ! panique-t-elle en ouvrant les yeux. Si je force le passage, je risque de faire encore plus de dommages.

— On ne peut pas s'arrêter maintenant, répond calmement Mégane. Prends ton temps, tu peux y arriver.

Leyla referme les paupières et se concentre à nouveau. De fines gouttelettes perlent à la racine de ses cheveux. Elle n'a jamais été aussi stressée de toute sa vie. Et si elle faisait un faux mouvement et perçait la fragile paroi cellulaire ! Non. Elle doit éviter de penser à ce genre de chose, elle n'a pas droit à l'erreur.

Leyla focalise toute son attention sur la tâche à accomplir. Avec une extrême délicatesse, elle parvient à écarter les fins tissus cérébraux sans les abîmer. La présence de Mégane est toute proche, Leyla sent intervenir le pouvoir de guérison de sa sœur dans le chemin qu'elle trace. Leyla y est presque, encore quelques centimètres et ce sera enfin terminé. Elle retient sa respiration et poursuit sa périlleuse avancée. Un filet de sang tache l'oreiller au moment où elle écarte les rebords de la plaie qui ont déjà commencé à cicatriser. Avec aplomb, Alfred attrape une compresse de gaze et maintient une légère pression sur la blessure.

— On dirait que vous avez fait ça toute votre vie, le taquine Leyla, soulagée que l'intervention soit enfin terminée.

— Durant mon service militaire, j'ai vu plus que ma dose de blessures par balle, jeune fille. J'ai même fait partie des forces britanniques lors de la Première Guerre mondiale. Je servais dans le régiment d'infanterie. J'avais vingt-cinq ans à l'époque.

— Vous m'impressionnerez toujours, monsieur Bartholdi ! Vous êtes un homme plein de ressources.

Leyla roule des épaules pour décontracter ses muscles tendus tandis que Mégane prend la relève du vieil homme. Par la force de son esprit, elle endigue les saignements tout en forçant les tissus conjonctifs à se reconstruire jusqu'à ce que la plaie soit complètement refermée. Elle s'attaque ensuite au projectile qui a traversé l'épaule.

Lorsqu'elle termine la cicatrisation, ils sont tous épuisés. Alfred remonte à sa chambre tandis que Mégane et Leyla s'installent pour la nuit.

Mais Mégane est inquiète. Paolo ne réagit pas bien à la cicatrisation rapide qu'elle lui a imposée. Il respire de plus en plus difficilement, sa peau est chaude. Mégane craint une nouvelle montée de fièvre. « Espérons que son organisme va lutter et que l'infection va se résorber rapidement ! »

Depuis de nombreuses années, Bérengère fait partie de l'Ordre de Lucifer, une des organisations les plus dangereuses qui existent. Cette confrérie obscure verse non seulement dans le satanisme et la magie noire, mais également dans la démonologie.

Certains des adeptes de l'Ordre possèdent, parmi leurs nombreux pouvoirs, celui d'endormir, d'hypnotiser, de rendre malade ou de tuer quiconque s'opposerait à leurs vils projets. Par un effort de volonté commun, ils sont aptes à soumettre n'importe qui à leur influence, pourvu que cette personne n'ait pas développé ses capacités psychiques et, par le fait même, qu'elle n'ait aucun moyen de se protéger ou même de détecter l'origine de ces attaques maléfiques. Toutefois, ces facultés terrifiantes ne leur sont pas accordées sans prix, elles découlent d'un pacte qu'ils ont dû conclure avec Goulhen.

Bérengère a roulé presque toute la nuit pour se rendre là où doit se tenir la réunion de l'Ordre. Un vieux monastère trappiste abandonné. Un endroit isolé à l'abri des regards indiscrets et profondément encaissé entre deux montagnes. Jadis un lieu de prière, le cloître est devenu au fil des ans le repaire du mal, perverti par de nombreuses cérémonies qui ont fait couler le sang d'innombrables innocents.

Bérengère ne peut s'empêcher de sourire à l'idée que le Maître l'a désignée pour présider cette cérémonie de la plus haute importance. Peut-être lui offre-t-il ainsi la chance de se racheter. Elle ne le décevra pas.

D'un geste énergique, elle tire sur l'épais rideau de damas qui ferme les deux fenêtres haut perchées, plongeant ainsi la pièce dans une étrange pénombre bleutée. Elle défait ensuite les sangles de cuir qui ferment le coffre de chêne sur lequel est incrustée la plaque de laiton frappée du sceau de l'Ordre. L'intérieur est tapissé de velours indigo et divisé en plusieurs sections de différentes dimensions dans lesquelles reposent toutes sortes d'objets hétéroclites. Elle soulève la section centrale et s'empare d'un cercueil miniature dans lequel elle dépose délicatement une poupée de cire prélevée dans un autre compartiment. D'une grande armoire encastrée dans le mur, elle tire une bouteille scellée remplie d'un liquide ambré, un petit entonnoir et une alène très effilée.

Elle dépose ensuite ces quelques objets sur la table à tréteaux, plantée au milieu de la pièce. À l'aide du poinçon, elle pratique une petite incision au sommet du crâne de la statue de cire. En tournant légèrement la pointe à droite et à gauche, elle ouvre le conduit suffisamment pour y insérer le cylindre étroit de l'entonnoir.

Concentrée sur sa tâche, elle retire doucement le bouchon de la bouteille ambrée. Aussitôt, une odeur de soufre se répand dans la pièce. Bérengère fait couler dans l'entonnoir autant de liquide qu'il en faut pour remplir la poupée. Puis elle referme l'ouverture avec un peu de cire tiède qu'elle lisse avec ses doigts pour effacer toute trace de manipulation. Bérengère ouvre ensuite le grand livre des Ombres et ajoute, à la suite de la liste de ses victimes, la date et le nom du condamné. D'un œil attentif, elle examine une dernière fois ses préparatifs. Pendant l'invocation, aucune erreur ne sera permise…

Satisfaite, elle se laisse choir sur une chaise.

Après s'être reposée quelques heures dans sa cellule monacale, Bérengère descend préparer la grande salle d'occultisme avec l'aide d'un assistant. Tout doit être parfait. Pour la première fois de sa vie, elle tiendra le rôle du Grand Maître. Une chance inouïe de prouver à Goulhen sa véritable valeur. Ce soir, elle lui fera honneur.

Semblable à un amphithéâtre, la pièce a été spécialement aménagée de façon que les quatre-vingt-dix-neuf membres de la loge puissent participer au rituel. Au centre se dresse un autel de pierre reposant sur trois colonnes tronquées, ornées de symboles cabalistiques. La table sacrificielle se termine par une gouttière servant à recueillir le sang des condamnés. À droite, sur une crédence placée un peu en retrait, attendent plusieurs outils chirurgicaux ainsi que des instruments de culte. L'image du plus grand démon vénéré par les magiciens noirs trône au-dessus de cet assemblage disparate.

Autour de l'autel, un large espace est dégagé et de là, partent les gradins qui montent jusqu'au second niveau où s'ouvrent sept portes en forme d'arche. Des candélabres d'argent dans lesquels reposent une trentaine de cierges noirs attendent le début de la cérémonie pour être allumés.

Avant d'entamer le rituel, Bérengère grave sur la figurine de cire, à l'endroit prévu à cette fin, le nom de sa future victime.

Puis elle quitte temporairement la salle pour revêtir sa tenue de cérémonie.

Pendant ce temps, les gradins se remplissent. Chacun prend place en silence à l'endroit qui lui a été assigné.

En coulisse, la rumeur des voix parvient jusqu'aux oreilles de Bérengère, décuplant son étrange fébrilité. Même si elle s'est répété mille fois le déroulement de la cérémonie, elle ne peut s'empêcher d'angoisser. Une seule faute, une seule inexactitude dans les paroles incantatoires, peut tout faire échouer. Bérengère retire ses vêtements et les laisse tomber sur un fauteuil près de la porte, puis elle enfile la soutane de toile indigo réservée aux grandes occasions. Elle dépose ensuite sur ses épaules l'étole de soie rouge du Grand Maître, celle qui est marquée d'un pentagramme renversé orné d'une tête de bouc. Bérengère se contemple un moment dans la glace avant de revenir vers le grand coffre. Le cliquetis métallique de la serrure se perd dans le brouhaha de la foule qui s'impatiente. Bérengère attrape la nappe noire damassée qui va lui servir à couvrir la table sacrificielle. Au centre de cette étoffe circulaire est brodée une étoile à sept branches dont chacune des extrémités pointe en direction d'une lettre. Elles forment le nom de Goulhen.

Bérengère retourne ensuite dans la grande salle pour étaler le linceul noir sur l'autel. Pendant qu'elle allume cérémonieusement les bougies, elle indique discrètement à son assistant d'éteindre les lumières.

Les membres de l'Ordre sont presque tous arrivés. La tension est palpable. Même si pour l'assemblée la vie des hommes n'a pas la même valeur pour tous, il reste qu'une exécution va avoir lieu, sans qu'aucune des personnes présentes ne saisisse toute la portée de cette cérémonie. Cela ne se fait pas à la légère. Nul ne sait non plus ce qui a motivé le remplacement du Grand Maître à la présidence de cette assemblée. Cette intrigante Bérengère Soren, sortie de nulle part, ne fait pas l'unanimité parmi les membres.

Bérengère se tourne vers les gradins.

— Nous nous sommes réunis ce soir, entame-t-elle d'une voix ferme, pour garantir l'exécution de Paolo Nova. Il ne pourra désormais plus échapper à la puissance de l'Ordre.

Bérengère fait signe à son assistant et à quelques membres de venir la rejoindre. Six hommes en soutane noire descendent des gradins et forment un cercle autour de l'autel. L'incantation peut maintenant commencer. Tous se tiennent par la main, même dans l'assistance. Ils montent et descendent les bras dans un mouvement régulier et continu. Leurs yeux sont rivés sur la poitrine de la poupée de cire incarnant la victime. Bérengère entre en transe. Elle inspire et expire de plus en plus vite, en symbiose avec les autres mages.

— Paolo Nova doit mourir ! scande la foule. Qu'il brûle en enfer !

Au bout d'un moment, une brume grisâtre commence à apparaître autour de la statuette de cire. Cette légère condensation se transforme rapidement en une masse opaque qui enveloppe à présent complètement la poupée. Le petit nuage gris vire au rouge, puis prend l'aspect d'une petite sphère flamboyante d'une vingtaine de centimètres de diamètre. Bérengère esquisse un symbole cabalistique au-dessus de la figurine, une sorte de losange traversé au sommet par un croissant de lune et dont la base repose sur une croix tout en continuant de psalmodier.

— Brûle, feu de l'enfer ! rugit-elle. Consume l'enveloppe charnelle de Paolo Nova. Entraîne son âme au purgatoire et inflige-lui les châtiments réservés aux âmes perverties. Torture son esprit et son corps de toutes les façons possibles. Inflige-lui douleur et souffrance…

L'assistance répète avec ferveur la formule incantatoire. Lentement, la poupée absorbe la fumée par le sommet de son crâne. Son liquide corporel se teinte graduellement de rouge pour ensuite se mettre à bouillir.

— Par le pouvoir qui m'est donné, poursuit Bérengère, je te condamne, Paolo Nova, à la damnation éternelle.

Un silence de plomb tombe sur l'assistance. Bérengère demeure un long moment à contempler la cire qui commence à cloquer. Satisfaite de sa prestation, elle dépose avec précaution la statuette dans le petit cercueil ménagé à cette fin. Elle se tourne ensuite vers la crédence et saisit sa dague rituelle. La lame étincelle à la lueur des chandelles. Ses deux mains se referment sur le manche en ivoire, gravé des initiales de Goulhen Baphomet. D'un geste théâtral, elle élève la dague au-dessus de l'autel. La clameur monte dans l'assistance.

Quand la pointe du couteau perfore la poitrine de la figurine, un violent choc secoue la pièce, le sol tremble et un roulement de tonnerre court autour de la salle. Ce fracas ne dure que quelques secondes, faisant bientôt place à un étrange silence.

Chapitre 20
LE PLAN

La chambre de Joseph se trouve au sous-sol de la maison, donc relativement à l'abri des oreilles indiscrètes de Léonore. C'est précisément pour cette raison que la pièce a été convertie en une sorte de quartier général. C'est là que se déroulent maintenant toutes les réunions ayant trait à la planification et à l'organisation de la périlleuse mission d'espionnage chez les Breenan. Il faut cependant avouer que pour une première rencontre, les résultats ne sont pas très concluants.

Tandis que Gerald se gruge les ongles en écarquillant les yeux de surprise, Joseph fait les cent pas dans la pièce, complètement dépassé par la tournure des événements.

Debout près du lit, aussi instable qu'une girouette en pleine tempête, le corps de Kireg se balance dangereusement, menaçant de s'effondrer à tout moment. Depuis plus d'une demi-heure, il serre au creux de sa main la petite clé retrouvée chez son voisin. Joseph a tenté à plusieurs reprises d'interrompre sa transe, mais chaque fois qu'il a touché son frère, celui-ci s'est remis à tanguer plus fort. De plus en plus inquiet, Joseph songe sérieusement à aller chercher sa mère. Il pourrait toujours inventer une histoire…

La dernière fois que Kireg a tenu cette satanée clé dans sa paume, il en a eu pour plusieurs heures avant de revenir à lui.

Piégé dans un espace temporel accessible à lui seul, Kireg se demande tout à coup pourquoi il est si nauséeux. Son estomac menace de restituer les deux tartines au beurre d'arachide qu'il a avalées en vitesse ce matin. Le pauvre n'arrive pas à ralentir le flot d'images qui défilent en boucle dans sa tête. Il essaie de penser à autre chose, mais son esprit a du mal à se dégager. Il se concentre de toutes ses forces en cherchant à se reconnecter avec la réalité. Les images s'estompent progressivement et il retrouve peu à peu son aplomb.

Il sent une présence dans la pièce, il reconnaît Gerald qui se tripote les mains pour calmer son anxiété. Plus loin, Joseph arpente la pièce de long en large, faisant couiner ses semelles antidérapantes sur le prélart. Le corps de Kireg cesse peu à peu de se balancer, il ouvre enfin les yeux.

— Ce n'est pas trop tôt ! s'écrie Gerald en se levant d'un bond.

— Kireg ! s'exclame à son tour Joseph. Tu m'as flanqué une de ces frousses ! Maintenant, donne-moi cette foutue clé que je m'en débarrasse une bonne fois pour toutes ! Chaque fois que tu la touches, c'est la catastrophe !

— Il y avait plein d'images, entame Kireg en serrant plus fort la clé dans sa paume, mais elles s'enchaînaient trop vite pour que je parvienne à comprendre…

— Ce n'est pas grave, Kireg, lui murmure son frère en remarquant son air affligé.

— J'avais l'impression que tout se confondait, poursuit Kireg en fixant toujours son poing, le passé, le présent…

Puis il relève les yeux vers son frère.

— Ça m'a permis de réaliser au moins une chose, Joseph. Doughal Breenan est plus dangereux qu'on ne le croit. Même si ma vision ne m'a pas permis de découvrir ce qu'il cache, j'ai senti une présence. Et elle m'a complètement terrorisé !

— Tu crois qu'il peut s'agir de...

Joseph n'ose pas terminer sa phrase.

— ... d'enfants, termine Kireg à sa place. Oui, je pense qu'il séquestre des enfants.

— Oh mon Dieu ! s'écrie Gerald. J'ai l'impression de nager en plein délire ! Il faut avertir la police au plus vite !

— Holà ! l'interrompt Joseph. On se calme, Gerald. Il ne faut surtout pas agir avec précipitation ! Ça nous prend des preuves pour accuser, et justement, je te rappelle que des preuves, eh bien, on n'en a pas !

Gerald jette un coup d'œil affolé aux deux frères, son regard passant de l'un à l'autre.

— Non ! Vous n'avez tout de même pas l'intention de...

— Il va bien falloir que quelqu'un le fasse, soupire Kireg. On ne peut rien prouver, autrement !

— Mais... tu l'as dit toi-même, Kireg, reprend Gerald. Ce type est dangereux ! On va se faire massacrer !

— Ça ne m'enchante pas plus que toi, poursuit Kireg, mais...

— Tu as mentionné l'autre jour qu'ils avaient déjà livré la marchandise, s'affole un peu plus Gerald, il est donc trop tard, non ?

— Si personne ne l'arrête, réplique Joseph en jetant un coup d'œil dans le corridor pour s'assurer que personne ne les épie, il va continuer son petit manège ! On doit faire quelque chose ! Ouvrir cette porte et voir ce qu'il y a à l'intérieur. Si la pièce a servi à séquestrer des enfants, il y aura forcément des preuves !

— Tu n'es pas obligé de nous suivre, Gerald, précise Kireg. Tu pourrais monter la garde de ce côté-ci de la clôture et...

— Pas question que je reste derrière ! Je viens avec vous !

Les trois garçons se donnent donc rendez-vous le soir même. Gerald apportera les émetteurs-récepteurs portatifs de son père, tandis que Joseph et Kireg s'occuperont de l'arsenal répressif, des outils d'investigation ainsi que des tenues de camouflage.

Comme lors de l'opération précédente, Joseph s'occupera de trafiquer le cadenas et les serrures tandis que Kireg et Gerald monteront la garde.

Une fois qu'ils ont fini d'échafauder leur plan, chacun rentre chez lui manger un petit quelque chose et dormir un peu. Ils se retrouveront dans la chambre de Joseph à minuit tapant.

Gerald a dû s'évader par la fenêtre de sa chambre mansardée et glisser prudemment sur le toit en pente afin de rejoindre le porte-à-faux avant de la maison. Il a ensuite posé le pied sur la balustrade de la galerie avant de faire un roulé-boulé sur le gazon. Cette suite de péripéties l'a rendu fébrile. Il secoue ses vêtements pour faire tomber les brindilles. Puis, nerveux, il vérifie une fois encore le contenu de son sac à dos avant de se mettre en route. Un dernier coup d'œil à sa montre lui révèle qu'il est un peu en avance.

Une fois chez les Radhan, il contourne la maison par derrière en longeant la haie de cèdres. Comme convenu, il frappe trois petits coups à la fenêtre de la chambre de Joseph. Le store s'entrouvre et Kireg lui fait signe qu'ils arrivent dans deux minutes. En attendant ses deux comparses, Gerald décide de faire un peu de repérage. Aussitôt qu'il passe la tête par-dessus la clôture, un énorme chien se met à aboyer, ameutant tout le voisinage.

Gerald ne sait plus où se mettre. Il revient vers la maison, s'aplatit contre le mur. Comme enragé, le mastodonte continue de se ruer au bout de sa chaîne, les babines retroussées sur des canines dégoulinantes de bave. Gerald est tellement terrorisé qu'il bondit lorsqu'une main se pose sur son épaule.

— Du calme, vieux ! murmure Kireg. C'est moi !

— Ça ne va pas la tête ! J'ai failli mourir d'une crise cardiaque !

— Viens, suis-moi.

Les deux garçons rejoignent Joseph, qui les attend au sous-sol.

— Vous ne m'aviez pas dit que votre voisin avait un pitbull ! s'écrie Gerald, les jambes encore flageolantes.

— Chut ! l'avertit Kireg à voix basse. Figure-toi qu'on n'en savait rien ! Le chien n'était pas là la dernière fois !

— Méchant problème, si tu veux mon avis ! insiste encore Gerald. Il est hors de question que je serve de repas à ce molosse !

— Doughal Breenan a dû remarquer notre petite visite, réfléchit Joseph à voix basse. Et il a pris les moyens pour qu'on ne puisse pas y retourner.

— Je trouve le gardien très convaincant ! ajoute Gerald en déposant son sac à dos par terre. Heureusement que sa chaîne était solidement fixée au mur parce qu'il m'aurait sûrement avalé tout rond !

— Le chien n'est qu'un obstacle mineur. Il ne doit surtout pas nous empêcher de poursuivre notre enquête ! s'obstine Joseph. On doit piéger ce type à tout prix avant qu'il ne recommence !

— Alors, il faut se débarrasser du chien ! intervient Kireg. Sinon, on ne réussira jamais à entrer.

— Non. S'en débarrasser ne manquerait pas d'éveiller les soupçons, réfléchit Joseph à voix haute, on pourrait l'endormir par contre…

— Bonne idée ! s'enthousiasme Gerald. Depuis que maman a été traitée pour une dépression, elle garde dans la pharmacie une pleine bouteille de somnifères. Je vais lui en piquer quelques-uns… On va les écraser et les mettre dans une boulette de viande qu'on va jeter au chien. Combien tu penses que ça va en prendre, Kireg ?

— Aucune idée, répond ce dernier en se tournant vers son frère.

— Mieux vaut en mettre plus que moins.

— Excellente déduction ! approuve Gerald.

— Combien de temps prendront les médicaments pour faire effet ? demande Kireg à Gerald.

— Maman s'endort généralement dans la demi-heure qui suit !

— Super ! se réjouit Joseph. On remet notre opération à demain. Gerald, tu vas te charger de…

— De quelle opération parlez-vous au juste ?

D'un même mouvement de tête, les trois garçons se tournent en direction de l'escalier.

Chapitre 21
LA POURSUITE

Nancy n'avait pas hésité bien longtemps avant de se lancer dans cette folle aventure. Elle le regrette amèrement à présent qu'elle a à ses trousses une demi-douzaine de tueurs.

La nuit est tombée depuis un bon moment déjà, froide et sombre, sans étoiles ni pleine lune. La route est déserte, plus personne ne traîne dehors à une heure aussi tardive, à part quelques mendiants itinérants qui cherchent un endroit paisible où dormir. De l'autre côté du parc Alfonso se trouve une bâtisse sans ornements ni signes distinctifs, le presbytère de la cathédrale Saint-Jude. Rien ne laisse supposer que sous les fondations de ce banal édifice en pierre taillée se déroulent d'étranges cérémonies.

C'était la première fois que Nancy courait autant de risques dans le cadre d'une enquête. N'eût été de cet informateur anonyme, jamais elle ne se serait aventurée aussi loin.

Littéralement terrorisée par ce qu'elle vient de découvrir dans les soubassements de la maison curiale, Nancy dévale en courant le boulevard qui sépare la ville en deux, jetant des regards affolés derrière elle. Jamais elle n'aurait pensé assister à de telles horreurs un jour.

Croyant avoir temporairement échappé à ses poursuivants, la jeune journaliste se retourne en direction du portail de l'immeuble. Tout semble être revenu à la normale et pourtant, quelque chose cloche. Les sbires de l'Ordre auraient déjà dû l'avoir rattrapée. Même si elle tient la forme, Nancy est parfaitement consciente qu'elle ne fait pas le poids face aux six gorilles surentraînés qui l'ont prise en chasse. Une fois à la hauteur du parc, elle traverse le boulevard et court s'abriter derrière le belvédère pour reprendre son souffle. Nancy s'en veut d'avoir été aussi naïve. Elle aurait dû se montrer plus prudente, elle savait pourtant à qui elle avait affaire ! Elle s'était carrément jetée dans la gueule du loup.

Avant de repartir, Nancy prend le temps de dissimuler la carte mémoire de son appareil photo numérique dans un buisson. Elle reviendra la chercher quand le danger sera définitivement écarté. Si jamais ils parviennent à l'attraper ce soir, au moins ils ne mettront pas la main sur ses précieux clichés. Des photos qui dévoilent l'identité de plusieurs membres clés de l'Ordre. Depuis le début, elle soupçonne le ministre Carrey de faire partie de la secte et de s'être personnellement impliqué dans l'expérience Binaire, mais elle était loin de se douter qu'il avait lui-même formé plusieurs filles.

Nancy est tout à fait consciente d'avoir atteint un point de non-retour. Maintenant qu'elle a découvert le visage de ceux qui se cachent derrière ce complot, les assassins de l'Ordre la traqueront sans relâche, jusqu'à ce qu'elle ne représente plus une menace pour eux, jusqu'à ce qu'elle disparaisse.

Le cœur battant à tout rompre, Nancy se dirige prudemment vers l'artère principale en prenant soin de rester à couvert. Une fois en bordure de la route, elle aperçoit deux véhicules qui descendent le boulevard vers le sud. Au même moment, deux autres voitures remontent dans la direction opposée. Nancy se fige. Elle est prise au piège.

— Rendez-vous ! rugit un homme dans un porte-voix. Vous êtes cernée.

Comme pour confirmer ses dires, trois autres quatre-quatre arrivent en renfort.

Paniquée, Nancy se remet à courir. Au moment où elle franchit une zone dégagée du parc, des tirs retentissent. Ils ont ouvert le feu sur elle. Nancy redouble de vigueur, sachant fort bien que si ses poursuivants lui mettent la main dessus, elle ne vivra pas assez longtemps pour raconter son histoire.

La gorge en feu, elle traverse à nouveau l'artère pour s'engouffrer dans une bouche de métro. Elle sent une terrible brûlure à son bras droit. Une tache rouge s'agrandit sur sa manche. Une balle l'a effleurée. Sans perdre une seconde, elle dévale l'escalier de béton. Son pied glisse sur la dernière marche, elle perd l'équilibre et s'affale de tout son long. Le pantalon déchiré, les genoux en sang, elle se relève péniblement et boitille jusqu'aux barrières pivotantes. Elle insère sa passe de métro dans la fente prévue à cette fin et descend la dernière volée de marches, cette fois en s'agrippant solidement à la rampe. La sonnerie de la rame de métro retentit. Le train va quitter la station d'un instant à l'autre. Elle court et, hors d'haleine, parvient à retenir les portes coulissantes et à se glisser à l'intérieur d'un wagon. Juste à temps pour voir débarquer sur le quai les six hommes armés de Beretta 9 mm.

Chapitre 22
LE TÉLEKTONON

Étendu sur son lit dans la chambre d'hôpital, Paolo transpire abondamment. Une sensation de pincement et de douleur à la poitrine l'empêche de respirer normalement. Terrassé par un nouveau malaise, il appuie sur le bouton rouge, accroché aux montants du lit. Il tente de se relever, mais la pièce se met aussitôt à tanguer. Alors il se laisse choir mollement sur le matelas.

Pourtant, quand Mégane et Leyla ont quitté sa chambre au petit matin, la fièvre était complètement tombée et même s'il n'avait pas encore repris conscience, Mégane considérait qu'il était pratiquement tiré d'affaire. Les deux sœurs ont prévu revenir le voir en fin de journée.

Depuis environ une demi-heure, toutefois, Paolo a de plus en plus de mal à respirer. Le chauffage semble avoir beaucoup augmenté dans la pièce. Tout ce qui se trouve à proximité est brûlant. Même l'aiguille du soluté intraveineux, insérée sur le dessus de sa main, lui picote la peau. Il l'arrache en tirant sur le tube flexible.

La chaleur est insupportable. Paolo tente une nouvelle fois de se redresser, mais, trop faible, il retombe sur l'oreiller. L'air est tellement oppressant qu'il suffoque à chaque inspiration.

En entrant, l'infirmière est à son tour submergée par cette vague de chaleur étouffante. Elle bloque la porte avec une chaise et ouvre une fenêtre pour faire entrer un peu d'air frais. Puis elle s'avance en direction de Paolo.

— De l'eau… murmure ce dernier, au bord de l'inconscience.

L'infirmière file à la salle de bain et revient avec un verre.

— Voilà, monsieur Nova. Le médecin s'en vient vérifier vos blessures.

En voulant l'aider à boire, elle se brûle le bras sur les montants métalliques. Saisie par la douleur, elle échappe le gobelet. Le liquide répandu s'évapore aussitôt au contact de la peau de son patient.

— Jésus, Marie, Joseph ! s'écrie-t-elle en faisant le signe de la croix. Que se passe-t-il ici ?

Paolo est au bord de l'asphyxie. Ses yeux se révulsent. Son corps est secoué par des convulsions. Le pauvre finit par perdre connaissance. Ne sachant plus que faire, la jeune infirmière se fige sur place, incapable de réfléchir convenablement.

— C'est quoi cette chaleur ? grogne le médecin en entrant dans la pièce. Allez tout de suite aviser la maintenance !

Mais lorsque le neurologue voit l'état de son patient, il se ravise aussitôt.

— Oubliez la maintenance et faites-lui couler un bain d'eau froide ! Il faut abaisser sa température sur-le-champ, sinon on va le perdre !

L'infirmière s'élance dans le couloir. Presque aussitôt, l'alarme du moniteur cardiaque de Paolo se déclenche.

Là-bas, dans le cloître d'un monastère perdu dans les montagnes, le cercle des mages se dissout. Bérengère referme le minuscule cercueil de bois et le dépose sur la crédence, derrière elle.

Son assistant se lève et actionne l'interrupteur. Un grand lustre de cristal s'allume, jetant sur l'assemblée un éclairage jaunâtre. Avec l'aide de son second, Bérengère éteint solennellement les bougies avant de s'adresser à son auditoire.

— Merci à vous tous d'avoir répondu aussi nombreux à l'appel du Maître. Paolo Nova ne pourra désormais plus nuire à l'Ordre.

Un murmure s'élève dans l'assemblée.

— Qui était cet homme ? demande quelqu'un dans la foule.

— Pourquoi a-t-il fallu recourir à l'occultisme pour l'éliminer ? s'enquiert un autre. Ne pouviez-vous pas simplement… l'empoisonner ?

— Non, répond Bérengère d'une voix assurée. Cet homme bénéficiait d'une protection spéciale.

Un chuchotement confus monte dans l'assistance.

— Qu'est-ce que cela veut dire ? veut savoir une femme, assise au premier rang.

— C'est tout ce que vous avez besoin de savoir, réplique sèchement Bérengère. Nous nous retrouverons demain, ici, à la même heure.

Bérengère quitte la salle sans se retourner, emportant avec elle le cercueil noir contenant la poupée de cire qu'elle s'empressera de faire incinérer dès qu'elle en aura l'occasion.

Leyla a rendez-vous avec Alfred Bartholdi en début d'après-midi, à l'hospice. Après lui avoir fait subir pendant deux jours toute une batterie de tests, l'hôpital lui a finalement donné son congé. Les médecins commencent à avoir l'habitude des miraculés. D'abord il y a eu Mégane, ensuite Paolo, et maintenant,

Alfred. Quelque chose d'étrange opère entre les murs de cet établissement sans qu'ils parviennent à mettre le doigt dessus !

Mégane est encore couchée. La pauvre n'a pas eu une bonne nuit de sommeil depuis plusieurs semaines. Et sa dernière intervention pour soigner Paolo l'a complètement vidée. Leyla descend dans la cuisine, se sert un bol de céréales et va s'asseoir à la table de la cuisine. Elle ouvre machinalement le poste de télévision et syntonise les informations. Tout à coup, une nouvelle attire son attention. Elle monte le volume.

« *Le service de neurologie de l'hôpital de Château-Fort a été confronté hier à un grave incident survenu à la suite de l'explosion d'une bouteille d'oxygène. Une enquête est en cours afin de déterminer les causes exactes de cet embrasement, également appelé "coup de feu". Cette déflagration n'aurait cependant fait aucun mort, mais plusieurs blessés, dont un employé d'entretien qui serait grièvement brûlé. On se souviendra que l'année dernière...* »

Leyla baisse le volume. « Pourquoi n'ai-je rien pressenti ? » s'énerve-t-elle. « J'aurais pourtant dû deviner que quelque chose n'allait pas ! » Un bruit dans l'escalier attire son attention. Mégane est debout.

— Que se passe-t-il ? marmonne-t-elle d'une voix éraillée.

— Il y a eu une explosion à l'hôpital de Château-Fort.

— Quoi ?

— Un employé d'entretien a été blessé.

— Et Paolo ? Comment va-t-il ?

— J'étais justement sur le point d'appeler l'hôpital.

— Je vais le faire.

Mégane décroche le combiné et compose le numéro du service de neurologie.

— Bonjour ! J'appelle au sujet de l'explosion survenue ce matin. Pouvez-vous me dire dans quelle chambre cela s'est produit ? Quoi ? La 313 ? Et le patient qui s'y trouvait… Vous dites qu'il a été transféré juste avant la détonation…

Mégane soupire de soulagement.

— Comment va-t-il ? l'interroge Leyla à voix basse.

Mégane lui fait signe d'attendre une minute.

— Vous ne pouvez pas m'en dire plus ? Mais… vous êtes sûr au moins qu'il va bien… D'accord, merci beaucoup ! C'est ça, au revoir.

Mégane raccroche.

— Ça s'est produit dans la chambre de Paolo, mais il avait été transféré dans une autre chambre juste avant l'explosion. La mauvaise nouvelle, c'est qu'il a fait un autre arrêt cardiaque.

— Encore ! Tu sais si on peut passer le voir ?

— Ce n'est pas possible, non. Jusqu'à ce qu'ils sachent ce qui s'est réellement passé, ils vont garder la chambre de Paolo sous surveillance.

— Mais il risque de mourir, Mégane ! gémit Leyla au bord de la crise de nerfs.

Mégane hausse les épaules, impuissante.

— Quand nous laisseront-ils le voir ? insiste-t-elle encore.

— Je n'en ai aucune idée, Leyla.

Plongée dans sa lecture attentive du journal, Bérengère ne réalise pas que c'est à elle que le garçon de table s'adresse.

— Madame ? s'impatiente le serveur en touchant son bras pour la faire réagir.

Bérengère sursaute.

— Je peux vous servir autre chose ?

Visiblement contrariée, Bérengère le fusille du regard.

— Désolé, madame ! Désirez-vous que je réchauffe votre café ?

— Fiche-moi le camp !

Le garçon se confond en excuses avant de disparaître derrière la porte des cuisines. Bérengère retourne à sa lecture. À la troisième page, on fait mention de l'incident de l'hôpital. « Quoi ? » explose-t-elle en parcourant l'article. « Aucun mort ? Mais… c'est impossible ! » Jamais auparavant un maléfice mortel n'a raté sa cible ! « Qu'est-ce que ça veut dire ? » Même son plan de rechange – une soupape de sécurité, en quelque sorte – a échoué ! La bombonne d'oxygène a bel et bien explosé, mais trop tard pour faucher la vie de son frère. Le personnel a eu le temps de l'évacuer avant la déflagration. L'employé qu'elle avait soudoyé pour exécuter ce boulot simple lui avait pourtant assuré que l'explosion serait quasi instantanée, que tous ceux se trouvant dans un périmètre rapproché périraient. Elle referme rageusement le journal, se lève et quitte le restaurant en bousculant un homme sur son passage.

— Regardez où vous allez ! s'emporte ce dernier.

Bérengère se retourne et le dévisage. Elle murmure une courte formule incantatoire. L'homme se sent aussitôt mal et court vomir dans les toilettes du restaurant.

Bérengère attrape son cellulaire et appelle l'abruti de l'hôpital. Elle compte bien lui dire ce qu'elle pense. Un, deux, trois coups. Pas de réponse. Elle raccroche et hèle un taxi. Au moment où elle s'engouffre dans le véhicule, une lutte implacable s'engage dans son esprit entre ce qui lui reste de conscience, sa peur et sa haine.

De retour à l'entrepôt désaffecté, situé dans le parc industriel d'Orseille, elle s'affale dans un fauteuil, incapable pendant plusieurs minutes d'avoir une pensée cohérente. Elle décide finalement de convoquer Goulhen. Après tout, ce n'est nullement sa faute si la mise à mort a échoué. Elle est sûre de ne pas s'être trompée pendant l'incantation et absolument convaincue que tout le rituel s'est déroulé comme prévu... La figurine de cire représentant son frère s'est même mise à fondre, preuve supplémentaire que l'exécution avait été un succès. Non. L'erreur ne vient décidément pas d'elle. Il doit y avoir une autre explication.

Elle sort d'une valise sa robe de cérémonie qu'elle enfile. Elle trace ensuite un cercle sur le plancher de béton avec du sel et quelques aromates. Puis elle dispose à intervalles réguliers les cinq cierges noirs qu'elle conserve sur une étagère pour les invocations. Dans un encensoir d'argent, elle place quelques grains d'encens qu'elle allume. Une volute grisâtre s'échappe aussitôt de la cassolette, répandant dans la pièce une forte odeur de myrrhe mélangée à un peu d'éther. Avant de s'installer au centre du cercle, Bérengère allume les bougies et éteint les lumières. Une fois que tout est en place, elle récite la formule à voix haute.

— Je suis en communion avec toi, Goulhen Baphomet, Prince des Ténèbres et Seigneur des enfers. Si je t'invoque aujourd'hui, c'est pour que tu m'éclaires au sujet de mon frère, Paolo Nova. Pourquoi ne suis-je pas en mesure d'utiliser la magie pour le supprimer ? Qui le protège ?

Quelques minutes s'écoulent avant que Bérengère n'obtienne réponse. Puis brusquement, un violent coup de vent secoue les bougies dont les flammes, au lieu de s'éteindre, s'élèvent jusqu'au plafond, léchant les poutres métalliques déjà noircies de la charpente du toit. Ce n'est pas la première fois que Bérengère invoque des démons dans cette pièce. Une silhouette trapue, mi-homme, mi-bête, se matérialise devant elle, à l'extérieur du cercle de protection, là où elle a placé les chandelles. Déçue que Goulhen ne se présente pas en personne, Bérengère se renfrogne.

— J'ai entendu ta supplique, sorcière ! Que veux-tu ?

— Je ne t'ai pas convoqué, démon… Où est ton Maître ?

— La mission qu'il t'avait confiée a échoué…

— Je n'ai pas échoué ! proteste âprement Bérengère.

— Il est pourtant encore en vie… Ce n'est pas ce que le Maître appelle un succès.

— La cérémonie s'est déroulée à la perfection. Il n'y a eu aucune erreur. Quelque chose… Goulhen doit savoir ce qui protège mon frère…

— Le Maître n'est pas à ton service, sorcière !

— Mais le pacte…

— Tu n'es plus à la hauteur de ses attentes.

— Tu ne peux passer outre cet accord, démon ! s'insurge Bérengère. Tu dois m'obéir.

— Goulhen est le Maître, il a tous les droits. Toutefois, nous allons te venir en aide une dernière fois.

— Bien. Tourmente mon frère, démon. Tourmente-le partout où cela te sera possible.

— Très bien ! Mais je ne puis te garantir sa perte.

Bérengère parvient à peine à dissimuler sa rage.

— Quoi ? Qu'est-ce que tu viens de dire ? crache-t-elle entre ses dents serrées.

— Tu as échoué. Le destin de Paolo Nova n'est plus celui d'un simple mortel, ton frère a été touché par la Lumière.

En voyant la tête de son interlocutrice, le démon éclate d'un rire méprisant.

— Si tes pouvoirs sont trop misérables pour tuer une proie aussi facile que mon frère, fulmine Bérengère, retourne dans ta cage et envoie-moi ton Maître !

L'écho sonore du rire se répercute longtemps après que la silhouette du démon s'est évaporée.

Leyla a invité son vieil ami à s'installer au manoir pour quelques jours. Elle a dû remplir un tas de formalités administratives, mais Alfred est tellement heureux qu'elle songe déjà à répéter l'expérience.

Assis dans une berceuse près de la fenêtre donnant sur le lac, le vieil homme regarde le soleil disparaître à l'horizon. Il n'a pas souvent l'occasion de contempler ce spectacle grandiose. À l'hospice, les deux minuscules fenêtres de sa chambre donnent sur le mur de béton de l'immeuble voisin.

Il est en train d'expliquer à Leyla qu'avant la treizième lune de décembre 2009, le présent calendrier grégorien de douze mois devra avoir disparu.

— Rien que ça ! s'étonne Leyla en relevant la tête de sa planche à découper.

Alfred lui roule une paire d'yeux.

— Le calendrier grégorien, introduit en 1582 par le pape Grégoire XIII et mis en place par le Vatican, est un leurre. Il désynchronise l'homme d'avec les cycles de la nature et compte les jours de façon mécanique et artificielle. Les hommes doivent comprendre cette évidence ! Non mais penses-y ! Comment un cercle, divisé en douze parties, inégales de surcroît, peut-il mesurer convenablement les tracés elliptiques générés par la révolution de la Terre autour du Soleil ?

Leyla hausse les épaules tout en jouant habilement du couteau.

— Quel rapport avec la treizième prophétie ? lance-t-elle tout en continuant de hacher les piments.

— La dernière prophétie ne pourra s'accomplir avant que l'homme n'ait approfondi la science du temps. Et toi… Tu permets que je te tutoie ?

Leyla hoche la tête.

— Tu sais ce qu'est le temps cyclique ?

— Non. Aucune idée.

— Tu dois certainement savoir ce qu'est un cycle, alors ?

— Bien entendu !

— Le mot cyclique est utilisé ici au sens littéral. Ce qui veut dire que les périodes se reproduisent à intervalles réguliers. Notre calendrier devrait calibrer ces séquences de transformations biologiques, mesurer et synchroniser la vie au lieu de saboter les cycles et de les décaler. La plus grande illusion de notre époque est de croire que l'évolution est linéaire et donc, qu'elle comporte une fin.

— Par quoi le calendrier grégorien devra-t-il être remplacé ?

— Par le calendrier des treize lunes, le Télektonon. Ce système calendaire harmonique ouvrira une porte sur le temps. Dans une année solaire, treize cycles de vingt-huit jours se succèdent… Tu me suis ?

Leyla hoche la tête sans relever les yeux. Elle jette les poivrons dans un récipient et commence à émincer les oignons. L'exhalaison est si forte que des larmes coulent sur ses joues.

— Ce qui donne un total de trois cent soixante-quatre jours. Tu veux un coup de main avec les oignons ? Ils ont l'air de te donner du fil à retordre !

— Ça va aller, merci. Poursuivez, je vous en prie. Je trouve vos explications captivantes !

— Le trois cent soixante-cinquième jour est le facteur +1, ou encore le jour hors du temps. Sans ce fameux coefficient +1, il n'y aurait pas d'évolution possible. Tout resterait figé puisque le temps tournerait en boucle sur lui-même, sans jamais sortir de sa trajectoire. Bien que le temps soit cyclique et non linéaire comme beaucoup de gens le pensent, nous ne nous retrouvons jamais au même point de l'espace-temps. Tu comprends ?

— Oui, je pense…

— Donc, les cycles ne décrivent pas des cercles, mais des spirales produites en adéquation avec le nombre d'or, la divine proportion. Tu as étudié les mathématiques et la géométrie ?

— À l'école, oui. Mais ça fait drôlement longtemps !

— Tu as également dû entendre parler du nombre Pi.

— Effectivement. Il me semble que j'ai vu ça en trigonométrie.

Sans attendre, le vieil homme poursuit.

— Ce nombre apparaît dans les proportions du corps humain, dans la molécule d'ADN, dans la nature, partout dans le système solaire et dans l'univers.

— C'est ce qu'on appelle la géométrie sacrée, non ? questionne Leyla en passant aux olives noires.

— Exactement. Je ne vais pas m'étendre sur le sujet, puisque tu sais déjà de quoi je parle, mais garde en tête que l'évolution ne serait pas possible s'il n'y avait pas un facteur défini d'expansion. Voilà pour la première leçon. Donc, n'oublie pas : avant la treizième lune de décembre 2009, le Télektonon devra avoir été instauré, du moins en partie.

Le couteau à la main, Leyla marque une pause.

— Comment vais-je m'y prendre ?

— Il te faudra d'abord en parler, peut-être même créer de petites communautés qui vivront au rythme du calendrier des treize lunes. Plus l'information circulera et plus de gens se convertiront au Télektonon. Je suis certain que tu sauras être inventive.

— Vous allez me dévoiler les autres clés aujourd'hui ?

Le vieil homme sourit. Leyla se remet à l'ouvrage, hachant maintenant les tomates séchées.

— Rien ne presse pour le moment, lui répond Alfred. Le plus important c'est que tu comprennes bien les principes de base qui s'appliquent à chaque clé, car une fois que j'aurai quitté ce monde, ce sera à toi de les transmettre, de les enseigner. Dans l'ordre, les sept clés permettent d'atteindre l'illumination, celle qui mène aux dimensions supérieures. Laisse-toi le temps d'assimiler la première avant de passer à la deuxième… Qu'en dis-tu ?

Leyla se contente de hocher la tête.

— Vous aimez les mets épicés ?

— Je suis certain que je vais adorer ton souper. Comment appelles-tu ta recette, déjà ?

— C'est une sauce *Al Arabiata*. On la sert généralement sur un lit de pennine et on garnit le tout avec une poitrine de poulet rôtie.

— Ça a l'air délicieux. Au fait ! Où en sont tes recherches pour retrouver le troisième enfant ? Tu progresses, au moins ?

Leyla pousse un long soupir avant de répondre.

— Personne ne veut me donner de renseignements. J'ai beau harceler la secrétaire du bureau de l'État civil irlandais, chaque fois elle me répond qu'ils ne donnent aucune information par téléphone.

— Tu as songé à faire appel au détective Devaux ? Avec tous ses contacts, il pourrait certainement t'aider !

Visiblement, Leyla n'y avait pas songé.

— Vous êtes vraiment génial, Alfred ! Un peu de vin ?

— Avec grand plaisir !

Pendant que Leyla dresse la table dans la salle à manger, Alfred se cale dans son fauteuil tout en goûtant son vin. Ses pensées dérivent aussitôt vers son fils.

Alfred a fait des recherches pour le retrouver. Ce n'est que tout récemment qu'il a finalement appris son nom. Il s'appelle Dean.

Alfred se met à compter mentalement son âge. Dean aurait aujourd'hui quatre-vingt-treize ans, s'il n'était pas décédé d'un cancer il y a de cela vingt-six ans. Puis une autre pensée traverse son esprit. Et si ce fils avait eu des enfants ? Ça voudrait dire qu'il est aujourd'hui grand-père, peut-être même arrière-grand-père. Une bouffée de tristesse l'envahit en songeant qu'il a sans doute raté une partie de sa vie. Comment a-t-il pu passer à côté de quelque chose d'aussi important ? Pourquoi avoir refusé de rencontrer son fils pendant qu'il était encore en vie ? Quel fiasco ! Alfred est pourtant le seul responsable de son malheur.

Au crépuscule de sa vie, il se retrouvait seul. Bien des années plus tôt, il a renié son propre fils et par le fait même tous ses descendants. Même s'il parvenait à découvrir où ils habitent aujourd'hui, ce qui est fort peu probable étant donné le peu de temps qu'il lui reste à vivre, il ne saurait pas quoi leur dire. Et ses petits-enfants ne verraient probablement en lui qu'un vieil homme orgueilleux qui a abandonné sa progéniture. Il est désormais trop tard pour tenter de réparer ce genre de fautes. Il emportera ses remords avec lui dans sa tombe.

— Vous allez bien ? lui demande Leyla en revenant dans la cuisine chercher le pain. Vous avez l'air morose tout à coup.

— Ça va, répond Alfred en se forçant à sourire.

Tout en se dirigeant vers la salle à manger, le vieil homme se promet de faire une dernière chose pour ses petits-enfants. Dès son retour à l'hospice, il donnera des instructions au notaire pour qu'il entame immédiatement des recherches afin de les retrouver tous. Il rédigera ensuite un nouveau testament dans lequel il lèguera dans l'anonymat une part de sa fortune personnelle à chacun d'entre eux.

Chapitre 23
LE MENSONGE

Trop occupés à trouver une solution à leur problème, les trois garçons n'ont pas entendu Léonore Mackenzie descendre l'escalier. Depuis combien de temps écoute-t-elle leur conversation ? Qu'a-t-elle pu entendre ?

— Maman ! s'exclame Joseph d'une voix chevrotante.

— Quel mauvais coup mijotiez-vous, tous les trois ?

— « Mauvais coup » ! répète bêtement Joseph. Mais qu'est-ce que tu vas chercher ?

Joseph n'a jamais été très doué pour mentir. La plupart du temps, il s'enlise dans des explications confuses. Au lieu d'arranger les choses, il les complique et envenime la situation dès qu'il ouvre la bouche. Il faut toutefois préciser que Léonore Mackenzie possède une sorte de sixième sens qui lui permet de deviner ce que ses enfants ne lui disent pas.

Plus embarrassé par le regard acéré de sa mère que par son mutisme, Joseph détourne les yeux et s'empresse de meubler l'affligeant silence.

— Je disais justement à Kireg et à Gerald que…

— Gerald et moi avions prévu d'aller pêcher au ruisseau, coupe Kireg qui sait à quel point son frère peut être maladroit.

— À une heure pareille ? s'étonne sa mère.

— Les poissons sont attirés par la lueur de la lampe et ils sont plus faciles à prendre.

Kireg sort de son sac à dos une lampe de poche pour appuyer ses dires.

— J'ai essayé de les en dissuader, ajoute Joseph, mais Kireg a la tête dure…

— Garde tes mensonges pour toi, Joseph Radhan ! réplique sa mère sur un ton cassant. Je sais très bien ce que tu projetais de faire. Madame Flanagan m'a téléphoné. Elle t'a surpris chez le voisin en train de… de faire je ne sais quoi ! Le pire c'est que tu entraînes ton frère et Gerald dans tes machinations ! Cette fois, il y aura de sérieuses représailles, mon grand.

— Non, maman ! intervient Kireg. Ce n'est pas la faute de Joseph…

— Maman a raison, Kireg ! Je dois assumer.

Discrètement, Joseph fait signe à son frère de ne pas s'en mêler.

— Pardon, maman. Je veux juste te dire…

— Nous discuterons de tout ça demain, Joseph, avec ton père. En attendant, allez tous vous coucher. Gerald, je te raccompagne chez toi.

Gerald déglutit tout en s'efforçant de sourire. Son père va être furieux d'apprendre qu'il a emporté avec lui ses précieux émetteurs-récepteurs ! « Je serai privé de sortie pour au moins un mois et encore, j'aurai de la chance s'il ne me coupe pas l'Internet et le téléphone en plus ! » Gerald ramasse son sac à dos d'un air déconfit et emboîte le pas à madame Radhan dans l'escalier.

Quand Léonore stationne le pick-up devant l'entrée des O'Brien, toutes les lumières sont allumées à l'intérieur et à l'extérieur de la résidence.

— Je pense que tes parents t'attendent, Gerald.

Le jeune garçon soupire, sachant fort bien ce qui risque de se passer.

Gerald pose une main moite et tremblante sur la poignée et ouvre la portière.

— Merci de m'avoir reconduit, dit-il avant de descendre.

La mère de Kireg acquiesce d'un hochement de tête.

Avant que Gerald n'ait rejoint le perron, la porte de la maison s'ouvre. Soulagée de voir rentrer son fils sain et sauf, sa mère se précipite vers lui tandis que son père s'encadre dans le chambranle d'un air mauvais. Le pauvre, il va se farcir tout un sermon ! Les jambes en guenille, Gerald bute contre une marche et manque de s'affaler par terre.

— Où étais-tu ? gronde son père, les bras croisés sur la poitrine.

— Chez Kireg ! répond faiblement Gerald en déglutissant.

Léonore se dit qu'il vaut peut-être mieux qu'elle intervienne. Elle descend du camion et se dirige vers l'escalier.

— Lui et Kireg avaient prévu aller pêcher à l'étang cette nuit, lance-t-elle en ébouriffant les cheveux de Gerald. J'ai jugé que ce n'était pas très prudent.

Monsieur O'Brien se tourne vers son fils, le regard mauvais.

— Madame Radhan a tout à fait raison, Gerald.

Penaud, Gerald baisse la tête, mais ne dit rien.

— Ta mère et moi étions très inquiets, poursuit son père d'une voix plus conciliante. Mais à quoi penses-tu, bon sang ? Sortir au beau milieu de la nuit, sans même nous prévenir ?

— J'ai réveillé tous les parents de tes amis ! enchaîne sa mère. Heureusement que madame Radhan a eu la présence d'esprit de nous téléphoner, autrement, j'aurais envoyé la police à tes trousses !

— Je suis désolé, déclare Gerald d'un air piteux !

— Ne nous refais jamais une chose pareille, jeune homme, sinon il y aura de sérieuses conséquences et je peux t'assurer que tu t'en souviendras longtemps.

Monsieur O'Brien s'adresse ensuite à Léonore.

— Merci infiniment d'avoir raccompagné Gerald.

— C'est tout à fait normal, assure-t-elle. Vous en auriez fait autant pour Kireg.

— N'empêche, si vous n'aviez pas été là…

Monsieur O'Brien jette un regard en biais à son fils.

— Je dois y aller, à présent, reprend Léonore. Mon mari va commencer à s'inquiéter. Bonne nuit !

— Encore merci ! lui répond la mère de Gerald.

Léonore monte dans sa camionnette et démarre, les feux arrière de son véhicule disparaissant dans l'obscurité.

Chapitre 24
LE TROISIÈME ENFANT

Grâce à des méthodes peu orthodoxes, un entraînement psychique rigoureux et une expertise approfondie, certaines personnes pratiquant la magie noire parviennent à accomplir leurs desseins meurtriers sans que personne soupçonne quoi que ce soit. Pour se débarrasser d'un indésirable, ils manipulent son esprit afin de le pousser au suicide, le rendent malade ou agonisant. Ils peuvent l'empoisonner, arrêter son cœur de battre. Ils sont même en mesure de faire déraper sa voiture et de la pousser en bas d'un précipice, tout ça sans même éveiller le moindre soupçon. C'est bien évidemment le cas des membres de l'Ordre de Lucifer, dont la grande majorité des adeptes sont issus de sphères influentes ainsi que des milieux politiques et économiques.

Depuis des années, Bérengère brigue le quatre-vingt-dix-neuvième degré de la loge, celui-là même qui lui donnerait accès au titre de Grand Maître. Toutefois, son incapacité à éliminer Paolo a sérieusement ébranlé sa crédibilité au sein de l'Ordre. Si elle veut regagner la confiance de ses membres, elle devra mettre les bouchées doubles. Retrouver le troisième enfant et le mettre hors circuit ferait certes grande impression sur ses homologues, mais en même temps, jouer dans les platebandes d'Alison ne serait pas très avisé, surtout que sa fille a acquis une partie des pouvoirs de Goulhen. Quoique…

Incapable de rester en place plus longtemps, Bérengère se lève et marche de long en large. La pièce qui lui sert de bureau se trouve à l'extrémité nord du vieil entrepôt désaffecté, à l'opposé de celle où elle détient Maud. Sa plus grande erreur, elle en est parfaitement consciente aujourd'hui, a été d'appeler les secours en sortant de chez son frère. Elle aurait dû le laisser mourir au bout de son sang ! À cette époque, Paolo ne possédait pas encore cette immunité. À quoi avait-elle pensé ?

Bérengère avait cru pouvoir se rattraper en usant de magie noire, mais la donne était maintenant changée. Puisque son frère était inatteignable par des pratiques magiques, elle allait devoir utiliser des moyens plus… concrets. Une noyade par exemple… ou mieux encore, un empoisonnement.

À présent plus calme, Bérengère décide de rendre une petite visite à sa pensionnaire. Maud est une femme exquise, sensuelle, excitante, troublante même. Elle possède un petit côté enfantin qui ne laisse pas sa geôlière indifférente.

Bérengère a toujours eu un petit penchant pour les femmes, même si elle n'a jamais osé se l'admettre ouvertement. Avec un peu de recul, elle se rend bien compte que sa vie avec Elberth Soren a été un véritable calvaire, enduré pourtant avec stoïcisme pendant plus de vingt ans, juste pour sauver les apparences. Vingt ans à vivre auprès d'un homme qu'elle n'aimait pas, qui ne lui inspirait que du mépris. L'arrivée d'Alison l'a heureusement aidée à endurer cet enfer. Et voilà que Maud Regan entre dans sa vie, comme une bouffée d'air frais, une chance de reprendre ce que la vie lui a toujours refusée : le droit d'être heureuse. Elle ne va surtout pas laisser passer cette occasion. Bérengère prévoit de grandes choses en ce qui concerne sa belle-sœur…

Ce matin, Mégane a décidé de mettre un peu d'ordre dans ses cahiers d'école. Toujours en pyjama malgré l'heure tardive, elle fait des allers-retours entre sa bibliothèque et son bureau de travail. Ranger l'aide à faire le vide. L'année scolaire est pratiquement terminée. Il ne lui reste plus que deux examens : physique et chimie. Le manuel de biologie à la main, elle hésite entre le placer dans la bibliothèque de sa chambre ou le classer définitivement dans la boîte avec ses cahiers d'exercices qui iront traînasser au fond de la salle de débarras.

Les dernières semaines ont été plutôt éprouvantes. Entre ses nombreuses visites à l'hôpital, l'école, les cours de danse et de sculpture, plus ses nuits blanches passées à étudier, elle a à peine eu le temps de respirer. Heureusement que tout cela va bientôt prendre fin ! Un peu de repos ne lui fera pas de tort. Le seul ennui, c'est qu'elle ne reverra plus le beau Mick. « Les vacances vont être longues ! » soupire Mégane, complètement pâmée.

Même si Mick Palmer a dix-neuf ans, Mégane ne considère pas leur différence d'âge comme un problème. Après tout, Paolo a bien quatorze ans de plus que Leyla ! Le beau Mick est toujours très attentionné avec elle. Il lui prête parfois ses gouges de sculpture, lui montre comment les utiliser. Mégane adore quand il effleure ses mains pour guider le ciseau. Elle ressent un doux frisson lui parcourir la colonne vertébrale. Mick a l'air de l'apprécier. Peut-être même la trouve-t-il jolie. Mégane voudrait qu'il se décide enfin à entreprendre quelque chose de plus sérieux avec elle. Elle n'ose pas faire les premiers pas… Mégane a déjà hâte au mois de septembre.

— Ça achève, ton ménage ? l'interrompt Leyla du bas de l'escalier.

— J'ai presque fini, lui répond Mégane en se remettant à l'ouvrage.

— Le dîner est prêt ! Fais vite, sinon ça va être froid.

— D'accord.

Mégane retourne à son classement. Il ne lui reste plus qu'à vider ses cahiers à anneaux. Elle en attrape deux sur le dessus de la pile.

Elle aimerait bien voyager pendant les vacances estivales. Se rendre en Irlande, histoire de retrouver la trace du troisième enfant. Ça commence vraiment à urger… Il ne faudrait surtout pas que Bérengère ou Alison le retrouvent avant elles. Leyla hésite encore à partir, attendant d'avoir une piste sérieuse, mais Mégane pense plutôt que c'est Paolo qui la retient. Il ne s'est toujours pas rétabli. Leyla a l'air de s'être beaucoup attachée à lui. Il ne faudrait pas qu'elle le perde, la pauvre. Elle a tellement souffert !

Mégane ramasse les feuilles qu'elle vient d'arracher et les laisse tomber dans le bac à recyclage. Elle soulève ensuite la caisse et la dépose dans le corridor avant de descendre manger. Après le repas, elle remontera pour terminer son ménage tandis que Leyla se rendra à l'épicerie avant de passer chercher Alfred à la maison de retraite.

Le lendemain matin, Leyla se lève avec une mine affreuse.

— Ouf ! s'exclame Mégane en la voyant. Tu t'es couchée tard on dirait !

— Pourtant non ! Je suis montée vers vingt-deux heures. Mais je n'ai pratiquement pas fermé l'œil de la nuit !

— Comment ça ? s'inquiète soudain Mégane. Alfred est malade ?

— Rien à voir. Au fait, tu l'as vu ? Il est debout ?

La bouche pleine, Mégane hausse les épaules.

— J'imagine qu'il dort encore !

— Hier soir, j'ai rencontré Valéria au supermarché, entame Leyla. Julian a obtenu des renseignements sur le troisième enfant. Je n'ai pas arrêté d'y penser de toute la nuit.

— Pourquoi tu ne m'en as pas parlé plus tôt ?

— Je te rappelle que tu ronflais sur le divan, hier. Tu t'es même endormie avant la fin du film.

— Pour vrai ? Vas-y ! Raconte !

— Il habite à Dunfanaghy, un petit village situé dans le Nord de l'Irlande…

— Mais encore ! s'impatiente Mégane sans même lui donner le temps de finir sa phrase. C'est quoi son nom ? De quoi il a l'air ? Quand est-ce qu'on part ?

— Du calme ! Même si on sait où le trouver à présent, on ne peut pas débarquer chez lui comme ça… Il nous faut un plan.

— Un plan ? Mais qu'est-ce que tu vas chercher ? Ce garçon fait partie de notre famille !

— N'exagère pas quand même ! Il est tout juste notre petit cousin éloigné !

— Et après ? On se présentera ! On va lui expliquer la situation et…

Avec Mégane, il n'y a jamais de problème. Elle est toujours prête à foncer, ou plutôt à défoncer les portes, sans réellement penser aux conséquences !

— Je vais d'abord commencer par lui envoyer une lettre et on avisera ensuite.

Déçue, Mégane se renfrogne.

— Je n'ai pas dit qu'on n'irait pas, Mégane, je veux juste prendre quelques précautions. Tu peux comprendre ça, non ?

Mégane hoche la tête sans grande conviction.

— J'ai hâte de le rencontrer ! Pas toi ?

Leyla paraît réfléchir un moment.

— Je ne suis pas certaine que sa famille appréciera notre visite, et quand je dis ça, je pense surtout à ses parents. Avec ce qu'on a à lui annoncer…

— Une chose est sûre, la coupe Mégane, il va devoir apprendre vite. Ça commence à presser cette mission.

— J'espère juste qu'Alison ou Bérengère ne le retrouveront pas avant nous…

— Ouais ! Ce serait vraiment catastrophique ! approuve Mégane. En tout cas, il va être content d'apprendre qu'il n'est pas le seul à avoir des pouvoirs.

— J'espère que tu as raison, Mégane. Je l'espère sincèrement…

Paolo est épuisé. Il se remet peu à peu de son infarctus. Depuis l'incident de la bombonne d'oxygène, le personnel est aux petits soins avec lui. Même la directrice du département de neurologie lui a fait parvenir un bouquet de fleurs… pour s'excuser de l'incident. Peut-être craint-elle que Paolo entame des procédures judiciaires contre l'hôpital, ce qu'il n'a de toute façon pas l'intention de faire. Cette action en justice ne ferait qu'attirer l'attention inutilement sur lui alors que c'est précisément ce qu'il veut éviter.

Les forces de l'ordre n'ont toujours arrêté aucun suspect relativement à la tentative de meurtre dont il a été victime. Il avait d'abord envisagé de dénoncer Bérengère, mais il y a vite renoncé. Cela ne pourrait que mettre leur vie en danger. Sa sœur est bien trop dangereuse.

Les autorités médicales, quant à elles, restent perplexes. Miraculé, Paolo a survécu à une balle qui lui a traversé le crâne.

Il a ensuite fait un étrange infarctus alors que son cœur était en parfaite santé. Puis, on a constaté un mauvais fonctionnement du système de chauffage dans la chambre qu'il occupait avant que la pièce ne soit pulvérisée par une explosion.

Trop d'éléments suspects pour continuer d'accuser le hasard. Pour toutes ces raisons, Paolo a été placé sous protection. Avec ce policier qui monte la garde devant sa chambre vingt-quatre heures sur vingt-quatre, il se sent comme un détenu dans sa cellule.

Le seul côté positif de toute cette histoire c'est qu'il connaît maintenant le but de sa mission. Il doit protéger Leyla. Il sait également que Bérengère ne peut plus rien contre lui. Lors de son passage aux frontières de la mort, il a appris qu'on lui offrait une protection toute particulière. Il est désormais immunisé contre les maléfices. Une chose le tracasse encore, cependant : pourquoi Maud ne vient-elle plus le visiter ? Elle travaille pourtant sur le département de neurologie ! Il faudra qu'il pose la question au médecin de service.

Même si son ex-femme ne représente plus rien pour lui, il reste que sa présence est tout sauf ennuyeuse.

Mégane et Leyla ne sont pas revenues le voir depuis son transfert. L'infirmière lui a appris hier que les visites ont été suspendues jusqu'à nouvel ordre. En fait, jusqu'à ce que l'enquête aboutisse.

Paolo a, bien sûr, très hâte de revoir Mégane, mais en ce moment, ses pensées sont surtout tournées vers Leyla, qui lui manque cruellement.

Paolo est tombé follement amoureux. Jamais auparavant il n'a éprouvé un sentiment aussi fort pour une femme, pas même pour Maud. Pendant son coma, Leyla lui a ouvertement avoué son affection. Paolo a été renversé par cette déclaration. Même si sa conscience était altérée par le coma, il a tout entendu, tout ressenti. Quand Leyla lui a pris la main, quand elle a posé un baiser sur sa bouche, sa peau s'est enflammée comme une braise. Il s'est délecté de chaque mot qu'elle a prononcé avec tendresse, de chaque intonation de voix, trahissant sa peine à l'idée de le perdre.

Paolo se gardera toutefois de le lui dire, de peur qu'elle se referme comme une huître. Il ne voudrait surtout pas la brusquer, pas après ce qu'elle a vécu.

Dès qu'il sortira de l'hôpital, il se promet de l'inviter pour un tête-à-tête dans le meilleur restaurant de la ville. Il prendra son temps pour ne pas la brusquer, pour ne pas lui faire peur. Il soignera ses blessures, celles que lui a infligées son père adoptif pendant toutes ces années, jusqu'à ce que ses plaies cicatrisent. Il apprivoisera son cœur, l'aimera et la protégera, au péril même de sa vie.

Juste de penser qu'il la reverra bientôt, son cœur a des ratés. Il ferme les yeux, se remémore leur tout premier baiser. Il goûte à nouveau la douceur de ses lèvres, la sent tressaillir dans ses bras. Parcouru d'un doux frisson, il se laisse aller à sa rêverie.

Il est passé quatorze heures quand Leyla gare son véhicule devant la résidence pour personnes âgées.

Après les trois jours passés au manoir de la Pointe-aux-Roches, Alfred est finalement content de rentrer chez lui, à l'hospice. Il est même impatient de retrouver sa cellule. Qui l'eût cru ? Pendant que Leyla décharge sa valise, le vieil homme argumente avec le préposé, qui tente de le faire asseoir dans un fauteuil roulant.

— C'est hors de question que je monte là-dedans ! s'entête Alfred. Je suis loin d'être impotent ! Non, mais pour qui tu te prends, jeune blanc-bec ? Allonge-moi tout de suite dans un corbillard tant qu'à y être !

Déconcerté, le jeune préposé ne sait plus où se mettre.

— Tu vois, renchérit Alfred en s'adressant à lui comme à un demeuré. J'ai deux jambes et deux pieds… Je sais même me tenir en équilibre…

Alfred fléchit le genou droit pour prouver ce qu'il avance. Rouge comme une pivoine, l'employé hésite à riposter.

— Monsieur Bartholdi ! coupe Leyla pour mettre un terme à ce drame. Ce jeune homme cherchait simplement à se rendre utile.

— En me prenant pour un handicapé, oui !

— Vous pouvez monter ses bagages ? demande gentiment Leyla. Je vais m'occuper de lui.

Trop pressé de se débarrasser du vieux grincheux, le préposé abandonne volontiers le fauteuil roulant et disparaît avec les valises.

— Pas question que je m'assoie dans cette poussette pour invalides, s'obstine encore Alfred.

— Je ne vous le demande pas non plus. Mais vous pourriez peut-être la rapporter à l'intérieur pendant que je gare la voiture. Si cela ne vous dérange pas, bien entendu !

Alfred roule une paire d'yeux à Leyla, mais se plie tout de même à l'exercice.

Quand la jeune femme le rejoint dans l'entrée, Alfred semble avoir retrouvé sa bonne humeur.

— J'ai beaucoup apprécié mon séjour chez toi, lui confie-t-il. Mais je dois cependant t'avouer que ce vieux manoir me donne parfois la chair de poule.

— Vraiment ? s'étonne Leyla en lui emboîtant le pas.

— Je me demande comment tu fais pour dormir dans un tel vacarme. D'horribles bruits m'ont tenu éveillé toute la nuit.

— Vous vous êtes quand même réveillé à neuf heures…

— C'est justement parce que je n'avais pas fermé l'œil que je me suis levé aussi tard ! se défend le vieil homme.

— Il faudra rester plus longtemps la prochaine fois ! Vous verrez, on s'habitue quand même assez rapidement.

— Je ne suis pas certain d'en avoir envie, ironise Alfred en lui tenant la porte pour qu'elle puisse entrer la première dans la salle d'attente.

Au passage, Leyla salue de la main la nouvelle réceptionniste qui lui répond par un sourire. La pauvre fille a l'air débordée. Le téléphone ne dérougit pas.

— Vous voulez manger un petit quelque chose avant de monter à votre chambre ? demande Leyla en reportant son attention sur le vieil homme.

— Oh non ! s'exclame Alfred. Je me suis déjà empiffré de tes délicieuses brioches à la cannelle. Mais je boirais volontiers un thé. Tu m'accompagnes ?

Quand Alfred et Leyla pénètrent dans la cafétéria, l'employée leur adresse un large sourire. Le personnel de la maison commence à bien la connaître. Elle peut maintenant aller et venir sans avoir besoin d'escorte.

Leyla opte pour un petit coin tranquille. Elle aide le vieil homme à enlever sa veste et se dirige vers le comptoir. Un vent chaud s'engouffre par la fenêtre entrouverte. Le printemps est enfin arrivé.

Leyla dépose le liquide fumant devant Alfred et décapsule sa bouteille de jus.

— Maintenant que tu sais où vit le troisième enfant, entame Alfred sans attendre, que comptes-tu faire ?

Leyla s'assoit et plante son regard dans celui du vieil homme.

— Je vais partir à sa rencontre aussitôt que j'aurai trouvé le moyen de détourner l'attention d'Alison et de Bérengère. Je ne veux lui faire courir aucun risque.

— Bonne idée, consent le vieil homme. Si ta jumelle le retrouve avant toi, tout sera perdu.

— Mais vous, Alfred ? Qui me dit que vous serez encore là quand je reviendrai ?

La question est sortie toute seule. Leyla craint qu'Alfred meure pendant son voyage à l'étranger. Même si elle ne le connaît que depuis peu de temps, elle s'est passablement attachée à lui.

— Ne t'inquiète donc pas pour ma vieille carcasse ! J'en ai vu d'autres… Et de toute façon, je ne partirai pas avant de t'avoir révélé les sept clés de la sagesse. Tu en auras besoin pour forcer la treizième prophétie à se réaliser. Ce sont là, en quelque sorte, les clauses de mon contrat.

Il est déjà seize heures trente quand Leyla rentre à la maison. Comme il est trop tard pour faire cuire le rôti qu'elle avait prévu servir au souper, elle décide de préparer une salade. Manger léger l'aidera peut-être à mieux dormir cette nuit !

— Leyla ? s'énerve Mégane en gesticulant. Tu écoutes ce que je dis au moins ?

Concentrée sur sa tâche, Leyla ne lui porte aucune attention. Irritée, Mégane hausse le ton.

— Ne crie pas ! se fâche Leyla. Je ne suis pas sourde.

— Alors, tu pourrais arrêter de faire semblant de ne pas m'entendre.

— Mégane, tu me rabâches la même histoire depuis deux jours. J'en ai marre que tu me harcèles continuellement avec le voyage en Irlande ! Je regrette presque de t'en avoir parlé.

— Mais le temps presse, Leyla ! Tu n'as pas l'air de t'en rendre compte.

— Oh que si ! Je m'en rends compte. Et tu n'imagines pas à quel point. Mais j'ai aussi des responsabilités. Paolo est encore à l'hôpital et il n'est pas du tout tiré d'affaire. Bérengère cherche à l'éliminer par tous les moyens et Alison aussi ! Pour quelle raison ? Le sais-tu, toi ? Il y a aussi Alfred. Cet homme a cent treize ans bien sonnés. Il n'en a de toute évidence plus pour très longtemps ! Et on n'a aucune idée de ce que mijote Alison dans son coin ! Alors, cesse un peu de me mettre de la pression ! J'aurai ça de moins à gérer.

— Bon, je te l'accorde, c'est vrai que ces derniers temps on a été un peu… débordées, concède Mégane, mais je peux facilement sauter le spectacle de danse et reprendre mes examens plus tard…

— Non ! réplique fermement Leyla. Je tiens à ce que tu aies une vie normale. Tu dois préparer ton avenir, comprends-tu ? Michel ne me pardonnerait jamais de faire passer les vacances avant tes études, et il aurait raison. Je ne veux pas non plus que le poids de notre mission t'écrase et t'empêche de réaliser tes rêves un jour. Je suis même prête à me passer de toi, si ça devenait nécessaire…

— C'est hors de question ! objecte Mégane en haussant le ton. Je fais partie de cette foutue prophétie que tu le veuilles ou non, même si mon nom ne figure pas dans le livre que Bramah t'a remis. Je t'aime et je ne te laisserai pas risquer ta vie sans moi, m'entends-tu ? Je dois veiller sur toi comme Falliasos me l'a demandé. « Ton travail à toi, petite Mégane, c'est de veiller sur ta sœur, à ta manière… », lui avait dit Falliasos. Mégane ne l'a jamais oublié.

Mégane inspire profondément pour se calmer un peu avant de reprendre.

— Écoute, si tu tiens absolument à ce que je participe au spectacle, c'est d'accord et j'assisterai également aux derniers examens. Michel ne pourra pas te reprocher d'avoir une mauvaise influence sur moi… Mais je t'en supplie, laisse-moi t'aider. Je m'occuperai de Paolo. D'une manière ou d'une autre, je m'arrangerai pour le voir. De ton côté, consacre-toi seulement à monsieur Bartholdi et à ce qu'il va t'enseigner, d'accord ? Et pour ce qui est d'Alison…

— Là n'est pas la question, Mégane ! Le jour où on réservera les billets d'avion, Alison et Bérengère vont tout de suite savoir où trouver le pauvre Kireg. Et il n'est pas préparé à cela…

— Pas si on ne débarque pas en Irlande ! la coupe Mégane. Tu sais, j'y ai pas mal réfléchi, moi aussi.

Leyla pose sur elle de grands yeux étonnés.

— On peut faire un peu de tourisme avant de se rendre chez les Radhan, poursuit Mégane. Pas besoin de tracer notre itinéraire à l'avance. On pourrait brouiller les pistes en visitant l'Écosse et même l'Angleterre !

Mégane a vraiment pensé à tout !

— On réserve un hôtel en Écosse, poursuit cette dernière, et on loue une voiture sur place. On pourrait ensuite attraper le traversier pour Belfast à n'importe quel moment ! Alison n'en saurait rien.

— Oui… réfléchit Leyla. Ça pourrait fonctionner ! Mais oublie tout de suite la location de voiture, je n'ai pas l'âge requis. En Europe, il faut avoir vingt et un ans pour louer un véhicule.

— On se débrouillera avec l'autobus, alors ! Ou encore avec le train !

Fière de son coup, Mégane sourit à pleines dents. Elle ne doute pas que Leyla sera d'accord avec elle.

— En as-tu d'autres problèmes dans ce genre-là ? Je peux les régler d'un seul coup de baguette magique.

Leyla éclate de rire.

— Oh ! Avant que j'oublie, lance Mégane en attrapant le bout de papier sur lequel elle a noté le message. Alfred a téléphoné avant que tu n'arrives. Il demande si tu peux passer le voir demain en début d'après-midi.

— Pas de problème.

— Au fait, il t'a parlé de la vieille femme ?

— Qui ça ?

— C'est pas grave, laisse tomber !

— Oh non ! Mégane Wallace ! Tu as commencé, alors tu vas finir !

Incapable de tenir sa langue plus longtemps, Mégane se jette à l'eau.

— Il devait te parler de Bramah. Demande-lui de te raconter son histoire. Ça me semble très captivant !

— Quoi ? Qu'est-ce qu'il t'a dit à son sujet ?

— En fait, il ne m'a rien dit. Le soir où j'ai soigné son infarctus, j'ai aperçu des bribes de souvenirs dans son esprit. Tu sais, quand j'utilise mon pouvoir de guérison, certains souvenirs se révèlent à moi sans que je le veuille.

— Vraiment ! lance Leyla, songeuse.

Une idée vient de se former dans son esprit, mais elle hésite à la formuler.

— Euh, Mégane. L'autre soir, quand tu as soigné Paolo… Est-ce que tu… Enfin, tu sais…

Leyla n'arrive pas à formuler sa phrase. Elle baisse les yeux et rougit. Elle s'en veut de demander une chose pareille à sa sœur. Jamais elle ne se serait crue si indiscrète. Leyla prend une grande inspiration avant de se lancer rapidement :

— Tu crois que Paolo s'intéresse vraiment à moi ? Euh, non, enfin, je sais qu'il s'intéresse à moi, mais sais-tu ce qu'il ressent vraiment à mon égard ?

— Leyla Wallace ! Tu devrais avoir honte, lance Mégane, trop heureuse de pouvoir sermonner sa grande sœur. C'est très impoli de me demander des choses aussi intimes. Tu sais très bien que je ne me mêle jamais de ce qui ne me regarde pas, dit-elle, un sourire en coin.

— Arrête ton cinéma, Mégane Wallace ! Tu ne trompes personne…

Mégane n'hésite que pour la forme. Elle meurt d'envie de raconter à sa sœur tout ce qu'elle a vu…

Chapitre 25
LE DRAME

Joseph est maintenant confiné entre quatre murs et sa mère veille scrupuleusement à ce qu'il respecte sa sentence. Avec un gardien pareil, aucune chance de s'évader ! Même le vélo est devenu une source de divertissement non autorisée. Il pourrait s'arrêter au parc ou encore passer voir Briana, mais cela lui est impossible. Dorénavant, il n'a le droit de sortir que pour se rendre au travail. Pire, sa mère le reconduit chaque soir à la station-service et revient le chercher au petit matin. Alors Joseph se distrait comme il peut en écoutant la télé ; toutefois, ses heures d'écoute sont comptées.

Kireg a bien essayé d'assouplir sa condamnation, mais Léonore est un vrai bourreau. « Ce qu'il a fait est impardonnable », rabâche-t-elle chaque fois que Kireg se risque à discuter avec elle.

Heureusement que Léonore n'a pas poussé le sens du devoir jusqu'à téléphoner chez les Breenan pour s'excuser au nom de son fils de s'être introduit par effraction dans sa maison. C'est le genre de chose qu'elle est tout à fait capable de faire, par souci d'honnêteté. Qu'est-ce qui l'en a empêchée ? L'orgueil sans doute… Peut-être que ça aurait été pour elle comme d'avouer qu'elle a bâclé son travail de mère. Quoi qu'il en soit, Kireg est heureux qu'elle n'en ait rien fait, ça aurait vraiment été le comble ! Il n'ose même pas imaginer comment Doughal aurait pu réagir.

Même s'il se sent affreusement coupable du châtiment de son frère, Kireg continue de garder le silence sur les événements de l'autre soir et sur leurs véritables intentions. « … ne surtout pas le dire aux parents, qui de toute façon ne comprendraient pas… », a beaucoup insisté Joseph. Mais Kireg a de plus en plus de difficulté à vivre avec ses remords. Il a parfois même l'impression de sombrer dans un gouffre.

— Kireg ?

— Oui, maman ?

— Téléphone ! C'est Gerald.

— J'arrive !

Kireg dévale les marches à toute allure. Sa mère ne met pas de temps à réagir.

— Je t'ai déjà demandé de ne pas courir dans l'escalier. Tu vas finir par te casser la figure.

Depuis le soir où Léonore a découvert leur petite combine dans le sous-sol, Gerald n'est pas revenu à la maison. Lui aussi a été puni… pour s'être enfui par la fenêtre.

— Allo !

— Kireg, c'est moi ! Il faut que tu viennes… policiers… maison.

Gerald parle tellement vite que Kireg a du mal à décoder le message, ne captant que quelques bribes.

— Tu vas trop vite, Gerald… Je ne comprends rien à ce que tu racontes !

Gerald prend une grande inspiration pour se calmer et reprend son histoire d'un ton plus posé.

— Il faut que tu nous aides, Kireg. Rose a été kidnappée.

— J'arrive tout de suite, Gerald !

Kireg s'élance à travers la cuisine, aspirant dans son sillage le château de cartes que Mell est en train de construire.

— Kireg ! s'indigne sa sœur. Tu ne pourrais pas faire attention !

— Je t'ai déjà demandé de ne pas courir dans la maison ! le gronde encore sa mère.

— Je sais, maman ! Mais Rose a disparu.

— Quoi ? Comment ça, Rose a disparu ?

— Les policiers pensent qu'elle a été kidnappée…

Chapitre 26
L'HISTOIRE DE BRAMAH VOLDAR

La porte de la chambre d'Alfred est entrouverte. Par l'entrebâillement, elle peut voir que le vieil homme a les yeux fermés. Leyla entre doucement pour ne pas le réveiller. Elle suspend sa veste dans la penderie et s'assoit sans faire de bruit sur la chaise à bascule.

— Je t'attendais, marmonne Alfred en ouvrant un œil.

— J'espère que je ne vous ai pas réveillé !

— Je ne dormais pas, je méditais.

Leyla aide le vieil homme à se relever et place un oreiller derrière son dos.

— Nous devons discuter.

— Vous allez me parler de Bramah, c'est ça ?

— Comment le sais-tu ?

Leyla sourit.

— Mégane…

— Quoi ? Elle est devin, maintenant ?

— Elle l'a vu dans votre esprit lorsqu'elle a soigné votre infarctus.

— Quel pouvoir étonnant !

Alfred réfléchit un moment avant de reprendre la parole.

— Je t'ai déjà dit que Bramah Voldar était mon ancêtre ?

Leyla acquiesce d'un signe de tête.

— Bramah était la première de la lignée des mages blancs. Je suis le dix-septième, peut-être même le dernier…

— Vous pensez que votre fils aurait pu être le dix-huitième ?

— Qui sait ? répond Alfred qui ne désire visiblement pas s'étendre sur le sujet. Tu te souviens de la légende de l'île du Diable ?

— Comment pourrais-je l'oublier !

— Eh bien, en 1666, Bramah a été la seule survivante de ce massacre.

— C'est une légende ou pas ? l'interrompt Leyla.

— Disons… une légende inspirée d'un fait réel. L'histoire a été quelque peu remaniée au fil du temps. Certains détails se sont ajoutés tandis que d'autres se sont perdus.

Le vieil homme étire le bras pour se servir un verre d'eau.

— Tu en veux ?

Leyla lui fait signe que non. Alfred avale une gorgée et s'éclaircit la voix avant de poursuivre.

— Au cours de ma carrière d'historien, j'ai étudié chacun des événements qui ont marqué cette année charnière : 1666. Même si quelques détails m'échappent encore, je crois avoir saisi l'essentiel.

Alfred se racle la gorge.

— … Bramah avait treize ans en 1666. Le 21 juin de la même année, le jour du solstice d'été, elle a été enlevée par Goulhen en même temps que les autres fillettes, mais il ne l'a pas tuée, alors qu'il a massacré toutes les autres… Je pense qu'il n'a simplement pas pu.

— Qu'est-ce que vous voulez dire ?

— Tout comme moi, Bramah bénéficiait de cette protection spéciale qui devait la garder en vie pendant cent treize ans. Frustré qu'une enfant lui résiste, Goulhen s'est vengé en lui arrachant les yeux. Il désirait qu'elle souffre chaque jour de sa vie, chaque minute, chaque seconde, il voulait qu'elle se souvienne qu'on n'échappe pas au Diable.

— Selon la légende, l'interrompt Leyla, Bramah était enceinte. C'est vrai ?

Alfred hoche affirmativement la tête.

— Comment est-ce arrivé ? insiste encore Leyla.

— Je ne vois qu'une seule hypothèse. Elle devait l'être avant le massacre. Puisqu'elle a accouché le 21 mars de l'année suivante, la conception devrait donc remonter aux alentours du 10 juin.

— Vous avez sous-entendu, tout à l'heure, que les événements étaient peut-être différents de ce que raconte la légende. De quoi parliez-vous exactement ?

— L'année 1666 coïncide avec une recrudescence d'agressions macabres directement liées à la sorcellerie. Plusieurs sectes ont d'ailleurs vu le jour cette année-là. Même si l'Église catholique se livrait encore à la chasse aux sorcières à cette époque, les vraies fanatiques passaient aisément à travers les mailles de ses filets. Le massacre de l'île du Diable a effectivement été orchestré par Goulhen, mais il ne s'est jamais transformé en loup comme le mentionne la légende. Il s'est plutôt servi de son réseau de loges noires pour capturer les enfants. Ses membres étaient – et sont encore aujourd'hui –, infiltrés là où on ne croirait jamais les trouver.

— Dans l'histoire, il est dit que le Diable aurait dévoré le cœur de tous ces enfants… Croyez-vous vraiment que des gens puissent manger de la chair humaine ? demande Leyla à brûle-pourpoint.

— J'en suis tout à fait persuadé.

Leyla n'est pas sûre de vouloir entendre la suite. Alfred poursuit, néanmoins.

— Connais-tu l'histoire de la Loge ?

— Pas vraiment, non.

— Ses membres, en plus de boire le sang de leurs victimes, consomment également le foie et les yeux, ce qui, semble-t-il, leur apporte la force et une plus grande vision psychique. Laisse-moi t'expliquer comment ça fonctionne. L'Ordre compte à lui seul quatre-vingt-dix-neuf loges à travers le monde et chacune d'elles comprend quatre-vingt-dix-neuf membres. À chaque solstice d'été, s'il ne survient pas de décès naturels au cours de l'année, la vie d'un des adeptes est sacrifiée au cours d'une cérémonie en l'honneur du Démon qui sert la loge. La victime est apparemment choisie au hasard. Mais je soupçonne plutôt qu'ils en profitent pour éliminer leur maillon le plus faible. L'exécution se fait par voie psychique et la dépouille est ensuite débitée.

Voyant que Leyla ne réagit pas, Alfred précise.

— Découpée en morceaux, si tu préfères. Tous les membres sont tenus d'en manger…

— Eurk ! s'écrie Leyla en réprimant un haut-le-cœur.

— Oui, approuve Alfred. Et le cœur est un morceau de choix réservé au Grand Maître.

— J'ai du mal à croire que des êtres humains puissent s'abaisser à de telles atrocités.

— Et pourtant, soupire le vieil homme, ils le font ! Maintenant, si on en venait à ce qui te tracasse réellement…

Leyla le regarde, faisant mine de ne pas comprendre.

— Je sais que tu hésites à partir pour l'Irlande parce que tu te dis que mes jours sont comptés…

— Je ne peux rien vous cacher.

— Les forces de l'ombre n'ont plus d'emprise sur moi, Leyla. Du moins, pas tant que ma mission ne sera accomplie. Je pense que tu peux partir sans crainte… N'oublie pas que Kireg Radhan est ta priorité numéro un. Tu dois le retrouver avant Alison et Bérengère, tout le reste, les clés, ton apprentissage, Paolo, tout cela peut attendre ton retour.

— Et quand je l'aurai retrouvé, que vais-je bien pouvoir lui dire ?

— Tu devras le convaincre, lui, mais surtout ses parents, de le laisser venir avec toi à Sionrah.

— Mais… monsieur Bartholdi ! Il n'a que quatorze ans ! Ses parents n'accepteront jamais de le laisser partir aussi loin.

— C'est ici que tout a commencé, Leyla. C'est ici que tout doit s'achever.

Maud n'a rien avalé depuis deux jours. En proie à une violente agitation, elle tente de se dégager, mais les fils barbelés s'enfoncent dans ses chairs. Tremblant de la tête aux pieds, le corps couvert de sang et de sueur, elle n'en peut plus. Elle appelle la mort. Elle grelotte comme s'il faisait moins vingt Celsius dans la pièce alors qu'il en fait tout près de trente ! Ce n'est pas la faim qui la met dans cet état, mais plutôt le manque de drogue.

Adolescente, Maud a commencé à prendre des stupéfiants pour échapper aux exigences contraignantes que lui imposaient ses parents : bon comportement, bons résultats scolaires, bonnes performances sportives. À cette époque, la drogue agissait un peu comme un calmant, l'aidant à supporter la pression, engourdissant provisoirement le vent de révolte qui couvait déjà dans son corps. L'herbe n'était pas forcément un remède contre la tyrannie de ses parents, ni même un divertissement entre amis ; c'était plutôt un moyen de patienter, de repousser plus loin ses propres limites. Au fil du temps, sa dépendance était passée de la marijuana à la cocaïne, puis à la morphine. Son métier d'infirmière lui permettait d'ailleurs de se la procurer à peu de frais. Même si les barbituriques étaient gardés sous clé, Maud était habilement parvenue à déjouer le système.

Soudain prise de nausées, elle se met à vomir un filet de bile. Chaque fois que son estomac se contracte, un pic de douleur lui arrache un cri. Elle tuerait pour obtenir ne serait-ce qu'une seule dose de morphine.

La porte s'ouvre à la volée et un trait de lumière l'éblouit. Momentanément aveuglée, Maud ne reconnaît pas tout de suite sa geôlière.

— Je vous en supplie, détachez-moi ! Je suis malade, j'ai besoin de mes médicaments.

— Cesse ton petit jeu ! réplique sèchement Bérengère. Tu n'es aucunement malade. Tu es simplement en manque. Mais réjouis-toi, car à partir d'aujourd'hui, je vais t'aider à te sevrer. Tu ne toucheras plus à la morphine, ni à rien d'autre, d'ailleurs.

Une vague de panique s'empare de la jeune femme.

— Non. S'il vous plaît, j'en ai besoin. C'est trop dur. Demandez-moi n'importe quoi, je ferai tout ce que vous voulez ! Mais s'il vous plaît…

— N'importe quoi ? se réjouit Bérengère avec cynisme. Vraiment ?

Maud acquiesce.

— Ravie de te l'entendre dire !

Bérengère se dirige vers l'une des étagères et farfouille dans une petite boîte de métal.

— Si tu fais exactement ce que je te demande, poursuit cette dernière, tous les deux jours tu auras droit à une dose. Dans le cas contraire…

Bérengère se retourne vivement en direction de Maud, un sourire cruel sur les lèvres.

— … tu seras punie. On se comprend bien, n'est-ce pas ?

— Qu'est-ce que vous attendez de moi ? se résigne Maud.

— Que tu te prêtes à mes petits jeux…

Chapitre 27
UN SENTIMENT D'IMPUISSANCE

Après avoir échappé de justesse aux assassins de l'Ordre dans le métro, Nancy s'était réfugiée chez un collègue de travail qui avait accepté de l'héberger pour la nuit. Elle aurait pu se rendre directement au poste de police, demander à parler à son oncle, enquêteur pour la Sûreté municipale d'Orseille, et tout lui raconter depuis le début, mais elle avait préféré se donner du temps pour réfléchir.

Au tout début de sa carrière journalistique, son oncle l'avait mise en garde contre le danger de trop s'investir. « Vient un temps où il faut savoir prendre du recul, Nancy, je suis bien placé pour le savoir ! Un arbre peut parfois cacher toute une forêt ! » Cependant, Nancy était du genre à foncer tête baissée, à passer aux actes et à poser les questions ensuite. Un véritable bélier qui défonce les portes au lieu de simplement tourner la poignée pour entrer. Nancy ne faisait pas dans la subtilité. La pauvre ne choisissait pas toujours le chemin le plus facile, mais elle savait comme personne écouter son cœur et se fier à son instinct, ce qui faisait d'elle une excellente journaliste. Elle allait au fond des choses, se battait avec ardeur et détermination pour la vérité, pour ce qu'elle croyait être bien.

Nancy avait fait plusieurs détours pour être sûre de ne pas avoir été suivie; mieux valait être trop prudente que pas assez! Avant de garer sa voiture en bordure de la route, à quelques rues de l'endroit où habite son oncle, elle était passée à quelques reprises devant la maison afin de détecter toute présence suspecte. Même si les tueurs de l'Ordre parvenaient à localiser son véhicule, ils mettraient un certain temps avant de faire le rapprochement avec son oncle. Attrapant la pile de dossiers laissée sur le siège, elle referme la portière d'un coup de hanche.

Tout en marchant rapidement vers la maison des Devaux, elle jette des regards nerveux autour d'elle. Elle aurait aimé s'en sortir seule, mais ce n'était plus possible. Elle avait besoin d'aide. Une fois devant la porte, elle transfère toutes les chemises de carton du côté gauche et empoigne de sa main droite le heurtoir de bronze. À peine quelques secondes s'écoulent avant qu'elle n'entende le bruit de pas précipités de son oncle dans le couloir – c'est toujours lui qui accueille les visiteurs et répond au téléphone : déformation professionnelle, sans doute. Un cliquetis métallique se fait entendre et la porte s'ouvre.

— Nancy ? Mais qu'est-ce qui t'amène à une heure pareille ?

Julian Devaux resserre la ceinture de son peignoir autour de sa taille tout en jetant un subtil coup d'œil à sa montre. Il est passé vingt-trois heures. Instinctivement, les réflexes dus à son métier prennent le dessus et il imagine le pire. Que sa nièce vienne le voir est déjà étonnant en soi, mais qu'elle se présente chez lui à une heure aussi tardive le rend carrément soupçonneux.

— Je peux te parler ? demande Nancy avec flegme. C'est important.

— Bien sûr. Entre.

Julian recule pour la laisser passer et referme derrière elle. Il l'entraîne ensuite dans le long couloir qui mène à son bureau.

Nancy en profite pour saluer sa tante au passage, qui est en train de lire au salon.

— Nancy ? s'étonne Valéria en levant les yeux de son livre. Quelle bonne surprise !

Valéria jette un regard inquiet à son mari, mais celui-ci hausse les épaules en signe d'incompréhension.

— Dis-moi, Nancy, ta mère va bien, au moins ?

Mélodie Devaux, la sœur de Julian, souffre d'une maladie dégénérative très rare. Elle a consulté plusieurs spécialistes, mais aucun d'eux n'a pu découvrir la source du mal qui la gruge de l'intérieur. Julian soupçonne qu'elle magouille toujours avec les esprits. Mélodie est une vraie fanatique de sciences occultes.

— Oui, maman va bien, la rassure Nancy. Enfin, autant que faire se peut ! Non, c'est une tout autre raison qui m'amène chez vous ce soir. J'ai besoin des conseils avisés de l'oncle Julian.

— Voilà qui me rassure, se détend Valéria en reprenant sa lecture.

Une fois dans le bureau, Julian referme derrière lui, plus par réflexe que par confidentialité. Un automatisme lié à sa profession. Il invite Nancy à s'asseoir et prend place de l'autre côté de l'imposant secrétaire d'acajou.

— Qu'est-ce que je peux faire pour toi ?

Nancy ne sait trop comment aborder le sujet.

— Je ne peux plus rentrer chez moi, se lance-t-elle enfin, un peu maladroitement.

— Pourquoi ? s'étonne Julian.

— J'ai fait quelque chose que tu ne vas pas apprécier.

Son oncle lui jette un regard suspicieux.

— Quelque chose qui va tous nous mettre en danger…

Julian se renfrogne. Il se demande ce que sa nièce a encore fait. La dernière fois qu'elle est venue le voir, c'était après avoir dénoncé le maire en révélant une série de factures frauduleuses liées à son compte de dépenses.

— … Je suis parvenue à infiltrer l'Ordre de Lucifer…

— Quoi ? s'étrangle son oncle.

Nancy baisse la tête, comme une enfant prise en faute.

— Sais-tu au moins à qui tu t'attaques ?

Nancy inspire un bon coup pour se donner du courage.

— Je n'en avais qu'une vague idée avant… hier soir.

— Même moi, s'emporte à nouveau l'inspecteur, je ne me frotte pas à cette organisation ! C'est de la pure folie de s'attaquer à des fanatiques aussi dangereux ! Tu es bien la digne fille de ta mère ! Vous avez le don, toutes les deux, de vous mettre dans des situations désespérantes.

— Tout ce que je voulais, se défend pitoyablement Nancy, c'était bien faire mon boulot…

— Infiltrer l'Ordre…, la coupe son oncle. À quoi pensais-tu, Nancy ? Et puis merde !

— Je suis désolée, oncle Julian ! murmure Nancy, au bord des larmes.

— Dis-moi ce qui s'est passé, reprend plus calmement son oncle, et surtout, n'omet aucun détail.

La jeune femme se redresse sur son siège tout en essayant de se redonner une contenance.

— Tout a commencé par un fait divers…, entame-t-elle. L'agression d'une femme par son psychiatre. Enquête de routine.

Nancy lui explique minutieusement tous les détails de l'affaire.

— J'ai d'abord rencontré la victime, Bridget Bolivar, précise Nancy. Je tenais à me faire ma propre idée du personnage. Je dois t'avouer qu'au début, son histoire abracadabrante m'a paru assez farfelue, mais au fur et à mesure qu'elle me livrait les détails de son incarcération dans cet Institut psychiatrique, le Royal-Mount, j'ai été de plus en plus intriguée. L'hôpital a fermé ses portes depuis plusieurs années déjà et je n'ai pas pu retrouver les archives. Mais je me suis dit que Bolivar ne devait pas être la seule dans cette situation. Alors j'ai fait passer une petite annonce dans le journal. J'ai eu tellement d'appels que j'ai mis près d'un an à compiler tous les témoignages. Tous racontaient la même histoire, Julian. Bien que *Primeur* m'ait demandé plusieurs mois plus tôt d'abandonner l'affaire, mon flair me poussait à poursuivre. En fait, je me disais que c'était ma chance ! Si j'arrivais à dénoncer un complot, je pourrais enfin abandonner les faits divers et rejoindre le journalisme d'enquête. Mon rêve !

Julian était stupéfait. Il savait que sa nièce était de nature ambitieuse, mais à ce point !

— Mes investigations m'ont menée jusqu'à Obédience, poursuit Nancy. Un programme de manipulation du comportement digne d'un roman de science-fiction. Le projet visait à contourner, ou plutôt à briser la volonté d'un individu afin de pouvoir ensuite procéder à sa reprogrammation. Le but de cette expérience était en quelque sorte de créer des petits soldats qui obéiraient aveuglément aux ordres, même les plus pervers. Ce programme avait été développé au début des années soixante par Grégoire Britza, le même docteur qui avait traité Bridget Bolivar. Obédience aurait officiellement été abandonné en 1980. Et Britza aurait disparu à la même époque. Je détenais là une vraie bombe, oncle Julian. Mais les raisons qui avaient menées les autorités à sabrer le projet ne tenaient pas la route puisque les rapports d'opérations étaient plutôt encourageants. Dès qu'Obédience eut révélé son potentiel, on l'a fait disparaître. Ce qui est illogique considérant l'argent investi et les risques que les chercheurs avaient pris. J'ai donc fouillé un peu plus et j'ai découvert qu'Obédience n'était en fait qu'une étude qui avait servi de base à un autre projet plus ciblé, le projet Binaire, encore opérationnel aujourd'hui.

Nancy indique du menton la pile de dossiers qu'elle a déposée sur le bureau de son oncle.

— Ce n'est qu'une toute petite partie du dossier que j'ai monté. Le reste se trouve dans un coffre, à la banque. Et je ne suis même pas certaine que ce soit encore sécuritaire.

Elle se lève pour fouiller dans sa poche de jeans et dépose une clé sur la pile. Julian tend le bras pour la prendre.

— Je te confie toute mon enquête, au cas où il m'arriverait quelque chose. Peut-être que tu pourras en tirer quelque chose, ajoute Nancy. Ce soir, je me suis rendue au siège de l'Ordre dans le but d'assister à l'un de leurs rituels. J'ai même pris des photos.

Elle sort une vingtaine de photographies de la poche intérieure de son blouson et les dépose devant son oncle.

— C'était vraiment horrible ! Ils ont martyrisé une fillette… Elle… elle est morte au bout de son sang… Je n'ai pas pu rien faire.

Nancy essuie les larmes qui viennent de rouler sur ses joues.

— Elle ne devait pas avoir plus de cinq ans…

Pendant que Nancy continue de raconter son histoire, Julian examine attentivement les photos. À sa connaissance, Nancy est la seule à être parvenue à photographier les membres de la secte en plein rituel. On peut même en identifier quelques-uns sur certains clichés. Un travail de pro !

— … Ses hurlements, continue Nancy au bord des larmes, c'était vraiment…

Ne pouvant se retenir plus longtemps, elle éclate en sanglots. Julian délaisse temporairement les photos pour venir la rejoindre.

Il s'agenouille devant elle et la prend dans ses bras, lui tapotant le dos avec affection.

— Tu ne pouvais rien faire, Nancy. Ils t'auraient assassinée. Ce n'est pas toi qui l'as tuée. Ce sont eux.

— … Jamais je ne pourrai oublier son visage, gémit Nancy dans le creux de son épaule. Il faut les arrêter. Tu es policier, tu devrais pouvoir faire quelque chose ! Ce meurtre… il ne doit pas rester impuni. Il existe certainement un moyen de faire cesser ces horreurs !

— Nancy, murmure son oncle en se détachant doucement d'elle, je vais faire tout ce qui est en mon pouvoir pour arrêter ceux qui ont fait ça, mais il va falloir être prudents, il y a des gens impliqués dans cette affaire qui ne se laisseront certainement pas faire sans réagir. Ils vont tenter de discréditer ton travail, tes recherches… Ils vont t'attaquer.

— Ça a déjà commencé ! affirme Nancy. Ils ont révoqué ma carte de presse.

Julian prend une grande inspiration.

— Qu'est-ce que tu comptes faire à présent ?

— J'ai l'intention de poursuivre mon enquête. Je veux qu'ils paient pour ce qu'ils ont fait…

— J'espère que tu es consciente que ces gens n'ont rien à perdre, contrairement à toi. Si tu décides de témoigner contre eux, je t'inscrirai au programme de protection des témoins, mais tu devras abandonner cette vie, te cacher, peut-être même t'exiler. Es-tu prête à faire ce sacrifice ?

Un long silence s'écoule avant que Nancy ne reprenne la parole.

— Je ne peux plus reculer, Julian ! Arrêter maintenant… ce serait comme si je fermais les yeux sur les atrocités qu'ils ont fait subir à cette enfant, comme si je leur donnais raison ! Comment pourrais-je encore me regarder dans une glace ? Et de toute manière, même si j'abandonne, eux ne me laisseront pas m'en tirer aussi facilement.

— Tu as raison. Tu sais, jusqu'à aujourd'hui, lui confie son oncle en prenant sa main, personne n'a jamais vraiment amassé de preuves concrètes contre l'Ordre, encore moins accepté de les dénoncer au grand jour. Je n'aurais jamais cru que ma nièce serait la première. Je suis fier de toi, Nancy. Ce que tu fais demande un grand courage. Mais à partir d'aujourd'hui, tu deviens l'ennemi numéro un de l'Ordre…

— Ils savent qui je suis, déclare Nancy.

— Quoi ?

— Ils savent qui je suis. Pendant la cérémonie, nous devions tous porter une toge avec un large capuchon et un masque. Plutôt classique comme habits de cérémonie, si tu veux mon avis. Je croyais m'être échappée sans laisser d'indices. Mais leur réaction a été trop rapide. Je pense que les tueurs étaient déjà à mes trousses avant même que je ne me pointe là-bas. Je suis certaine que tout ce qui m'arrive découle de mon article. Carrey est impliqué là-dedans.

— Le ministre ?

— Oui. C'est un véritable miracle que je sois encore en vie.

Les épaules de Julian s'affaissent. Il connaît suffisamment les façons de procéder de l'Ordre pour savoir que sa nièce est en sursis. Son temps est compté. Et toute sa famille se retrouve indirectement dans la même position. L'Ordre va tenter de l'atteindre en se servant des gens qu'elle aime.

— Je vais déposer une demande pour t'inscrire le plus rapidement possible au programme de protection des témoins. Mais en attendant, tu dois disparaître, Nancy. Tu ne peux pas rester ici.

— Je sais, se résigne-t-elle.

Chapitre 28
LA DISPARITION

Quand Kireg arrive chez son ami Gerald, un véhicule de police est déjà stationné devant la maison. Il laisse tomber sa bicyclette sur la pelouse, grimpe les marches du perron et sonne à la porte. Un, deux, trois coups. Comme il s'apprête à passer par derrière, Gerald vient lui ouvrir. Le pauvre garçon a les yeux bouffis d'avoir trop pleuré et de larges cernes creusent son regard éteint. On dirait qu'il n'a pas dormi depuis des semaines.

— Que s'est-il passé, Gerald ?

— C'est… c'est Rose, elle a…

Gerald se remet à hoqueter, incapable de terminer sa phrase.

Kireg ne sait pas comment consoler son ami. Que dire en pareilles circonstances ? Les mots deviennent vite inutiles et vides de sens.

Venu les rejoindre, un policier pose une main compatissante sur l'épaule de Gerald qui retourne s'asseoir au salon sans rien ajouter.

— Entre, mon garçon ! l'invite gravement l'homme en uniforme.

— Assieds-toi.

Kireg obtempère. Son regard se tourne machinalement vers la cuisine, où le père et la mère de Gerald discutent avec un autre policier.

— Rose O'Brien a disparu, entame l'agent de police.

Kireg reporte son attention sur son interlocuteur.

— Depuis quand ? s'entend demander Kireg.

— Depuis hier, répond le policier. Ton ami Gerald pense que tu peux nous aider à la retrouver…

Le regard de Kireg va du policier à Gerald. Son ami a trahi son secret. Comme s'il avait lu dans ses pensées, ce dernier précise :

— Je n'avais pas le choix, Kireg. Tu es le seul qui puisse les aider à retrouver Rose.

Kireg est dépassé par les événements. Tout un tas de questions se bousculent dans sa tête, mais il ne parvient à n'en formuler aucune.

— Gerald dit que tu possèdes des pouvoirs, poursuit l'enquêteur. Tu es médium ?

— Si on veut ! réplique Kireg qui n'a visiblement pas très envie d'en parler.

Depuis un moment déjà, la mère de Gerald le fixe. Délavé par le chagrin, le bleu de ses iris est maintenant presque translucide. Elle a l'air si fragile ! Comme une enfant blessée, elle presse sur son cœur l'ourson en peluche de Rose.

Kireg sent de plus en plus le poids de son regard peser sur lui. Il voudrait la rassurer, lui promettre qu'il va lui ramener sa fille, mais en même temps, il a peur de ne pas être à la hauteur.

La mère de Gerald se lève et vient s'asseoir près de lui. Il y a tant de souffrance dans ses yeux…

— C'est à Rose ? demande doucement Kireg en désignant l'animal.

La mère de Gerald hoche la tête sans desserrer son étreinte.

— Je peux le toucher ?

Madame O'Brien incline à nouveau la tête, mais ne fait aucun mouvement dans sa direction. Kireg pose une main timide sur l'ourson. Il voit bien quelque chose, mais rien qui soit en rapport avec la disparition de Rose. La mère de son ami le considère d'un regard presque implorant. Même Gerald et le policier sont pendus à ses lèvres. Kireg ne sait plus quoi faire, ni comment réagir. La pression dans son crâne augmente, sa respiration s'accélère et son cœur se met à cogner très fort dans sa poitrine. Pris de vertige, il perd pied et l'obscurité se referme sur lui.

Lorsque Kireg reprend conscience, il est étendu sur son lit. Sa mère veille à son chevet.

— Qu'est-ce qui s'est passé ? lui demande Kireg en tentant de se redresser.

Sa mère le retient d'une main ferme.

— Tu as perdu connaissance chez Gerald, mon grand. Son père m'a demandé de venir te chercher. Le pauvre en a déjà assez sur les bras avec la disparition de sa fille sans avoir à se soucier en plus de tes évanouissements...

Au fur et à mesure que son esprit refait surface, Kireg se souvient que Rose a été kidnappée.

— ... Je trouve que ça commence à bien faire, ces pertes de conscience, poursuit sa mère. Elles sont de plus en plus longues. J'ai appelé le docteur Caddell, il devrait être là d'une minute à l'autre.

— Non ! proteste vivement Kireg. Je vais bien... J'ai juste eu un petit malaise ! Je dois retourner chez Gerald...

— Tss-tss ! Tu n'iras nulle part, jeune homme ! Tu vas te reposer...

— Mais maman ! Je peux aider les gendarmes à la retrouver…

— Il y a tout un tas de policiers chevronnés qui enquêtent en ce moment même sur la disparition de Rose. Ils ont même déclenché l'alerte enlèvement.

— Oui, mais…

— Il est hors de question que tu bouges d'ici avant demain, Kireg. Me suis-je bien fait comprendre ?

Comme Kireg s'apprête à se lever, le docteur Caddell fait son entrée dans la chambre. Le garçon se laisse retomber mollement sur le matelas, résigné.

Chapitre 29
LE COBAYE

Se prêtant de bon gré au jeu de sa geôlière, Maud a maintenant droit à certains privilèges : deux repas par jour, mais surtout, une injection de morphine toutes les quarante-huit heures. Bérengère lui enlève les barbelés chaque fois qu'elle doit participer à un de ces étranges rituels, mais la garde tout de même à l'œil. Quand Bérengère doit s'absenter, elle double les liens de sa prisonnière avec du fil de fer. Maud n'a de ce fait aucune chance de s'évader de cet entrepôt lugubre.

Hier, pendant qu'elle participait à une de ces cérémonies ridicules, un événement pour le moins insolite est survenu. Maud se tenait debout au centre d'un cercle que Bérengère avait tracé sur le sol avec du sel quand soudain, l'énergie dans la pièce s'est transformée. La température ambiante a radicalement chuté tandis que l'air s'est densifié. Pendant que Bérengère récitait des formules incantatoires compliquées, les murs se sont dissous comme s'ils avaient soudain perdu leur consistance, laissant apparaître une paroi rocheuse. On aurait dit une sorte de caverne. Dans l'étrange pénombre, Maud pouvait distinguer de petites stalactites au bout desquelles gouttait une eau jaunâtre à l'odeur fétide. Ces concrétions couvraient la presque totalité de la voûte.

Maud était restée plutôt perplexe devant ce changement de décor. Était-ce l'effet de la morphine que Bérengère venait tout juste de lui injecter ? Lorsqu'elle s'était avancée pour toucher la pierre, elle avait cependant dû se rendre à l'évidence : ce décor était bien réel. Même si les images étaient encore un peu floues, Maud savait qu'elle n'était plus dans l'entrepôt. Par quel procédé extraordinaire était-elle arrivée là ? Elle n'en savait foutrement rien, mais l'idée d'échapper à sa geôlière lui avait alors effleuré l'esprit.

Poussée par un élan d'enthousiasme, Maud avait mis le pied de l'autre côté de la ligne de sel. Elle avait aussitôt été happée par un bras puissant, soulevée du sol et projetée contre le mur de pierres. Une atroce douleur avait explosé dans son corps et dans sa tête, comme si on avait abattu une masse sur son crâne. Ramenée malgré elle dans le cercle de protection, elle était retombée sur le sol, inconsciente. Elle ne s'était plus jamais risquée à en sortir.

Lors de sa seconde expérience, Maud avait senti qu'une force obscure tentait de s'insinuer en elle, de prendre possession de son esprit. Elle avait résisté de toutes ses forces, mais avait fini par perdre connaissance au bout de seulement quelques minutes. Bérengère l'avait alors traînée jusqu'à sa chaise et rattachée avec des barbelés avant de lui faire boire un épais liquide sucré. Vidée, épuisée, Maud avait somnolé le reste de l'après-midi.

Pendant que Bérengère prépare une autre de ses expériences traumatisantes, Maud examine avec une certaine répugnance les nombreux bocaux de formol dans lesquels flottent des restes humains, méticuleusement disséqués et parfaitement conservés. Elle se demande tout à coup si sa geôlière a elle-même extrait tous ces organes. Peut-être est-ce là le but ultime de sa détention, servir de cobaye aux expériences morbides d'une folle. Au bout du compte, Bérengère va peut-être lui faire subir le même sort ! Maud frissonne à cette idée.

Seule une lanterne éclaire le laboratoire de fortune d'une lueur blafarde et vacillante. La pièce ressemble à un véritable capharnaüm, musée sordide remplis de boîtes de métal à moitié rouillées, d'objets hétéroclites et de mixtures infectes.

Maud n'est pas familière avec la magie, mais elle est loin d'être idiote ! Elle se doute bien que ce que fait Bérengère dans cette pièce n'est pas très catholique.

Sa geôlière verrouille d'abord la porte à double tour, car elle ne voudrait surtout pas être dérangée pendant le rituel ! Avec méthodologie, elle étale ensuite chacun de ses instruments de culte sur la crédence. D'abord, sa dague et son stylet, puis quelques huiles minérales, deux sachets d'organdi contenant des herbes consacrées et une obsidienne de la taille d'un œuf reposant sur son socle d'argent. Puis elle trace un pentagramme sur le sol et dispose un cierge noir à chacune des extrémités de l'étoile. Elle purifie ensuite la pièce en y balançant un encensoir fumant dans tous les sens. Une fois le travail terminé, elle dépose sur l'autel, à côté du Grimoire du pape Honorius III, un livre de maléfices qui fait appel à Lucifer et à ses puissances démoniaques.

Avant de poursuivre, Bérengère vérifie que tout son matériel est bien en place. Le protocole est très important et doit être respecté, sans quoi les effets risquent d'être fâcheux, voire même désastreux. La goétie est une science très dangereuse, tout comme le culte impie qu'elle produit. La moindre erreur peut être fatale à son instigateur.

Rassérénée, Bérengère s'éclipse derrière un paravent pour se changer. Elle réapparaît quelques secondes plus tard, revêtue de sa tenue de cérémonie noire. Elle enflamme la mèche des cinq bougies, puis tranche les liens de sa protégée avec un sécateur. Contente de pouvoir enfin se dégourdir les jambes, Maud se place volontiers debout, au centre du pentacle. Bérengère retourne ensuite vers la crédence et s'empare de l'obsidienne avant d'entamer ses incantations.

Quelques minutes suffisent pour qu'elle entre en transe. Ses yeux se révulsent et sa respiration devient difficile. Son dos se cambre et ses membres inférieurs se raidissent. C'est toujours ainsi lorsqu'on franchit la frontière du monde des vivants pour entrer dans celui des morts. Sa peau commence à perdre de sa coloration, se teintant de bleu. Bérengère se force à respirer plus lentement. Son état se stabilise. Perdue dans le tourbillon insensé de ses délires, elle n'a plus conscience ni du temps, ni de l'espace. Seules son ambition démesurée et ses prétentions orgueilleuses la guident dans cet abîme de ténèbres, recouvrant peu à peu son cœur et son âme d'un linceul opaque.

Bérengère sursaute à peine lorsque son téléphone portable résonne une première fois dans la pièce. Égarée aux confins du royaume des ombres, elle nage dans les eaux troubles du monde des morts, à la recherche d'une âme damnée susceptible de l'aider à entrer en contact avec Goulhen. La dernière fois, il avait envoyé un sbire à sa place. La sonnerie retentit une seconde fois, perturbant légèrement la concentration de Bérengère. Au centre du pentagramme, Maud commence à défaillir. Bérengère lui soutire trop d'énergie. La pauvre va perdre connaissance d'une minute à l'autre. Bérengère accélère le processus, mais une nouvelle interruption vient la déranger.

Exaspérée, elle récite de façon expéditive une formule abrégée servant à se protéger. Puis elle sort du cercle de protection comme une enragée en empoignant son cellulaire.

— Allo !... Quoi ?

Bérengère vomit un flot d'injures à son interlocuteur avant de raccrocher, complètement hors d'elle. Dans son empressement, elle renverse la crédence, éparpillant tout son matériel par terre.

Au tintement des objets métalliques qui s'entrechoquent, Maud sursaute à peine. Pâle à faire peur, elle reste là, apathique, vidée de toute son énergie.

— Grouille-toi de venir t'asseoir ! lui hurle Bérengère par la tête.

Trop épuisée pour discuter, Maud se traîne jusqu'à son siège et s'y laisse choir. Bérengère lui rattache les poignets dans le dos et les chevilles aux montants de la chaise. Puis elle enroule une corde autour de sa taille en la fixant solidement à l'arrière. Elle observe quelques instants sa prisonnière qui somnole, puis attrape son sac à main et sort de la pièce en refermant à clé derrière elle.

Maud met près d'une demi-heure avant de refaire surface. Encore un peu groggy, elle ne réalise pas tout de suite qu'elle est seule dans la pièce et que dans son empressement, Bérengère a oublié de doubler les cordes avec du fil de fer. Mais plus la brume dans son esprit se dissipe, plus elle réalise que c'est le moment ou jamais de tenter de s'évader. Elle cherche du regard quelque chose pouvant trancher ses liens. Au milieu des instruments renversés par Bérengère, elle aperçoit la dague. Si seulement elle parvenait à déplacer sa chaise jusque-là…

Déterminée à saisir sa chance, elle se balance d'avant en arrière jusqu'à ce qu'elle puisse enfin prendre appui sur ses pieds. Dans un équilibre précaire, elle avance lentement en effectuant de petits pas saccadés.

Maud est maintenant à mi-chemin. Elle a l'impression qu'elle n'y arrivera jamais. En voulant augmenter la cadence, elle perd l'équilibre et la chaise manque de se renverser sur le sol. Par bonheur, elle parvient à retrouver son aplomb et la chaise retombe lourdement sur ses pattes. Le cœur battant, Maud prend une grande inspiration et recommence à tanguer sur son siège. De nouveau sur ses pieds, elle reprend sa progression. Les cordes enroulées autour de ses chevilles lui lacèrent la peau, mais elle ignore la douleur. Elle va enfin y arriver. Plus que quelques mètres…

De l'autre côté de la cloison, les chiens se mettent à aboyer. Maud s'immobilise aussitôt et tend l'oreille. Des éclats de voix lui parviennent. Soudain, la porte s'ouvre à la volée.

Peu après son retour d'Annwin, Leyla a déniché les onze livres de Lumière ayant appartenu à ses ancêtres. Toutes ces années, les livres avaient été conservés dans une des malles retrouvées au grenier. Onze anges, onze femmes au cœur généreux qui lui avaient légué chacune un don précieux. Le livre de Maëlla Liss, celui de la douzième prophétie, se trouvait déjà en sa possession. Ces écrits relataient la vie de ces femmes formidables, l'expérience qu'elles avaient acquise, de même qu'une série de prédictions fort détaillées concernant l'époque où elles avaient vécu. En les lisant, Leyla a découvert que tous les Livres font référence à une seule et même date, soit le 21 décembre 2012.

Avant de descendre déjeuner, Leyla met un peu d'ordre dans sa chambre. Mégane est encore passée par là avant de partir pour l'école. Son dernier contrôle a lieu ce matin. Elle devrait être de retour au plus tard à treize heures.

Comme Alfred se rend à l'hôpital pour subir sa dernière série d'examens, Leyla a prévu passer le voir en soirée. Le vieil homme doit lui parler de la deuxième clé.

Une fois dans la cuisine, Leyla enfourne un bagel dans le grille-pain, allume le téléviseur et dépose la télécommande à côté de son napperon. Elle sort du réfrigérateur un contenant de fromage à la crème et un pot de confiture aux fraises.

Aux nouvelles, on annonce qu'un ouragan a ravagé les côtes d'Haïti. Leyla attrape la manette et augmente le volume.

« De fortes pluies se sont abattues, hier, sur les montagnes du nord d'Haïti, causant de graves inondations et des coulées de boue. Les dommages sont particulièrement importants dans la ville côtière des Gonaïves, touchant près de quatre-vingts pour cent des habitations. Les pluies ont été si intenses que les autorités haïtiennes ont déclaré avoir perdu toute trace de l'île de la Tortue. On décompte jusqu'à

maintenant trois mille morts et plus de deux mille six cents blessés. Même si l'ouragan Jeanne a maintenant quitté les côtes d'Haïti, les inondations continuent... »

Les yeux rivés sur l'écran, Leyla voit défiler des images saisissantes.

« ... *Les pillages se poursuivent dans les zones sinistrées..., explique le présentateur. Les forces de l'ONU, arrivées ce matin, doivent affronter une foule sans cesse plus nombreuse lors de la distribution de vivres. Le gouvernement haïtien a décrété l'état d'urgence et demande à la communauté internationale de lui venir en aide...* »

Complètement atterrée, Leyla repousse son bagel.

— Pourquoi n'ai-je rien ressenti ? se blâme-t-elle.

Pourtant, d'après Gil-Estel, Seigneur de l'élément Air rencontré dans la cité d'Aradéhël, elle aurait dû être en mesure de prévoir cet événement tragique.

— Je n'ai pas été assez vigilante. J'aurais dû...

— Cesse de te culpabiliser ! lui reproche mentalement sa tante Zola. Tu n'es pas responsable de ce qui s'est passé là-bas !

— J'aurais pu repousser la tempête au large... explique Leyla.

— Peut-être. Peut-être aussi que l'ouragan aurait été trop puissant pour toi. De toute façon, il est trop tard, à présent. Les regrets ne servent à rien, Leyla.

— J'ai manqué à mon devoir...

— C'est faux et tu le sais très bien, bonté divine ! réplique encore sa tante, agacée. Change ce que tu peux changer et laisse aller le reste. Tu ne viendras en aide à personne en t'apitoyant sur ton sort ! La prochaine fois, tu seras plus à l'écoute, c'est tout Apprends de ce qui vient de se passer.

Leyla se lève et débarrasse la table rageusement.

— Dis-toi bien une chose, jeune fille, poursuit sa tante sur un ton plus doux, tu ne pourras pas toujours intervenir à temps.

Et tu feras encore d'autres faux pas. Tout ça est humain, nom de Dieu !

Les épaules de Leyla s'affaissent.

— Je voudrais être à la hauteur des attentes de Gil-Estel.

— Il comprend, j'en suis certaine. Personne ne te demande d'être parfaite.

Leyla émet un long soupir avant d'ajouter :

— Merci, Zola. Heureusement que tu es là pour me ramener à l'ordre.

— Au fait, est-ce qu'Alfred Bartholdi t'a déjà parlé de Sylva Gabran et de son fils Dean ?

Leyla fronce les sourcils.

— Sylva était sa femme, non ?

— Oui. Et Dean était son fils. Mon père. Ce qui fait de moi sa petite-fille.

— Attends ! l'interrompt Leyla. Quelque chose cloche. Tu ne m'as pas déjà dit que c'était Fearghus ton grand-père ?

— Si. Et je le considère toujours comme tel. Mais Fearghus était en fait le frère de Sylva. Après avoir accouché, elle lui a confié l'enfant. Il fallait vraiment qu'elle l'aime, son Alfred, pour abandonner ainsi son fils… Fearghus l'a élevé sans jamais lui révéler qui était son véritable père. Dean l'a su juste avant que Fearghus ne meure. Et moi, j'ai appris qu'Alfred Bartholdi était mon grand-père en même temps que j'ai su pour le médaillon.

Bérengère Soren n'a plus rien à perdre. Pour la première fois depuis des années, la chance l'a abandonnée. Jusqu'à maintenant, toutes ses machinations ourdies dans l'ombre de la magie noire ont remporté un franc succès, sauf dans le cas de Paolo. Goulhen lui aurait-il tourné le dos ?

La haine malsaine qu'elle voue à son jeune frère est en train de tourner à l'obsession. Jour et nuit, elle cherche comment lui nuire, oubliant jusqu'à sa propre mission. Comment lui faire payer le fait qu'il soit encore en vie ? Comme elle regrette d'avoir eu pitié de lui ! Voilà sa grande erreur. Et en souvenir de quoi ? De cet attachement filial qu'elle lui portait jadis ? « Ça ne l'a pourtant pas empêché de m'oublier ! » s'emporte-t-elle.

Tous ceux qui ont un jour compté dans la vie de Bérengère l'ont abandonnée. Paolo y compris. Le frère auquel elle s'était tant attachée ! Il n'a jamais cherché à savoir ce qu'elle était devenue pendant toutes ces années. Et le jour où elle aurait eu le plus besoin de lui, le jour où elle a accouché d'un enfant mort-né, il ne s'est pas présenté. Un autre est venu à sa place : Goulhen Baphomet. Alors qu'elle croyait avoir tout perdu, ce démon travesti en homme a redonné un semblant de sens à sa vie en lui confiant la petite Alison. Son trésor à elle. Tout ce qu'il avait exigé en retour avait été une promesse. À cette époque, Bérengère ne s'était pas doutée des terribles implications que comportait cet engagement indéfectible. Une vie contre une vie, la sienne contre celle d'Alison.

Même si maintenant elle décidait de faire marche arrière, Goulhen ne le lui permettrait pas. Elle est liée à lui pour l'éternité. Bérengère a vendu son âme au diable, et voilà que le démon la rejette. « Je ne mérite pas ça ! rage-t-elle. Surtout après tout ce que j'ai fait pour lui. »

Bérengère en veut au monde entier d'avoir oublié jusqu'à sa pitoyable existence. Dans le prolongement de cette déferlante, elle est plus déterminée que jamais à se frayer un chemin parmi les grands de ce monde. Même si son frère est protégé, même s'il résiste à tous ses maléfices, il porte nécessairement une faille en lui. Elle se jure de la découvrir et de l'anéantir, de détruire jusqu'à l'essence même de son être.

Bérengère va continuer à persécuter Paolo jusqu'à ce qu'il en meure. Et le jour où elle réussira, Goulhen reviendra vers elle, se confondant en excuses d'avoir douté de sa puissance. Elle en est convaincue.

Maud n'a pas eu le temps d'atteindre la dague, ni d'ailleurs de trancher ses liens. Quelques minutes de plus et elle y serait peut-être parvenue.

Une force invisible la soulève. Elle ne touche plus au sol. Elle sent la peur l'envahir.

D'un simple regard, Alison la projette contre le mur. La violence de l'impact brise la chaise en mille morceaux et la jeune femme retombe par terre, inconsciente. Un filet de sang coule d'une entaille, le long de son visage.

Alison ordonne aussitôt aux chiens d'attaquer. Enragés, les dobermans se précipitent sur le corps inerte, tiraillant les membres sans vie en tous sens. Fascinée, Alison observe la scène, se délectant du spectacle macabre qui s'offre à ses yeux.

Alison était rentrée à l'entrepôt plus tôt que prévu. Avant de pénétrer dans le bâtiment, elle avait libéré les trois dobermans de leur enclos. Les chiens adorés de sa mère s'étaient peu à peu habitués à sa présence.

Dès qu'Alison avait mis le pied à l'intérieur, des bruits avaient attiré son attention. Elle avait d'abord pensé que Bérengère s'amusait encore avec son nouveau jouet, Maud Regan en l'occurrence. Cette seule pensée avait suscité en elle un profond mépris. Sa mère passait des journées entières dans cette pièce, à pratiquer toutes sortes de rituels dans lesquels Maud tenait invariablement le rôle principal. Elle soupçonnait d'ailleurs Bérengère de s'être entichée de cette traînée et de ne plus être très objective quant au sort qu'elle devait lui réserver. Alison détestait Maud. Quelle n'avait pas été sa surprise, en poussant la porte, de la découvrir seule dans le réduit. Alison avait vu là une occasion inespérée de se venger.

Debout au milieu de la pièce, Alison contemple le carnage en éprouvant une intense jouissance. « On dirait un tableau de Goya », songe-t-elle avec fascination. Les chiens mordent à pleine gueule dans les chairs encore tendres du corps de Maud Regan. Son sang chaud s'écoule des multiples plaies et se répand sur le sol, formant de petites rigoles qui convergent vers les drains encastrés dans le béton de l'ancien abattoir. Alison attrape son appareil photo numérique et prend plusieurs clichés. Elle jubile intérieurement en anticipant la réaction de son oncle quand il verra ce qu'elle a fait de son ex-femme.

Même s'il y a un prix fort à payer pour dénaturer son âme, une véritable sorcière s'abandonne totalement à son art, abjurant sa raison, sa moralité et même son sens du discernement. C'est une sorte de folie démentielle dont on ne revient jamais indemne. Sans en être parfaitement consciente, Alison a renoncé à l'immortalité de son âme. Poussé par Goulhen Baphomet lui-même, elle a fait ce choix en franchissant le cromlech de Gabbro, rompant ainsi l'équilibre des mondes et ouvrant en elle une porte sur le mal qui ne se refermera jamais. Cette vie d'infamie, elle l'a choisie malgré elle.

Ce qui l'attend maintenant après le monde terrestre est le grand vide, le néant. Enchaînée en enfer, elle purgera sa condamnation : une éternité de soumission servile.

Voilà pourquoi elle jouit de son vivant d'une puissance redcutable. Elle s'enivre de la méchanceté humaine, de la perversion, de la corruption et elle se croit toute puissante alors qu'elle n'est qu'un pantin dans les mains de Goulhen. Cet amour des ténèbres, cette facilité à profaner et à souiller son âme ainsi que celle des autres la maintiennent dans l'avilissement. Prisonnière d'un leurre, Alison cherche à obtenir plus de pouvoirs, plus d'emprise sur les autres, car le temps lui est compté.

Le mal existe. C'est une affligeante vérité. Il règne dans certains esprits, il s'incarne dans certains hommes. Alison et Bérengère en sont d'ailleurs de parfaits exemples. Elles ne peuvent désormais plus reculer car leur âme est contaminée par tous les sacrilèges qu'elles ont commis.

Avant de quitter l'entrepôt, Alison prend soin de bien refermer la porte, laissant les trois chiens de Bérengère s'arracher les restes de Maud.

Chapitre 30
LES RECHERCHES

Maintenant qu'il a pris quelques heures de sommeil, Kireg ne tient plus en place. « Je serais certainement plus utile là-bas », songe-t-il en décrochant le combiné.

Rose a disparu depuis maintenant quarante-trois heures. Et plus le temps passe, plus les chances de la retrouver vivante s'amenuisent. Kireg compose le numéro de son ami. Au deuxième coup, Clive O'Brien, le père de Gerald, décroche.

— Allo.

— Bonsoir, monsieur O'Brien, c'est Kireg. Est-ce que je peux parler à Gerald ?

— Oh ! c'est toi, Kireg ! Comment vas-tu ? Tu nous as fait une de ces peurs !

— Ça va mieux, merci.

— Ne quitte pas, je te passe Gerald.

Kireg entend Clive avertir son fils de faire vite, au cas où les ravisseurs téléphoneraient à la maison pour demander une rançon.

— Salut Kireg ! Je ne pourrai pas te parler longtemps.

— Je comprends. Il y a du nouveau ?

— Oui. Ils ont trouvé une chaussure sur le bord de la route, tout près du parc où Rose a été vue pour la dernière fois. Les policiers pensent qu'elle s'est probablement débattue. Ils ont également trouvé un lambeau de sa robe accroché à une branche, dans le parc national de Glenveagh. Ils ont envoyé une patrouille là-bas…

— Est-ce qu'ils savent ce qui s'est passé ? le presse Kireg.

— Madame Bloom affirme l'avoir vue monter à bord d'une fourgonnette blanche. Elle n'a cependant pas vu le conducteur, ni pu noter le numéro d'immatriculation. Quelle imbécile, cette bonne femme !

— Une fourgonnette blanche ! s'écrie Kireg. Comme celle du complice de Doughal Breenan.

— …

— Gerald ? Tu es encore là ?

— Tu penses que ce maniaque aurait pu enlever Rose ?

Un silence pesant accueille cette réflexion.

— Ça se pourrait, admet Kireg, songeur.

— Tu crois qu'on devrait en parler à la police ?

— Pas tout de suite. Gerald ? L'ourson que j'ai touché chez toi… est-ce que Rose l'avait avec elle lorsqu'elle a disparu ?

— Heu… je ne crois pas, non. Pourquoi ?

— C'est pour ça que je n'ai rien senti quand je l'ai touché !

Kireg avait parlé plus pour lui que pour son ami.

— Tu restes chez toi ce soir ?

— Euh… non ! Je dois aller au parc avec papa pour la battue…

— Attendez-moi avant de partir !

— Mais Kireg…

Trop tard, son ami a déjà raccroché.

La nuit est tombée depuis longtemps sur la petite ville de Dunfanaghy. Tout comme la plupart des maisons du village, la résidence des Radhan est maintenant déserte. Tous ses occupants, sans exception, ont quitté les lieux. Mell et Niam sont parties dormir chez des amies tandis que Morag, Léonore, Joseph, Rowenna et Erin vont participer à la grande battue pour retrouver Rose O'Brien.

Les policiers ont découvert, en début de soirée, un fragment de tissu provenant de sa robe, tout près du Glenveagh Castel, dans le parc national.

Kireg a lui aussi quitté la maison, malgré l'interdiction de sa mère. Il a bien l'intention de se rendre utile.

Chez les O'Brien, il ne reste plus que Danna, la mère de Rose. Elle s'est portée volontaire pour répondre au téléphone, au cas où les ravisseurs appelleraient pour demander une rançon. Il y a toutefois une raison plus profonde à son refus de participer aux recherches. Danna est incapable de même imaginer une seconde que sa petite Rose puisse être morte.

De son côté, monsieur O'Brien a finalement décidé de partir sans son fils. Gerald attendra Kireg. Un policier a promis de venir reconduire les garçons plus tard à Glenveagh Castel.

Gerald force à nouveau l'allure, avançant presque au pas de course. Même s'il est encore tôt en soirée, les rues du quartier sont désertes. Tout Dunfanaghy s'est donné rendez-vous à Glenveagh, pour participer à la battue. Un tas d'idées noires se bousculent dans la tête de Gerald en ce moment, mais il les repousse avec force. « On va la retrouver », se répète-t-il en serrant la petite chaussure rouge dans sa main. Puis il aperçoit la silhouette de Kireg au loin.

— Quand ta mère va apprendre que tu t'es sauvé, elle va être furieuse ! lance Gerald en arrivant à sa hauteur. J'espère que tu lui diras que c'était ton idée !

— Promis. Tu as la chaussure ?

Gerald sort de sa poche le petit soulier rouge en cuir verni.

— C'était sa couleur préférée, dit-il en ravalant un sanglot.

Dès que Kireg touche la chaussure, il bascule dans une autre dimension.

Rose se tient debout sur le trottoir. Elle discute avec le chauffeur de la fourgonnette.

— Tu es bien Rose O'Brien ? l'interroge l'homme.

— Oui, fait la fillette en hochant la tête.

— Je dois te conduire à l'hôpital...

Sur la défensive, Rose recule instinctivement.

— Papa m'interdit de monter avec des étrangers.

— Je comprends, et ton papa a tout à fait raison. Je répète la même chose à ma fille de six ans. Mais aujourd'hui, ce n'est pas pareil, Rose... Tu sais pourquoi ?

La fillette secoue la tête.

— Ta mère est tombée dans l'escalier. Elle s'est grièvement blessée. C'est moi qui l'ai conduite à l'hôpital. Ton père est en route pour aller la retrouver. C'est lui-même qui m'a chargé de venir te chercher. Regarde...

L'homme sort son bras par la fenêtre pour lui montrer le badge de secouriste cousu sur sa manche de chemise.

— Je suis ambulancier. Tu n'as rien à craindre. Je vais juste te conduire aux urgences où tu retrouveras ton papa et ta maman. Allez, monte ! Dépêche-toi !

Mais Rose hésite.

Comme elle se retourne pour courir vers ses amies qui jouent dans le parc, l'homme ouvre la portière, plaque une main sur sa bouche et la force à grimper. Rose se débat, donnant des coups de pied et des coups de poing au hasard. La petite chaussure rouge glisse et tombe par terre. Le véhicule quitte les lieux sans que personne ne remarque rien.

La vision de Kireg s'arrête là. Il en a cependant assez vu pour reconnaître l'agresseur. Jamais il ne pourra oublier ce visage.

— C'est lui, annonce-t-il à Gerald en reprenant ses esprits. C'est le gars que j'ai vu chez Doughal.

— Il faut prévenir les policiers !

Prostrée dans un coin, la mère de Gerald s'est recroquevillée sur elle-même. Le combiné du téléphone repose sur ses genoux, elle le fixe comme si elle s'attendait à ce qu'il sonne d'une minute à l'autre. L'attente, l'impuissance, l'incertitude, la peur la paralysent et l'étouffent au point qu'elle peine à respirer. Mourir serait une délivrance en comparaison de ce qu'elle endure. Elle serre un peu plus fort l'ourson de Rose dans ses bras, sombrant de plus en plus dans le désespoir.

Enveloppée dans un brouillard opaque, Danna ne réagit pas quand son fils effleure sa joue et dépose un baiser sur son front. Elle n'écoute pas non plus l'histoire que Kireg raconte au policier. Elle baigne dans une profonde apathie, un engourdissement qui l'empêche de voir et d'entendre.

Quand Kireg termine son récit, l'agent Rotburgh vérifie le numéro de plaque dans son système. Le véhicule appartient à un dénommé Ismaël Rouvier. Un homme de race blanche, âgé de trente-cinq ans, cheveux noirs, mesurant un mètre quatre-vingts. Il est recherché pour diverses infractions mineures. Le numéro d'immatriculation, la marque du véhicule ainsi que l'âge du propriétaire concordent. La centrale diffuse aussitôt un avis de recherche à la grandeur du pays.

Dans les minutes qui vont suivre, plusieurs barrages routiers vont être érigés à des points stratégiques et un mandat d'arrêt va être émis contre le propriétaire de la fourgonnette. En attendant le mandat de perquisition du juge pour fouiller la maison des Breenan, une brigade spéciale va être envoyée à la résidence pour surveiller les allées et venues de ses occupants. Rien ne sera laissé au hasard.

— Où est le morceau de tissu que vous avez trouvé ? s'enquiert Gerald auprès du policier.

— À Glenveagh. Pourquoi ?

— Mon ami Kireg voudrait le toucher.

— Les chiens en ont besoin pour pister, rétorque le policier.

— Je peux peut-être vous orienter dans vos recherches, déclare Kireg à son tour.

— C'est en tenant le soulier de Rose qu'il a découvert le numéro de la plaque, renchérit Gerald.

Sans attendre, l'agent Rotburgh attrape son cellulaire et contacte le responsable de l'escouade canine.

— Du nouveau ? s'informe-t-il à l'officier responsable.

— Rien de tangible.

— Un jeune garçon ici prétend pouvoir vous aider à retrouver la trace du ravisseur. Vous avez encore le bout de tissu ?

— Oui. Pourquoi ?

— Ce jeune homme voudrait le toucher.

— Tu te fous de ma gueule ou quoi ? Je n'ai pas de temps à perdre…

— Je suis tout à fait sérieux. Il nous a déjà fourni un numéro de plaque simplement en examinant la chaussure.

— Ne me dis pas que tu crois à ce genre de…

— Eh, oh ! On n'a rien à perdre, je te rappelle !

— Jamais j'aurais cru que tu étais aussi crédule, Rotburgh ! Pourquoi ne pas lui confier l'enquête tant qu'à y être ! Maintenant j'ai du boulot qui m'attend.

Une tonalité indique à Allan que son interlocuteur a mis fin à la communication.

— Enfoiré ! marmonne ce dernier en raccrochant.

— Il ne vous a pas cru, n'est-ce pas ? demande Kireg. Ce n'est pas grave…

— Dave est un connard. Donne-moi juste quelques minutes, le temps de trouver un remplaçant et je viens avec vous.

Il compose un numéro sur son cellulaire et, après quelques minutes, il revient vers les deux adolescents.

— Tenez-vous prêts, on part dans cinq minutes.

Une demi-heure plus tard, Kireg et Gerald ont rejoint les équipes sur le terrain.

— Lequel de vous deux est Harry Potter ? lance un petit futé en ricanant.

— Laisse-les tranquilles, Dave ! Venez, suivez-moi !

— Où sont passées tes lunettes, Harry ? le harcèle encore Dave. Et ta baguette magique ?

Trois autres compères éclatent de rire.

Allan Rotburgh entraîne les nouveaux venus vers le poste mobile de l'escouade canine. Il pousse la porte et les invite à entrer. Il se dirige aussitôt vers une table où sont entassés divers objets, dont plusieurs vêtements de Rose. Il attrape le lambeau de tissu taché de boue et de sang et le tend à Kireg. Dès que ses doigts entrent en contact avec le coton, des images se bousculent dans sa tête. Propulsé dans une autre dimension, il se laisse envahir par ses visions.

Chapitre 31
LE TRÉSOR

Vers midi, Mégane rentre à la maison, complètement survoltée.

— Je suis en vacances ! clame-t-elle en refermant la porte. Leyla ? Où es-tu ?

— Dans ma chambre.

Mégane laisse tomber son sac d'école dans la cuisine et prend une pomme dans le frigo avant de monter rejoindre sa sœur.

— Comment s'est passé ton dernier examen ?

— Assez bien. Pour une fois, j'ai eu le temps de tout réviser ! Je pense que j'aurai une bonne note. Et toi ? Qu'est-ce que tu fais, enfermée dans ta chambre, alors qu'il fait si beau dehors ?

— Je cherche des renseignements sur les treize prophéties.

— Tu as trouvé quelque chose d'intéressant ? questionne Mégane, la bouche pleine.

— Si on veut…

Leyla lui explique que toutes les prophéties font mention d'un grand décompte lui-même annoncé par le peuple maya. En surfant d'un site à l'autre, elle est tombée sur le blogue d'un astrophysicien. Dans un de ses articles, le scientifique prédit qu'entre 2010 et 2012 une violente tempête solaire devrait survenir. Durant cette période, les champs magnétiques du Soleil pourraient être renversés, occasionnant de puissantes perturbations dans l'ionosphère et teintant le ciel nocturne d'aurores boréales inhabituelles. D'autres sites prévoient également un renversement des pôles terrestres, des éruptions volcaniques, des tremblements de terre, des catastrophes…

— Tu crois que ce sera la fin du monde ? s'inquiète tout à coup Mégane qui lit par-dessus son épaule.

Leyla a déjà songé à cette question, mais n'en a tiré aucune véritable conclusion. Il y a sur Terre énormément de facteurs imprévisibles qui entrent ici en ligne de compte, tant d'ignorance et de secrets dans le monde, tellement d'obscurité dans le cœur des hommes… Malgré ses pouvoirs, elle ne peut être sûre de rien, elle ne peut qu'espérer…

— La fin *d'un* monde peut-être, répond-elle au bout d'un moment, mais je ne crois pas que ce sera la fin *du* monde. Sinon, pourquoi nous aurait-on confié cette mission ?

— J'espère que tu as raison ! soupire Mégane.

— … Toutefois, poursuit Leyla, si la Terre s'arrêtait un jour de tourner, il y aurait des cataclysmes extrêmement puissants et destructeurs. Je n'ose même pas imaginer ce qui pourrait survenir… Nous devons à tout prix empêcher que cela se produise, Mégane ! Et il faut commencer là, tout de suite.

— Tu as su pour l'ouragan à Haïti ?

— Oui. Ils en ont parlé aux nouvelles ce matin. Trois mille victimes et des milliers de blessés… Je dois être plus vigilante. Ça ne doit pas se reproduire…

— J'espère que Dame Nature nous donnera un petit coup de main ! ajoute ironiquement Mégane.

— Il ne faut pas trop compter là-dessus ! Il nous faut développer nos pouvoirs, faire confiance à notre instinct et trouver le jeune Radhan. À ce sujet, j'ai réservé nos deux billets d'avion ce matin…

Mégane est tellement contente qu'elle lui saute au cou.

— Quand est-ce qu'on part ?

— Dans cinq jours. J'avais l'intention d'explorer d'abord l'Écosse, histoire de repérer et de semer Alison. Édimbourg, Aberdeen, Dundee, Inverness, Perth et Stirling… Qu'est-ce que tu en dis ?

— C'est vraiment excitant ! On va pouvoir visiter les châteaux ?

— Je ne sais pas, Mégane, le temps qu'on va passer en Écosse va dépendre en grande partie d'Alison. L'idéal serait bien sûr de se rendre le plus tôt possible chez les Radhan, avant qu'Alison ne remonte jusqu'à lui, mais si elle nous a suivies jusque-là, on va devoir improviser. Tu n'es pas trop déçue, j'espère.

Dans un élan spontané, Mégane embrasse sa sœur sur la joue.

— Ça ne fait rien. L'important, au fond, c'est que nous partions ensemble, le reste m'importe peu. Tu te rends compte, Leyla, ça va être mon premier voyage ! Je suis tout énervée ! J'ai hâte d'en parler avec Julie et Michel…

— J'espère surtout que Michel ne s'y opposera pas… se renfrogne Leyla.

Même si Michel s'habitue tranquillement à ne plus voir Mégane tous les jours, il ne se passe pas une semaine sans qu'il vienne faire son tour à la maison. Et il en profite toujours pour lui lancer quelques railleries. Le convaincre de laisser partir Mégane, sa seule fille comme il se plaît tant à le dire, sera probablement le plus grand défi de ce voyage.

Chapitre 32
LA BATTUE

Presque tout le village de Dunfanaghy s'est mobilisé pour donner un coup de main aux gendarmes qui fouillent systématiquement le parc national de Glenveagh afin de retrouver Rose O'Brien. En tout, vingt-huit équipes ont été formées. Des bénévoles, des policiers, des secouristes, des enquêteurs spécialisés en enlèvement d'enfants, des gardes forestiers et des maîtres chiens patrouillent sur la réserve naturelle qui couvre à elle seule quelque onze mille hectares de collines, de montagnes, de landes, de tourbières, de forêts et de lacs. La réserve naturelle a été découpée en plusieurs secteurs, puis divisée en vingt-huit zones pour faciliter les recherches.

Vers vingt-deux heures trente, un chien de l'escouade canine flaire une piste, au sud de Creenary. Les équipes qui fouillent ce secteur ont un soudain regain d'énergie. Presque au même moment, Morag Radhan, le père de Kireg, trouve des traces de sang dans les bruyères avoisinant le château Glenveagh, en bordure du loch Veagh. On ignore toutefois si c'est celui de Rose, mais un échantillon est aussitôt prélevé et envoyé au labo pour analyse.

Morag travaille avec sa femme et sa fille de seize ans, Erin. Joseph a quant à lui été jumelé avec deux autres gars de son âge tandis que Rowenna a préféré se joindre à la famille de son petit copain pour effectuer la prospection. Six autres équipes quadrillent le périmètre triangulé de Creenary, Glenveagh et Prucklish. Pour l'instant, ils s'en tiennent aux sentiers, à moins que des pistes ne les mènent ailleurs.

— J'ai trouvé quelque chose ! s'écrie Joseph. On dirait un truc que les filles se mettent dans les cheveux !

De sa main gantée de latex, il soulève le ruban de velours bleu taché de boue et le dépose dans un petit sac en plastique. Il le porte ensuite à l'officier responsable de son groupe qui l'étiquette et le dépose dans la boîte avec plusieurs autres babioles. Comme le sentier est très fréquenté, la plupart de ces objets n'auront probablement aucun lien avec l'enquête en cours, mais rien n'est laissé au hasard. Ils seront tous analysés.

— Vous pensez que la petite Rose O'Brien est encore vivante ? demande soudain Joseph au policier.

— Tant qu'on ne retrouvera pas son corps, on doit continuer d'espérer. Et les premières quarante-huit heures sont les plus importantes. Cependant, plus le temps passe, plus nos chances de la retrouver en vie s'amoindrissent. Chaque seconde compte.

Un hélicoptère appartenant au service de police du Nord de l'Irlande et doté d'un système de vision à infrarouge à l'avant traverse à basse altitude la zone au-dessus de leurs têtes. Le bruit assourdissant des pales qui tournent empêche toute conversation de se poursuivre pendant quelques secondes. Chacun retourne donc à ses tâches respectives. Quand l'hélicoptère s'éloigne enfin, une voix grave, entrecoupée de grésillement, résonne dans l'appareil VHF portatif du policier responsable.

L'unité mobile de télécommunication a été positionnée sur la route 251, à mi-chemin entre Creenary et Glenveagh. Ce système complètement autonome comporte deux groupes de répétition VHF et deux raccordements téléphoniques capables de créer une interface avec des téléphones standard, des cellulaires ou même un système de communication par satellite. Branché sur trois groupes électrogènes d'alimentation électrique, piles et génératrice, le tout fournit l'énergie au réseau d'éclairage et à un ensemble de vingt-quatre radios portatives avec chargeurs intégrés pouvant servir à un déploiement rapide. Un mât hydraulique de soixante pieds facilite les communications entre les différentes stations, mais également entre les radios portatives.

Dans sa vision, Kireg avait aperçu Rose. Après l'avoir forcée à monter dans la fourgonnette, ses ravisseurs l'avaient endormie en plaquant sur son visage un coton imbibé de chloroforme. Rose avait dormi pendant des heures, le temps que les kidnappeurs se rendent à Letterkenny. Pendant ce temps, un complice avait semé des indices dans le parc national de Glenveagh afin de fausser les pistes et retarder la gendarmerie dans son enquête.

À Letterkenny, les ravisseurs avaient changé de véhicule. Rose et les trois autres filles qui voyageaient avec elle avaient été droguées avant de repartir. Elles seraient toutes les quatre conduites au port de Belfast où elles seraient embarquées sur un cargo en direction de Stranraer, en Écosse. Six heures seulement après son enlèvement, la petite Rose O'Brien avait déjà quitté la république d'Irlande. Les informations transmises par Kireg allaient être soigneusement vérifiées.

Quand Kireg était revenu à lui, il pleurait à chaudes larmes. Il avait perdu la trace de Rose. Gerald avait éclaté à son tour en sanglots, pensant que sa sœur était morte.

— Tu as vu autre chose ? lui demande le policier après que Kireg lui a raconté sa vision.

— Non, mais il faut la retrouver au plus vite ! Elle tient à peine sur ses jambes.

— Si jamais tu te souviens d'autre chose…

Le policier lui tend une carte du service de police.

— … n'hésite pas à m'appeler. À n'importe quelle heure du jour ou de la nuit. Tu entends ?

Kireg hoche la tête en fourrant le bout de carton dans sa poche de chemise.

— Je vais vous faire reconduire. Beau travail, les gars !

— Si jamais vous trouvez une piste, ajoute Kireg avant de monter dans le véhicule balisé, je veux dire à partir de Stranraer, vous pourriez le dire à monsieur O'Brien ? Je pourrais peut-être encore vous être utile.

— C'est très gentil à toi, Kireg, je n'hésiterai pas.

— Merci !

— Merci à toi, jeune homme.

Kireg s'assoit à l'arrière de la voiture qui démarre aussitôt. Tout au long du trajet, Gerald demeure inconsolable. Il avait tellement espéré que Doughal Breenan serait arrêté et que sa sœur serait retrouvée indemne. À présent, ce n'était plus envisageable. Sa petite sœur était peut-être perdue à jamais.

Chapitre 33
INTIMIDATION

Nancy n'est pas retournée chez elle depuis son escapade au siège de l'Ordre, ni même au bureau. Sur le conseil avisé de son oncle Julian, elle se déguise chaque fois qu'elle doit sortir et envoie tous ses fichiers à partir d'un cybercafé. Même si « officiellement » on lui a retiré sa carte de presse, elle ne compte pas abandonner le journalisme pour autant. D'ailleurs, elle a toujours des amis prêts à l'aider au journal. Et il semble que le grand manitou de *Primeur*, Gabriel Bourdier, en fait partie. Les articles de Nancy ont finalement été publiés sous différents pseudonymes, à la suggestion de Marcus Kenberg, histoire de brouiller un peu les pistes.

Deux jours plus tôt, quand *Primeur* a publié la seconde partie de son article portant sur la dangereuse secte de l'Ordre de Lucifer, Gabriel Bourdier a reçu une étrange visite à son bureau. Celle d'un avocat. Ce qui n'était pas si inhabituel en soi. Le journal avait l'habitude de ce genre de menace de poursuite qui visait à faire taire les scandales qui allaient frapper leurs clients. Cette fois-ci, par contre, c'était différent.

Le grand boss n'était pas sans savoir que Nancy continuait de travailler dans l'ombre et que Marcus Kenberg, son rédacteur en chef, continuait de publier ses textes. Gabriel Bourdier avait laissé faire jusqu'à maintenant parce que les ventes du journal avaient grimpé en flèche. Il avait appris avec le temps que plus que la nouvelle, les lecteurs adoraient avant tout le sensationnel. Comme il avait déjà fait son profit avec cette histoire, il était encore temps pour lui de se retirer sans trop de dégâts.

Dans le couloir sombre qui mène à son bureau, Bourdier salue au passage un employé dont il ignore le nom. Depuis environ deux ans, ce qui coïncide en fait avec l'arrivée de Marcus à la barre du bureau de rédaction, la boîte a connu une formidable expansion, ce qui a eu pour effet l'élargissement de l'équipe journalistique. Depuis ce jour, Marcus dirige le journal d'une main ferme. Il a de l'ambition pour ses journalistes, en particulier pour cette Nancy Riopelle, dont les sujets de prédilection ne laissent personne indifférent.

Gabriel s'assoit derrière l'impressionnant secrétaire de direction et compose le numéro de la salle de rédaction.

— Marcus ? Peux-tu venir me voir quelques minutes dans mon bureau ?

— Ça ne peut pas attendre que j'aie envoyé la une ?

— Non, justement, ça ne peut pas attendre.

— Très bien, je monte.

Quand Marcus entre dans son bureau, Gabriel lui demande de refermer la porte derrière lui et l'invite à s'asseoir. Marcus comprend que quelque chose ne va pas. Leur histoire ne date pas d'hier.

— Tu dois cesser de publier les articles de Nancy.

Marcus ouvre de grands yeux étonnés.

— Quoi ?

— Je ne veux plus d'articles qui parlent de l'Ordre. Trouve quelque chose d'autre pour la une.

— Tu rigoles ? Le journal n'a jamais eu ce genre de tirage ! Des bombes comme ça, ça ne tombe pas du ciel.

— Écoute-moi, Marcus. Il ne faut plus publier sur l'Ordre. Pas d'enquête, pas de suivi sur ce qu'on a sorti, pas d'éditoriaux, pas de commentaires de lecteurs. Fini. Un point c'est tout. On passe à un autre sujet. Est-ce que je me fais bien comprendre ?

Marcus fulmine. Le journal a déjà été sous pression, mais Bourdier lui a toujours laissé la latitude nécessaire pour qu'il accomplisse son travail.

— Qu'est-ce qui se passe ? demande Marcus. Il y a une menace de poursuite ?

Bourdier ne répond pas. Assis dans son fauteuil, il le fait pivoter et regarde par la fenêtre. Marcus comprend alors.

— Ne me dis pas que tu te laisses intimider, maintenant ! Ce n'est pourtant pas la première fois…

— Considère dès à présent que Nancy Riopelle ne travaille plus pour *Primeur*. Si tu publies ne serait-ce qu'un seul autre de ses articles, je me verrai dans l'obligation de te congédier. Me suis-je bien fait comprendre ?

— Donc, c'est un ordre ?

— Tu es un ami, Marcus. Tu devrais comprendre que ce n'est pas le genre de décision que je prends à la légère.

— Tu ramollis, Gabriel. Il n'y a pas si longtemps, tu te serais battu à mort pour la liberté de presse.

— Et je me battrai encore, mais…, Bourdier hésite.

— Qu'est-ce que ces fouille-merdes ont dégoté sur toi, Gabriel ?

— Rien, mais je dois aussi protéger ma famille. Tu comprends ?

Découragé, Marcus se lève et sort du bureau, laissant le grand patron jongler avec ses idées noires.

Quand Marcus lui a appris la mauvaise nouvelle, Nancy n'a pas été surprise outre mesure, car elle s'y attendait. Même qu'elle avait cru que ses deux derniers articles seraient interceptés avant leur publication. Elle allait maintenant devoir jouer plus finement.

— Jusqu'à quel point es-tu prêt à te mouiller ? demande-t-elle à brûle-pourpoint à son interlocuteur.

— Qu'est-ce que tu veux dire, Nancy ?

— Tu as l'intention de me laisser tomber ou pas ?

Marcus prend le temps de réfléchir avant de répondre.

— Tu me demandes de jouer ma tête, là...

— La mienne est déjà sur le billot ! rétorque platement Nancy.

— Écoute, si je publie, je perds mon boulot...

— Je respecte ta décision, Marcus, s'incline Nancy. Ne t'en fais pas, je comprends. Tu as une femme, des enfants, tu n'as pas envie d'être impliqué dans toute cette merde !

— Je suis vraiment désolé ! J'aurais aimé t'aider...

— T'inquiète, tu l'as déjà fait. Prends soin de toi, Marcus ! J'ai vraiment beaucoup apprécié travailler avec toi.

— Nancy...

— Quoi ?

— Bonne chance !

Chapitre 34
L'ARTICLE

De retour à l'hospice, Alfred s'étend sur son lit, vanné par tous les examens prescrits par le cardiologue : bilan sanguin, électrocardiogramme, tapis roulant, échographie de stress, imagerie par résonance magnétique, scintigraphie myocardique et, par-dessus le marché, un Holter cardiaque. Pendant les deux prochains jours, il devra se promener avec cinq électrodes fixées sur le torse à l'aide de ruban adhésif, le tout relié à un petit moniteur qu'il portera sur lui en permanence, même pour dormir.

Son médecin ne veut rien laisser au hasard. Même si Alfred a vite repris du mieux, il reste que le vieil homme a été victime d'un infarctus du myocarde, il y a seulement quelques semaines. Son âge avancé incite également le cardiologue à prendre toutes les précautions voulues pour éviter qu'une telle chose se reproduise.

Toutefois, Alfred Bartholdi n'accueille pas de bon gré ces désagréments. Il a même accusé le docteur de vouloir l'électrocuter. Après quelques précisions d'usage, Alfred a fini par comprendre que les ventouses ne servaient pas à produire une décharge électrique, mais plutôt à enregistrer les battements de son cœur. Même s'il n'est pas entièrement convaincu de la pertinence de cette analyse, il a promis de ne pas arracher les petits disques de caoutchouc avant la fin de l'enregistrement.

Elles resteront collées pendant quarante-huit heures. Tout un exploit pour un homme aussi impatient que lui !

Dans la chambre, tout est calme à présent. Même le tic tac du réveil s'est tu. Malgré son inconfort, Alfred a fini par s'endormir. Son sommeil est peuplé d'affreux cauchemars.

En arrivant près de l'entrepôt, Bérengère gare sa petite voiture derrière le bâtiment, à côté de la benne à ordures toute rouillée.

Elle n'en revient toujours pas d'avoir été obligée d'interrompre un rituel de magie noire très dangereux pour aller régler un problème aussi mineur que de se débarrasser d'un indésirable. Un problème qui, apparemment, ne pouvait pas attendre. Les éminents membres de l'Ordre la snobent quand il s'agit de la nommer au poste de Grand Maître, mais n'hésitent pas une seconde à lui confier les tâches les plus ingrates, et ce, à n'importe quelle heure du jour ou de la nuit. Bérengère a depuis longtemps compris que ces universitaires bardés de diplômes répugnent à se salir les mains. Elle en a plus qu'assez de jouer les rôles de sous-fifre pendant que ces administrateurs sans scrupules retirent tous les bénéfices de ses interventions magiques.

Encore sous l'effet de la colère, Bérengère coupe le moteur, ramasse son sac à main et s'extirpe avec difficulté de l'habitacle trop exigu. Une forte odeur de pourriture lui chatouille les narines quand elle passe à côté du bac à déchets.

Au moment où Bérengère entre dans l'entrepôt, elle réalise soudain que ses chiens n'étaient pas dans l'enclos. Ils l'auraient accueillie avec plus d'entrain. Ils ne sont pas dans l'entrepôt non plus. Elle songe tout de suite à Alison. Mais que peut-elle bien faire avec ses trois dobermans ? Elle se dirige d'emblée vers la pièce où elle détient Maud. En s'approchant, elle entend des bruits de mastication et de mâchoires qui se referment. Une petite flaque de sang commence d'ailleurs à être visible de ce côté-ci de la porte. Furieuse, Bérengère sonde la poignée. C'est ouvert.

Sa gorge se serre et son estomac se contracte à la vue de cet horrible spectacle.

Étendu par terre dans une position grotesque, le corps de Maud baigne dans une mare de sang noir qui commence à coaguler. Son bras gauche est complètement arraché et une morsure à sa jambe droite laisse voir les tendons et les os sous les chairs déchiquetées. Sa gorge est une plaie béante.

Folle de rage, elle attrape un pied de chaise et frappe les bêtes pour qu'elles lâchent prise. Grognant et couinant, les chiens finissent par abandonner leur repas. Nourris de cadavres depuis leur naissance, les dobermans ont appris à apprécier le goût de la chair humaine, surtout quand elle est aussi fraîche.

Bérengère conduit ses chiens dehors et les enferme dans l'enclos avant de revenir vers Maud. Plus que jamais, elle réalise que la situation lui échappe.

Devant la quantité de sang perdue, Bérengère juge inutile de vérifier si Maud est encore en vie. « Alison joue dangereusement dans mes plates-bandes ! » songe-t-elle en écumant de colère.

En attendant de confronter sa fille, Bérengère enfile sa chienne de garagiste bleu foncé par-dessus son tailleur-pantalon. D'une étagère derrière elle, elle tire une paire de gants de latex, un masque de chirurgien, un bonnet et des chaussons de papier bleu. Ainsi accoutrée, elle s'attelle à l'ouvrage : faire disparaître le corps de Maud comme elle a fait disparaître tous les autres. Sans aucun effort, elle soulève le corps frêle de la jeune femme et le dépose sur la table à dépecer en écartant bien le bras restant et les deux jambes. Bérengère attrape ensuite ses lunettes de protection et, à l'aide d'une paire de ciseaux, elle découpe soigneusement les vêtements de sa défunte belle-sœur avant de les jeter dans un sac à déchets qu'elle brûlera plus tard. Scalpel en main, elle s'attelle à la tâche.

En feuilletant le journal de la veille, Paolo tombe sur un article qui attire son attention: « Nos libertés menacées par l'Ordre ». Il parcourt rapidement le texte.

Parler ouvertement des agissements de l'Ordre est en soi une entreprise hasardeuse, mais citer en plus le nom de certains de ses membres est carrément suicidaire ! Ils ne laisseront pas la journaliste dévoiler leurs projets sans lancer une contre-attaque !

« Je me demande si l'auteure de l'article réalise bien dans quel pétrin elle s'est fourrée… », songe Paolo en poursuivant sa lecture.

En conclusion, la jeune journaliste soutient qu'aujourd'hui encore, l'Ordre de Lucifer commet des sacrifices humains. « Elle ne manque pas de cran, cette fille ! » se dit Paolo en déchirant la page pour la glisser dans sa poche. Il se dit que lorsqu'il obtiendra enfin son congé de l'hôpital, il ira dire un petit bonjour à cette audacieuse journaliste.

Deux semaines se sont écoulées depuis l'explosion de la bombonne d'oxygène. Mégane et Leyla ne sont pas revenues voir Paolo. L'interdiction de visite n'a toujours pas été levée. À part les quelques employés de l'hôpital qui sont affectés à l'étage, Paolo ne voit personne. Il se sent comme un prisonnier, condamné à faire son temps en solitaire en attendant sa réhabilitation. Un policier en uniforme monte la garde devant sa chambre et un autre contrôle les allées et venues du personnel, près des ascenseurs. Paolo a vraiment l'impression que sa chambre est devenue une cellule.

Un reportage attire son attention à la télévision. Paolo augmente le volume. Au même moment, la porte s'ouvre sur la préposée aux repas.

— Vous pouvez le déposer sur la table, merci.

— J'ai également quelque chose pour vous, monsieur Nova, lui annonce joyeusement la quinquagénaire.

Elle lui tend une enveloppe un peu froissée.

— Une très jolie jeune femme me l'a remise à l'instant.

Paolo songe tout de suite à Leyla. Comme les visites sont interdites, elle lui envoie une lettre. Comme c'est romantique !

— Je reviendrai chercher le plateau vers dix-huit heures. Prenez votre temps pour manger.

Paolo esquisse un vague signe de tête et l'employée se retire sans rien ajouter. Aussitôt la porte refermée, Paolo s'empresse de décacheter l'enveloppe. « Une jolie jeune femme ! » rêvasse Paolo en dépliant le papier. Il se revoit encore en train de l'embrasser tendrement. En sortant la missive toutefois, deux photos tombent sur ses genoux.

Quand il comprend ce que cela signifie, le sang reflue de son visage et une violente nausée lui soulève le cœur. La lettre glisse de ses mains et tombe par terre. Il court jusqu'à la salle de bain pour vomir.

Chapitre 35
LES COUSINES

La première personne que Kireg aperçoit en ouvrant les yeux est Joseph. Penché au-dessus de lui, il l'observe en silence, soufflant sur son visage une haleine chargée d'ail.

— Beurk ! Qu'est-ce que tu pues ! Pousse-toi de là ! Tu fais quoi dans ma chambre ?

— Je viens voir si tu respires encore. Maman commence à s'inquiéter… Tu sais l'heure qu'il est ?

Kireg se hisse sur les coudes. Un rayon de lumière qui filtre par la fenêtre le fait grimacer. Sans attendre sa réponse, Joseph ajoute :

— Il est seize heures ! Tu as fait le tour de l'horloge ! Tu te rends compte ?

D'un coup, Joseph tire sur les rideaux pour laisser entrer la clarté du jour. Ébloui, Kireg plisse les yeux. Il se laisse retomber sur l'oreiller en tirant les couvertures par-dessus sa tête.

— Debout, fainéant ! On a du boulot qui nous attend !

— Donne-moi le temps de me réveiller, au moins !

— Ah ! Au fait ! Tu as reçu une lettre. Une admiratrice, sans doute.

— Très drôle !

Joseph lui tend l'enveloppe dont l'adresse a visiblement été rédigée par une main féminine. Une écriture légère, cursive et élégante. Kireg la lui arrache presque des mains.

— Tu ne m'avais jamais dit que tu entretenais de la correspondance avec une fille, petit cachottier !

Maintenant bien réveillé, Kireg s'assoit dans son lit. Dans le coin gauche figure l'adresse de l'expéditrice. Il récite le nom à voix haute : « Leyla Wallace ».

Kireg place ensuite l'enveloppe vis-à-vis de la lumière, cherchant à voir à travers le papier.

— Tu sais où c'est Sionrah ? demande-t-il.

— Aucune idée. Tu l'ouvres ou pas ? s'énerve son frère, impatient d'en connaître le contenu.

Kireg décachette lentement l'enveloppe, faisant languir Joseph qui piaffe d'impatience à côté de lui. Puis il toussote un peu, se lève et commence à faire des étirements.

— Tu as fini de faire tes simagrées... soupire Joseph.

Kireg lui sourit, se rassoit et déplie la feuille. Son frère se place derrière lui pour lire par-dessus son épaule.

Bonjour Kireg,

Tu ne me connais pas, du moins, pas encore. Mon nom est Leyla Wallace. Mes parents sont décédés il y a plusieurs années dans un accident de voiture. Je vis seule avec ma jeune sœur, Mégane. À la mort de nos parents, Mégane et moi avons été séparées et placées dans des familles d'accueil. Nous nous sommes retrouvées tout récemment.

Il y a peu de temps, j'ai effectué des recherches sur nos origines. J'ai en quelque sorte reconstitué l'arbre généalogique de ma famille. Au terme de mes recherches, j'ai découvert que nous sommes apparentés, de par notre arrière-arrière-grand-mère, Maëlla Liss Mac Lyn Fadden.

Kireg reconnaît tout de suite ce nom. Cette femme le hante depuis plusieurs semaines.

Ton père, Morag Radhan, fils de Deidre Fadden Radhan, petit-fils de Ronan Mac Lyn Fadden, est en réalité l'arrière-petit-fils de Maëlla Liss.

Nous possédons, toi, ma sœur et moi certains gènes particuliers. Tu en auras d'ailleurs peut-être déjà constaté les effets... peu ordinaires. Disons que cela fait de nous des êtres à part.

Ce qui m'amène à l'objet de cette lettre. Il faut nous rencontrer afin de discuter de tout ce que cela implique. J'ai un tas de choses à te révéler, Kireg.

J'ai vraiment hâte de faire ta connaissance, ainsi que de connaître toute ta famille (si tu es d'accord pour nous la présenter, cela va de soi!). Je t'appellerai une fois sur place.

Songeur, Kireg replie la lettre et la replace dans l'enveloppe.

— Waouh ! se réjouit Joseph.

— De quoi parliez-vous, Kireg et toi ? demande Erin en passant la tête dans l'embrasure de la porte.

— Kireg vient de recevoir du courrier. On a de la famille à Sionrah !

— Où ça se trouve, Sionrah ?

— Toujours aussi forte en géographie, à ce que je vois ! la nargue Joseph.

Erin lui tire la langue.

— Kireg a reçu une lettre de cousines éloignées qui vivent là-bas. C'est super, non ?

— On a des cousines ? Comment elles s'appellent ? Quel âge elles ont ?

— Leyla et Mégane Wallace. Quant à leur âge, tu pourras leur demander en personne.

— Quoi ? Elles viennent à Dunfanaghy ?

En bas, dans la cuisine, Léonore relève la tête.

— Qui vient à Dunfanaghy ? s'écrie-t-elle à son tour.

— Nos cousines de Sionrah ! s'égosille Erin. Kireg a reçu une lettre qui annonce leur venue.

Léonore se précipite à l'étage.

— Elles viennent… à la maison ? s'inquiète-t-elle en passant la porte. Mais… on n'a pas de place pour les recevoir ! Qui les a invitées ? C'est toi, Kireg ?

— Ce n'est même pas sûr qu'elles viendront, tranche Kireg.

— Quoi ? s'indigne son frère. Tu n'es même pas un peu curieux de savoir ce qu'elles ont à t'annoncer ?

Kireg lui lance un regard noir, plein de sous-entendus, mais Joseph réalise trop tard qu'il vient encore une fois de se mettre les pieds dans les plats.

Léonore s'approche du lit en tendant la main.

— Donne-moi cette lettre, Kireg.

Son fils sort de mauvaise grâce l'enveloppe de sous son oreiller et la lui remet. Sa mère se met aussitôt à la lire. Après un moment, elle relève la tête.

— Pourquoi dit-elle que tu possèdes des gènes particuliers ?

— Aucune idée ! ment Kireg. Elle se trompe certainement de personne.

Léonore poursuit sa lecture avant de s'interrompre à nouveau.

— Et que veut-elle dire par « effets peu ordinaires » ?

— Sais pas ! grogne à nouveau Kireg en faisant les gros yeux à son frère.

Léonore réfléchit.

— Peut-être que c'est en lien avec tous tes évanouissements…

Kireg et Joseph s'échangent un regard inquiet. Ça y est, se disent-ils, elle vient de comprendre. Mais contre toute attente, Léonore se précipite vers son fils et l'enserre dans ses bras.

— Mon Dieu, faites que ce ne soit rien de grave ! J'aurais dû insister aussi pour que le docteur Caddell t'examine comme il faut.

— Maman, je vais bien ! Tu m'étouffes, maman !

Chapitre 36
LA LETTRE

Encore sous le choc, Paolo s'assoit, reprend la lettre tombée par terre et se met à la lire.

Cher Paolo,

J'ai une bien mauvaise nouvelle à t'annoncer. Ta toxicomane d'ex-femme est décédée hier après-midi. Peut-être bien des suites d'une hémorragie artérielle importante. Mais qui peut savoir. Il y avait tellement de blessures. Je peux te dire qu'elle a combattu vaillamment. Je le sais. J'y étais. Mais elle n'avait aucune chance contre les trois dobermans de ta sœur. Surtout qu'elle était encore attachée quand ils l'ont attaquée.

Je te suggère fortement d'imprégner ta mémoire de cette vision, car dorénavant, il ne te sera plus permis d'oublier qui tire les ficelles. Surtout si tu ne tiens pas à ce que tes deux admiratrices subissent le même sort…

Au plaisir de te revoir sous peu, mon cher oncle

Paolo chiffonne la feuille de papier et la jette par terre. Au bout d'un moment, la lettre commence à se dissoudre, se transformant rapidement en fine poussière. Paolo fixe ses mains vides pendant que les menaces d'Alison flottent toujours dans l'air.

Les clichés sur ses genoux, Paolo se laisse aller contre le dossier de la chaise, complètement anéanti. Lui qui était si heureux de pouvoir enfin aider Mégane et Leyla, voilà qu'il devient presque un fardeau pour elles. Comment mettre en garde ses deux amies contre la folie de cette psychopathe capable d'assassiner, de torturer, de mutiler de sang-froid ? Ce qu'il a vu sur les photos l'a profondément ébranlé. Comment peut-on être aussi cruel, aussi inhumain ?

La sonnerie du téléphone le sort de son état catatonique. D'un bond, il se lève et répond.

— Allo !

— Salut Paolo ! Comment vas-tu ?

— Mégane ? C'est bien toi ? Comme je suis heureux d'entendre ta voix !

— Ça n'a pas l'air d'aller très fort, toi ! Dis-moi, il s'est passé quelque chose ?

— Non, non, ça va. Je suis juste un peu ému de ton appel. Comment va Leyla ?

— Elle va bien elle aussi, mais elle est très occupée. Depuis quelque temps, des gens tentent de vous supprimer, toi et monsieur Bartholdi…

— Qui est monsieur Bartholdi ?

— Un vieil homme qui nous a aidées à retrouver le troisième enfant, mais je ne t'en dis pas plus au téléphone… avec les cellulaires, on ne sait jamais !

— Et pourquoi voudrait-on l'éliminer, lui aussi ?

— On en reparlera plus tard. Je compte venir te voir ce soir.

— Mais… ma chambre est encore sous étroite surveillance, Mégane ! Ils ne te permettront pas d'entrer, pas même d'accéder à l'étage. Un garde armé est posté devant les ascenseurs et un autre surveille ma porte. Ils ne laissent passer que les employés qui travaillent au sixième étage.

— J'ai plus d'un tour dans mon sac, Paolo ! À vingt-deux heures précises, sors dans le couloir et occupe le policier quelques minutes, le temps que je me glisse à l'intérieur. Tu peux faire ça pour moi ?

— Je devrais pouvoir y arriver, mais sois prudente, Mégane, ces hommes ne rigolent pas !

— Promis !

— Leyla viendra aussi ? se risque Paolo avant de raccrocher.

— Non.

Même si Paolo est profondément déçu, il n'en laisse rien voir.

À vingt et une heures cinquante-sept, Paolo sort de sa chambre pour discuter avec l'agent de sécurité en faction devant sa porte.

— Vous permettez que je fasse quelques pas dans le corridor, demande Paolo en ne laissant pas au garde le temps de réagir. Je commence à en avoir assez de contempler les murs de ma prison.

L'homme en uniforme s'empresse de lui emboîter le pas. Il ne voudrait surtout pas qu'on l'accuse de négligence, surtout que c'est son premier soir de service.

— Vous êtes marié ? s'informe innocemment Paolo.

— Divorcé. Ma femme m'a larguée pour un plus jeune. Et vous ?

Paolo ressent un pincement au cœur en revoyant dans son esprit le corps démembré de Maud.

— Divorcé… depuis deux ans.

— Vous l'avez quittée ou c'est le contraire ?

— Mon ex-femme était toxicomane. Je me suis rendu compte qu'elle se servait de moi… ou plutôt de mon argent !

— Je vois. Ça n'a pas dû être facile ! Moi, reprend le policier, je n'ai rien vu venir ! Il faut dire qu'avec le boulot que je fais, je ne suis pas souvent à la maison ! Un soir, en rentrant de travailler, je l'ai trouvée au lit avec son amant… Elle n'a même pas eu la décence de faire ça ailleurs !

— C'est moche.

— …

— Vous pensez souvent à elle ?

— Comment oublier une femme pareille ? soupire le garde.

— Des enfants ?

— Grand Dieu, non ! Alice n'en voulait pas ! Elle disait que les enfants faisaient grossir. Et vous ?

— J'aurais bien aimé, mais Maud ne voulait rien entendre.

Un bruit attire soudain l'attention du policier. Un stylo roule sur le plancher et s'immobilise au milieu du couloir. Même s'il n'y a personne en vue, le garde prend aussitôt une position défensive et porte la main à son revolver, prêt à dégainer.

— Rentrez dans votre chambre, monsieur Nova, et n'en sortez sous aucun prétexte, ordonne-t-il.

Puis il avance en direction du bureau de réception. Sur son walkie-talkie, il appelle son collègue en renfort pour patrouiller l'étage. Paolo ne discute pas. Quand il referme la porte derrière lui, Mégane sort de sa cachette.

— Ouf ! J'ai vraiment eu peur que le policier te surprenne ! C'est toi qui as fait tomber le stylo ?

— Télékinésie. Un jeu d'enfant ! Je ne pourrai pas rester longtemps, Paolo, alors écoute bien ce que j'ai à te dire.

Il acquiesce.

— Alison a essayé de te tuer, mais je l'en ai empêchée. Elle recommencera, c'est certain ! Tu devras rester sur tes gardes.

D'ailleurs, l'explosion de la bombonne d'oxygène n'était sûrement pas un hasard. Je ne serais pas surprise qu'il y ait du Alison ou du Bérengère là-dessous !

— Je pense que tu as raison, Mégane, mais ne t'en fais pas pour moi, je me débrouille très bien.

— Te débrouiller ? Un infarctus et une explosion en seulement deux jours… Tu appelles ça te débrouiller ? Et c'est sans compter les deux balles…

— Je suis encore en vie, non ?

— Tu ne comprends pas, Paolo. Elles sont vraiment dangereuses…

— Je m'inquiète davantage pour toi et Leyla.

Paolo sort de sa table de nuit les deux photos que lui a fait parvenir Alison. Il a décidé de jouer franc-jeu avec elles.

— Bérengère et Alison ont assassiné Maud, mon ex-femme.

Dégoûtée, Mégane plaque une main sur sa bouche.

— Elles sont capables de tout, Mégane, même des pires atrocités. Dis à Leyla de ne jamais se séparer de son médaillon et toi, reste près d'elle, car c'est à toi qu'elles vont d'abord s'en prendre.

— Je sais, je suis plus vulnérable. Mais elles ne connaissent pas toute l'étendue de mes pouvoirs. Je peux lutter contre elles…

— Non, Mégane. Pardonne ma franchise, mais tu n'arriveras jamais à la cheville de ces monstres. Alison et Bérengère n'ont aucun scrupule à tuer et à torturer alors que toi, tu hésites à assommer une mouche.

— Merci pour le vote de confiance !

— C'est vrai ! Tu y penseras à deux fois avant de faire souffrir des innocents…

— Je serai prudente, Paolo. Promis. Maintenant, allonge-toi sur le lit. Je dois achever ta guérison avant de repartir. En passant, Leyla et moi partons pour l'Écosse le 10 juillet prochain.

— L'Écosse ? s'étonne Paolo. Pour quoi faire ?

— Nous allons rejoindre le troisième enfant...

Mégane hésite une fraction de seconde, puis décide qu'il vaut mieux que Paolo ne sache rien de l'endroit où Kireg se trouve. Moins il y aura de monde au courant, moins le risque de fuite sera grand.

— Ah bon !

— Pendant notre absence, nous aimerions que tu visites monsieur Bartholdi à l'hospice, si ça ne te dérange pas, évidemment. Alfred est un peu grognon, mais tu verras, il est très gentil. Je suis certaine que vous vous entendrez à merveille. Le vieil homme est historien de métier. Demande-lui de te raconter l'histoire de Sionrah, c'est fascinant ! Tu resteras surpris de l'étendue de ses connaissances. Et en plus, il est très bon conteur !

— Tu peux compter sur moi, je passerai le voir avec grand plaisir.

— Bon ! Donne-moi tes mains maintenant.

Mégane ferme les yeux et se concentre d'abord sur sa respiration. Des pensées surgissent dans son esprit, mais elle ne les retient pas. Elle se contente de les regarder défiler comme si elles étaient partie intégrante d'un film qu'elle visionne. Quand les images ralentissent, elle focalise son attention sur le cœur de Paolo. Elle force ses battements trop rapides à ralentir et à s'accorder aux siens. Elle tourne ensuite sa conscience vers la cicatrice qu'a laissée l'infarctus. À l'aide de son pouvoir, elle régénère les cellules nécrosées. Elle débouche les artères qui irriguent le muscle cardiaque et défait tous les blocages qui pourraient obstruer les vaisseaux sanguins et empêcher l'oxygène et les nutriments du sang de se rendre jusqu'au cœur. Une fois le grand nettoyage terminé, elle vérifie la cicatrisation des blessures par balle, à la tête et à l'épaule. Satisfaite de l'état général de son ami, elle revient doucement à elle.

— Voilà ! lance-t-elle en ouvrant les paupières. Comme un sou neuf ! Ton médecin ne comprendra probablement pas ce qui t'est arrivé, mais il n'aura pas le choix de signer ton congé.

Paolo se redresse dans son lit et pose un baiser sur le front de Mégane.

— Merci pour tout.

— Je dois y aller, maintenant.

— D'accord. Dis bonjour à Leyla pour moi.

— Je n'y manquerai pas. Sois prudent ! Leyla ne se remettrait pas de te perdre encore. Elle t'aime vraiment beaucoup…

Cette simple déclaration renverse les derniers remparts du cœur de Paolo. Il se jure à l'instant de tout faire pour reconquérir la femme qu'il aime. Son escapade avec Maud a failli tout gâcher, mais maintenant que Leyla est disposée à lui pardonner, il va tout faire pour mériter sa confiance. La rendre heureuse fait maintenant partie de ses priorités.

— Dis-lui que je l'aime aussi, depuis le premier jour où je l'ai aperçue dans cette chambre d'hôpital…

— Je le lui dirai. Il faut vraiment que j'y aille, Paolo ! Tu peux distraire le garde quelques minutes ? Le temps que je lui passe sous le nez…

— C'est comme si c'était fait !

Paolo se dirige vers la porte. Il se retourne une dernière fois pour sourire à son amie, puis il entrebâille la porte.

— Tout est sous contrôle ? s'informe-t-il à l'agent de sécurité qui a repris sa place devant sa porte. Vous avez réussi à arrêter l'intrus ?

— Fausse alerte, rétorque ce dernier.

— Vous permettez que j'aille me chercher un café à la machine distributrice ?

Paolo espère inciter le garde à le suivre, mais l'homme lui fait signe d'y aller sans bouger d'un iota.

— Vous en voulez un ? demande encore Paolo en priant pour qu'il abandonne enfin sa faction. C'est ma tournée !

L'agent hésite un moment avant de finalement accepter.

Après quelques pas, Paolo se rend compte que le garde est toujours à la même place.

— Je pense que vous devriez venir avec moi.

Comme le garde ne réagit pas, Paolo poursuit.

— La chambre, il faut la surveiller si je suis à l'intérieur. Si je me promène, vous feriez peut-être mieux de m'accompagner, non ?

Mal à l'aise de quitter son poste, le policier lance un dernier regard dans le couloir, puis emboîte le pas à Paolo.

Alison est assez fière de son coup. Avec les renseignements qu'elle vient de glaner à l'agence de voyages, elle n'aura aucune difficulté à retrouver le troisième enfant. « Leyla est tellement naïve… et prévisible ! » sourit Alison en sortant du commerce.

Elle n'a en fait aucun mérite à avoir trompé l'agente. Elle et Leyla se ressemblent tellement que l'une peut aisément se faire passer pour l'autre. La jeune femme n'y a vu que du feu !

Depuis quelque temps, Alison filtre le courrier de ses sœurs. Elle a soudoyé un employé des postes qui dépose chaque jour leurs lettres dans une boîte postale numérotée avant de l'acheminer au 13, chemin des Caps. Alison bénéficie de vingt-quatre heures pour consulter le contenu du casier. C'est ainsi qu'elle a découvert que Mégane et Leyla vont bientôt partir pour l'Écosse.

Alison traverse la rue et marche jusqu'à la librairie pour acheter un petit guide de voyage. Elle compte partir seule. Depuis la mort de Maud, Bérengère la boude. Comme si elle lui en voulait de s'être amusée avec son jouet ! « Bérengère peut se montrer tellement possessive, parfois ! » Alison tire sur le battant de la porte et pénètre à l'intérieur du commerce. « Le boucher est tombé amoureux de la biche ! Quelle ironie ! » Le sourire fendu jusqu'aux oreilles, elle se remémore avec délectation la décapitation du cadavre de Maud.

Même si Bérengère était fort contrariée de la mort de sa petite protégée, elle s'en est tout de même donnée à cœur joie avec le bistouri. Alison l'a observée, dissimulée derrière des étagères. La précision de son travail l'a véritablement impressionnée. Jamais elle n'a vu sa mère aussi concentrée. Du grand art ! Tel un chirurgien chevronné, Bérengère avait sectionné, avec une précision étonnante, chaque muscle, chaque ligament, chaque nerf avant de scier méticuleusement les os pour détacher la tête du tronc. Juste pour cette démonstration de contrôle incroyable, Alison admire sa mère.

— Vous avez trouvé ce que vous cherchiez ? demande le commis en marchant dans sa direction.

— Oui, merci !

Le guide de voyage en main, Alison se dirige vers la caisse.

Leyla enfile sa veste et sort faire un tour. Elle a besoin de s'aérer l'esprit, surtout après ce qu'elle vient d'apprendre.

Elle arrive à l'instant de l'agence de voyages. En entrant dans l'établissement, la secrétaire lui avait curieusement demandé si c'était ses vrais cheveux. Leyla l'avait d'abord regardé sans comprendre. Rougissant comme une pivoine, la jeune femme avait précisé qu'elle l'avait vue hier la tête pratiquement rasée. Leyla avait aussitôt compris qu'Alison les avait devancées.

Une brise légère se lève et fait bruisser les feuilles des grands arbres qui ondulent au vent. Un grand héron effleure la surface de l'eau qui se teinte d'orange avec le coucher du soleil.

« Comment ai-je pu être aussi négligente ? » s'admoneste-t-elle. « J'ai terriblement sous-estimé Alison ! J'aurais dû prévenir l'agence que ma jumelle chercherait à obtenir des renseignements concernant ce voyage ! Une erreur stupide qui pourrait bien se révéler fatale. »

Leyla s'assoit sous la rotonde, face au lac. Des enfants jouent dans l'eau, de l'autre côté de la baie. Leurs cris joyeux lui parviennent en écho. « Heureusement, les réservations d'hôtel ne sont faites que pour l'Écosse ! tente de se rassurer Leyla. Une fois là-bas, on pourra toujours essayer de la semer ! »

Elles devront toutefois faire vite, car Alison pourrait deviner le stratagème et les devancer encore une fois. Sa jumelle possède également un don de voyance, mais Leyla ignore à quel point elle sait l'utiliser.

— Leyla ! s'écrie Mégane du porche.

Elle dévale les marches en courant.

— Ça fait une demi-heure que je te cherche partout ! lance-t-elle en arrivant tout près. J'ai fouillé toute la maison !

— J'avais besoin de réfléchir un peu ! lui dit simplement Leyla.

— Ça n'a pas l'air d'aller… Tu veux m'en parler ?

— Margaret de l'agence de voyages a remis tous les détails de notre itinéraire à Alison.

— La vache ! s'étrangle Mégane.

— Surveille ton langage ! la sermonne Leyla.

— Donc, Alison est au courant qu'on part pour l'Écosse ? Qu'est-ce qu'on va faire ?

— On va devoir changer nos plans.

— Qu'est-ce que tu veux dire ? s'inquiète soudain Mégane qui craint que Leyla annule le voyage.

— Je pense qu'on pourrait quand même débarquer en Écosse puisque le vol est déjà réservé, mais au lieu de faire le tour des grandes villes comme prévu, on va se dépêcher de semer Alison et se rendre le plus tôt possible en Irlande pour rencontrer Kireg.

Mégane pousse un soupir de soulagement.

— Est-ce qu'on va quand même visiter un peu ?

— Je ne sais pas. Je pense qu'il va falloir improviser.

— Pousse-toi un peu, lui lance Mégane en agitant la main.

Leyla change de place et Mégane se glisse à côté d'elle. Au loin, le soleil décline à l'horizon, teintant le ciel d'un dégradé de turquoise et de corail, projetant des éclats de feu à la surface des flots.

— Leyla ?

— Oui.

— Est-ce qu'on ne devrait pas partir plus tôt ? Ou même carrément changer de vol et d'itinéraire.

— J'y pense, Mégane.

— Je sais que ça va occasionner pas mal de frais supplémentaires… Mais je peux contribuer, si tu veux.

Leyla la regarde, attendrie.

— Ce ne sera pas nécessaire, Mégane. Papa nous a laissé de quoi vivre plus que confortablement. C'est juste que je me demande si c'est la bonne décision à prendre.

— Est-ce que tu as écrit aux Radhan… pour leur annoncer notre arrivée ?

— Oui, mais j'ai pris soin de poster la lettre d'un bureau de poste en ville. Alison est beaucoup plus dangereuse que je ne l'avais cru, réfléchit-elle tout haut.

— Justement, l'interrompt Mégane, parlant de danger… Quand je suis allée voir Paolo, mardi soir, il m'a dit que son ex-femme avait été assassinée.

— Maud ? Assassinée ? Que lui est-il arrivé ?

— Si j'ai bien compris son histoire, elle a été attaquée par des chiens. Elle est morte au bout de son sang. Paolo m'a montré une photo, c'était vraiment horrible !

— Une photo ?

— Oui. C'est Alison qui la lui a envoyée.

Médusée, Leyla dévisage sa sœur d'un air inquiet.

— Paolo te fait dire en passant de toujours garder ton médaillon…

Instinctivement, Leyla porte la main à son cou.

— Ce n'est pas à moi qu'elle s'en prendra en premier, Mégane.

— Pas la peine d'en rajouter, Paolo m'a déjà sermonnée là-dessus… Mais ne t'en fais pas…

— Je ne laisserai jamais personne te faire du mal, Mégane. Tu m'entends ? Personne !

— Je sais.

— Comment Paolo prend-il la nouvelle ?

— Il est secoué, avec raison, mais il s'inquiète surtout pour nous. Il t'aime vraiment, Leyla.

— Pourquoi dis-tu ça ? Il t'en a parlé ?

— Un peu, avoue Mégane.

— Que t'a-t-il dit ?

— Qu'il t'aime depuis le jour où il t'a rencontrée.

À cette annonce, Leyla reste silencieuse.

— Si jamais vous décidiez de vivre ensemble... poursuit Mégane.

— Je te défends de penser à ça, Mégane Wallace ! Jamais je ne t'abandonnerai !

— Je ne parle pas d'abandon, Leyla, c'est juste que... je ne voudrais pas être un obstacle... Tu mérites vraiment d'être heureuse...

— Pas sans toi, Mégane. Jamais !

Le médecin de Paolo a finalement signé son congé en fin d'après-midi, mais pas sans réticences.

Mégane avait raison. La direction de l'hôpital est sur le pied d'alerte ; les administrateurs ne comprennent pas ce qui se passe. Trois cas de guérison miraculeuse en si peu de temps ! Certains membres du corps médical en sont même venus à croire qu'une force mystérieuse opère entre les murs de l'établissement. Château-Fort a maintenant la réputation d'accomplir d'inexplicables prodiges et une flopée de spécialistes de toutes sortes débarquent de tous les coins du pays pour y regarder de plus près.

Pour des raisons de sécurité évidentes, Paolo a choisi de ne pas rentrer chez lui. Il dormira à l'hôtel pendant quelques nuits, histoire de ne pas retomber trop vite dans cette angoisse qui l'a si souvent terrassé pendant son coma. Quand il était inconscient, il avait revécu la scène des dizaines de fois. Il appréhendait maintenant de se retrouver seul sur les lieux du crime.

Le jeune homme finit de boucler ses bagages et descend dans le hall. Dès qu'il met le pied à l'extérieur, un taxi s'avance sous la marquise. Il aurait pu téléphoner à Leyla, lui demander de venir le prendre, mais il n'a pas osé la déranger. À vrai dire, il appréhende leurs retrouvailles. Le chauffeur lui arrache presque sa valise des mains et l'incite à monter en ouvrant la portière. Paolo se glisse sur le siège du passager.

— Où allez-vous ?

Perdu dans ses pensées, Paolo n'avait pas entendu la voiture démarrer.

— À l'hôtel Royal.

Il aimerait bien discuter avec la journaliste qui a rédigé l'article concernant l'Ordre, mais cette Nancy Riopelle est introuvable. Même le journal pour qui elle bosse ne sait pas où la joindre ! Paolo a quand même laissé son numéro de portable, au cas où…

Le lendemain matin, vers dix heures, Paolo descend prendre son petit déjeuner. La nuit a été plutôt brève. Il n'a pas cessé de penser à Leyla. Juste de savoir qu'il va la revoir bientôt, son cœur a des palpitations. Il prend place au fond du restaurant, dans une section un peu en retrait. Au bout de quelques minutes, une serveuse vient lui offrir quelque chose à boire.

— Un café, s'il vous plaît !

— Je vous apporte le journal ?

— Ce serait gentil, oui !

— Le déjeuner est offert en libre-service.

Pendant que la jeune femme s'éloigne, Paolo jette un coup d'œil aux clients du restaurant. Un homme retient son attention. Il l'a déjà vu quelque part, mais il a beau chercher, il n'arrive pas à se souvenir où exactement. À l'hôpital, peut-être ? Vêtu d'une chemise à carreaux et d'une veste de cuir brun, l'homme est plongé dans la contemplation de son journal. Paolo se lève et se dirige vers le buffet. Il prend un plateau tout en continuant d'observer le type discrètement. Comme si ce dernier avait senti son regard, il lève la tête et leurs regards se croisent une fraction de seconde. Mais l'homme ne semble pas le reconnaître et retourne à son journal. Tout en poussant distraitement son plateau, Paolo attrape un yogourt, deux rôties et un œuf à la coque. Plus loin, il choisit parmi un assortiment de confiture et de beurre d'arachide. Puis il retourne s'asseoir à sa table.

La serveuse pose devant lui une tasse de café brûlant et deux contenants de lait, ainsi qu'un exemplaire du quotidien.

— Un homme m'a demandé de vous remettre ceci.

Elle glisse vers lui une feuille de papier pliée en deux sur laquelle est griffonnée cette courte phrase : « Nous devons discuter. »

Surpris, Paolo relève la tête vers la demoiselle.

— Qui vous a donné ce message ?

La jeune femme se retourne pour repérer l'homme à la chemise à carreaux, mais celui-ci a déjà quitté le restaurant.

Chapitre 37
UNE ENQUÊTE BÂCLÉE

Chaque nuit depuis quinze ans, Doughal répète machinalement les mêmes mots, refait les mêmes gestes. Assis derrière un secrétaire de métal, derrière une vitre blindée, il ouvre et ferme des portes en appuyant sur un interrupteur, communique par interphone avec les visiteurs et surveille sur son écran les images que les six caméras de surveillance de la résidence pour handicapés mentaux retransmettent en simultané. L'ordre est formel. Les patients ne doivent pas circuler dans les corridors après le couvre-feu. Ceux qui s'y risquent et qui se font prendre perdent momentanément leurs privilèges, comme l'autorisation d'utiliser le téléphone ou même le droit de recevoir des visiteurs. Heureusement, Doughal n'a pas à gérer ce genre de problème, quelqu'un d'autre s'en charge à sa place. S'il aperçoit un patient qui rôde dans les couloirs la nuit, il n'a qu'à appuyer sur le bouton rouge et la cavalerie débarque en grande pompe.

Dans cet endroit austère, tout est réglementé, rationné, aseptisé : la douche, les heures de télé, la nourriture, les cigarettes, mais surtout, les médicaments. Doughal Breenan est toutefois parvenu à trouver une brèche dans le système et il l'exploite à plein régime depuis maintenant cinq ans.

Chacun des gardiens du centre possède une clé passe-partout qui ouvre toutes les portes de l'immeuble, y compris celle du laboratoire souterrain où sont parfois conduits les pensionnaires récalcitrants qui doivent y subir une séance d'électrochocs. Le seul endroit qui ne leur est pas accessible est la pharmacie, où sont entreposés les médicaments. Chaque mercredi, par contre, une infirmière désignée par la direction de l'établissement en fait l'inventaire. Elle inscrit sur un bon de commande les articles manquants et glisse le papier dans une enveloppe qu'elle remet au médecin de garde. Le document n'est toutefois scellé qu'après que celui-ci a vérifié que tout est en ordre, ce qui prend en général une ou deux journées de plus. Ce délai donne amplement le temps à Doughal de consulter la commande et de la remplacer.

Au moment de la livraison, qui s'effectue généralement le lundi soir après la fermeture des bureaux, c'est Doughal lui-même qui accueille le camion au garage et qui aide l'employé à décharger les caisses. Il subtilise alors le surplus et remplace le faux bon de commande par le vrai. Tout concorde. Quantités commandées, quantités reçues. C'est à la facturation toutefois que ça se complique. Les fournisseurs exigent des montants non payés au centre. Et de son côté, le centre se dit victime de facturation frauduleuse.

Sachant que l'administration tente actuellement d'éclaircir la situation, Doughal a cessé temporairement ses activités illicites. Mieux vaut ne pas faire de vagues ! Surtout qu'une équipe de policiers et d'enquêteurs est venue fouiller sa maison il y a à peine deux jours. Très sommairement, il faut le dire. Les agents envoyés sur place n'ont rien trouvé de louche. Doughal avait pris soin de faire jouer ses contacts. Prévenu à l'avance de la perquisition, il avait eu le temps de faire disparaître toutes les preuves.

Cette opération policière avait été une farce monumentale. C'était à se demander si tous ces hommes n'étaient pas aveugles… ou corrompus. Quoi qu'il en soit, ils n'avaient relevé aucune empreinte, saisi aucun objet, fait aucune analyse d'ADN. Ils n'avaient pas interrogé Jeannine Breenan, ni même sa voisine d'en face, Cordelia Flanagan.

La brigade envoyée là-bas était passée à côté de l'entrée du bunker sans même remarquer la fente dans les fondations de la maison. La perquisition et l'enquête avaient été délibérément bâclées.

Doughal se demande encore qui a pu le dénoncer.

Chapitre 38
L'INFORMATEUR

Nancy est à présent méconnaissable. Elle a coupé ses cheveux très courts – elle qui les avait toujours gardés longs – et les a teints platine. Elle porte des verres de contact couleur noisette qui dissimulent ses formidables yeux gris et elle a camouflé le teint clair de sa peau sous un hâle doré acheté dans un salon de bronzage. Son nouveau style met en évidence son petit nez en trompette et sa bouche aux lèvres charnues.

Même si elle aime bien son nouveau look branché, elle espère un jour revenir à l'ancien, qui reflète davantage sa véritable personnalité. Ses amis lui manquent, en particulier Marcus, qui savait la faire rire comme personne. Julian l'aide autant qu'il le peut. C'est lui qui a fourni la majeure partie des renseignements dont elle a besoin pour son enquête, lui qui la met en contact avec divers informateurs, lui qui pourrait à son tour devenir une cible de l'Ordre. Nancy est tout à fait consciente des risques que Julian prend. Il a déjà tant fait pour elle et sa mère !

Nancy avait naïvement pensé que, une fois les agissements de la secte dénoncés, les gens se seraient indignés, qu'ils auraient exigé la démission des responsables ou à tout le moins, des explications pour ce genre de comportement. La magnanimité de Nancy en a pris pour son rhume. Aujourd'hui, personne ne se soucie plus du sort de son prochain.

Même si l'expertise policière et le flair de son oncle la réconfortent un peu, Nancy vit désormais dans la crainte perpétuelle qu'on découvre sa véritable identité. Ses articles ont ébranlé la machine, nul doute là-dessus. Elle a visé en plein dans le mille, mais elle a également réveillé la bête, produit un effet boomerang déstabilisant qu'elle n'avait pas prévu. Elle en subit actuellement les contrecoups et réalise de plus en plus dans quel bourbier elle s'est empêtrée.

Personne avant elle n'avait encore osé s'attaquer aussi ouvertement à l'Ordre de Lucifer. Dans ses deux premiers articles, elle a abordé le syndrome des personnalités multiples, la maltraitance infantile, la cruauté mentale et les rituels sataniques. Elle a dénoncé les projets Obédience et Binaire, dévoilé le contenu des recherches du docteur Grégoire Britza. L'Ordre n'a pas mis longtemps à réagir. Des tueurs sont maintenant à ses trousses.

Julian Devaux sait pertinemment que sa nièce ne renoncera pas à publier la vérité sur l'Ordre, même si sa vie est en jeu. Nancy est aussi tête de mule que sa mère. Aussi a-t-il finalement décidé de lui donner un coup de main. En tant qu'enquêteur pour la Sûreté municipale d'Orseille, il a eu accès, par le passé, à certaines informations concernant l'Ordre. Il connaît également quelques personnes qui, sous le couvert de l'anonymat, seraient peut-être prêtes à les aider. Des gens qui, comme eux, se battent pour que la vérité éclate.

Confortablement installée à la terrasse d'un café du centreville, Nancy guette l'arrivée de son informateur. Il travaille apparemment pour une agence de renseignements.

Quand Nancy avait demandé à son oncle de lui révéler son nom, Julian avait tout simplement répondu :

— Monsieur X.

— Tu rigoles ? s'était moquée Nancy.

— Pas du tout. C'est moi qui l'ai baptisé ainsi.

— Tu aurais pu trouver un nom de code plus original.

— Qui aurait cru que sous mon masque d'enquêteur se cache un féroce écrivain en mal de vivre ?

Nancy et son oncle étaient tous deux partis d'un grand éclat de rire.

— En fait, j'ignore sa véritable identité, lui avait finalement avoué Julian. Et le seul moyen de le joindre, c'est le numéro de téléphone d'une boîte vocale où je laisse un message. C'est lui qui me contacte par la suite. Mesure de précaution, j'imagine.

De plus en plus nerveuse, Nancy jette un coup d'œil à sa montre. Monsieur X a plus de vingt minutes de retard. Nancy avale le reste de son espresso, dépose un billet de cinq dollars sur la table et s'apprête à partir. C'est alors qu'un homme très élégant se présente à elle.

— Mademoiselle Riopelle. Veuillez excuser mon retard, je devais m'assurer que vous n'aviez pas été suivie.

Nancy se rassoit et l'homme prend place de l'autre côté de la table.

Sans perdre un instant, il ouvre sa mallette et sort une enveloppe qu'il glisse sur la table.

— Comment…

Nancy n'a pas le temps de formuler sa question que Monsieur X y répond déjà.

— Moins vous en saurez sur moi, mieux ce sera, pour vous autant que pour moi. Évitez de poser des questions qui m'amèneraient à dévoiler des détails précis sur mon identité. Et pour répondre à votre question non formulée, mon travail avec le gouvernement me donne accès à un certain nombre de dossiers classés confidentiels.

Nancy acquiesce d'un hochement de tête. Son oncle l'avait prévenue. L'homme aime être en position de contrôle.

— Les membres de l'Ordre, dont vous avez ici une liste non exhaustive…

L'homme pointe du menton en direction de l'enveloppe.

— … contribuent à mettre en place un plan audacieux. Manipulation, désinformation, dissimulation sont quelques-uns des procédés qu'ils utilisent pour tromper la population. À une époque où la véritable nouvelle est noyée dans un déluge d'informations tendancieuses, la vérité est un luxe rare et coûteux. Vous êtes fort bien placée pour le savoir.

— Vous ne tenez pas les journalistes en haute estime, à ce que je vois !

— Si tous les reporters faisaient leur boulot aussi consciencieusement que vous, le monde s'en porterait beaucoup mieux ! Mais la censure exercée de façon quasi permanente sur les médias va mener cette planète dans une terrible impasse. Or je suis persuadé que je ne vous apprends rien !

— Ne généralisez pas, tout de même. Je ne crois pas que les médias soient « manipulés » en permanence, comme vous le dites.

— J'ai été désolé d'apprendre que vous aviez perdu votre emploi, reprend Monsieur X pour changer de sujet, mais considérez l'alternative. On aurait pu tout aussi bien vous faire disparaître.

— Ils ont presque réussi, ironise Nancy.

— Je sais que vous avez enquêté sur les projets Obédience et Binaire – excellent travail, vous avez mis le doigt sur le bobo –, mais connaissez-vous le projet Ionosphère ?

— Le nom me dit vaguement quelque chose.

— La version « officielle » de cette recherche, celle à laquelle nos dirigeants voudraient bien nous faire croire, affirme qu'ils se servent de cent quatre-vingts antennes dipôles, plantées sur le vaste périmètre déboisé du village de Gakona, en Alaska, pour modifier la couche ionisée de l'atmosphère, hautement chargée en énergie. Ils bombardent littéralement cette zone d'ondes à haute fréquence, la transformant en un miroir virtuel. Ce miroir agit à son tour comme une antenne pour renvoyer des ondes à fréquences extrêmement basses. Ils observent ensuite les effets produits. Ce qu'ils ne disent pas, par contre, c'est que ce projet va beaucoup plus loin. En pilonnant ainsi l'ionosphère, ils modifient la météorologie mondiale, peuvent déclencher des tempêtes ou des sécheresses. En théorie, ils pourraient aussi réveiller des volcans. Certains envisagent même la possibilité de provoquer des tremblements de terre. Ce qui est sûr, c'est qu'ils affaiblissent volontairement les êtres humains, les rendent malades et dépressifs ou même agressifs. Ils peuvent par conséquent influencer et contrôler le comportement de populations entières.

— On dirait de la science-fiction !

— C'est aussi ce qu'on disait quand ils ont envoyé les premiers hommes sur la Lune. Vous avez certainement remarqué, poursuit Monsieur X, que depuis une trentaine d'années, le nombre des catastrophes naturelles a monté en flèche. Les tremblements de terre ont augmenté en intensité et en fréquence. Certains volcans se sont réveillés, d'autres menacent d'entrer en éruption prochainement. Les tempêtes se déchaînent plus souvent et avec davantage de puissance dévastatrice que par le passé, dans des endroits où jamais on n'aurait cru cela possible.

— Alors, selon vous, la dernière tempête qui s'est abattue sur Haïti serait, elle aussi, liée au projet Ionosphère, conclut Nancy.

— Je le pense, oui. Ionosphère est opérationnel depuis le début des années quatre-vingt-dix. C'est un projet militaire. Une arme géophysique redoutable.

L'homme esquisse un signe en direction de l'enveloppe restée sur la table.

— Vous trouverez là une liste de dirigeants et de militaires impliqués dans ce projet ainsi que le nom des multinationales à qui ils ont confié les contrats de mise en œuvre.

— Et l'Ordre dans tout ça ?

— Qu'est-ce que vous en pensez ?

— Si j'en crois mon expérience, l'Ordre s'est infiltré chez les militaires qui ont développé le projet, chez les politiciens qui l'ont financé avec l'argent des fonds publics et chez les multinationales qui l'ont réalisé. L'Ordre tire les ficelles…

— Excellente analyse !

Nancy décachette l'enveloppe et jette un coup d'œil rapide à la liste. Elle reconnaît les noms de plusieurs ministres, dont celui de Daveth Carrey.

— Tout ça est très explosif !

— Comme vous le dites.

— Et moi, reprend Nancy en relevant les yeux vers lui, je suis celle qui va mettre le feu à la mèche…

— Vous avez franchi un point de non-retour, mademoiselle Riopelle. Vous avez perdu votre emploi, votre logement, vous êtes coupée de vos amis, de votre famille et devrez éventuellement vous éloigner de monsieur Devaux, pour sa propre sécurité. L'Ordre pourrait encore vous laisser… disparaître. Mais une fois que vous aurez révélé ces informations, ses imminents membres vous traqueront. L'Ordre ne vous oubliera plus jamais. On vous fera chèrement payer vos allégations.

— C'est gentil de vous inquiéter pour moi, raille Nancy.

L'homme ne paraît pas relever l'ironie. Il reprend :

— Par contre, l'information que je vous livre aujourd'hui va vous aider à repérer l'essaim meurtrier et peut-être même à vous éviter de tomber dans les innombrables pièges de l'Ordre.

— Pourquoi avoir choisi de parler maintenant ?

— Malheureusement, l'humanité entre en guerre, mademoiselle Riopelle. Une guerre sociale universelle.

— Pardonnez mon pessimisme, mais à mon avis, la guerre sévit déjà depuis bon nombre d'années !

— Votre raisonnement n'est pas faux, s'empresse d'ajouter l'homme, raison de plus pour agir rapidement ! Si le projet Ionosphère arrive à terme, nos conditions de vie pourraient bien devenir intolérables. Ionosphère sert non seulement à modifier la météorologie et à provoquer des tremblements de terre, mais également à influencer les comportements humains. Cette technologie perturbe la structure génétique de nos cellules et occasionne des dégâts permanents. Vous et moi, nous œuvrons dans le même camp, mademoiselle Riopelle. Il n'est peut-être pas trop tard pour renverser la vapeur, mais il faut faire vite.

— Croyez-vous que nous parviendrons à changer les choses ?

— Pourquoi vous battez-vous, sinon pour informer et protéger la population ? À l'heure actuelle, ces déserteurs de la race humaine ne rencontrent guère de résistance. Beaucoup de citoyens ignorent même jusqu'à l'existence de ce projet. Murés dans leur indifférence, ces pauvres agneaux dociles se dirigent droit vers l'abattoir sans même en avoir conscience. Ils vont devenir les victimes de la plus effroyable imposture jamais orchestrée. Mais vous et moi avons le pouvoir de remédier à la situation. En tant que journaliste…

— Ex-journaliste ! précise Nancy. On m'a retiré ma carte de presse.

— Qu'importe ! Je suis certain que vous trouverez un moyen d'aviser la population… L'important, c'est que vous œuvriez pour la vérité, le chemin que vous empruntez ne regarde que vous. L'humanité marche sur la corde raide.

Nancy prend une grande inspiration.

— Si je comprends bien, vous voulez que je dénonce les faits. Vous êtes prêt à m'apporter votre soutien, mais pas à plonger dans le vide avec moi !

— Mademoiselle Riopelle, le seul fait que je sois ici aujourd'hui met ma vie en danger. Je peux vous aider à combattre parce que justement je travaille de l'intérieur.

— Je sers en quelque sorte d'appât, résume amèrement Nancy, tandis que vous, chasseur embusqué, attendez froidement que je lève le gibier pour l'abattre. Je cours tous les risques et vous récoltez les honneurs ! Je trouve que votre contribution se limite à bien peu de chose en comparaison de ce que je dois moi-même sacrifier…

— Vous vous trompez. Personne ne connaîtra jamais ma participation, ni aujourd'hui, ni plus tard. Et pour ce qui est des honneurs, je n'en ai que faire. Mais je ne vous cacherai pas que ces révélations risquent fort de vous attirer des ennuis. La balle est dans votre camp. C'est à vous de voir. Soit vous publiez, soit…

— Soit je vis avec les conséquences de ne pas l'avoir fait. Je connais la rengaine.

L'homme se lève et fouille dans sa poche. Il en sort une volumineuse enveloppe qu'il lui tend et une feuille de papier sur laquelle a été gribouillé un numéro de téléphone.

— Qu'est-ce que c'est ? demande Nancy.

— Pour couvrir vos frais de déplacement et pour me contacter.

Nancy était loin de s'attendre à cela. Il est vrai que ses fonds sont presque à sec. Elle a pu faire un dernier retrait de son compte avant qu'il soit gelé, mais cette somme va être épuisée rapidement. Pour continuer à opérer dans l'ombre, elle aura besoin de liquidité. Son oncle se mouille déjà assez comme ça, elle ne peut pas lui demander en plus de piger dans ses économies pour financer son enquête.

— Peu importe la décision que vous prendrez, cela vous appartient.

« Bien maigre consolation », se dit-elle.

— Si vous choisissez de poursuivre votre travail, laissez-moi un message à ce numéro. Je vous recontacterai pour la suite. Toute autre formule me signifierait que vous avez été compromise. Bonne chance.

L'homme se lève de table et quitte les lieux. Nancy le voit s'éloigner et disparaître dans la foule. Elle demeure un long moment à réfléchir à la suite des événements.

Chapitre 39
LA SECONDE CLÉ

Quand Leyla entre dans la chambre, Alfred est en train de souper. Elle dépose son sac à main sur la table de chevet et tire doucement la chaise près du lit. Le vieil homme repousse son plateau.

— Finissez votre repas, Alfred. Je ne voudrais surtout pas que les gens de l'hospice pensent que je vous empêche de manger.

— Ce n'est certes pas votre faute si la nourriture est infecte. Quelle heure est-il au fait ?

— Dix-neuf heures seize.

Au moment où Alfred tente de se redresser le moniteur cardiaque se prend dans les couvertures et se met à biper.

— Qu'est-ce que c'est ? demande Leyla, inquiète.

— Un dompteur cardiaque.

— Un quoi ?

— Ce charlatan de médecin m'a branché à une machine pour dompter mon cœur ! Tu vois toutes ces ventouses ?

Alfred écarte son haut de pyjama.

— Il dit qu'avec ça, il peut savoir si mon cœur va bien. Je lui ai répondu que j'étais en pleine forme mais, têtu comme une mule, il a quand même voulu me coller toutes ces électrodes sur la poitrine. Et en plus, j'ai promis de ne rien arracher avant le prochain rendez-vous ! Bon sang ! Qu'est-ce que ça me démange !

Alfred parvient à faire cesser l'alarme en enfonçant deux ou trois boutons.

— Si vous aimez mieux, je peux repasser un autre jour…

— Certainement pas ! rouspète Alfred. Ça me changera les idées. Et de toute façon, je dois te parler de la deuxième clé.

Le vieil homme se frotte rageusement la poitrine avant de commencer.

— La première clé faisait référence au Télektonon, ce calendrier de treize lunes qui doit absolument être instauré avant décembre 2009.

— C'est encore frais à ma mémoire, le rassure Leyla.

— La seconde concerne l'ADN, cette molécule que l'on retrouve dans toutes les cellules vivantes et qui renferme l'ensemble des informations nécessaires au développement et au fonctionnement de l'organisme.

Leyla ouvre de grands yeux. Elle était loin de s'attendre à ce qu'Alfred lui donne un cours de biologie moléculaire.

— Comme tu le sais, l'ADN est le support de l'hérédité. Il transmet les gènes parentaux lors de la reproduction. Il renferme l'information génétique qui constitue le génome de tous les êtres vivants.

— Tout ça n'est pas nouveau pour moi ! l'interrompt Leyla.

— Bien ! Alors passons au plus important. L'ADN est en quelque sorte un support mémoire multidimensionnel. Chaque spirale, ou brin d'ADN, contient des informations spécifiques qui correspondent à des dons latents. Nous sommes actuellement entrés dans une sorte de sas vibratoire qui sépare les dimensions. Ce passage va permettre à l'humanité d'activer six nouveaux brins sur douze de l'ADN éthérique. Et trois d'entre eux sont directement liés aux missions de vie. Tu me suis toujours ?

— Je crois, oui.

— Toutes ces reconnexions entraînent une plus grande ouverture de conscience et sont directement liées à des dons comme celui de la canalisation, de la clairvoyance, de la clair-audience, du magnétisme, de la télépathie et de la médiumnité.

Leyla hoche la tête, fascinée par les explications de son vieil ami.

— L'activation de ces nouvelles facultés, poursuit Alfred avec conviction, va obliger l'être humain à lâcher prise. L'ego s'ouvrira à la Lumière et à la volonté de l'âme. Nous comprendrons alors que les obstacles placés sur notre route sont là pour nous apprendre des choses sur nous-mêmes.

— Qu'est-ce que j'aurai à faire pour reconnecter ces brins ?

— Tu le fais déjà. Chercher à devenir une meilleure personne et ne porter aucun jugement. Également, les enfants joueront un rôle important. Chaque année multiplie par dix leur potentiel psychique. Ils vont provoquer beaucoup de bouleversements. Ceux-ci ont d'ailleurs déjà commencé à se produire.

Leyla comprend mieux pourquoi il est si important qu'elle rassemble d'abord les enfants. Ce sont eux qui font montre des meilleures dispositions pour transformer la vie sur Terre. Ils naissent avec un bagage génétique impressionnant et possèdent des dons extraordinaires qui lui seront d'une grande utilité pour sa mission.

— Toutefois, continue Alfred, en empruntant la voie de l'ascension, nous nous engageons, en tant qu'êtres humains, à ne pas revenir en arrière, à vivre pleinement tous les drames qui nous seront envoyés en restant confiants que nous serons protégés. La race humaine ne s'éteindra pas. « Apocalypse » ne signifie pas *fin du monde*, mais bien *fin d'un monde*.

Le téléphone portable de Leyla se met à vibrer dans sa poche. Elle jette machinalement un coup d'œil à l'afficheur.

— C'est Mégane ! dit-elle. Je la rappellerai plus tard.

— Au niveau géologique, et c'est surtout là que tu devras intervenir, les catastrophes seront dramatiques. La Terre durcira sa croûte pour recouvrir son pétrole, ses gaz, son charbon et ses autres minerais. Elle se protégera de la folie des hommes en enfouissant plus profondément ses ressources vitales. Ceux qui avaient l'habitude de s'enrichir à son détriment ne seront plus autorisés à le faire. C'est alors que les hommes développeront des énergies propres et renouvelables. Géothermie, énergies solaire, éolienne, marémotrice, autant de formes à utiliser pour fournir les villes en énergie. Mais avant d'en arriver là, les hommes seront confrontés à la destruction.

— Il y aura donc de grands cataclysmes ?

— Sans nul doute, confirme Alfred. Mais ces phases de grand nettoyage seront également bénéfiques.

— Qu'est-ce que vous voulez dire ?

— La souffrance éprouve les gens, mais elle crée en même temps une ouverture d'esprit qui découle des sentiments généreux…

— Attendez ! Vous n'allez tout de même pas me faire croire qu'on doit souffrir pour…

— Ne déforme pas mes paroles, l'interrompt aussitôt Alfred. Je n'ai jamais dit qu'on devait souffrir, mais plutôt que la douleur rendait l'être humain plus charitable, plus compatissant : ce n'est pas la même chose !

Leyla le regarde, encore sceptique.

— Prends l'exemple d'un village dévasté par un ouragan. Les gens vont s'unir afin de reconstruire ce qui a été détruit. Ils le feront par altruisme, sans rien exiger en retour, juste pour le plaisir de venir en aide aux plus démunis. C'est dans l'épreuve que l'être humain fait montre d'une plus grande générosité.

— Je vois où vous voulez en venir, l'assure Leyla.

— C'est triste à dire, poursuit Alfred en se grattant comme un forcené, mais les gens ont besoin d'être secoués un brin pour continuer d'avancer. Cette réalité est difficile à admettre, j'en conviens, mais elle n'en est pas moins vraie pour autant. Nous allons nous arrêter ici pour ce soir.

Ne pouvant plus supporter la démangeaison, Alfred arrache le ruban adhésif. Deux électrodes viennent avec et la machine se met à biper de nouveau. Impatient, Alfred appuie au hasard sur les boutons, mais rien n'y fait. L'alarme finit par s'éteindre d'elle-même au bout de quelques minutes.

— Tant pis pour l'enregistrement ! grogne-t-il en décollant le reste des ventouses. Je vais bien ! Ma parole devra lui suffire !

Leyla sourit. Elle a rarement vu son ami aussi exaspéré.

— Je vais vous laisser dormir, monsieur Bartholdi ! Vous avez l'air fatigué. Reposez-vous bien !

— Sans cette cochonnerie, je vais peut-être réussir à fermer l'œil ! Demain, si tu as le temps, nous continuerons notre discussion.

— Je viendrai, l'assure Leyla.

Avant de quitter la chambre, elle se retourne vers Alfred.

— Ça vous plairait de passer le prochain week-end à la maison ? Je compte également inviter Paolo.

Alfred fronce les sourcils tout en faisant mine de ne pas savoir de qui il s'agit.

— Mais oui ! Je vous en ai déjà parlé l'autre jour. C'est lui qui a sauvé Mégane.

Le vieil homme acquiesce.

— Ainsi, vous pourrez le rencontrer enfin ! Je pense que vous allez bien vous entendre tous les deux !

— Ce sera pour moi un honneur ! rétorque Alfred tout en dissimulant sa déception derrière un ton affable.

Alfred n'aime pas particulièrement Paolo Nova, cet homme qui lui vole l'attention de sa petite protégée.

Chapitre 40
LE DERNIER EXAMEN

Depuis qu'il a reçu la lettre, Kireg se demande comment ses cousines de Sionrah ont pu apprendre qu'il possédait des pouvoirs. Il n'en a pourtant jamais parlé à personne ! Enfin, à personne d'autre qu'à Joseph et Gerald. Quoique ce dernier ne se soit pas vraiment privé de l'annoncer à tout le monde… Même ses parents se doutent maintenant de quelque chose.

— Monsieur Radhan ! s'impatiente le professeur.

Plongé dans ses réflexions, Kireg n'a pas entendu la voix autoritaire de madame Courtney. Il sursaute quand elle pose la main sur son épaule.

— Peut-être avez-vous déjà terminé ? lance-t-elle, sachant d'avance qu'il n'en est rien.

Kireg baisse la tête sur sa feuille à moitié remplie.

— Heu… non !

— Les réponses ne se trouvent pas au plafond, jeune homme ! Concentrez-vous davantage, il ne vous reste plus que quinze minutes avant la fin de l'extension qu'on vous a accordée.

Deux heures plus tôt, Kireg a dû interrompre son examen à cause d'une douleur aiguë qui avait éclaté dans sa tête. Il a d'abord essayé de combattre le mal, mais le supplice est vite devenu insupportable. Puis le sang s'est mis à goutter de son nez. Madame Courtney l'a aussitôt envoyé à l'infirmerie et, à sa demande, la direction de l'école a accepté de prolonger son temps de révision d'une heure. Il est à présent seul dans la classe avec le professeur. Les autres élèves ont déjà quitté pour les vacances estivales.

Kireg tente à nouveau de se concentrer sur son examen, mais une multitude d'images court-circuitent ses efforts. Il revoit en pensée le loch Veagh et tous ces gens qui avaient conjugué leurs efforts pour retrouver Rose O'Brien, puis le navire marchand qui a arraché la fillette à sa patrie. Il se souvient de ce petit corps souillé de sang, de ce visage barbouillé de larmes, de ces membres si menus, couverts d'ecchymoses... Kireg arrive à peine à respirer, il souffre de voir la sœur de son meilleur ami dans cet état, fleur fragile entre les mains d'un mal qui ne se nomme pas. Il regarde le bateau s'éloigner du quai. Il s'en veut de ne pas pouvoir faire plus.

— Qu'est-ce qui vous arrive, monsieur Radhan ? s'inquiète soudain le professeur en le voyant si pâle.

La tristesse qui se peint sur le visage de Kireg émeut son professeur au plus haut point. Madame Courtney devine que cette douleur est liée à la disparition de Rose O'Brien ; tout le village en a été très affecté, mais elle est loin de se douter de tout ce que Kireg endure en silence.

— Allez boire un peu d'eau fraîche, lance-t-elle en posant une main compatissante sur son épaule. Cela vous fera grand bien.

Kireg se lève, sort dans le corridor et se traîne les pieds jusqu'à l'abreuvoir. Madame Courtney le surveille depuis sa classe. Il avale quelques gorgées d'eau et s'asperge le visage avant de revenir s'asseoir à son pupitre pour terminer son contrôle, le dernier du semestre.

Kireg se remet à l'ouvrage, mais la vision du cargo quittant le port de Belfast persiste à le déconcentrer. Il a beau la chasser de son esprit, elle revient avec toujours plus d'insistance, comme s'il devait découvrir quelque chose. Kireg ferme les yeux et aperçoit enfin le détail qui lui a échappé jusqu'à présent…

« J'espère qu'il n'est pas trop tard », songe-t-il en se levant brusquement.

Chapitre 41
LES NANOTECHNOLOGIES

Depuis une semaine, Nancy loge dans un motel situé en bordure de la route, à la sortie de la petite ville d'Orseille. Même si elle y est un peu à l'étroit, elle s'y sent en sécurité. Peut-être du fait que la maison de Julian se trouve à quelques kilomètres à peine.

À la suite de son entretien avec Monsieur X, Nancy a passé plusieurs nuits blanches à peser le pour et le contre. Le jeu en vaut-il la chandelle ? Est-elle prête à subir les conséquences d'une nouvelle publication ? À risquer de compromettre sa couverture et à mettre sa vie en danger ainsi que celle de Marcus ?

Deux jours après leur entretien, Marcus Kenberg l'avait rappelée. Il avait longuement réfléchi à la situation et était prêt à l'aider, quitte à perdre définitivement son boulot chez *Primeur*. Il n'aurait de toute façon aucune difficulté à trouver autre chose ailleurs. Il était le meilleur dans son domaine !

Après mûre réflexion, Nancy avait aussi décidé de foncer. La vérité méritait qu'on se batte. Durant ses études de journalisme à l'université, elle s'était juré de toujours la défendre.

Le téléphone mobile de Nancy se met à vibrer dans le fond de sa poche. Elle l'extirpe pour contempler l'écran lumineux. Un message texte s'affiche : « Rendez-vous au cybercafé de la rue Vallant, dans une heure. » Nancy termine son repas à la hâte et règle l'addition avant de sortir du restaurant où elle venait de s'attabler.

Au volant d'une voiture de location, Nancy s'engage sur l'autoroute. Levant les yeux, elle aperçoit, dans son rétroviseur, une Volvo noire aux vitres teintées qui s'approche à toute vitesse. Son cœur manque un battement tandis qu'une poussée d'adrénaline envahit son système nerveux. Sa respiration s'accélère et ses mains se crispent sur le volant. Elle lutte pour garder son sang-froid, mais au moment où la berline s'engage sur la voie de gauche, elle cède à la panique. Persuadée que le conducteur l'a reconnue et prise en chasse, elle pousse l'accélérateur à fond. Au dernier moment, elle donne un coup de volant pour prendre une voie de raccordement. Sans ralentir, elle négocie le virage à plus de cent kilomètres à l'heure. Les pneus crissent, mais sa petite compacte s'agrippe à la chaussée comme à du velcro. Dans la bretelle, elle rétrograde pour ralentir un peu sa course, puis accélère à nouveau, le pied au plancher.

Après coup, Nancy se demande si elle n'a pas imaginé tout ça. Le conducteur de la Volvo la suivait-il vraiment, ou voulait-il simplement effectuer un dépassement ? Il n'a en tout cas pas réagi quand elle a pris la sortie à la dernière minute. Elle devient vraiment parano.

Avant de se présenter à l'adresse indiquée par Monsieur X, Nancy a néanmoins effectué plusieurs détours à travers la ville, histoire de ne rien laisser au hasard. Une fois ses inquiétudes dissipées, elle se gare derrière le cybercafé.

Les mains toujours crispées sur le volant, elle ferme les yeux et prend de grandes inspirations pour se calmer. Au bout de quelques minutes, elle se décide enfin à sortir de la voiture.

La jeune femme traverse le stationnement d'un pas alerte en guettant les alentours. Elle contourne le bâtiment en briques rouges de trois étages pour rejoindre la façade vitrée du café Internet. Dès qu'elle est à l'intérieur, elle repère son informateur.

Monsieur X est assis à la mezzanine. C'est à peine s'il lui adresse un regard.

— Bonjour ! l'interpelle un serveur. Je peux vous aider ?

— Non merci. J'ai déjà trouvé.

Les jambes encore flageolantes, Nancy monte les marches en se tenant à la rampe.

L'homme lui lance un regard interrogateur.

— Tout va bien. Je dois seulement apprendre à gérer ma paranoïa.

— C'est ce qui vous gardera en vie.

Plutôt qu'une enveloppe de documents, Monsieur X a apporté un portable avec lui. Il pianote sur les touches de son clavier, ouvre un document, mais rabat le couvercle de l'ordinateur.

— Vous savez ce que sont les nanotechnologies ?

Nancy se tire une chaise près de lui.

— Vous voulez parler de Movidas et de leur micropuce, répond Nancy en se remémorant la conférence de presse houleuse du ministre Carrey.

— Savez-vous précisément à quoi cette application va servir ?

Nancy dépose son sac à main sur la table, sort son calepin et un stylo. Puis elle relève la tête et regarde Monsieur X dans les yeux.

— À retracer par satellite les animaux égarés ainsi que certains prisonniers considérés comme dangereux ? répond Nancy.

— C'est ce que les actionnaires de la compagnie et nos dirigeants voudraient bien nous faire croire, mais je peux vous assurer qu'avant longtemps la puce sera injectée à toute la population et pas seulement à ceux et celles qui ont des problèmes de comportement !

— Je doute fort que les gens se laissent faire ! réplique platement la journaliste.

— Les gens accepteront sans broncher, parce qu'on leur certifiera que c'est pour leur bien.

— Les gens sont peut-être naïfs, intervient Nancy, mais pas complètement idiots !

Monsieur X lui lance un regard étonné.

— Je vous croyais plus perspicace ! Cette micropuce a été conçue pour emmagasiner des informations biologiques aussi diverses que la température du corps, le rythme cardiaque, l'activité neurologique, le taux de sucre dans le sang, le niveau de cholestérol, la présence d'agents pathogènes et quantité d'autres données biométriques fort utiles advenant le cas d'une hospitalisation d'urgence. Qui seront les premiers à être implantés, croyez-vous ? Les enfants.

— Les parents s'interposeront ! coupe aussitôt la journaliste.

— Pas si on leur fait miroiter les avantages. Sécurité et tranquillité d'esprit. On vendra la puce comme un outil puissant visant à contrer les kidnappeurs, les fugues ou les simples distractions. L'enfant disparaît ou se perd dans le bois, il a sa puce. On le géolocalise, on intervient rapidement, l'enfant est sauvé. Puis ce sera le tour des personnes les plus vulnérables comme les gens âgés, les individus atteints de maladie mentale, d'affections chroniques, de troubles du comportement, toujours dans le but de les protéger. Le public ne verra que les progrès technologiques en matière de sécurité, l'avènement d'une nouvelle ère, celle où nos êtres chers ne pourront plus disparaître.

Monsieur X fait pivoter l'écran de son ordinateur vers Nancy. Une vidéo montre quelques-unes des applications de cette technologie.

— Une fois injectée dans l'organisme humain, poursuit-il, la puce sera automatiquement activée. Non seulement elle recueillera de l'information sur l'individu pour la transmettre à un serveur central où elle sera traitée, mais elle en diffusera également. Relayée par différents émetteurs déjà implantés à travers le monde, ces ondes propageront en continu des messages qui pénétreront le cerveau humain par l'intermédiaire des circuits électriques du corps.

— Je vois que vous accordez beaucoup de crédit à cette nouvelle technologie…

— Nancy… Vous ne semblez pas mesurer l'impact et l'urgence de la situation ! À l'heure même où je vous parle, une armée de contrôleurs et de vérificateurs gouvernementaux est en train d'être formée et cette équipe sera pleinement opérationnelle d'ici quelques mois à peine. Vous devez informer la population au plus vite.

— Vous croyez que de savoir changera quelque chose ? Vous l'avez dit vous-même, les gens accepteront malgré les dangers. Et de toute façon, la plupart d'entre eux préfèrent continuer à ignorer la vérité, histoire de mieux dormir la nuit.

— Vous ne pouvez pas décider à la place des autres, mademoiselle Riopelle ! Donnez-leur au moins le choix… Bien sûr, on pourrait argumenter pendant des heures sur le bien-fondé de cette méthode, dire que la micropuce vise à sauver l'homme de lui-même en lui promettant la tranquillité d'esprit, en lui faisant miroiter une ère de paix, mais à quel prix ? La vertu suppose la liberté. Dans la contrainte point de vertu, comme dirait Voltaire.

Nancy soupire. Il a raison. Mais ce n'est pas lui qui devra se battre sur le front, ce n'est pas lui que l'Ordre attaquera.

— Vous vous devez de révéler ce que vous savez, poursuit l'homme avec aplomb, et ce, en dépit de ce que les gens en feront ! Une fois l'information transmise, le reste ne sera plus de votre ressort. Ne vous découragez pas, Nancy, beaucoup de gens comptent sur vous. Nous ne pouvons pas nous permettre de perdre notre dernière correspondante intègre dans la presse écrite.

— Ce « nous », veut savoir Nancy, il représente qui au juste ?

— Je fais partie d'un regroupement de… citoyens réfractaires à toute forme de manipulation. Nous venons au monde en possédant le libre arbitre, je me battrai jusqu'à la mort pour le conserver.

L'homme jette un regard circulaire autour de lui avant d'ajouter :

— Je dois partir. Nous ne nous reverrons peut-être pas pendant un certain temps. Mes supérieurs ont eu vent d'une fuite.

— Vous ne courez aucun risque, au moins ? s'inquiète Nancy. Parce que Julian m'en voudrait d'avoir grillé un informateur, et de surcroît, un ami.

Sans répondre, l'homme griffonne quelques lettres sur un bout de papier qu'il arrache d'un calepin avant de le lui tendre.

— Voici une adresse électronique où vous pourrez me joindre en tout temps, en cas de besoin. Mémorisez-la et brûlez le papier.

Chapitre 42
DUNFANAGHY

La vie semble avoir repris son cours normal à Dunfanaghy, du moins pour l'ensemble de la population.

Après la disparition de Rose, tout le monde avait interrompu ses activités pour prêter main-forte à la famille et aux policiers dans leurs recherches, mais maintenant que tout le monde sait que la fillette n'est plus en Irlande, chacun a repris ses occupations respectives avec un sentiment d'impuissance amer. Tous les habitants de la petite municipalité s'entendent pour dire que de perdre un enfant est sans doute l'épreuve la plus difficile à traverser pour des parents, mais que de ne pas savoir s'il est encore en vie est tout simplement inhumain ! Les gens sont loin de s'imaginer, toutefois, l'ampleur du drame qui touche la famille O'Brien.

Clive, le père de Rose, est en arrêt de travail pour une période indéterminée. Il profite de ce congé indéfini pour se consacrer à temps plein à la recherche de sa fille. Ignorant par où commencer, il a d'abord pris contact avec l'association d'aide aux parents victimes d'un enlèvement d'enfant qui lui a conseillé de contacter sans tarder le ministère des Affaires étrangères et de retenir les services d'un avocat spécialisé en droit international. Il en aura besoin pour obtenir des renseignements de l'étranger. L'association l'a ensuite guidée dans ses démarches.

Même si Clive a décidé de se battre, sa femme, de son côté, est tombée dans une profonde apathie le jour même de la disparition de sa fille. Danna respire encore, mais elle n'est plus qu'une coquille vide, ballottée dans la tourmente, spectatrice impuissante d'une innommable tragédie qui a complètement anéanti sa vie. Elle se sent comme morte à l'intérieur. La disparition de sa petite Rose a annihilé ce qu'il lui restait d'espoir. En rentrant un soir, Clive l'a retrouvée dans son bain, les poignets ouverts. Il s'en est fallu de peu pour qu'elle parvienne à éteindre sa douleur. Pour sa propre sécurité, Clive a alors décidé de la placer dans un hôpital psychiatrique.

Quant à Gerald, il s'est retranché sur lui-même. Il ne mange plus, ne dort plus, ne veut plus voir personne, pas même Kireg. Il s'en veut de ne pas avoir été plus gentil, plus affectueux avec sa jeune sœur, de ne pas lui avoir consacré davantage de temps, de ne pas avoir su la protéger. Il a également vu dépérir sa mère, l'a vu sombrer dans la dépression sans pouvoir faire quoi que ce soit pour l'aider.

Gerald se trouvait à la maison le jour où elle a tenté de se suicider. Le pauvre ne s'est rendu compte de rien. Une autre bévue, lourde de conséquences, dont il croit devoir porter la responsabilité. Du jour au lendemain, sa vie a basculé, il a perdu tous ses repères. Sa propre mère ne le reconnaît plus. Son père n'ayant plus de temps à lui consacrer a choisi de l'envoyer vivre chez une tante, une femme qu'il connaît à peine. Maintenant que sa famille est décimée, Gerald se retrouve seul avec lui-même, seul avec ses idées noires.

Chapitre 43
LE RETOUR

Paolo boucle sa valise et compose le numéro de la réception pour qu'on lui envoie un groom. Au moment où il raccroche, on frappe à sa porte.

— Qui est-ce ?

— Le technicien, monsieur. Je viens vérifier la climatisation.

Paolo s'avance et jette un coup d'œil par le judas. Placé de trois quarts, l'employé fixe le tapis en tripotant un tournevis. Paolo soulève le loquet et lui ouvre la porte.

— J'en ai pour quelques minutes encore… lui annonce-t-il en lui tournant le dos pour se diriger vers le lit. Vous pourriez revenir dans un quart d'heure ?

— Nous devons discuter, monsieur Nova.

Paolo reconnaît ces mots. Les mêmes qui étaient inscrits sur la feuille de papier que la serveuse lui a remise plus tôt ce matin. Paolo se retourne prestement. D'un bond, l'homme s'élance vers lui et l'attrape par le cou en appuyant fermement la lame de son couteau sur sa gorge.

— Ne faites rien de stupide.

Paolo lève lentement les mains en guise de capitulation.

— Je viens de la part de votre ex-femme.

Paolo se souvient maintenant du type. Il l'a aperçu à l'hôpital à quelques reprises en compagnie de Maud.

— Vraiment ? s'étonne Paolo. Vous l'avez vue quand la dernière fois ?

— Pourquoi cette question ?

Paolo abaisse la main droite et fouille dans une poche de son veston, ce qui fait aussitôt réagir l'homme qui appuie plus fort sur son couteau. Une larme de sang coule le long du cou de Paolo. Celui-ci arrive à peine à respirer.

— Calmez-vous ! Je veux juste vous montrer des photos.

Paolo agite la main qui tient les clichés. Hogan desserre un peu son étreinte.

— Qu'est-ce que c'est ?

— Regardez par vous-même !

— Tenez-les devant moi ! ordonne Hogan.

Paolo obtempère. Sur le premier cliché, une main tient la tête décapitée de Maud, tandis que le deuxième montre en toile de fond les chiens en train de s'arracher le bras de la malheureuse.

— Qu'est-ce qui me dit qu'elles ne sont pas truquées ?

Paolo ne répond pas. Tandis que le doute s'insinue dans l'esprit de Hogan, il relâche momentanément son attention et Paolo en profite pour tourner la situation à son avantage en lui assénant un violent coup de coude dans le plexus solaire. Plié en deux, le souffle coupé, Hogan échappe son arme qui roule jusque sous le lit, hors d'atteinte. Un combat au corps à corps s'engage alors. Paolo saisit Hogan par les cheveux et le projette contre le mur. Ce dernier tombe à genoux, à moitié assommé. Paolo tente de revenir à la charge, mais Hogan se relève et lui décoche un coup de poing au visage. Étourdi, Paolo titube. Avant qu'il ne reprenne ses esprits, Hogan plonge pour récupérer son arme. Légèrement désavantagé par rapport à l'imposante stature de son adversaire, il se dit que c'est le seul moyen pour lui de s'en sortir. Mais au moment où ses doigts touchent la lame, Paolo agrippe fermement son pantalon et le tire par en arrière. Il l'entraîne avec lui en roulant au sol. Maintenant à califourchon sur son dos, il le saisit à la gorge en appuyant fortement sur sa trachée. Manquant d'air, Hogan cesse peu à peu de se débattre. Paolo relâche doucement la pression. Hogan est maintenant inconscient.

Sans quitter son agresseur des yeux, Paolo récupère le couteau sous le lit. Il attrape ensuite le support à bagages et tranche les sangles. Puis il ligote solidement les poignets de Hogan dans son dos et lui entrave les chevilles. Comme il s'apprête à quitter la chambre, celui-ci reprend connaissance.

— Elle projetait de vous tuer…, lance-t-il méchamment pour tenter de le déstabiliser.

La main sur la poignée, Paolo se retourne.

— Beaucoup de gens en veulent à ma vie, ces temps-ci. Pas tous pour les mêmes raisons, cependant. Et vous ? Vous vouliez quoi ?

— Je suis un homme d'affaires, déclare Hogan d'un ton hautain. J'espère seulement conclure une entente. J'ai mis la main sur des documents qui pourraient vous compromettre. Tout est dans ma poche. Voyez par vous-même.

Paolo dépose sa valise et avance prudemment vers son agresseur, craignant une ruse. Il fouille dans la poche intérieure de sa veste et récupère le document en question.

— Je suis sûr que vous ne voudriez pas qu'une telle chose s'ébruite.

Après le départ de Monsieur X, Nancy est restée longtemps assise à la table du cybercafé, profitant de ce moment de solitude pour prendre un maximum de notes. Elle ne voulait rien oublier des précieuses informations que lui avait transmises l'informateur de son oncle.

Nancy n'a toutefois pris la réelle mesure de cette conversation qu'après avoir visionné le documentaire que Monsieur X avait transféré sur une clé USB à son intention. La vidéo avait duré presque deux heures. Nancy avait découvert les véritables enjeux de cette microtechnologie. Cette nouvelle science allait bientôt rendre les gens plus vulnérables que jamais, plus obéissants, voire même totalement soumis.

Encore une fois, la pieuvre de l'Ordre arrive à ses fins. La désinformation joue son rôle anesthésiant pour permettre la manipulation des masses. « L'ignorance a toujours un prix », songe Nancy en s'assoyant au volant de sa petite voiture. « Plus le temps passe, plus les enchères montent. »

Tout en conduisant sur l'autoroute, la jeune journaliste fait le bilan de sa situation.

Voilà ! Elle est arrivée à un tournant décisif de sa carrière. De sa vie, même. Si elle publie ce nouvel article, elle peut dire adieu à tout ce qui a étoffé son passé. Son identité est fichée aux services secrets, les frontières du pays lui sont interdites. Elle est désormais considérée comme une fugitive et, d'une simple manipulation informatique, ils pourraient éventuellement faire d'elle une criminelle.

Mentir n'est cependant pas envisageable. Se voiler la face non plus. Nancy a toujours fait son métier de manière consciencieuse et n'a jamais cédé sous la pression. Ce n'est certes pas maintenant qu'elle va commencer. En omettant de diffuser l'information, de dire la vérité, comment pourrait-elle ensuite se regarder dans une glace sans se dégoûter ? Non. Au point où elle en est, elle n'a plus le choix. Elle doit poursuivre sa croisade contre l'Ordre.

Son téléphone portable se met tout à coup à vibrer. Nancy jette un coup d'œil à l'afficheur. C'est Marcus. Un des seuls qui sache encore comment la joindre.

— Marcus ! Oui, ça va, merci. Je tiens le coup… Qui ? Tu peux me répéter son nom ?... Ça y est ! C'est noté. Merci, à plus.

Nancy raccroche. Marcus lui a transmis les coordonnées d'un certain Paolo Nova, qui prétend détenir des informations importantes sur l'Ordre. L'homme n'a cependant pas donné de détails, il a seulement laissé un numéro de téléphone où le joindre. « Tant qu'à être dans la merde jusqu'au cou, se dit Nancy, pourquoi pas ? »

Au petit matin, on frappe à la porte. Leyla ouvre un œil et étire le cou pour voir le réveil. « Qui peut bien s'amener à une heure pareille ? » songe-t-elle, encore dans les limbes. Les coups se font plus insistants. Leyla attrape sa robe de chambre et descend au rez-de-chaussée. Dans le vestibule, elle écarte le store et jette un coup d'œil par la fenêtre.

— Paolo ! s'écrie-t-elle en cherchant sa clé dans les poches de sa veste.

Elle l'insère ensuite dans la serrure en tournant. Le pêne dormant glisse et la porte s'ouvre.

— Salut Paolo !

Leyla se jette dans ses bras. Surpris de l'accueil, Paolo se penche amoureusement vers elle, l'enlace tendrement et couvre le sommet de son crâne de baisers.

— Je suis tellement heureux de te revoir ! murmure-t-il à son oreille avant de desserrer son étreinte. Laisse-moi te regarder. Tu es tellement belle !

— Arrête, je viens tout juste de sortir du lit !

Leyla passe une main dans ses cheveux en désordre.

— J'ai attendu si longtemps ce moment, poursuit Paolo, que j'ai peine à y croire.

Leyla l'invite à entrer.

— Tu dormais...

Paolo jette un coup d'œil à sa montre.

— Je suis désolé ! Je n'avais pas réalisé qu'il était si tôt. Tu veux que je revienne plus tard ?

— Mais non, voyons !

— Tu en es sûre ? Je peux...

— Je te dis que non. De toute façon, je n'arriverais pas à me rendormir.

Une fois dans la cuisine, Leyla lui offre quelque chose à boire.

— Un café, merci.

Leyla met l'eau à chauffer. Paolo s'appuie sur le chambranle de la porte pour se donner contenance. Maintenant qu'elle est là, devant lui, il perd tous ses moyens. « Qu'est-ce qu'elle est belle ! » se dit-il en la contemplant à nouveau. Le plan qu'il avait soigneusement élaboré la veille s'évapore d'un coup, comme l'eau de la bouilloire.

— Du sucre ? demande Leyla, de plus en plus embarrassée par l'insistance de son regard.

— Deux.

Le cœur de Paolo bondit dans sa poitrine chaque fois qu'elle pose ses grands yeux émeraude sur lui. Il voudrait la serrer dans ses bras, lui dire combien il l'aime et combien il la désire.

— Lait ?

Paolo hoche la tête en détaillant les contours de ce corps sublime.

Mal à l'aise, Leyla resserre la ceinture de son peignoir autour de sa taille et remonte négligemment ses cheveux en chignon.

Chacun de ses gestes est empreint de douceur et de sensualité. Elle est la grâce incarnée. Comment ne pas l'aimer ?

— Attention, l'avertit Leyla en lui tendant une tasse, c'est brûlant !

Les mains de Paolo s'attardent plus que nécessaire sur celles de sa bien-aimée. Sa peau est si douce, si chaude !

— Tu as faim ? Tu veux une rôtie ?

Paolo dépose son café sur le comptoir, derrière Leyla, la frôlant au passage, respirant avidement son odeur.

— Assieds-toi. Je m'occupe de tout.

Amusée, Leyla le laisse faire.

— Où est le grille-pain ?

— Derrière toi.

— Et…

— Dans le frigo. Mégane m'a raconté… au sujet de Maud, entame Leyla.

— Ne parlons pas de ça, tu veux ? Pas maintenant. Combien de rôties ?

— Une seule. Je suis contente que tu sois là. J'ai vraiment eu peur.

Paolo baisse la tête, hésite.

— Ce que tu as murmuré pendant mon coma…

— Je le pensais vraiment, le coupe aussitôt Leyla, intimidée.

Paolo écarquille les yeux. La douceur de son sourire le désarme. Il contourne l'îlot et s'approche, lentement, comme pour faire durer cet instant de plaisir, frissons exquis, si doux, si envahissants. Il se penche, cueille sa main entre les siennes et dépose un baiser au creux de sa paume. Le simple contact de sa peau provoque en lui une délicieuse sensation. Son regard amoureux remonte jusqu'à son beau visage. Il a rêvé si longtemps de cet instant… qu'il a peine à croire à sa chance. Il pourrait passer le reste de sa vie à se perdre dans ses yeux. Leyla brise le silence.

— On m'a profondément blessée, Paolo. Il me faudra du temps…

— Chut !

Paolo pose un doigt sur ses lèvres si douces.

— Je saurai être patient.

Hogan est parvenu à se libérer de justesse avant l'arrivée de la femme de chambre. La jeune préposée est entrée au moment pile où il sortait. Elle l'a regardé d'un air étonné sans rien dire.

Hors de lui, il fait maintenant les cent pas dans le bureau de son père où il s'est réfugié. Paolo Nova l'a piégé à son propre jeu ! Il l'a menacé d'envoyer les flics chez Maud s'il persistait à vouloir le faire chanter. Dès que les policiers apprendront ce qui est arrivé à la jeune femme, ils débarqueront chez elle en grande pompe et ils ne manqueront certainement pas de relever ses empreintes partout. Et qu'aura-t-il pour se défendre ? Rien. Comme il est déjà fiché dans le système, ils lui mettront la main dessus en un rien de temps. Même son avocat de père ne pourra pas plaider pour lui en de telles circonstances.

Hogan ne sait plus quoi faire. « Comment ai-je pu être aussi con ? s'insurge-t-il. J'avais pourtant tous les atouts en main ! »

Paolo lui a donné quarante-huit heures pour disparaître. Quitter la ville et ne jamais revenir. Rien ne lui prouve cependant qu'il tiendra parole. Il ira peut-être tout rapporter aux flics dès qu'il en aura l'occasion !

Hogan traverse le bureau et s'assoit dans le fauteuil directorial en cuir capitonné, qu'il fait aussitôt pivoter pour faire face au coffre-fort. Il tape ensuite le code de neuf chiffres, qu'il connaît par cœur, sur le clavier numérique. Un petit bruit sec lui confirme que son vieux n'a toujours pas changé de combinaison : la date de son mariage suivie de la date de son divorce.

Parmi les dossiers importants que conserve son père, Hogan trouve ce qu'il cherche. En homme prévenant, il garde toujours une importante somme en argent liquide… pour les imprévus. Hogan attrape la pile de billets verts et la fourre dans son sac.

Cambrioler son père n'est certes pas ce qu'il y a de mieux à faire. Si ce dernier venait à l'apprendre, il ne lui pardonnerait jamais cet affront, mais bon ! Faute de mieux, on se contente de ce qu'on a !

Hogan referme le coffre-fort, remet tout en place et se barre. Cette fois pour de bon.

Chapitre 44
LE NICOLAÏ BORISLAV

Kireg se demande encore comment il a pu passer à côté d'un détail aussi important lors de ses précédentes visions : le nom du navire marchand sur lequel Rose avait été embarquée, mais cette question était restée sans réponse. Peut-être était-ce dû à la forte pression qui pesait sur ses épaules à ce moment -là, ou encore à cause de l'anxiété qu'il avait ressentie à un moment aussi critique. Qui pouvait le dire ?

Tout de suite après son examen, Kireg avait tenté de contacter Gerald pour lui divulguer cette nouvelle information, mais depuis la tentative de suicide de sa mère, plus personne ne répondait au téléphone chez les O'Brien. Inquiet pour son ami, il s'était rendu là-bas à vélo. Il s'était toutefois heurté à une maison déserte et à une pancarte à vendre. Même le père de Gerald n'était pas joignable.

Kireg avait hésité avant de transmettre le renseignement aux forces de l'ordre de Dunfanaghy. Que risquait-il au fond ? Qu'on le prenne pour un illuminé ? C'était déjà fait ! Au poste de police, on l'avait surnommé « Harry Potter ». Ça lui était complètement égal. La vie de Rose était en danger et s'il lui fallait vivre avec ce surnom ridicule, ce serait un moindre mal. Il s'était donc rendu à la gendarmerie et avait demandé à parler au détective Rotburgh, l'agent qui lui avait remis sa carte de visite lors de la battue, à Glenveagh.

Les renseignements que Kireg avait fournis à l'enquêteur s'étaient avérés exacts. Les policiers avaient suivi la piste jusqu'au port de Belfast et avaient procédé à deux arrestations. Ils n'avaient toutefois découvert aucune trace de Rose.

De plus en plus nerveux, Kireg arpente la salle d'attente.

— Arrête ! s'impatiente Joseph. Ça me rend complètement dingue !

Sans rouspéter, Kireg vient s'asseoir sur la chaise à côté de son frère, mais commence à sautiller de la jambe. Joseph soupire.

— Pourquoi es-tu aussi tendu ? Ce n'est pourtant pas la première fois que tu as à faire ce genre de chose !

— Et si ça ne marche pas ? Si je n'arrive pas à voir quoi que ce soit ?

— Je suis certain que tu seras à la hauteur, Kireg.

Le garçon émet un grognement.

Dans le cadre de l'enquête sur la disparition de Rose O'Brien, l'agent Rotburgh a proposé à Kireg de se rendre dans le port de Dublin pour sonder les cloisons du *Nicolaï Borislav*, le bateau qui avait servi à transporter la fillette jusqu'en Écosse. Le bâtiment naval a été immobilisé jusqu'à nouvel ordre. Peut-être découvriront-ils quelque chose qui relancera l'enquête. Kireg a accepté, non sans une certaine réticence. Non pas qu'il doute de ses pouvoirs, mais trop de visions en même temps risquent de produire l'effet inverse ; autrement dit, il pourrait mélanger les différentes informations et conduire les policiers sur une fausse piste.

Une porte s'ouvre. L'agent Allan Rotburgh interpelle Kireg qui bondit aussitôt de sa chaise.

— Désolé de vous avoir fait attendre ! lance-t-il en s'approchant. Quelques détails à régler avant de partir !

Joseph se lève à son tour.

— Vous êtes le frère de Kireg, je présume.

— C'est ça, oui. Joseph Radhan.

— Allan Rotburgh.

Les deux hommes échangent une poignée de main.

— Venez ! Une voiture nous attend dehors.

L'agent tourne les talons et les deux frères lui emboîtent le pas.

— Le cargo a été arraisonné au large des côtes de l'île de Man, annonce Allan en marchant. C'est la marine britannique qui l'a escorté jusqu'au port de Dublin. Le capitaine et son équipage ont été mis en état d'arrestation. La cargaison a été saisie et le bâtiment restera amarré au quai pendant toute la durée de l'enquête. Je viens tout juste de t'obtenir la permission de monter à bord. Mais Joseph devra rester sur les quais.

— Pourquoi ? demande Kireg en prenant son frère de court.

Allan s'immobilise et se tourne vers lui.

— À l'heure actuelle, le bâtiment est littéralement pris d'assaut par une armée d'experts. Ces gens-là n'apprécient guère qu'on joue dans leurs pattes pendant qu'ils travaillent. Seuls ceux qui sont munis d'une autorisation spéciale peuvent y accéder.

Il tend un carton à Kireg.

— Voici ton laissez-passer. J'ai dû user de persuasion et faire jouer mes contacts pour convaincre ces messieurs que tu pouvais aider à faire progresser l'enquête… Depuis le début, tu as été un élément déterminant, Kireg. Tu nous as fourni de précieux renseignements. Espérons que la coque et les cloisons de ce navire sauront t'inspirer. L'enquête stagne en ce moment. Nous avons également diffusé un avis de recherche via Interpol pour retrouver Rose.

L'agent Rotburgh ouvre la portière arrière du véhicule et incite les deux frères à y monter. Il referme et prend place à l'avant. Pendant toute la durée du trajet, ils discutent de choses et d'autres, évitant volontairement de parler de l'enquête en cours. Le policier ne veut d'aucune manière influencer les dons de Kireg en lui révélant des faits.

Avant de grimper sur la passerelle, Kireg prend une grande inspiration afin de se calmer. Ses mains tremblent.

— Ça va aller, lui murmure son frère pour l'encourager. Je t'attendrai ici. S'il t'arrive quelque chose, ils viendront me chercher…

Kireg lui renvoie un maigre sourire. Déjà, au contact du métal froid des rambardes, une multitude d'images s'entassent dans son esprit, allant du simple matelot qui nettoie le pont supérieur jusqu'aux débardeurs qui procèdent au chargement des conteneurs sur le navire.

L'agent Rotburgh le conduit à travers un dédale de coursives et de passerelles insalubres, traverse la salle des machines, emprunte l'écoutille arrière et l'escalier de coudée pour accéder aux étages inférieurs. Au fond, dans un compartiment étanche, se trouvent les ballasts et la soute à combustible. De chaque côté de la cale, des marchandises sont entassées. Le policier se faufile entre les caisses – un véritable labyrinthe – jusqu'à une petite porte à peine visible dans la cloison. Il tourne la clenche et pousse le vantail de métal qui grince. Kireg est aussitôt saisi de nausées. Dans l'air vicié flottent des relents de pourriture et d'excréments.

— Ils n'ont toujours pas pu rétablir la ventilation, s'excuse l'agent Rotburgh.

Le policier sort une petite bouteille de plastique de sa poche et imbibe un mouchoir qu'il lui tend.

— Tiens ! Applique ça sur ton nez et ta bouche.

Kireg hésite.

— C'est juste un neutralisant d'odeur. C'est fait à base d'huiles essentielles. Rien de dangereux.

Kireg se décide enfin à le prendre. L'odeur n'est pas désagréable, au contraire. Puis il se met à l'ouvrage, frôlant du bout des doigts les cloisons visqueuses encore imprégnées d'embruns salés.

— C'est ici que Rose a été séquestrée ? demande-t-il au policier à travers le coton.

— Nous le pensons.

— Qu'y a-t-il dans ces caisses ?

— Comme tu peux le constater, elles n'ont pas toutes été ouvertes, mais plusieurs contiennent des bouteilles d'alcool frelaté et des denrées alimentaires.

Il tait cependant qu'ils ont également découvert des armes : lance-roquettes, mitraillettes, fusils à lunette, radars et appareils de vision nocturne. Il y avait également des stupéfiants, de l'héroïne, du haschisch et des substances psychotropes.

— Je ne crois pas que Rose ou les autres filles aient séjourné ici, déclare finalement Kireg après avoir fait le tour de la pièce. Rien ne le laisse croire en tout cas. Je suis navré. J'aurais aimé pouvoir vous aider davantage.

Visiblement déçu, l'agent Rotburgh hausse les épaules.

— On aura au moins essayé ! ajoute-t-il en invitant Kireg à le suivre. Remontons à la surface avant d'être malades.

Une fois à l'étage supérieur, Kireg demande :

— Qu'est-ce qui vous fait croire que les filles ont pu être enfermées dans cette pièce ?

— La présence de couvertures et de restes de nourriture.

— Des couvertures ? répète Kireg d'un air étonné. Je n'en ai pourtant vu aucune !

— Elles étaient infestées de punaises. Elles ont été mises au rebut.

— Dommage ! lance Kireg en accélérant le pas pour rester à la même hauteur que le policier. Peut-être qu'elles m'auraient appris quelque chose !

Kireg n'a pas tout dit à l'agent Rotburgh. En réalité, il ne saït que faire de cette information qui ne fera de toute façon pas avancer l'enquête sur la disparition de Rose. Les couvertures n'appartenaient pas aux fillettes kidnappées, mais probablement aux six passagers clandestins qui étaient montés à bord en Russie. Le *Nicolaï Borislav* faisait également le trafic d'immigrés. Kireg espérait ainsi éviter aux ressortissants une expulsion systématique.

Chapitre 45
LE RENDEZ-VOUS

Paolo est fou de joie. Leyla n'a pas repoussé ses avances, au contraire, elle a même consenti à l'accompagner au restaurant la semaine prochaine, avant son départ pour l'Écosse. Après avoir déjeuné ensemble au manoir, Leyla et Mégane l'ont invité à rester pour le week-end. Alfred Bartholdi, l'historien un peu grognon, doit également se joindre à eux.

— J'ai promis de passer chercher Alfred vers midi, annonce Leyla en raccrochant le combiné du téléphone. Ça nous donne tout juste le temps de faire la vaisselle et de mettre de l'ordre dans la cuisine.

— Je peux aider à faire quelque chose ? s'offre Paolo.

— Certainement ! s'empresse de répondre Mégane. Tu pourrais faire la vaisselle ?

— Ça me va !

— Mégane Wallace !

— Il s'est lui-même proposé ! se défend la plus jeune en levant les deux bras en l'air.

Paolo s'approche de Leyla et entoure sa taille, ce qui lui procure un doux frisson.

— Laisse, je vais me sentir moins coupable de t'avoir réveillée d'aussi bonne heure.

— Tu ne t'en sauveras pas comme ça, Mégane Wallace. Il y a aussi la salle de bain du rez-de-chaussée à nettoyer !

— Zut, alors !

Paolo lui adresse un sourire navré.

Pendant que Mégane et Paolo s'acquittent des corvées de nettoyage, Leyla prépare la marinade et met la volaille à macérer. Ce soir, elle fera des grillades et ils mangeront à l'extérieur pour la première fois de la saison, sur la grande terrasse.

Une heure plus tard, la maison brille comme un sou neuf.

— Tu veux que je prépare les légumes pour le souper ? s'enquiert tout bonnement Mégane.

Leyla manque de s'étrangler. D'ordinaire, Mégane ne se propose pas pour l'aider aux repas.

— Ce serait vraiment gentil de ta part, réplique-t-elle après s'être remise de sa commotion. Tu pourrais découper des poivrons, des champignons, des oignons…

— Je sais, Leyla. Des courgettes et du brocoli, aussi.

— Très bien. Alors, allons-y, Paolo !

— Tu permets que je conduise ? s'enquiert ce dernier d'une voix tout à fait séduisante.

Leyla dépose les clés dans le creux de sa paume. Paolo emprisonne ses doigts quelques secondes avant de les relâcher. Leyla rougit jusqu'aux oreilles. Mégane fait mine de n'avoir rien vu.

Dans un crissement de pneus, la petite voiture bleu sombre s'engage sur la route. Leyla boucle sa ceinture en vitesse pour ne pas passer à travers le pare-brise au premier arrêt. Ils n'ont pas tourné le coin qu'elle a déjà mal au cœur. Paolo conduit comme un pilote de course.

Le trajet se déroule en silence. Trop occupée à ne pas vomir son déjeuner, Leyla regarde constamment devant elle.

De son côté, Paolo songe à la proximité de la jeune femme, au parfum enivrant qu'elle dégage. Il se tourne vers elle, l'admire, inspire profondément, avide des sensations que lui procure sa présence. Son cœur est léger et un large sourire s'épanouit sur ses lèvres. Il meurt d'envie de l'embrasser, là, tout de suite.

— Qu'est-ce qui te fait sourire comme ça ? demande Leyla.

— Toi. Je suis heureux. C'est tout.

Leyla pose sa main sur la sienne. Il tressaille légèrement, ne s'attendant pas à cette marque d'affection.

— Je suis contente que tu restes, Paolo.

Le bleu de ses iris devient plus lumineux, son sourire touche ses yeux. Un silence plein de sous-entendus s'installe. Paolo gare la voiture devant l'entrée de l'hospice et s'empresse de contourner le véhicule pour ouvrir la portière à Leyla.

— On y va ? demande-t-il en lui tendant la main.

Alfred, qui les attendait dans le hall avec sa petite valise, pousse la porte pour sortir les rejoindre.

— Bonjour, monsieur Bartholdi ! lance Paolo en tendant la main vers lui. Comment allez-vous ?

Alfred grommelle de vagues paroles en esquivant le geste.

Paolo attrape les bagages du vieil homme et s'apprête à le soutenir, mais Alfred se dégage sèchement.

— Alfred a horreur qu'on le prenne pour un invalide, murmure Leyla.

— Je ne voulais que l'aider, se défend Paolo sur le même ton.

Leyla hausse les épaules.

— Je vais conduire, annonce-t-elle en s'approchant de la voiture. Je doute que le pauvre cœur d'Alfred résiste à ta conduite. Pas plus, d'ailleurs, que le moteur de ma petite voiture. Ce n'est pas dans mes habitudes de le malmener ainsi !

— Je peux être parfois très doux, susurre Paolo.

Leyla rougit.

Pendant une bonne partie du trajet du retour, la conversation porte essentiellement sur des sujets inintéressants tels que comment apprêter les poissons sur le barbecue, le genre de marinade à utiliser, ou encore, comment fabriquer une papillote étanche qui ne laisse pas échapper le jus de cuisson. Assis à l'arrière de la voiture, Paolo regarde distraitement défiler le paysage en se demandant quoi faire ou plutôt quoi dire pour que ce vieux bouc d'historien retraité ne monopolise pas l'attention de sa chérie tout le week-end. Au moment où il s'attaque sérieusement à l'élaboration d'un plan, son cellulaire se met à vibrer dans sa poche. Paolo jette un coup d'œil sur l'afficheur ; il ne reconnaît pas le numéro.

— Allo !

Leyla regarde dans son rétroviseur. Paolo hausse les épaules pour lui faire comprendre qu'il est désolé.

— Lui-même… Très bien, je serai là dans quelques minutes.

Paolo raccroche.

— Tu peux me déposer à la fourrière municipale ? Ils ont récupéré ma voiture. Je n'étais même pas au courant qu'on me l'avait volée ! Les policiers l'ont retrouvée, abandonnée dans le stationnement du Café des Terrasses…

— C'était Maud, déclare Leyla sans détourner les yeux de la route.

— De quoi parles-tu ?

— Maud avait pris ta Mercedes.

— Attends ! J'ai certainement loupé un truc !

— Si tu veux mon avis, Paolo, tu en as loupé plus d'un pendant ton coma !

Leyla actionne son clignotant pour tourner à droite.

— Il va falloir qu'on discute, toi et moi ! ajoute Paolo en guettant la réaction d'Alfred.

— Monsieur Bartholdi est au courant de tout ! lui précise Leyla. Il a même contribué à te sauver la vie après qu'Alison s'en est prise à toi, à l'hôpital.

Paolo reste bouche bée.

— Vous avez l'air surpris, monsieur Nova ! Mais je vous rassure tout de suite, ce sont Mégane et Leyla qui ont tout fait, je n'étais là que pour les seconder.

— De quoi voulais-tu discuter, Paolo ?

— Heu… de ce qui s'est passé en mon absence.

Leyla lui fait un bref résumé de ce qu'elles ont découvert au sujet d'Alison et de Bérengère, des soupçons qu'elles avaient également sur Maud.

— Tu as dit aux agents de police que c'est Bérengère qui t'a tiré dessus ?

— Heu… c'est un peu plus compliqué que ça…

— Mais Paolo, Bérengère est dangereuse !

— Je sais…

Leyla lève la tête pour l'apercevoir dans son rétroviseur, mais Paolo évite de croiser son regard.

— Même si Bérengère est ta sœur…

— Je ne peux rien dire parce qu'Alison s'en prendra à Mégane et à toi, tout comme elle s'en est prise à Maud.

— Je suis vraiment désolée pour ton ex.

— Peu importe ce qu'elle manigançait, Maud ne méritait pas ça. J'ai l'impression de l'avoir abandonnée.

Ils sont maintenant rendus à la fourrière municipale. Leyla gare la voiture devant le grillage.

— Ce n'est pas ta faute, Paolo. Tu n'as pas à te sentir coupable.

— Je sais, mais c'est plus fort que moi. Je ne voudrais pas qu'il vous arrive la même chose, à toi et à Mégane, surtout que vous partez à l'étranger…

Leyla se retourne pour prendre sa main.

— On restera en contact, je te le promets. Tu veux qu'on t'attende ?

— Non. Je vous rejoindrai au manoir. De toute façon, je serai là avant vous ! ajoute-t-il avec un clin d'œil. À tout à l'heure !

Paolo referme la portière et contourne la grille de la fourrière. Leyla reprend la route.

— Il est follement amoureux de toi, lance Alfred sur un ton condescendant. Ça se voit tout de suite ! Et toi, tu l'aimes ?

La question est directe, sans équivoque. Le vieil homme ne s'encombre pas de convenances. Leyla, elle, est prise au dépourvu. Que répondre à une question aussi franche ? Bien sûr qu'elle aime Paolo. Elle s'en est rendu compte alors qu'elle pensait l'avoir perdu. Toutefois, s'engager plus sérieusement lui fait peur.

— Il compte beaucoup pour moi…, répond-elle au bout d'un moment.

— Mauvaise réponse ! rétorque Alfred. Tu l'aimes ou pas ?

Le haussement de ton du vieil homme la fait sursauter.

— Bien sûr que je l'aime !

— Alors, ne perds pas une seconde, Leyla. La vie est trop courte.

— Ça sonne un peu faux dans la bouche d'un homme qui vient d'avoir cent treize ans ! se moque Leyla.

Ils partent tous les deux d'un éclat de rire. Au même moment, le portable de Leyla se met à sonner.

— Vous pourriez décrocher à ma place ?

Alfred attrape l'appareil que Leyla lui tend et commence à l'inspecter. Il répond sans même ouvrir le boîtier. La sonnerie continue de retentir.

— Comment diable fonctionne ce machin ?

Leyla lui reprend le cellulaire des mains et ouvre le rabat.

— Allo !

— Salut beauté, c'est Paolo.

— Ah ! Salut Paolo !

— Je viens d'avoir un appel de la journaliste dont je t'ai parlé ce matin. Elle m'attend en ville. Vous allez devoir souper sans moi.

Un air déçu se peint sur le visage de Leyla.

— Vers quelle heure comptes-tu revenir ?

— Je ne sais pas. Je te passerai un coup de fil.

— Très bien. Bonne soirée, alors !

— Tu vas me manquer…

— À moi aussi.

Nancy a donné rendez-vous à monsieur Nova dans un bar de la rue Crescent-Moon. Satisfaite de son petit stratagème, elle fait signe à la serveuse de lui apporter un autre verre.

La journaliste compte utiliser la méthode de Monsieur X qui consiste premièrement à attendre que le gars se pointe. Toujours trouver une position dominante et s'assurer une issue en cas de pépin. Elle lui a aussi donné une consigne qui lui permettra de l'identifier. Il doit commander une eau minérale avec une tranche de citron et déposer la tranche d'agrume à gauche de son verre, directement sur la table. Pendant qu'il attendra, Nancy vérifiera s'il n'a pas été suivi et l'appellera ensuite sur son portable.

Après une vingtaine de minutes, un homme se pointe. Grand, d'une belle prestance, cheveux blonds coupés court, teint basané, yeux bleus, sobrement vêtu, il semble chercher quelqu'un. Avant de s'asseoir, il jette un regard aux clients accoudés au bar.

Quand la serveuse prend sa commande, Nancy devine qu'il se nomme et qu'il s'informe si on a demandé à le voir. La fille lui fait signe que non avant de repartir. Nancy replonge dans sa lecture, sans toutefois détourner son attention du nouveau venu. Dès que la serveuse lui apporte une eau pétillante, il prend la tranche de citron et la dépose comme convenu sur la nappe. « Il est en avance ! » constate Nancy avec satisfaction.

Après une dizaine de minutes, Paolo commence à s'impatienter. Il regarde l'heure sur son portable. Nancy choisit cet instant pour l'appeler.

— Monsieur Nova, je suis de l'autre côté de la rue, chez l'Italien. Venez me rejoindre, je vous prie.

Paolo se retourne et aperçoit une jeune femme qui lui fait signe depuis la salle à manger du restaurant.

— Très efficace, votre petit stratagème ! dit Paolo en s'assoyant.

— On n'est jamais trop prudent, monsieur Nova !

— J'imagine que vous avez vérifié si j'étais réglementaire.

— Tout à fait. Vu la situation dans laquelle je me trouve, je n'ai guère le choix ! Vous avez dit détenir des informations sur l'Ordre ?

— En fait, j'espérais en obtenir de votre part.

— Tss-tss ! Si j'ai accepté de vous rencontrer, c'est uniquement parce que vous avez dit détenir des infos.

Comme elle s'apprête à partir, Paolo la retient.

— Très bien, je me lance. Ma sœur et sa fille font partie de cette secte.

Nancy s'arrête net, attendant la suite.

— Elles ont tué mon ex-femme et tenté de m'assassiner moi aussi. Je veux en savoir un peu plus au sujet de l'Ordre, savoir à qui j'ai vraiment affaire.

— Je suis désolée. Si l'Ordre a émis un contrat sur votre tête, je ne peux rien pour vous. Je suis moi-même une de ses cibles.

— Alors peut-être qu'on peut s'entraider !

Nancy réfléchit quelques instants à cette proposition.

— Si j'accepte, répond-elle simplement, vous vous retrouverez aussitôt en danger, car je m'apprête à publier un article qui fera réagir certains hauts fonctionnaires. Êtes-vous prêt à courir ce risque, monsieur Nova ?

Après un court moment de réflexion, Paolo acquiesce.

— Je suis prêt à tout pour les empêcher de s'en prendre à celles que j'aime.

— Celles que vous aimez ? répète Nancy. Je croyais que c'était vous la cible.

— Pour le moment…

Chapitre 46
L'ENFER DE ROSE

Soufflant sur son nez pour le réchauffer, Rose contemple vaguement le filet de condensation que produit sa respiration en s'élevant dans l'air glacé. Attachée par les poignets à la base d'un lit de camp, elle se recroqueville. La pauvre n'arrive pas à s'endormir. Elle a froid. Mais ce froid qui la dévore ne vient pas du dehors, il grandit en elle comme les fleurs de givre recouvrent les vitres en hiver. À mesure que l'aube se lève, la lumière s'infiltre par les pans de toile crasseux qui séparent les alcôves, lui révélant un spectacle sans nom. La petite Rose change de position. Un cri déchire l'étrange silence entrecoupé de râles et de pleurs. Elle ramène ses coudes sur ses oreilles pour ne plus entendre le calvaire qui se déroule dans le dortoir. Rose ferme les yeux en sanglotant. Un torrent de larmes inonde son visage.

Après son enlèvement, Rose a voyagé pendant plusieurs jours sans arrêt. Continuellement droguée, elle n'a eu conscience de rien. Ses ravisseurs l'ont conduite dans une sorte de « camp de dressage » où on lui a fait subir des traitements d'une extrême cruauté. Peur, souffrance, privation, confinement, humiliation, injection de psychotropes puissants, tous les procédés les plus pervers ont été mobilisés pour fracturer sa personnalité. Rose n'a aucune idée du temps qu'elle y est restée, une semaine, un mois, peut-être plus. Son corps ne pouvant plus supporter d'être brisé ainsi, elle a été transférée dans un autre endroit où une femme a soigné ses blessures. Courte pause en considération de ce qui l'attendait à sa sortie, car dès qu'elle s'est rétablie, on l'a ramenée dans le camp pour poursuivre les mauvais traitements.

Le pan de tissu qui ferme son alcôve se soulève. Rose tressaille, les yeux pleins d'effroi.

— Nooooon ! Maman ! Viens me chercher !

Au moment où deux inconnus se déshabillent, la petite ferme les paupières et se met à prier intensément. Elle se retranche au plus profond d'elle-même, oubliant son corps, se déconnectant de sa souffrance. Elle sait désormais que ses parents ne viendront pas.

Chapitre 47
L'ATTIRANCE

Quand Paolo rentre au manoir, il est passé vingt-trois heures. Tout le monde dort... sauf Leyla. En voyant filtrer la lumière des phares par la fenêtre de la cuisine, elle se lève et va lui ouvrir.

— Je suis désolé d'avoir manqué ton barbecue ! dit-il en lui tendant une bouteille de vin rouge. Je l'avais achetée en prévision d'un souper en tête-à-tête...

— Il n'est pas trop tard pour boire un verre ! Comment s'est passée ta rencontre avec la journaliste ?

— Plutôt bien. J'ai appris un tas de choses sur l'Ordre.

Paolo se penche pour l'embrasser sur la bouche. Un doux frisson lui parcourt l'échine au contact de ses lèvres chaudes.

— Cette fille est sympa ! précise Paolo. Je suis sûr que ce qu'elle a à dire sur l'Ordre t'intéressera.

— Tu comptes me la présenter ?

— Évidemment ! Je lui ai beaucoup parlé de toi et de Mégane. Elle meurt d'envie de vous connaître !

— Je te sers un verre de vin ? s'enquiert Leyla en déposant la bouteille sur le plan de travail.

— Laisse, je m'en occupe ! Où est le tire-bouchon ?

Leyla sort deux coupes de cristal et les place devant lui.

— Mégane et monsieur Bartholdi sont couchés depuis longtemps ? demande innocemment Paolo.

— Mégane est montée il y a une vingtaine de minutes tandis qu'Alfred est étendu depuis deux bonnes heures. Le pauvre n'a pas l'habitude de veiller si tard !

— Ils dorment tous les deux, tu crois ?

— Mégane, c'est sûr ! Quant à Alfred, je ne l'entends plus ronfler. J'ai lu quelque part que plus on vieillit, moins on dort.

Ploc ! En fin connaisseur, Paolo hume le bouchon de liège. Satisfait, il verse un peu de bordeaux dans les verres et tend une coupe à Leyla. Ensemble, ils se dirigent vers le salon. Leyla s'assoit la première sur le sofa et Paolo prend place tout près d'elle.

— Un toast ?

— À ton retour ! lance Leyla en entrechoquant sa coupe avec celle de Paolo.

Un tintement cristallin résonne et se prolonge dans le silence de la pièce plongée dans la pénombre.

— De quoi as-tu parlé avec cette journaliste… Comment s'appelle-t-elle déjà ? Nancy ?

— Oui. Nancy Riopelle.

— De quoi a-t-elle l'air ?

Paolo élude la question avec tact. Sans la quitter des yeux, il lui prend son verre et le dépose sur la table basse, à côté du sien. Il se rapproche dangereusement, assez près pour que Leyla comprenne qu'il trouve ennuyeux tous ses efforts de conversation. Son visage est maintenant tout près du sien. Son cœur s'affole, son pouls se détraque. Puis, cédant à une irrésistible pulsion, Paolo ferme les yeux et plaque sa bouche contre la sienne. Amorce un baiser, étourdissant de passion voluptueuse, de violence contenue, trop longtemps refrénée. Ses mains fiévreuses glissent dans le dos de la jeune femme, le long de sa colonne vertébrale, s'égarent langoureusement à la naissance de ses reins, pressant son corps contre son torse puissant. Puis il remonte doucement jusque dans son cou, ses doigts jouant dans ses cheveux défaits.

Imperceptiblement, le corps de Leyla se raidit. Les caresses de Paolo déclenchent en elle un torrent de souvenirs. Envahie par ces émotions intenses et contradictoires, elle se force à respirer pour ne pas basculer dans le vide qui se crée autour d'elle.

Sentant sa résistance, Paolo s'arrache à la frénésie de son étreinte, le cœur battant à tout rompre.

— Je suis désolé, Leyla, parvient-il à articuler, encore pantelant.

— Tu n'as pas à être désolé ! lui répond Leyla dans un souffle.

— Je t'avais promis d'être patient.

— Certaines blessures…

— Tu n'as pas à te justifier, Leyla.

Leyla dépose un baiser à la commissure de ses lèvres, comme une promesse rassurante d'une rémission à venir. Le cœur de Paolo s'emballe une fois encore. Il emprisonne son visage entre ses paumes géantes et plonge son regard azur dans l'émeraude de ses yeux. L'intensité de cette caresse est telle que Leyla sent son cœur chavirer. Les larmes remontent et débordent de ses paupières, ruisselant sur ses joues rosies par la fatigue.

— Ne pleure pas, murmure Paolo en embrassant son chagrin.

Paolo pose une dernière fois ses lèvres sur la bouche entr'ouverte de Leyla, enivré par l'odeur suave de sa peau.

— Mieux vaut que nous allions nous coucher, dit-il en se forçant à rompre le contact.

— Tu as raison. Il se fait tard.

— Tu veux que je dorme au salon ?

— Non. Je t'ai préparé ma chambre.

Une expression béate se dessine aussitôt sur le visage de Paolo.

— N'y pense même pas ! le taquine Leyla.

— Hé là ! Tu me prêtes des intentions que je n'ai pas !

— C'est ça ! Et moi je suis la reine d'Angleterre.

N'empêche, juste de savoir qu'il s'endormira dans le lit de sa dulcinée ce soir, dans des draps imprégnés de son odeur, un sourire étire ses lèvres, dessinant autour de ses grands yeux bleus de petites rides tout à fait séduisantes.

Mégane n'a jamais souffert d'insomnie. Aussitôt qu'elle pose la tête sur l'oreiller, elle se met à ronfler. La maison pourrait s'effondrer qu'elle ne s'en rendrait même pas compte ! Quand Leyla la rejoint dans sa chambre, elle se retourne tout en continuant de ronronner.

Incapable de dormir, Leyla revoit en pensée le visage de Paolo, son sourire charmeur qui imprime à ses yeux céruléens tant de charisme. Elle se remémore ses dernières paroles, comme un présage heureux de bonheur à venir. Visiblement, Paolo l'aime, même s'il ne l'a pas encore avoué ouvertement. Elle sourit intérieurement. Elle l'aime aussi. Penser ainsi à lui réveille en elle toute une gamme d'émotions intenses et troublantes. Des sentiments étrangers qu'elle n'a pas appris à reconnaître avant ce soir, ni d'ailleurs à maîtriser. À la simple évocation de ses lèvres brûlantes, un frisson de plaisir naît à la base de sa colonne vertébrale, faisant frémir son corps tout entier. En sa présence, il est si facile de sourire, de simplement être heureuse. Est-ce cela l'amour ?

Leyla se retourne doucement sous les draps pour ne pas réveiller sa locomotive de sœur qui ronfle maintenant à réveiller les morts. Elle se pelotonne sous les couvertures, comprimant son oreiller sur ses oreilles pour ne plus l'entendre. Les yeux grands ouverts, elle se demande si l'on peut aimer au point d'avoir mal, comme c'est le cas en ce moment. Une douleur diffuse qui n'est cependant pas physique. Paolo ressent-il la même chose pour elle ? Dort-il ? Ou bien pense-t-il à elle lui aussi ? Leyla se retient d'aller vérifier.

Il est tard quand Leyla finit par s'endormir. Et quand elle se réveille vers dix heures du matin, elle a la désagréable sensation de ne pas avoir fermé l'œil de la nuit. « La prochaine fois, songe-t-elle en enfilant ses pantoufles, ce sera au tour de Mégane de prêter sa chambre ! De toute façon, elle dort n'importe où ! »

Pendant que Leyla se brosse les dents, Mégane se pointe dans l'embrasure de la porte.

— Et puis ! Comment s'est passée ta soirée ?

— Hum… fait Leyla, la bouche pleine de dentifrice.

— Alfred est debout depuis longtemps, continue Mégane. Je lui ai préparé son petit déjeuner, mais le vieux taureau commence à piaffer d'impatience.

Leyla termine sa toilette et traverse dans la chambre de Mégane pour s'habiller.

— Raconte ! insiste encore sa sœur. À quelle heure est-il arrivé ?

— Il n'y a rien à raconter, Mégane la belette.

— Ne me prends pas pour une dinde. Tu l'as embrassé ?

— Pas une dinde, Mégane, une belette.

— Arrête de jouer avec les mots !

— Et puis ce ne sont pas tes affaires.

Leyla fait mine d'ignorer sa présence, mais Mégane ne se laisse pas décourager pour autant.

— Ça veut dire que tu l'as embrassé ! Comment c'était ?

— Tu n'as pas autre chose à faire, petite fouine ? As-tu vidé le lave-vaisselle ? Mis de l'ordre dans la cuisine ?

— Tu ne te débarrasseras pas de moi aussi facilement, Leyla Wallace !

— Laisse-moi m'habiller tranquille ! rétorque sa sœur, exaspérée.

Un bruit de pas dans le couloir indique aux deux sœurs que Paolo est réveillé lui aussi.

— Ce doit être ton prince charmant, la taquine Mégane en faisant mine d'embrasser le vide.

— Arghh ! File avant que je ne te flanque une claque.

Mégane s'esquive dans le couloir juste comme Paolo passe la tête par l'entrebâillement de la porte.

— Allo !

— Salut, Paolo ! Tu as fait de beaux rêves ?

Mégane lui roule des yeux pleins de sous-entendus.

— Fiche le camp, Mégane Wallace ! hurle sa sœur.

— Oui, chef !

Paolo se glisse derrière elle et l'enlace. Il se penche et dépose un baiser piquant dans son cou.

— Tu as bien dormi ?

— Pas vraiment, et toi ?

Paolo effleure du bout des lèvres la peau délicate de son cou. Un sourire illumine son visage.

— J'ai rarement vu aussi belle chose de toute ma vie…

Leyla se retourne pour lui faire face. Les fragments de ciel bleu ensemencés d'étoiles dans ses yeux lui font perdre contenance. Paolo la presse contre lui et l'embrasse en guettant d'éventuels signes de résistance… qui ne viennent pas. Serait-ce un début de rémission ? Il l'espère sincèrement.

— Leyla ! hurle Mégane du rez-de-chaussée. Le déjeuner est prêt.

Paolo libère doucement Leyla de l'étau de son étreinte. Elle manque de perdre pied tellement ses jambes sont flageolantes.

— On devrait y aller, parvient-elle à dire. Alfred est debout depuis longtemps.

— Alors, ne le faisons pas attendre davantage, susurre son prince charmant.

Chapitre 48
LE POIDS DU DOUTE

Debout devant la petite fenêtre du sous-sol, Kireg observe les arbustes rabougris qui ploient sous la force du vent. Depuis qu'il a terminé l'école, il n'y a pas eu une seule journée de beau temps. C'est à croire que même la nature s'est liguée contre lui.

Kireg avait prévu se rendre chez la tante de Gerald aujourd'hui, mais avec toute cette pluie qui lessive les rues, se balader à vélo est tout simplement impensable… Il soupire.

— Tu as l'air songeur… lui fait remarquer son frère en dégageant son lit des piles de linge propre pour s'asseoir.

— Je n'ai pas de nouvelles de Gerald et ça m'inquiète. Son père m'a dit que je pouvais le joindre chez sa tante, mais chaque fois que j'appelle, il dort, même en plein jour ! Ça ressemble drôlement à une défaite ! Tu crois qu'il m'en veut ?

— T'en vouloir pourquoi, Kireg ?

— Parce que je n'ai pas été à la hauteur… pour Rose.

— Arrête de porter le poids du monde sur tes épaules, le morigène son frère. Tu vas finir par t'écrouler sous la pression ! Tu n'es pas responsable de tes visions.

Kireg a l'impression que sa vie lui échappe. Il voudrait tant revenir en arrière, remonter jusqu'au soir où il a tenté de trafiquer le câble pour capter ce foutu poste de sport à la télé.

— C'est difficile pour moi, avoue-t-il au bout d'un moment. Je me dis que si j'ai développé ce pouvoir, c'est probablement parce que j'ai un rôle à jouer dans toutes ces horreurs. J'aurais pensé avoir une certaine emprise sur les événements… Sinon, à quoi bon ?

— Tu n'as peut-être pas tort, Kireg, mais tu oublies cependant un élément important : tu commences juste à apprendre comment fonctionnent tes visions. Donne-toi du temps…

— Justement ! s'emporte Kireg. C'est le temps qui me manque ! Et dans le cas de Rose, il est peut-être même déjà trop tard.

Joseph le regarde en fronçant les sourcils. Kireg lui cache quelque chose.

— Qu'as-tu découvert dans la cale du navire ?

Kireg se renfrogne.

Après être débarqué du bateau, il était demeuré taciturne et silencieux. Ce qui n'était guère dans ses habitudes. Lui qui avait toujours son mot à dire sur tout. Pendant le voyage de retour à Dunfanaghy, Joseph s'était retenu de lui quêter des détails sur ses visions, même s'il mourait d'envie d'en savoir plus. Il avait espéré que Kireg lui en parlerait une fois rendu à la maison, mais il n'en avait rien fait. Joseph avait respecté son silence, imaginant le pire.

— Je n'ai rien découvert de nouveau ! le coupe sèchement Kireg en se détournant.

Joseph se lève et marche vers lui. Il lui entoure les épaules de son bras. Les nerfs à fleur de peau, Kireg se met à sangloter. Joseph lui tapote doucement le dos.

— Tu crois que Rose est morte… C'est ça ?

En fait, Kireg n'en savait rien, mais il appréhendait le pire. Rose pouvait se trouver n'importe où en Europe, peut-être même en Asie ou en Afrique.

— J'espère que non ! répond-il simplement.

— Qu'as-tu vu dans cette foutue cale, alors, qui te mette dans cet état ?

— Ça n'avait aucun lien avec la disparition de Rose ! rétorque Kireg, d'une voix éteinte.

— Mais visiblement, ça te rend triste. Tu veux m'en parler ?

— À quoi ça servirait ? De toute façon, tu ne pourrais rien faire…

— Non. C'est vrai. Mais peut-être que d'en discuter avec ton grand frère adoré te soulagerait un peu ! blague Joseph qui meurt d'envie de savoir.

— Le *Nicolaï Borislav* avait à son bord une demi-douzaine de passagers clandestins, abdique finalement Kireg. Les couvertures retrouvées dans la cale leur appartenaient. Mais il n'y avait aucune trace de Rose.

La voix de Kireg se brise.

— Ne perds pas espoir, petit frère. Les enquêteurs découvriront peut-être quelque chose en fouillant le cargo.

— J'ai demandé à explorer tout le navire…

Kireg laisse sa phrase en suspens. Joseph attend patiemment qu'il poursuive.

— L'agent Rotburgh pense que la permission ne me sera pas accordée, termine-t-il, mais il va tout de même déposer une demande.

— Je ne vois pas pourquoi ils te la refuseraient, réplique vivement son frère, si ça peut faire avancer l'enquête…

— Je ne suis pas certain qu'ils veuillent vraiment faire avancer l'enquête, murmure Kireg d'un air grave. Retrouver Rose ne fait plus partie de leurs priorités puisqu'elle a quitté le territoire d'Irlande. Ça ne relève apparemment plus de leur juridiction, même si l'enquête se poursuit à un autre niveau. Et de toute façon, la plupart des gens croient qu'il est déjà trop tard…

Joseph le dévisage, consterné.

— Le *Nicolaï Borislav*, poursuit Kireg, faisait aussi le trafic d'armes et de stupéfiants. Tant qu'ils n'auront pas passé tout le bateau au peigne fin, je n'obtiendrai pas d'autorisation et l'agent Rotburgh le sait très bien. Il ne voulait juste pas me le dire en face.

— Oui, mais quand ils en auront fini ?

— Il sera trop tard.

Kireg baisse la tête et fixe ses mains un moment avant d'ajouter d'une voix pratiquement inaudible :

— Rose est condamnée.

Un long silence suit cette terrible déclaration.

— Kireg ?

— …

— Je peux facilement imaginer ce que tu ressens, ce que tu endures…

— Non, Joseph ! rétorque platement son frère. Tu n'en as aucune idée. Je suis seul dans cette galère.

— Alors, parle-m'en ! Je veux t'aider !

— Je ne peux pas ! Le mal que j'éprouve n'est pas physique, ni même psychologique. Il me gruge de l'intérieur, il me tire toute mon énergie. C'est à la fois dans mon cœur et dans mes tripes. Tout ce que ces visions me montrent… Tout ce qui arrive, je le ressens avec une telle intensité ! J'ai mal, tellement mal !

C'est comme si tout ça m'arrivait à moi ! La peur, la détresse, la douleur… Et c'est chaque fois plus fort et plus éprouvant.

En mal de mots, Joseph serre son frère très fort dans ses bras comme pour lui insuffler un peu de courage. La digue cède enfin et Kireg se remet à pleurer à chaudes larmes.

— Tu es épuisé, lui murmure son frère à l'oreille. Il faut que tu te reposes.

Kireg se laisse entraîner par Joseph qui l'aide à s'asseoir sur le lit.

— Les cousines de Sionrah vont bientôt débarquer à Dunfanaghy, poursuit-il. Elles vont peut-être pouvoir nous aider à comprendre ce qui t'arrive…

Chapitre 49
LE DANGER

Dans les jours qui suivent son entretien avec Paolo Nova, Nancy entame des recherches minutieuses afin de corroborer les renseignements qu'il lui a transmis. Elle ne néglige aucun détail, se documentant rigoureusement sur chacun des sujets abordés, et ce, à toutes les sources possibles : documents officiels, ouvrages de référence, archives et même Internet, malgré le fait qu'il lui faille trier les infos qu'elle glane avec soin. Il y a tellement de pseudo-spécialistes qu'il est parfois difficile de s'y retrouver. Elle a aussi fait appel à une ancienne connaissance capable de pirater les réseaux informatiques pour lui dénicher quelques données juteuses, quelques renseignements confidentiels et compromettants au sujet du ministre Carrey. Elle passe également en revue la pile de documents que Monsieur X lui a fait parvenir.

D'après ce qu'elle a lu dans ces dossiers, la micropuce a été créée au départ à des fins strictement médicales. Les chercheurs tentaient à cette époque de trouver une manière de soigner l'épilepsie. Une affection neurologique qui dénote une hyperactivité cérébrale pouvant se manifester par des convulsions ou une perte de conscience, voire même par des hallucinations. Cette entreprise a finalement abouti à l'invention d'une capsule hypodermique, pas plus grosse qu'un grain de riz, dotée d'une pile au lithium, implantable dans le corps humain.

Ce tout nouveau dispositif pouvait être injecté à l'aide d'une simple seringue, à deux endroits stratégiques : à la racine des cheveux et sur le dessus de la main, là où les variations de chaleur sont les plus significatives. La pile au lithium se recharge automatiquement grâce aux changements fréquents de température en ces endroits précis du corps.

Les scientifiques ont cependant remarqué qu'une fois la puce implantée sous la peau, le changement de fréquence qu'elle induit concoure à produire des effets marquants sur le comportement du patient. En diffusant un signal donné, ils peuvent stimuler certaines zones du cerveau, augmentant la production d'adrénaline dans le corps ou encore, inhibant la production d'hormones en bloquant le débit de la glande hypophyse.

Comme le développement de ce projet représentait des sommes astronomiques, il fut décidé par le gouvernement en place que les recherches seraient orientées dans une direction précise. La mise au point d'un dispositif pouvant recenser instantanément les populations et qui, à plus long terme, pourrait être utilisé comme moyen coercitif pour les contrôler.

Cette puce est non seulement en mesure d'emmagasiner des données biométriques, mais également de les restituer. Grâce à un scanner spécial, on peut savoir le nom de la personne implantée et même voir sa photo sur un écran. On peut également obtenir sa description physique, son adresse, son occupation, connaître son numéro de sécurité sociale, avoir accès à ses empreintes digitales, à son casier judiciaire, à sa généalogie, consulter ses déclarations de revenus, son dossier médical, ses comptes bancaires et récolter un tas d'autres informations des plus confidentielles. Les possibilités sont quasi illimitées.

Malheureusement, l'utilisation de la micropuce ne se limite pas à ces simples méfaits. Elle permettra éventuellement aux dirigeants d'épier, de surveiller, de contrôler chaque individu à distance au moyen de satellites. Lorsque la phase finale du projet

Balise sera opérationnelle, plus aucune marchandise ne pourra être achetée ni vendue sans cette puce. L'argent disparaîtra de la circulation. Les gouvernements auront ainsi la possibilité d'enlever toute existence économique à un individu en le privant de son libre accès à la consommation. Ceux qui auront refusé de se faire implanter ne pourront désormais plus s'établir dans les grandes villes, ni même y travailler. Ils deviendront des fugitifs, des hors-la-loi vivant en marge de la société. Balise est un programme de dictature mondiale et totalitaire.

Nancy mesure à présent l'ampleur de cette nouvelle technologie. Elle comprend mieux pourquoi son Monsieur X tient tellement à ce qu'elle publie cet article.

Après avoir englouti un copieux repas, Paolo s'installe au salon pour discuter avec Alfred, pendant que Mégane et Leyla débarrassent la table et rangent les assiettes dans le lave-vaisselle.

— Vous l'aimez ? entame abruptement Alfred au moment où Paolo s'assoit sur la bergère.

Quelque peu surpris par son entrée en matière, Paolo prend le temps de réfléchir avant de répondre. Il a l'impression de subir l'examen d'un père qui désire ce qu'il y a de mieux pour sa fille.

— Bien sûr que je l'aime, oui. Mais en quoi est-ce que ça vous concerne ?

Sans tenir compte de la réplique de Paolo, Alfred poursuit sur sa lancée.

— L'aimez-vous suffisamment pour la laisser partir ?

— Je croyais que vous deviez m'entretenir au sujet de l'Ordre de Lucifer, d'Alison, de Bérengère, de ce genre de trucs, quoi !

— Leyla n'est pas une femme ordinaire, continue Alfred sans se laisser impressionner par le ton un peu sec de Paolo. Elle a une importante mission à accomplir.

— Je suis tout à fait conscient de la mission de Leyla et de Mégane, monsieur Bartholdi. Si ça se trouve, je suis là pour les aider…

— Pour les aider ? raille Alfred. En quoi pourriez-vous leur être utile ?

— Mais où voulez-vous en venir exactement ? Où mène cette discussion ?

— Leyla n'a pas le droit de s'attacher, monsieur Nova.

— Qui êtes-vous pour juger de ce qui doit compter ou pas dans sa vie ?

— Se lier à vous reviendrait à s'exposer dangereusement. Vous savez qu'elle est l'Élue de la treizième prophétie. Ses ennemis vont tenter de l'atteindre par tous les moyens. Et le plus simple sera de s'attaquer à ses proches.

— Je sais me défendre…

Alfred éclate d'un rire sans joie.

— Vous n'êtes absolument pas conscient de l'enjeu qui se joue actuellement, ni de la mission que les trois enfants auront à accomplir.

— Alors, mettez-moi au courant !

— Pfft !

— Je l'aime plus que tout au monde. Je suis prêt à me battre pour elle. Jamais je ne la laisserai tomber.

— Si vous l'aimez vraiment, renoncez à elle.

— Jamais !

— Alors, vous aurez sa mort sur la conscience, car Alison Soren n'attend que ça.

— Comment ça, Alison Soren ? Qu'est-ce qu'elle a à voir là-dedans ?

— Alison incarne l'autre facette de Leyla. Le côté sombre. À elle seule, elle peut détruire l'Élue. Je vous en conjure, pour le bien de Leyla, disparaissez de sa vie…

Chapitre 50
UNE NOUVELLE CARGAISON

Maintenant que la surveillance policière s'est quelque peu relâchée, Doughal a décidé de reprendre ses opérations. Son nouvel associé, un homme d'affaires belge très en vue, promet d'être plus efficace que son prédécesseur. Par contre, son pourcentage sur la marchandise est plus élevé, mais Doughal se dit qu'il s'arrangera bien le moment venu.

La cache est maintenant prête à recevoir ses premières prises. Il a désinfecté l'intérieur à l'eau de javel afin d'éliminer cette odeur persistante d'urine et d'excréments. Il s'est également procuré un nouveau matelas, pour remplacer le précédent, infesté de vermines, dont il a dû se débarrasser en catastrophe avant la perquisition.

Sa première fille doit arriver aujourd'hui même. Une adolescente âgée de dix-huit ans. Doughal aurait préféré qu'elle soit beaucoup plus jeune – elles sont plus lucratives en bas de huit ans –, mais il ne peut, du moins pour l'instant, se permettre d'être trop difficile.

Doughal se lève et vérifie par la fenêtre. Ismaël aurait dû être arrivé depuis une bonne demi-heure. « J'espère qu'il ne s'est pas encore fourré dans le pétrin ! »

Avec l'affaire de Rose O'Brien, qui a bien failli l'envoyer pourrir en prison pour le reste de sa vie, Doughal surveille de près son complice. Il s'est juré qu'au moindre faux pas, à la moindre erreur de sa part, il l'écarterait définitivement. Ismaël n'aura pas de seconde chance.

Les phares d'une voiture apparaissent au bout du chemin. Doughal étire le cou pour tenter de mieux l'apercevoir. Sous la pluie battante, le conducteur prudent avance lentement, faisant gerber l'eau sale qui s'est accumulée dans les anfractuosités de la route. Doughal reconnaît enfin le véhicule de son complice. Soulagé, il desserre lentement les poings puis doucement relâche la tension qui s'était accumulée dans ses épaules. Il referme le rideau et se dirige vers l'escalier du sous-sol. Avant de descendre, toutefois, il tend l'oreille pour s'assurer que sa mère dort.

— Tu as plus d'une demi-heure de retard, lance Doughal avec emportement. J'avais dit plus de surprises !

Doughal dépose les battants de chaque côté de la trappe et fourre le cadenas dans sa poche.

— La fille s'est réveillée en chemin et a commencé à faire du grabuge dans le coffre. J'ai dû faire un petit détour par Glenveagh Park, histoire de la calmer un peu. Crois-le ou non, elle avait réussi à dérouler la carpette et à gruger les liens avec ses dents. C'était la première fois que je voyais une chose pareille !

— Et qu'est-ce que tu lui as fait pour qu'elle se calme ? s'inquiète soudain Doughal.

— Te fais pas de bile, vieux ! Je ne l'ai pas amochée. Elle est juste un peu étourdie.

— Quand est-ce que tu m'amènes les deux autres ? J'ai besoin de trois filles, c'était ce qui était convenu.

— Si tout va bien, tu en auras une autre après-demain et la dernière en début de semaine. Je sais où les cueillir. Bon ! Tu m'aides à la sortir ? C'est qu'elle est lourde, la salope ! Elle doit faire au moins soixante-cinq kilos !

— Vas-y, je te rejoins dans une minute, le temps d'ouvrir la porte du bunker.

Ismaël retourne à son véhicule et déverrouille le coffre. Doughal le rejoint et ils chargent le rouleau de moquette sur leurs épaules avant de se glisser dans la trappe menant à la cave. La fille remue faiblement.

— Putain ! jure Ismaël entre ses dents. Elle bouge encore celle-là ! Je lui ai pourtant administré une dose de cheval !

— La drogue que tu utilises est peut-être éventée ! Il y a une date d'expiration là-dessus ! Tu as regardé ?

Ismaël dépose le rouleau par terre avant de faire face à son complice.

— Évidemment que j'ai regardé ! Pour qui tu me prends, Breenan, pour un débutant ? J'ai acheté cette came la semaine dernière… Il va avoir de mes nouvelles, ce petit con !

— Hé ho ! On se calme l'ami ! Surtout pas de vagues. Je te rappelle que tu dois rester discret.

Ismaël émet un grognement sans rien ajouter. Puis il entreprend de dérouler la carpette. À mesure qu'il pousse sur le rouleau, une écœurante odeur de vomi lui monte au nez.

— Il manquait plus que ça ! râle encore Ismaël. La fille a dégueulé.

Doughal se penche et attrape le poignet de la malheureuse.

— Elle est morte !

Chapitre 51
LA BOMBE

L'information sur la micropuce est parue dans le journal de ce matin, en première page.

— Comment devient-on aussi incapable ? hurle Daveth Carrey dans le combiné.

Maintenant habitué à ce genre d'emportement, son interlocuteur reste muet.

— Et puis, d'où cette journaliste sort-elle toutes ces informations ? Votre système de sécurité est un vrai gruyère !

— Un membre de nos services divulgue actuellement des informations, Monsieur le ministre, marmonne le responsable. Mais je vous assure que nous nous efforçons de découvrir de qui il s'agit. L'enquête devrait aboutir d'ici quelques jours.

L'article de Nancy Riopelle a été très explosif. On en parle déjà partout à la télévision et à la radio. Le travail de plusieurs années de désinformation médiatique vient de partir en fumée.

— Trouvez-moi le mouchard qui a fait ça ! Me suis-je bien fait comprendre ?

— Oui, Monsieur.

— Et débarrassez-moi de cette foutue journaliste une bonne fois pour toutes !

— J'envoie tout de suite une équipe, Monsieur.

— Ne la laissez pas filer, cette fois ! C'est votre dernière chance !

— C'est comme si c'était fait, Monsieur le ministre !

Daveth Carrey raccroche furieusement l'appareil. S'il y a une chose qui l'horripile plus que la traîtrise, c'est bien l'incompétence ! Il y a longtemps que le compte de cette journaliste aurait dû être réglé ! Nancy Riopelle est parvenue à passer à travers les mailles du filet, et ce, malgré le fait qu'elle ait tous les agents des services secrets à ses trousses.

Ils ont perdu sa trace, mais elle continue d'inonder les journaux avec ses articles.

Le ministre attrape le combiné et compose le numéro personnel de son contact à l'Ordre.

— Carrey à l'appareil. J'ai un colis à expédier…

Daveth espère que l'Ordre sera plus efficace que les agents des services secrets.

Gabriel Bourdier arpente la pièce de long en large. Son visage n'exprime ni colère, ni rancœur, seulement une morne résignation qu'il s'efforce de dissimuler.

— Pourquoi ? demande-t-il à son rédacteur en chef qui a pris place de l'autre côté de l'imposant bureau directorial.

Juste avant la tombée du journal, Marcus Kenberg a remplacé la une par l'article de Nancy Riopelle sur les nanotechnologies. Gabriel a eu la surprise de sa vie en rentrant travailler ce matin.

— Nancy se bat pour la bonne cause, Gabriel.

— Elle se dirige droit vers un mur, tu veux dire ! réplique sèchement le directeur du journal.

Un silence lourd de reproches suit cette déclaration.

— Tu crois que l'Ordre n'a pas les moyens de la faire taire ? reprend Gabriel en dévisageant son ami d'un air grave.

— Sans doute, répond simplement Marcus.

Gabriel secoue la tête en signe d'incompréhension.

— Je te croyais plus futé, Marcus. Tu as pensé à ta femme, à tes enfants ? Qu'est-ce que tu leur diras, hein ?

Marcus relève fièrement la tête.

— Je ne regrette rien, Gabriel. Ce que j'ai fait, je l'ai justement fait pour eux ! Pour qu'ils n'aient pas à subir un régime totalitaire, ce qui ne manquera pas de se produire si des gens comme Nancy Riopelle ne les dénoncent pas. J'admire son courage et sa détermination. Elle est un exemple pour nous tous. Et si c'était à refaire, je n'hésiterais pas une seconde.

— Je suis vraiment désolé que tu aies pris cette décision, Marcus. On a réalisé de grandes choses ensemble…

— Il n'en tient qu'à toi que ça continue, Gabriel…

— Non. Je ne cautionnerai pas tes actions, pas cette fois. Je n'ai pas le choix.

— On a toujours le choix…

— Bordel, Marcus ! J'ai le couteau sur la gorge ! On va se retrouver dans la merde et je vais tout perdre !

— Tu es prêt à te laisser corrompre juste pour garder ce putain de journal ? Tu ne vois pas qu'ils sont en train de tuer la liberté de presse ? Ce n'est plus toi le grand boss, mais eux…

Gabriel ne répond pas. Il sait que Marcus a raison, mais que peut-il faire ? *Primeur* est toute sa vie !

— J'aurais pensé que tu avais plus de couilles, reprend Marcus. Il y a un temps où tu te serais battu à mort. Il faut croire que tout le monde a son prix, ajoute-t-il en se levant.

Le rédacteur en chef sort du grand bureau sans un regard en arrière.

Nancy n'a ni le temps, ni la possibilité d'écrire un autre article. Monsieur X lui téléphone en catastrophe dans l'après-midi pour l'avertir qu'elle doit faire ses valises et disparaître d'urgence, quitter le pays.

— On se reverra ? l'interroge la journaliste.

— Je ne crois pas, non. L'impact qu'a eu votre article sur la machine gouvernementale a été fulgurant. Ils ont donné l'ordre de vous écarter du journalisme. Une façon détournée d'annoncer, mademoiselle Riopelle, que votre assassinat a été commandé.

— Je n'en suis pas à ma première menace de mort…

— Vous devriez prendre celle-ci très au sérieux, coupe son interlocuteur. Ils ne vous laisseront pas vous en tirer. Ils ont contacté le tueur de l'Ordre.

— L'Ordre ?

— L'Ordre de Lucifer.

— Je sais très bien de quel Ordre vous voulez parler. Ce que je veux savoir en revanche c'est ce que ça implique.

— Vous courez un très grave danger. Partez le plus loin possible. Changez de pays, de continent, si vous le pouvez !

— Mais…

— Nul n'échappe aux tueurs de l'Ordre.

— Attendez ! C'est quoi cette histoire ?

— Débarrassez-vous de votre cellulaire ! poursuit Monsieur X sans tenir compte de son intervention. Détruisez toutes vos cartes bancaires et brûlez vos papiers d'identité. N'utilisez à l'avenir que de l'argent comptant pour ne laisser aucune trace. Bonne chance, mademoiselle Riopelle.

Un bip lui fait comprendre que la communication vient d'être interrompue. Nancy retire la carte mémoire de son cellulaire prépayé et la jette dans le broyeur à déchets. Puis elle court dans sa chambre pour récupérer quelques effets personnels. Elle n'a toutefois pas l'intention de s'éclipser avant d'avoir obtenu des réponses. Le nom de Paolo Nova lui vient immédiatement en tête. Elle enfile son trench et attrape ses clés de voiture avant de sortir du motel.

Chapitre 52
LE PLAN DE KIREG

Au volant de son pickup, Morag remonte lentement l'allée, impressionné par tout ce que ses yeux découvrent. De chaque côté de la route de pierres taillées s'étendent de magnifiques jardins bordés de vasques débordantes de fleurs. Ses yeux s'agrandissent encore de surprise lorsqu'il aperçoit au loin, au milieu de ce vaste domaine boisé, la silhouette d'un luxueux manoir de trois étages.

— Non, mais tu as vu ça, Kireg ! s'écrie-t-il en donnant un coup de coude à son fils pour le faire réagir. Qu'est-ce qu'elle fait dans la vie, la tante de Gerald ?

Indifférent au paysage, Kireg hausse les épaules.

Étant donné qu'il pleut sans discontinuer depuis plusieurs jours, Morag a fini par accepter de conduire Kireg chez la tante de Gerald. Conscient que son garçon a été très affecté par la disparition de Rose, il s'est dit que de revoir son ami ne pourrait que lui faire du bien.

— Elle doit être sacrément riche, cette tante ! poursuit Morag en se tournant vers son fils.

Perdu dans ses pensées, Kireg ne réagit pas.

— Kireg ! le secoue gentiment son père. Remue-toi un peu ! Tu crois que ça encouragera Gerald de te voir broyer du noir comme ça ? En ce moment, il n'a pas besoin d'un ami qui s'apitoie sur son sort.

Kireg soupire.

— Tu as raison, papa. Je vais me ressaisir.

— Dis-lui de venir passer quelques jours à la maison, propose son père. Peut-être que ça lui changera les idées. Vous pourriez aller à la pêche ou encore vous baigner à la mer…

— Voyons, papa ! proteste Kireg.

La mer est bien trop froide en cette période de l'année. Le père de Kireg semble toutefois déterminé à leur trouver une activité qui permettrait aux deux garçons de renouer. Il insiste en proposant à son fils toutes sortes d'activités, dont la plupart sont absolument insensées.

— Gerald aime bien pêcher, ajoute Kireg pour couper court aux suggestions de son père.

— Très bien ! lance joyeusement Morag en garant son véhicule devant l'entrée de la somptueuse résidence de style géorgien. Alors, c'est réglé ! Je reviendrai vous chercher en fin de journée. Bon courage, mon garçon !

— Merci, papa.

Kireg remonte son capuchon et sort sous la pluie battante. Il grimpe la volée de marches et appuie sur la sonnette. En attendant qu'on vienne lui ouvrir, il regarde le camion de son père disparaître au bout du chemin. Le bruit du loquet qui glisse le ramène à la réalité. Il se retourne pour faire face à une petite femme rondelette au visage souriant.

— Tu dois être Kireg, je présume.

— Oui, je viens voir Gerald.

— Entre…

— Comment va-t-il ?

— Oh ! Pas très bien !

La porte en bois ouvré se referme derrière Kireg.

— Viens ! Je vais te conduire à sa chambre.

La tante de Gerald l'entraîne à travers un dédale de pièces toutes plus luxueuses les unes que les autres sans cesser de discourir.

— Clive espérait que je saurais l'aider. Tu sais, j'ai moi-même perdu mon mari il y a quelques mois, mais j'avoue que je ne sais trop comment m'y prendre… Gerald est fermé comme une huître. À mon avis, il se sent coupable… Bref, j'espère que tu sauras le sortir de sa léthargie…

La tante Martha emprunte un large escalier de chêne. Son pas est étonnamment vif pour sa corpulence. Kireg la suit docilement sans rien dire.

— Mon frère m'a beaucoup parlé de toi, mon garçon. Il dit que tu as aidé les policiers dans leur enquête sur la disparition de Rose. La pauvre… Que Dieu la protège ! Je ne connaissais pas beaucoup les enfants de mon frère. Clive et mon mari ne s'entendaient pas très bien, tu vois… Danna et moi avons tenté à quelques reprises de les rapprocher, mais…

Elle s'immobilise devant une porte.

— Voilà ! Nous sommes arrivés.

Martha frappe trois petits coups avant d'annoncer :

— Tu as de la visite, mon chéri.

Pas de réponse.

— Gerald ? Ton ami Kireg est ici, il est venu expressément pour…

— Invente une excuse, grogne une voix de l'autre côté de la porte. Je ne veux voir personne.

— Ouvre, Gerald ! tente Kireg à son tour. Il y a du nouveau dans l'enquête concernant la disparition de Rose…

Un grand remue-ménage à l'intérieur leur annonce que les propos de Kireg ont touché leur cible. Puis la porte s'ouvre.

— Dieu du ciel ! s'exclame sa tante en apercevant le désordre dans la pièce.

Gerald attrape le bras de son ami et le tire à l'intérieur de la chambre avant de refermer la porte derrière lui, coupant ainsi le sifflet à sa tante qui s'apprêtait à riposter. La main encore sur la poignée de la porte, Martha oscille entre le sentiment de frustration d'avoir été éconduite dans sa propre maison et l'attendrissement de voir enfin son neveu réagir.

Depuis que son père l'a amené ici, Gerald n'est pas sorti une seule fois de sa chambre, pas même pour manger. Chaque jour, à l'heure des repas, Martha dépose un plateau chargé de nourriture dans le corridor, mais les trois quarts du temps, son neveu n'y touche pas.

Des éclats de voix lui parviennent de la chambre. Intriguée, Martha appuie délicatement son oreille contre la porte. Puis, lorsqu'elle veut s'approcher pour être plus à son aise, sa chaussure heurte le chambranle. Les voix de l'autre côté se taisent. Martha n'ose plus bouger, de peur d'être prise en flagrant délit. Ce n'est pas dans ses habitudes d'écouter aux portes, mais la tentation était trop forte.

La poignée tourne. Martha s'esquive prestement vers l'escalier. Tout en descendant les marches, elle se dit qu'elle reviendra plus tard leur apporter des petits gâteaux et du lait. Elle essayera à ce moment-là d'être plus discrète.

— Ça y est ! murmure Gerald en refermant, elle est partie. Tante Martha est très gentille, mais elle est parfois un peu trop fouine. Qu'est-ce que tu disais déjà ?

— Je suis monté sur le bateau, mais je n'ai trouvé aucune trace de ta sœur.

— Donc, il n'y a pas de nouveau ! se renfrogne Gerald en se laissant tomber dans le fauteuil, près de la fenêtre.

— Pas à ce niveau-là, non. Mais avoue que c'est quand même surprenant ! Si je n'ai rien ressenti, c'est forcément qu'il y a une bonne raison.

Gerald dévisage son ami sans comprendre. Il n'est plus certain de savoir où Kireg veut en venir.

— Comme je suis sûr qu'elle est montée à bord de ce cargo – mes visions étaient très claires là-dessus –, ta sœur aurait dû laisser des signes de sa présence à bord… Tu me suis ?

— Pas vraiment, avoue Gerald.

— Une idée m'est passée par la tête, poursuit Kireg. Et si elle avait été enfermée dans un de ces conteneurs qui ont été chargés à bord… Ça expliquerait en tout cas qu'il n'y ait aucune trace de son passage.

— Hum…

— Le port a interdit l'accès au bateau, continue Kireg sur sa lancée, mais pas aux conteneurs qui ont été empilés sur la jetée. On pourrait s'y rendre, toi et moi, et voir ce qu'on peut y découvrir. En passant, papa t'invite à passer quelques jours à la maison. Je lui ai dit qu'on irait pêcher au lac.

Une lueur d'espoir s'allume dans les yeux de Gerald. La perspective de jouer au détective avec Kireg est loin de lui déplaire. Ce sont eux, après tout, qui ont le plus fait avancer l'enquête jusqu'à maintenant. Et de toute façon, Gerald en a assez de se morfondre dans son coin, il a envie de participer, de faire quelque chose d'utile. Passer du temps avec Kireg lui fera grand bien !

— Tu as révélé cette information à la police ? l'interroge Gerald en se levant de son siège.

Kireg fait non de la tête. Gerald, qui s'apprêtait à se pencher sous le lit pour prendre sa valise, se fige dans son mouvement.

— Pourquoi ? l'interroge-t-il.

Kireg réfléchit un moment avant de répondre. Il ne veut évidemment pas décourager son ami en lui annonçant que les autorités ont mis de côté l'enquête en attendant de nouveaux développements. Comment lui expliquer qu'ils ont abandonné Rose et les autres filles à leur triste sort ?

— Ils ont bien d'autres chats à fouetter ces temps-ci, lance-t-il en guettant sa réaction. Le bateau faisait aussi la contrebande d'armes et de drogues. Ça va leur prendre des mois à investiguer là-dessus. Alors, tu es partant ou pas ? Je compte m'y rendre demain avec Joseph. Papa a promis de lui prêter le pickup.

— Ton père est au courant ? s'étonne Gerald.

— Es-tu fou ? Il pense que c'est pour aller visiter Isobel et Adriann à Dublin. Il aurait refusé, sinon.

— C'est vrai ! lance Gerald en se levant d'un bond. J'avais oublié que tes sœurs habitent maintenant là-bas !

Gerald dépose la petite malle sur le lit. Il ouvre ses tiroirs et commence à les vider de leur contenu, empilant vêtements et effets personnels dans le plus grand désordre. Puis il demande :

— Tu penses qu'on devrait en informer mon père ?

Kireg a longuement réfléchi à cette question.

— Non. Du moins pas pour le moment. Attendons plutôt d'avoir une piste sérieuse avant de lui donner de faux espoirs.

— Tu as tout à fait raison, acquiesce Gerald en fermant sa valise. Je vais juste dire à tante Martha que je vais passer quelques jours chez toi. Elle fera le message à mon père.

Chapitre 53
LE CONTRAT

L'ultimatum du ménage est tombé hier. « Il fallait bien que je m'y attende ! » rage Mégane en tirant sur l'édredon. Elle avait naïvement espéré bénéficier d'un sursis, mais c'était très mal évaluer la capacité de Leyla à tolérer le désordre. Toujours est-il que la date butoir de ce projet d'envergure est dans seulement quarante-huit heures. Trop peu pour tout remettre en ordre. Mégane devra user de la tactique habituelle qui consiste à camoufler le plus gros et à ranger seulement ce qui dépasse.

« Allez ! Au travail ! » soupire-t-elle bruyamment. Mais par où commencer ? Les tiroirs ? La penderie ? Le dessous du lit ? Le bric-à-brac d'objets étalé sur les meubles ? Va pour le bazar sur la commode et le bureau. Il est facile de camoufler tout ce barda sans s'échiner à ranger le tout proprement. Mégane ouvre le premier tiroir et, formant un angle droit avec son avant-bras et sa main, elle fait glisser tous les objets à l'intérieur. Deux pierres d'un coup ! Ramassage et époussetage. « Voilà ! C'est fait ! » Mégane cueille ensuite le linge qui jonche le plancher de sa chambre et laisse tomber les trois généreuses brassées dans le vide-linge. Pourquoi s'éreinter à faire le tri quand quelqu'un d'autre peut s'en charger à sa place ? Leyla s'occupera de toute façon de faire la lessive, de plier les vêtements et de les disposer en piles bien droites et bien symétriques, qu'elle déposera ensuite soigneusement sur son lit. Mégane n'aura plus qu'à ranger le tout dans ses tiroirs. Une fois la collecte du linge sale terminée, la pièce a déjà l'air plus propre. Comme Mégane s'apprête à s'attaquer à la penderie, le carillon de la porte retentit. Contente d'échapper temporairement à ses corvées domestiques, elle s'empresse de se rendre dans le vestibule. Certaine que c'est Leyla, elle ouvre la porte sans même regarder par le judas.

— Heu… je cherche Paolo Nova.

— Désolée, mais il n'habite pas ici.

Déstabilisée par la réponse, la jeune femme hésite un instant avant de poursuivre.

— Je suis Nancy Riopelle. Je viens tout juste de m'entretenir avec lui au téléphone… Euh… Il m'a donné votre adresse…

— Alors, il ne devrait pas tarder à arriver. Voulez-vous l'attendre à l'intérieur ?

— Je ne voudrais pas vous déranger…

— Vous ne me dérangez pas, l'assure Mégane. J'avais justement besoin de faire une petite pause ménage.

D'un geste ample, Mégane l'invite à pénétrer dans le hall.

Sur ces entrefaites, le véhicule de Paolo descend l'allée.

— Je crois bien que votre rendez-vous vient d'arriver ! lance Mégane en pointant du doigt la Mercedes.

Nancy descend l'escalier et marche à sa rencontre.

— Désolé du retard, s'excuse Paolo en ouvrant la portière. Il y avait une circulation d'enfer sur l'autoroute ! Je vois que tu as déjà fait connaissance avec Mégane !

— On n'a même pas eu le temps de se présenter ! déclare Mégane en venant les rejoindre. Salut, moi c'est Mégane Wallace.

Nancy lui serre la main.

— Enchantée.

Au même moment, la petite compacte de Leyla émerge des arbres à son tour. Elle se stationne derrière la Mercedes. En homme galant, Paolo s'empresse d'aller lui ouvrir la portière et lui tend la main pour l'aider à descendre. Mégane se tourne vers Nancy.

— Il est amoureux de ma sœur ! lui annonce-t-elle sur le ton de la confidence. Salut, Leyla !

Nancy contourne le véhicule de Paolo pour venir à sa rencontre.

— Leyla, entame Paolo, je te présente Nancy Riopelle, la journaliste dont je t'ai parlé l'autre soir. Nancy, voici Leyla Wallace.

— Enchantée !

— Bonjour ! répond Leyla à son tour en lui tendant la main. Je peux enfin mettre un visage sur l'audacieuse journaliste dont les articles ne laissent personne indifférent.

— Paolo m'a également beaucoup parlé de vous…

— En bien ! Je l'espère.

— Il ne tarit pas d'éloges à votre égard !

— Paolo m'a dit que vous vous battiez contre l'Ordre vous aussi… déclare Leyla qui préfère tout simplement changer de sujet.

— Se battre est un bien grand mot ! rectifie Nancy. Je dénonce.

— Il m'a fait lire quelques-uns de vos articles, poursuit Leyla sur sa lancée. Je dois dire que vous ne mâchez pas vos mots !

— C'est vrai que je n'ai pas la langue dans ma poche, mais tout a un prix, apparemment !

— Que veux-tu dire ? s'inquiète Paolo.

— On vient de m'apprendre que je dois disparaître. Il me reste cependant plusieurs points à éclaircir. Je veux comprendre ce qu'est l'Ordre. Paolo, tu m'as dit l'autre jour que ta sœur en faisait partie. Peux-tu m'en dire plus ?

Paolo se tourne vers Leyla.

— On peut aller discuter à l'intérieur ?

— Faites comme chez vous ! lance Leyla en se dirigeant vers le coffre de la voiture. Mégane, tu veux bien m'aider à sortir les sacs d'épicerie ?

— Je vais vous donner un coup de main, lance aussitôt Paolo.

Depuis le soir où Alison a subi la dernière initiation de l'Ordre, ce qui remonte déjà à plusieurs mois, Bérengère n'est pas revenue au cromlech. Lors de ce rituel satanique, la passation des pouvoirs a eu lieu et Alison est devenue la treizième épouse de Goulhen Baphomet.

À la lisière des bois où se déroulait la cérémonie, dix-sept torches avaient été enfoncées dans la terre, nimbant la clairière d'un halo de mystère troublant. Au moment où Alison avait fait son entrée dans le cercle de pierre, tous les membres s'étaient mis à scander son nom d'une même voix.

Le crâne rasé par sa mère, vêtue d'une simple tunique en mousseline noire qui dévoilait les contours féminins de son corps, elle s'était avancée, le pas nerveux, vers l'autel, marchant au rythme des incantations. Alison avait salué les membres de l'Ordre en s'inclinant légèrement, puis elle avait rejoint Bérengère au centre du cromlech.

Maître Beaudry, l'avocat qui avait refusé à Bérengère l'accès au dossier confidentiel de sa fille, allait être sacrifié lors de ce dernier rite d'initiation qui allait faire d'Alison Soren la treizième épouse de Goulhen. Le pauvre homme était attaché, nu, sur l'autel de pierre, bras et jambes écartés, attendant sa mort avec résignation. Il savait que cette fois, il n'y échapperait pas. Après trente ans de loyaux services, l'Ordre l'avait trahi et abandonné aux mains de cette démente. C'était le prix à payer pour avoir ignoré la demande de cette intrigante Bérengère Soren. Il avait pourtant reçu comme consigne de lui refuser ce dossier…

Après de longues incantations, Alison s'était saisie de la dague. Elle l'avait élevée au-dessus du corps chétif de l'avocat qui tressaillait d'effroi. Puis elle avait baissé les yeux sur lui avant d'abattre froidement sa lame, l'enfonçant profondément dans ses chairs, tranchant la peau et les muscles, brisant les os dans un horrible craquement. Une rivière de sang avait jailli de la plaie, ruisselant le long des côtes décharnées de Maître Beaudry, maculant le roc de coulées rouge vif.

Le cadavre était encore agité des dernières convulsions de l'agonie quand Alison avait plongé ses deux mains dans sa poitrine pour délivrer l'organe vital de son étau. Devant un auditoire exalté, elle avait dévoré le cœur pendant qu'il était encore chaud.

Bérengère se remet en route après avoir avalé d'un trait la moitié de sa bouteille d'eau. Elle tourne le dos à la rivière qu'elle longeait depuis plus d'une heure et s'enfonce plus profondément encore dans la forêt de hêtres et de conifères. Hérissé de broussailles et de fourrés épineux, le sentier n'est presque plus visible, ce qui la force à ralentir le rythme.

Bérengère progresse lentement, délogeant du sol spongieux des essaims de moustiques voraces qu'elle pulvérise avec véhémence au fur et à mesure qu'ils se posent sur sa peau moite de sueur.

Trois kilomètres de morsures d'insectes plus loin, la nuque boursouflée et les oreilles en choux-fleurs, elle entrevoit enfin la trouée qui lui indique la fin de son calvaire. Dégoulinante de transpiration, elle sort un mouchoir pour s'éponger le front avant de reprendre son pèlerinage expiatoire.

Mis à part l'autel improvisé, qui trône encore au centre du cromlech, il ne reste plus aucune trace des événements macabres qui s'y sont déroulés. La pluie a lavé la pierre du sang et le sol l'a absorbé comme une éponge. Le mal absolu a vu le jour ici même et l'union de la vierge et de la bête a permis que la porte de l'Annwin demeure ouverte.

Depuis qu'elle est entrée dans l'Ordre, Bérengère n'a jamais éprouvé de scrupules à prendre une vie. Son cœur de pierre n'a pas connu le dévouement, l'abnégation et encore moins le regret ou le pardon. Elle ne s'explique pas les raisons de cette langueur, de ce mal-être qui la ronge depuis un certain temps. La mort de Maud lui pèse toujours. Pourquoi ? Elle n'en sait trop rien. Mais elle sacrifierait volontiers son frère, ou même Alison si cela lui permettait de ramener Maud d'entre les morts. Non. Jamais elle ne pardonnera à sa fille d'avoir tué son inspiration, sa muse, peut-être même son ultime chance de rédemption.

Bérengère a aimé sa belle-sœur, sans même en être consciente, d'un amour infiniment plus grand que tout ce qu'elle a connu jusqu'alors dans sa vie. Un amour sincère, passionné, absolu. Un amour coupable et interdit.

D'un pas décidé, Bérengère entre dans le cercle du cromlech et s'agenouille près de l'autel de pierre qui a servi quelques mois plus tôt au sacrifice de Maître Beaudry. Elle défait les courroies de son havresac qu'elle laisse glisser sur ses épaules avant de le déposer précautionneusement sur la pierre. Elle délie ensuite le cordon qui ferme l'ouverture et sort un bocal de verre rempli de formol dans lequel flotte une oreille humaine, seul souvenir qu'elle a gardé de Maud. À nouveau, elle plonge sa main dans son sac et en retire cette fois quelques branches de thym et une bougie noire qu'elle allume. Puis elle ferme les yeux et se met à réciter des incantations à voix basse.

La température se met soudain à chuter de façon draconienne, les feuilles frémissent partout dans la clairière, comme si une brise s'était levée. Plus Bérengère se concentre sur sa tâche, plus la chaleur se dissipe et le vent souffle fort. Au bout de quelques minutes, une forme floue commence à apparaître au-dessus de l'autel, puis les contours de la silhouette se précisent.

— Je te remercie d'avoir répondu à mon appel ! déclare Bérengère en ouvrant les yeux sans toutefois relâcher sa concentration. J'ai une mission à te confier.

— Même si je dois reconnaître que tu as été équitable avec moi, déclare le spectre, tu m'as quand même gardée prisonnière contre mon gré… Et ce sont tes chiens qui m'ont donné la mort.

— Je n'y suis pour rien ! se défend maladroitement Bérengère. Mon but n'était pas de t'éliminer, mais bien de t'initier à la magie, de faire de toi mon bras droit ! Nous aurions accompli de grandes choses ensemble ! Il fallait tout de même que j'observe un minimum de sécurité !

— Qu'est-ce que tu veux ? demande l'apparition au bout d'un moment.

— Je veux que tu retrouves pour moi la trace d'un enfant…

Nancy Riopelle et Paolo Nova se sont lancés dans un débat houleux sur le fanatisme religieux, les sectes et la magie noire.

— Qu'est-ce que tu entends par « magie noire » ? s'impatiente la journaliste.

Nancy est plutôt du genre terre à terre. Elle a bien du mal à envisager que ce genre de superstition puisse faire partie de l'arsenal de l'Ordre.

— Bérengère, lui explique Paolo dans son emportement, est une dangereuse sorcière. Elle peut tuer à distance, juste en se servant de sa magie.

— Attends ! l'interrompt Nancy, bouche bée. Tu es en train de me dire que ta sœur pourrait assassiner quelqu'un à distance, sans même lui toucher ?

— C'est ce que j'ai dit, effectivement. Je crois qu'elle est à ce point puissante.

— Non ! C'est ridicule. Je n'y crois pas ! C'est tout simplement insensé !

— Et pourtant, c'est la vérité ! intervient Mégane en s'assoyant sur la bergère. Elle a tenté d'éliminer Paolo de cette manière.

Nancy se tourne vers Paolo.

— Je croyais qu'elle t'avait tiré dessus…

— Ça, c'était avant, assure Paolo. Quand elle a réalisé que j'avais survécu, elle s'y est prise autrement. C'est un véritable miracle que je sois encore en vie. En fait, c'est grâce à Mégane. Elle possède d'incroyables pouvoirs de guérison.

Surprise de cette révélation, Nancy jette un vif coup d'œil à la principale concernée.

— Vraiment ?

Légèrement intimidée, Mégane hoche la tête. Elle raconte ensuite à Nancy son accident de l'hiver dernier, sa mort clinique. Elle lui décrit les êtres de Lumière qu'elle a rencontrés, lui parle du don qu'elle a reçu.

— Paolo n'a heureusement gardé aucune séquelle des deux projectiles, se vante-t-elle, pas même une cicatrice ! Je l'ai également soigné pour un infarctus, alors que son cœur ne présentait aucune faiblesse. Encore une fois, l'œuvre de sa sœur Bérengère ! Cette femme est une vraie teigne. Elle ne renonce jamais.

Nancy est impressionnée. Elle n'avait encore jamais rencontré quelqu'un ayant des dons de guérison aussi puissants.

Tout le monde dans la pièce semble attendre sa réaction.

— Comment est-ce que ça fonctionne ? demande-t-elle au bout d'un moment. Magnétisme ? Imposition des mains ?

— Sans doute un peu des deux, répond Mégane. Tu veux que je te montre ?

— Avec plaisir !

— Tu as une blessure quelque part ?

— Euh… non !

— Tu en es sûre ?

Mégane se concentre et fixe Nancy.

— Tu souffres d'une légère déviation de la colonne vertébrale. C'est de naissance ou à la suite d'un accident ?

— J'ai embouti la voiture de ma mère dans un arbre, il y a six ans. J'étais pas mal amochée, mais j'ai fait de la physiothérapie et j'ai dû porter un corset pendant deux ans. La scoliose a fini par se résorber.

— Je sens une raideur dans ton dos. Tu as peut-être appris à contrôler la douleur.

— Possible…

— Je peux la faire disparaître.

— Vraiment ? Je ne perds rien à essayer, je suppose.

Sur l'invitation de Mégane, Nancy s'allonge sur le canapé.

— Ce sera douloureux ? s'enquiert-elle, un peu nerveuse.

— Tu ne sentiras absolument rien, sinon juste un peu de chaleur.

Mégane s'agenouille, place ses mains à la base des reins de la journaliste sans toutefois les toucher et ferme les yeux. En pensée, elle plonge à l'intérieur du corps de Nancy, fait descendre sa propre énergie le long de sa colonne vertébrale pour repérer la vertèbre qui la déforme. Une fois qu'elle a localisé l'excroissance, elle l'entoure et la force à se rétracter. Par la suite, elle renforce l'épine dorsale afin de permettre à la colonne vertébrale de se maintenir dans la bonne position. La journaliste éprouve un soulagement quasi instantané. Avant même que Mégane n'ouvre les yeux, Nancy est déjà sur pied.

— Époustouflant ! Non, sérieux ! Je suis vraiment impressionnée ! Toute la pression a disparu.

Les yeux écarquillés de Nancy passent de Paolo à Mégane, puis à Leyla, qui vient tout juste de se joindre à eux, s'attendant à une explication rationnelle.

— Je n'ai jamais vu une chose pareille ! Tu peux me montrer ce que tu as fait ?

— Rien de bien impressionnant. J'ai simplement augmenté la résistance de ta colonne vertébrale, explique Mégane d'emblée.

— Tu as étudié en médecine ou ce sont les réminiscences d'une vie antérieure ?

— Ni l'un ni l'autre, s'amuse Mégane. Comme je te l'ai dit tout à l'heure, ce don me vient des êtres de Lumière.

— Tu ne crois pas à la magie, s'étonne Paolo, et tu parles de réincarnation ?

— Pourquoi ? réplique Nancy. C'est défendu ?

— Tu es terriblement déconcertante ! lance Paolo en agitant la tête.

— Réincarnation et magie sont deux choses différentes ! se défend Nancy. La première relève d'une croyance tandis que la seconde découle d'un mythe.

— Vraiment ? siffle Paolo. Un mythe ? Pourquoi es-tu venue me voir, au juste, Nancy ? J'avais cru comprendre au téléphone que tu voulais que je te parle de ma sœur et de la secte…

— Je tiens effectivement à en apprendre davantage sur l'Ordre.

— Oui, mais tu refuses d'entendre ce que j'ai à te dire ! Ton esprit est aussi fermé qu'une conque !

— Ce n'est pas vrai ! proteste vivement Nancy. J'ai simplement de la difficulté à admettre le fait qu'on puisse tuer en se servant de la magie.

— Et pourtant ! intervient Leyla à son tour. L'Ordre prend des vies tous les jours. Malaise cardiaque, thrombose, hémorragie, empoisonnement, rupture d'anévrisme ne sont que quelques-uns des moyens qu'ils utilisent pour tuer leurs victimes. Sans compter les méthodes plus traditionnelles comme les accidents de la route, les suicides et autres formes de meurtres allant du tueur fou au cambrioleur en passant par les incendies criminels et les règlements de comptes.

— Ils pourraient se débarrasser de moi de cette façon, tu crois ? s'enquiert innocemment Nancy.

— Si tu deviens une menace pour eux, reprend Leyla, ils n'hésiteront pas une seconde.

— Mon oncle Julian m'a demandé de quitter le pays avant qu'il ne soit trop tard. Il pense que les tueurs de l'Ordre sont déjà à mes trousses.

— Julian ? répète Leyla.

— Julian Devaux, précise Nancy. Il est enquêteur pour la Sûreté municipale d'Orseille. Il me file un sérieux coup de main dans mon enquête.

— Ce sont Julian et Valéria Devaux qui m'ont accueillie quand j'avais seize ans…

— Non ! Vous êtes celle qui a porté plainte contre son père adoptif pour viol…

Nancy s'interrompt en voyant Leyla blêmir. Elle réalise trop tard sa maladresse.

— … Je suis heureuse pour vous qu'il ait été condamné, se reprend-elle. Cet homme a eu ce qu'il méritait.

— Pourquoi Julian ne m'a-t-il jamais parlé de vous ? l'interroge Leyla après un moment.

— On peut se tutoyer ? demande Nancy, qui n'a pas l'habitude du vouvoiement.

Leyla opine de la tête.

— Julian est le frère de ma mère. Ils n'étaient pas en très bons termes à cette époque. Ils ont été plus de dix ans sans même s'adresser la parole. Même s'ils sont frère et sœur, ils sont très différents l'un de l'autre. Contrairement à oncle Julian, ma mère s'est toujours moquée des convenances. Tout au long de son existence, elle a multiplié les gestes inconsidérés. La pauvre n'a jamais vraiment su mesurer la gravité de ses actes. Cela a parfois mis des vies en danger, la mienne entre autres. Oncle Julian a souvent eu à intervenir pour la tirer d'embarras, mais ma chère mère n'a jamais voulu l'écouter… Comme elle ne s'occupait pas assez de ses enfants, Julian a dû assumer une présence plus assidue auprès de nous. Il est devenu un second père pour moi. Ma mère n'est pas vraiment méchante en soi, elle est simplement un peu trop égocentrique.

— Je comprends.

— Julian m'a dit un jour que tu possédais des dons exceptionnels, avance Nancy, curieuse d'en apprendre davantage sur Leyla. C'est vrai ? Toi aussi, tu peux guérir ?

— Non, mon truc à moi, c'est plutôt la télékinésie.

— Tu déplaces des objets à distance ?

Pour toute réponse, Leyla ferme les yeux et fait voler le verre d'eau oublié sur la table de la cuisine jusqu'au salon.

— Comment arrives-tu à faire une chose pareille ? s'émerveille Nancy.

— Je me concentre et je ne doute pas une seconde du résultat. C'est tout. Pour le reste, c'est un peu compliqué à expliquer.

— C'est vraiment phénoménal !

— Merci.

— Pour en revenir à l'Ordre, intervient Paolo…

Tous se tournent vers lui.

— … S'ils ont décidé de t'éliminer en usant de magie noire, peu importe où tu te cacheras, ils t'atteindront. Même les dons de Mégane ou les pouvoirs de Leyla ne pourront pas te garder en vie.

La sentence venait de tomber.

— Moi qui commençais à savourer ma guérison, me voilà maintenant à l'article de la mort ! Merci, Paolo, de me ramener à la réalité !

— Je ne cherche pas à te faire peur, Nancy, au contraire. Je veux juste que tu saches que cette secte est excessivement dangereuse.

— Il a raison ! renchérit Leyla. Tu ne dois pas prendre la menace à la légère.

— Alors, je suis condamnée, c'est ça ? Mon informateur a confirmé ce que Julian ne cesse de me répéter depuis une semaine. Ils chercheront à se débarrasser de moi par tous les moyens à leur disposition. Comment y as-tu échappé, toi ? interroge Nancy en se retournant vers Paolo.

— On m'a accordé un sursis.

— Qui ça, « on » ?

— C'est une longue histoire.

— J'ai tout mon temps.

— Comme tu le sais déjà, Bérengère a tenté de m'éliminer à plusieurs reprises…

Concentrée, Nancy hoche la tête.

— Moi aussi, je suis passé de l'autre côté. Les êtres de Lumière m'ont accordé du temps pour réparer mes fautes…

Mégane et Leyla, qui n'étaient visiblement pas au courant, restent interloquées. Paolo poursuit.

— Je suis l'instigateur de la rencontre du bien et du mal.

— Mais encore ? s'impatiente Nancy.

— J'ai présenté à l'Élue de la treizième prophétie – il fait un geste en direction de Leyla – la seule personne sur Terre capable de la détruire : Alison Soren, sa véritable jumelle.

Nancy jette un regard étonné vers Leyla.

— Tu as une jumelle ?

— Oui, répond cette dernière.

— Alison Soren est le fruit d'une expérience génétique orchestrée par l'Ordre, enchaîne Paolo. La seule qui puisse mener les forces de l'Ombre à une victoire sur la Lumière. Si elle arrive à ses fins, Alison pourrait anéantir le bien sur cette planète.

— Moi qui croyais tout savoir sur cette satanée secte ! Je me rends compte que je n'ai effleuré que la pointe de l'iceberg. Je ne connaissais l'Ordre qu'à travers les complots qu'ils ourdissent dans l'ombre des gouvernements. Visiblement, beaucoup de choses m'ont échappé !

— Tu n'as pas idée ! lance Paolo.

Obédience, Binaire, Ionosphère et Balise ne sont en fait que des protocoles implantés par Goulhen et les partisans de l'Ordre pour éventuellement prendre le contrôle de la planète. La Terre est un endroit stratégique très important dans l'Univers, une sorte de lieu sacré où sont implantées des portes dimensionnelles permettant de voyager non seulement dans le temps, mais également dans l'espace, multipliant ainsi les possibilités de conquêtes.

— Qu'est-ce que tu comptes faire, maintenant ? s'informe Paolo.

— Rien, déclare Nancy. Je ne peux plus me cacher. Je dois continuer à faire ce que je fais le mieux : informer la population du danger avant qu'il ne soit trop tard.

— Sais-tu au moins ce que tu risques ? demande Paolo.

— Si ce que vous dites est vrai concernant les assassins de l'Ordre, je mourrai de toute façon…

En raccompagnant son visiteur jusqu'à l'ascenseur, Daveth Carrey se dit que tout n'est peut-être pas perdu. Le plan élaboré par les services secrets pour piéger cette fouille-merde de journaliste est tout ce qu'il y a de plus simple, mais il est en même temps très ingénieux. Finalement, ils ne sont pas aussi nuls qu'ils en ont l'air.

— Appâtez-la suffisamment pour être sûrs qu'elle se présente, lance Daveth en retenant les portes de l'ascenseur. Je ne voudrais pas qu'elle nous file encore sous le nez.

De retour dans son bureau, Carrey se sert un verre de cognac en jubilant. Cette fois, Nancy Riopelle ne lui échappera pas.

Chapitre 54
UNE ESCAPADE PORTUAIRE

Le port de Dublin est protégé par un code international de sécurité des navires et des installations portuaires, l'ISPS. Ce qui veut dire que toute personne circulant à l'intérieur de ses limites doit pouvoir produire en tout temps une pièce d'identité avec photo et avoir une raison valable de se trouver à l'intérieur du périmètre de sécurité. Pour s'en assurer, plusieurs postes de contrôle ont été mis en place à l'entrée des docks.

Même si la sécurité aux abords et sur le *Nicolaï Borislav* a été haussée, la plupart des infrastructures portuaires sont quant à elles demeurées à un niveau normal, histoire de ne pas ralentir l'activité commerciale se déroulant dans le port.

Bill actionne son clignotant et bifurque à gauche, sur Alexandra Road. La guérite se trouve à quelques mètres seulement de l'intersection. Nerveux, il ralentit et s'arrête devant pour montrer son badge plastifié. Il espère ne pas trahir son anxiété.

Bill travaille depuis cinq ans comme débardeur. Affecté au terminal Alexandra, il pilote l'une des cinq grues mobiles qui servent à décharger les bateaux marchands et à empiler les conteneurs dans la zone prévue à cet effet. Cette nuit, toutefois, son nom ne figure pas sur la liste des employés en poste.

— Salut, Bill ! lance le gardien en s'avançant vers le véhicule. Comment ça va, ce soir ?

— Super forme et toi ?

— Bah ! Ça pourrait aller mieux ! Je n'ai pas fermé l'œil de la nuit ! Ma plus jeune a attrapé la variole. À quel terminal es-tu affecté ?

— Alexandra Est, répond Bill d'une voix assurée. Embarquement, débarquement, quais trente-huit, trente-neuf.

— Tu as su pour le *Nicolaï Borislav* ?

— Ouais.

— Ce putain de navire a été mis en cale sèche ce matin. Il est ici pour longtemps, on dirait… Tu sais ce qu'on lui reproche ?

— Contrebande et recel. Il a été escorté par la marine britannique.

Le garde relève la tête.

— Il fallait bien que ça tombe sur nous ! Je ne sais pas pourquoi on les ramène toujours à Dublin !

Il secoue la tête.

— J'aurais besoin de ton numéro d'employé…

Un mouvement de panique s'empare de Bill. Il était loin de s'attendre à ça. Normalement le badge suffit. Pendant qu'il cherche un moyen de s'en sortir, il se met à suer à grosses gouttes.

— Depuis quand as-tu besoin de savoir mon matricule ?

— Ça fait partie des nouvelles mesures de sécurité imposées par le port.

— Première fois que j'en entends parler ! Je sais qu'il commence par Y72, mais le reste, je ne m'en souviens pas.

— Ce n'est pas grave ! le rassure le gardien en tapant sur son clavier. J'inscrirai seulement ton nom pour ce soir, mais la prochaine fois…

— J'aurai appris ce foutu numéro par cœur, c'est promis.

— Allez ! lance-t-il en lui redonnant sa carte d'accès. Bonne nuit !

Même s'il brûle de déguerpir au plus vite, Bill attend que la barrière soit complètement levée avant d'embrayer la marche avant. Il roule doucement sur Alexandra Road pendant encore quelques minutes avant de bifurquer sur une voie transversale qui mène directement sur le quai du terminal Alexandra. Au bout de l'allée, il gare son véhicule entre deux rangées de conteneurs. Puis il descend pour ouvrir la boîte arrière de son pickup.

— Vous pouvez débarquer ! murmure-t-il après s'être assuré qu'il ne venait personne.

Joseph est le premier à sortir de sa cachette, suivi de Kireg et de Gerald.

— Je te revaudrai ça un jour, Bill ! lance Joseph en lui donnant une petite tape amicale dans le dos. Si tu as besoin de quoi que ce soit, n'hésite surtout pas…

— Trouve ces salauds et nous serons quittes, réplique ce dernier. J'ai horreur qu'on fasse du mal aux enfants. Bon ! Je vais aller garer le camion et chercher les clés de la grue, je vous rejoins ici dans une demi-heure environ. En attendant, vous pouvez commencer à explorer les conteneurs situés au niveau du sol. Arrangez-vous pour ne pas vous faire remarquer. Et si on vous aborde, vous ne me connaissez pas. Je tiens à conserver mon emploi. Les conteneurs provenant du *Nicolaï* sont marqués d'un scellé orange.

Il s'approche d'une caisse de métal et leur indique un tag apposé sur la porte de métal.

— Il y en a ici, là et dans cette rangée également.

— C'est très haut ! remarque Kireg.

Certains des conteneurs de marchandises sont empilés sur quatre étages, ce qui rend, en effet, l'exploration difficile.

— Là, au fond, continue Bill, il y a des escaliers qui permettent de monter jusqu'au deuxième. Ah oui, j'oubliais ! Une caméra de surveillance est installée en haut de cette tour, dit-il en pointant vers l'ouest. Elle est mobile et couvre tout le périmètre jusqu'aux docks là-bas. Le temps qu'elle fasse le tour et revienne, vous avez environ six minutes. À tout à l'heure !

Bill remonte dans son camion et démarre. Les trois garçons le regardent disparaître derrière les silos.

— Bon ! Au travail ! lance Joseph en se dirigeant vers les conteneurs les plus accessibles. Gerald, tu vas te placer ici et surveiller la caméra, tandis que moi je ferai le guet de l'autre côté. Kireg, tu peux commencer.

Il y a tant de conteneurs que Kireg se concentre uniquement sur les portes et les verrous. Une fois qu'il a terminé d'inspecter tous ceux se trouvant au niveau du quai, Joseph déplace un grand escalier sur roues pour qu'il entame l'exploration de ceux qui se trouvent au deuxième. Kireg voit toutes sortes de choses bizarres, mais rien qui se rapporte à Rose.

Bill réapparait au bout de trois quarts d'heure.

— Vous en êtes où ?

— On entame à peine le deuxième étage, répond Joseph.

— Il va falloir accélérer la cadence…

Tous les yeux se braquent sur Kireg.

— Hé ! Je ne suis pas une machine !

Après trois heures à monter et descendre des marches, Kireg est exténué. Il voudrait bien faire une petite pause, mais le temps lui manque.

— Il ne faut pas se décourager ! murmure Joseph en rejoignant le groupe au bout de la rangée. Il reste le troisième et le quatrième étage.

— Où est passé Bill ? s'informe Gerald.

— Qu'est-ce que tu crois ? C'est lui qui pilote la grue mobile !

— Mais si on bouge la grue, proteste Gerald, ils vont savoir tout de suite qu'on est là !

— Pas si elle bouge très graduellement ! le rassure Joseph. Gerald, reprends ta position. Il va falloir que tu sois encore plus vigilant cette fois et que tu avertisses Kireg et Bill à l'avance pour qu'ils aient le temps de se cacher avant le passage de la caméra.

Pendant que chacun retourne à son poste de guet, Kireg escalade les marches de métal du mastodonte. Il regrette presque de s'être lancé dans cette folle aventure. Une fois qu'il a rejoint le troisième palier, il entame sa prospection. Pour éviter que la grue ait à se déplacer trop souvent, il sonde également le conteneur du quatrième niveau, ce qui fait qu'il est continuellement dans les escaliers. Une autre heure s'écoule avant qu'il ne tombe sur une première vision intéressante. Il est question d'une violente altercation entre deux ouvriers du port. Le premier affirme avoir entendu des bruits provenant de l'intérieur du conteneur et exige qu'on ouvre les portes pour voir ce qu'il y a dedans. Le second refuse de retarder le chargement qui a déjà pris trois heures de retard. Les deux hommes en sont même venus aux coups. Quand Kireg émerge de sa vision, il fait signe à Bill de venir le rejoindre. Ce dernier quitte son poste de commande et descend à sa rencontre.

— Tu peux ouvrir celui-là ? demande Kireg en désignant le conteneur.

— Désolé ! Je ne suis que débardeur ! Pourquoi ? Tu as découvert une piste ?

— Ça se pourrait bien !

— Kireg ! l'appelle son frère d'en bas. Tu as senti quelque chose ?

Gerald les rejoint à son tour.

— Quoi ? Tu sais ce qui est arrivé à Rose ? lance-t-il avec optimisme.

— Non ! réagit aussitôt Kireg, agacé. Mais j'ai besoin de voir ce qu'il y a à l'intérieur.

— Pourquoi celui-là ? demande encore Gerald.

Kireg leur raconte sa vision.

— Il n'y a rien qui nous dit que tu trouveras quelque chose à l'intérieur…, argumente Bill en sentant la pression peser sur lui.

— Il n'y a rien qui nous dit qu'il n'en trouvera pas non plus, se renfrogne Gerald. Il ne faut négliger aucun détail. Bon sang ! C'est de ma sœur dont il est question !

— Si je l'ouvre et qu'il n'y a rien dedans, ça me retombera sur le dos.

— Je pense que c'est un risque que tu dois courir, avance Joseph. Normalement, Kireg ne se trompe pas…

Bill soupire. Il ne pensait pas avoir à jouer sa carrière ce soir.

— Bon, très bien ! Attendez-moi ici. Je vais chercher une paire de tenailles dans le pickup.

Après vingt interminables minutes, les trois garçons commencent sérieusement à s'inquiéter. Bill n'est toujours pas revenu et le jour va bientôt se lever. Un bruit sec attire soudain leur attention.

— Police ! Restez où vous êtes !

Chapitre 55
LA SURPRISE

— Je n'ai rien à me mettre sur le dos ! maugrée Mégane en contemplant l'amoncellement de vêtements étalés sur son lit.

Michel sera là dans dix minutes et Mégane n'est toujours pas habillée. Ce soir, Julie organise un souper, avant son départ pour l'Écosse. Tous les garçons viendront, même Evan, qui travaille comme monteur de ligne. Il a pris congé pour être présent à la fête. Mégane se tourne vers son placard d'un air maussade, priant pour qu'un miracle survienne.

— Soutien-gorge et petite culotte ! rigole Leyla en s'appuyant contre le chambranle. C'est un peu léger comme tenue pour un souper de famille, tu ne trouves pas ?

— Ha, ha ! Très drôle.

— Je suis certaine, par contre, que ça plaira aux garçons ! poursuit Leyla d'un ton moqueur.

— Tu n'as rien de mieux à faire que de m'embêter ?

— Rien de mieux que de te proposer mon aide, corrige Leyla.

Mégane se retourne, étonnée.

— Tu veux m'aider à m'habiller ? Parce que si c'est le cas, j'ai une très mauvaise nouvelle… Je n'ai rien à…

Devant les yeux écarquillés de sa jeune sœur, Leyla déplie un long pull noir drapé dans le dos. Celui que Mégane l'implore de lui prêter depuis des mois.

— Tu peux le porter à une condition…

— Oh ! Leyla ! Tout ce que tu veux !

— … Il doit revenir dans ma chambre dès demain. Et je me chargerai moi-même de le nettoyer. La dernière fois, tu as massacré ma robe rouge en la lavant avec ta veste cloutée.

En quelques enjambées, Mégane lui saute au cou.

— Merci ! Tu me sauves la vie !

— Allez ! Dépêche-toi. Michel va être là d'une minute à l'autre.

— Qu'est-ce que je devrais porter avec ? Un jeans ? Ma jupe beige ?

— Ton pantalon noir produirait un bel effet, ce sera d'un chic fou !

— Hum… je pense que tu as raison. Tu me prêtes aussi ta ceinture avec la grosse boucle en argent ?

Leyla soupire.

— Seulement pour ce soir.

— Et tes sandales noires ?

Le carillon de la porte retentit. Mégane jette un coup d'œil à son réveil.

— Zut ! Il est déjà là. C'est un foutu défaut d'être toujours en avance. Il n'a pas idée comme ça m'énerve !

— Finis de te préparer. Je vais en profiter pour le rassurer un peu sur notre itinéraire.

Michel a tiqué quand Mégane lui a annoncé qu'elle partait six semaines en Écosse, avec Leyla. Il a même essayé d'embobiner Julian pour leur interdire le voyage. Mais ce dernier a judicieusement préféré s'abstenir de passer des commentaires. Même si Michel Maudrez n'est plus le tuteur légal de Mégane, il cherche tout de même à exercer son droit de veto sur tout, ce qui tape royalement sur les nerfs de Leyla. Et ces vacances improvisées en Écosse sont loin de lui plaire.

— Leyla ? s'exclame Mégane avant que sa sœur ne sorte de la pièce. Et les sandales ?

— Je trouve que tu pousses le bouchon un peu loin, Mégane Wallace ! Veux-tu aussi mes sous-vêtements ?

— S'il te plaît, supplie Mégane, une moue adorable sur son visage angélique.

— Je me demande bien pourquoi je ne peux jamais rien te refuser ! C'est d'accord ! Prends-les !

— Oh ! merci, Leyla ! Tu es un amour !

Plus par habitude que pour vérifier qui est là, Leyla regarde par le judas avant d'ouvrir. La personne derrière la porte n'est pas Michel Maudrez. Une vague de panique s'empare de Leyla.

Elle envisage d'abord de ne pas déverrouiller, de faire semblant d'être absente. Puis elle se ravise. Si Michel arrive, elle n'aura de toute façon pas le choix d'ouvrir et il ne devrait plus tarder. Doit-elle avertir Mégane ? Non. Mieux vaut régler ça toute seule. Mégane a des choses plus importantes auxquelles penser en ce moment, Michel a horreur d'attendre.

— Attention, Leyla ! l'avertit sa tante Zola par télépathie. Bérengère est venue récupérer la caisse que Maëlla Liss a scellée d'un sortilège très puissant.

— Celle que je n'ai jamais été capable d'ouvrir ?

— Exactement.

— Qu'est-ce qu'elle contient ? Tu le sais ?

— Un livre de magie noire. Maëlla Liss a scellé cette malle au prix de sa vie, poursuit Zola. Bérengère ne doit jamais mettre la main dessus, ni Goulhen d'ailleurs. C'est un livre puissant et maléfique…

— J'ai compris, Zola.

Leyla prend une grande inspiration, soulève le loquet et tourne la poignée.

— Vous n'avez rien à faire ici, crache-t-elle au visage d'une Bérengère impatiente qui s'apprêtait à frapper de nouveau. Partez ! Sinon j'appelle la police !

— Vous avez quelque chose qui m'appartient.

— Quel culot ! Il n'y a rien pour vous dans cette maison.

— Si tu ne consens pas à me redonner de ton plein gré ce qui est à moi, je serai obligée de le reprendre par la force ! Mais ta belle maison pourrait bien en souffrir…

Leyla tente de refermer la porte, mais la grosse femme bloque le battant avec sa chaussure. Au même moment, la voiture de Michel Maudrez descend l'allée. Leyla jure intérieurement. « Mégane a bien raison, c'est un foutu défaut de toujours arriver à l'avance. » Bérengère suit le regard de Leyla. Un sourire mielleux étire ses lèvres quand elle aperçoit le véhicule du nouveau venu.

— Tiens tiens ! De la visite ! lance-t-elle en souriant de toutes ses dents.

— Partez immédiatement ou vous le regretterez, ça je peux vous le garantir !

— Une menace de la grande Leyla ? Oh ! Je tremble.

Puis Bérengère éclate de rire avant d'ajouter :

— Je te conseille de me remettre ce qui m'appartient tout de suite, sinon…

— Leyla ! s'exclame Michel en sortant de sa voiture. Comment vas-tu ?

— Mégane n'est pas prête ! lui annonce Leyla en espérant qu'il remonte dans sa voiture et qu'il reparte. Je la conduirai moi-même aussitôt qu'elle aura fini de se préparer.

Michel jette un coup d'œil à sa montre.

— Oh ! Ce ne sera pas nécessaire ! Je suis un peu en avance, j'attendrai.

Inconscient de ce qui se joue à son insu, Michel referme la portière et se dirige vers le porche d'un pas allègre. Par la force de son esprit, Leyla le contraint à revenir sur ses pas. Ne comprenant pas ce qui lui arrive, Michel résiste. Une curieuse mimique se peint sur son visage, à mi-chemin entre la peur et la détermination. Il lutte physiquement pour continuer d'avancer, tous ses muscles se bandent, mais ses membres refusent de lui obéir.

Ayant deviné la manœuvre de Leyla, Bérengère s'est mise à psalmodier des formules incantatoires, fixant du regard le pauvre bougre qui commence à ressentir les effets pervers de sa magie. Tel un brave petit soldat, il se bat, repousse l'ennemi, faisant preuve d'une endurance peu commune sous la pression qui lui vrille le crâne, mais la fatigue le gagne, c'est évident. Michel est sur le point de capituler. Bérengère est tout de même impressionnée par son incroyable ténacité. Il subit en même temps deux forces opposées. À sa connaissance, personne avant lui n'a pu résister à une telle attaque.

Soudain indisposé, Michel trébuche sur le sol, se retient de justesse à sa voiture en se demandant ce qui lui arrive. Nauséeux, il a l'impression qu'on l'attaque de l'intérieur, qu'on viole son esprit, mais il refuse de céder. La douleur augmente, l'empêchant de réfléchir. Il tombe à genoux, ses pupilles se voilent et il s'affale par terre, inconscient.

Furieuse, Leyla relâche toute son énergie sur Bérengère. Son corps obèse frappe un arbre et retombe par terre dans un bruit sourd. Elle se relève sans effort.

— Il faudra faire mieux ! la nargue-t-elle en passant les mains sur ses vêtements pour faire tomber les brindilles.

Leyla n'a toutefois pas dit son dernier mot. Elle ferme les yeux et se concentre. Quelques secondes s'écoulent avant que des langues de feu ne jaillissent du sol, léchant les jambes flasques de la grosse femme qui sautille sur place pour les éteindre. Mais au lieu de diminuer, les flammes prennent de l'ampleur, alimentées par la brise que Leyla vient d'invoquer. Bérengère recule, le feu la suit. Ses chaussures sont carbonisées et de petites cloques commencent à apparaître sur ses mollets, mais Bérengère reste de marbre, s'efforçant de dompter sa douleur. D'un geste désespéré, elle se jette sur la balustrade, espérant ainsi mettre le feu à la maison, mais elle demeure la seule à se consumer. C'est alors qu'un éclair de folie traverse son regard.

Au moment où elle se prépare à répliquer, Leyla rassemble ses dernières forces et la projette dans l'escalier de pierre qui mène jusqu'au lac. La grosse femme déboule les marches et roule jusque dans l'eau.

Leyla laisse mourir le feu dans un nuage de vapeur et accourt auprès de Michel qui n'a toujours pas bougé. Elle se penche et vérifie sa respiration, puis elle prend son pouls. Il est encore en vie !

Bérengère s'extirpe de l'eau et se traîne jusque sur les berges en grognant. Jamais elle n'aurait cru Leyla capable d'un tel exploit. Même elle, qui pratique la magie depuis plus de vingt-cinq ans, n'y est jamais parvenue. Commander au feu est périlleux en soi, mais invoquer en plus une protection pour la maison relève carrément de la prouesse. Bérengère se remet péniblement sur pied et remonte vers le manoir en boitillant.

À chaque enjambée, elle prend soin d'écarter les jambes pour ne pas échauffer davantage ses chairs rougies.

— Allez-vous-en ! lui lance Leyla en la voyant approcher. Et ne vous avisez jamais de revenir !

Sur les entrefaites, Mégane se pointe dans l'embrasure de la porte. Elle aperçoit Leyla près de son père adoptif étendu par terre.

— Que s'est-il passé ? s'écrie-t-elle en se précipitant à ses côtés.

— Il va bien, ne t'inquiète pas.

C'est à ce moment-là que Mégane aperçoit Bérengère, les vêtements calcinés et détrempés, les jambes couvertes de boursouflures et de suie.

— Tu veux me dire ce qu'elle fait ici ?

— Elle allait justement partir…

Sans rien ajouter, Bérengère regagne sa voiture, garée un peu plus loin sur la route.

« Je reviendrai… », se promet-elle en tournant la clé dans le contact.

Chapitre 56
LE GRIMOIRE DU DIABLE

Le *Grimoire du Diable*, aussi appelé *Codex Satanique* fut acquis en 1666 par un dénommé Milton Beauvillier, copiste de renom s'étant établi en Languedoc aux alentours de 1633. Sur la page couverture de cet ouvrage hérétique, il y a un pentagramme inversé au-dessus duquel figure un simple obèle, comme si tout le contenu du bouquin était interdit de lecture.

La seule possession de ce manuscrit avait valu à son propriétaire d'être arrêté par la Sainte Inquisition. Malgré que Milton Beauvillier ait été innocent des charges portées contre lui, il avait plaidé coupable après avoir été torturé pendant plusieurs jours. Condamné à mort pour sorcellerie, magie noire et démonologie, le pauvre homme avait rendu l'âme sur le bûcher le 17 février de l'an de grâce 1673. Pendant qu'on le persécutait, il avait avoué à ses tortionnaires avoir vendu une copie du livre à un brocanteur de Paris ; toutefois, il avait refusé de dévoiler son nom. Peut-être même l'ignorait-il ?

Cette œuvre diabolique, dont Beauvillier avait fait l'acquisition dans le seul but de la dupliquer et d'en revendre les exemplaires à des prix faramineux, avait vraisemblablement été inspirée d'un manuscrit beaucoup plus ancien, *La Bible du Diable*. Un ouvrage fort controversé et strictement prohibé par l'Église catholique romaine. Selon certaines sources, ce manuscrit avait été rédigé de la main même de Lucifer, après qu'il eut été banni du Royaume des cieux pour s'être rebellé contre Dieu. Selon toute vraisemblance, son contenu blasphématoire permettait à l'adepte hardi d'ouvrir la porte des enfers.

Malgré que Beauvillier ait fait référence à un seul exemplaire du livre sur l'échafaud, il était, en réalité, parvenu à en reproduire trois. Le premier avait été acquis par Bérenger Saunière et avait été conservé dans la tour Magdala, à Rennes-le-Château, jusqu'à la mort de l'abbé, en 1917. Le livre maudit avait ensuite été réquisitionné par le Saint-Siège pour être gardé sous clé, dans les archives secrètes du Vatican. Selon certaines suppositions, le deuxième exemplaire aurait été préservé jusqu'en 1728, à la bibliothèque universitaire de Copenhague. Il aurait cependant été détruit lors du grand incendie qui a ravagé la vieille ville. La dernière copie de ce livre a refait surface en 1901, après que des religieuses de la congrégation des sœurs de la Providence eurent retrouvé les corps de trois novices dans la chapelle, à l'heure des matines. Étendus à même le sol, ils avaient été déposés devant l'abside, au croisement du transept et de la nef principale, dans une étrange position. On leur avait tatoué au fer rouge un pentagramme autour du nombril. La thèse d'un rituel satanique avait été retenue. Consciente du danger que représentait cette œuvre maudite, Maëlla Liss avait dérobé le livre et l'avait placé dans une malle, au grenier du manoir de la Pointe-aux-Roches pour qu'il y soit en sécurité. Elle avait ensuite scellé le coffre d'un puissant charme.

Goulhen aurait bien voulu mettre la main sur ce livre rarissime. Il avait d'ailleurs déjà fait une première tentative pour le récupérer en 1904, mais Maëlla Liss lui avait coupé l'herbe sous le pied en emportant le secret du charme protégeant la malle dans sa tombe.

Le *Grimoire du Diable*, bouquin vieux de trois cents ans, pourrait bien permettre à Alison, son cheval de Troie, de remporter la bataille contre l'Élue.

Pendant qu'Alison s'occupe de trouver le troisième enfant, Goulhen a chargé Bérengère de récupérer le livre maudit. Maintenant qu'elle a échoué dans cette ultime mission, il lui réserve un châtiment bien pire que la mort.

Mégane et Leyla ont été obligées d'inventer une histoire pour que Michel ne se doute de rien. Heureusement qu'il n'a pas vu Bérengère quitter le manoir, sinon il aurait certainement posé plus de questions. Il croit avoir été victime d'un malaise cardiaque. Pour renforcer cette idée, Mégane lui a même conseillé de consulter son médecin sans tarder. Michel a promis de prendre rendez-vous en début de semaine.

Leyla consacre le reste de la soirée à faire ses bagages. Le grand départ est prévu pour dans deux jours. Elle devrait être enthousiaste, il y a longtemps qu'elle aspire à prendre des vacances avec Mégane, mais quelque chose la chicote encore. La tête ailleurs, elle empile les vêtements dans sa valise sans porter attention à ce qu'elle fait.

« Bérengère n'est pas du genre à capituler aussi facilement ! » se dit-elle en s'attaquant aux cosmétiques. « Elle va certainement revenir… » Leyla redoute en fait qu'elle le fasse pendant qu'elles seront à l'étranger. Comment faire pour protéger la malle en leur absence ?

La voix de Zola lui répond en écho.

— Tu as raison, Leyla. Bérengère va de toute évidence revenir à la charge. Mais comme je te l'ai déjà mentionné, Maëla Liss a protégé la malle d'un sort très puissant. Je doute que Bérengère parvienne à le contrer.

Même si d'ordinaire Zola communique avec sa nièce par voie télépathique, cette fois, elle se matérialise physiquement.

— Comment des gens deviennent-ils aussi méchants, tante Zola ?

Zola s'approche et invite Leyla à s'asseoir à côté d'elle, sur le lit.

— La vie les forge, la fatalité les oblige à se protéger. Pour eux, le mot « amour » se traduit par soumission, asservissement, domination. Ces gens n'ont jamais connu autre chose !

— C'est triste.

— Tu dois savoir que certaines personnes sont plus vulnérables que d'autres, Leyla. Résultat de vies antérieures, de karma non réglé. De plus, il est très dur pour ces gens de s'en sortir quand tout leur univers tourne autour de la vengeance et du ressentiment.

— Comment faire pour rompre la chaîne, alors ?

— Le pardon est la seule voie possible. Se pardonner d'abord à soi-même, puis à ceux qui nous ont fait du tort.

« C'est étrange », songe Leyla en dévisageant sa tante, c'est exactement ce que Hamada m'a dit dans le désert. »

Hamada s'était présenté à elles afin de les aider à traverser le désert d'Iborguë, en Annwin. Le nomade lui avait expliqué que pour poursuivre sa route, il lui fallait d'abord abandonner sa haine et son amertume. Elle devait impérativement pardonner à ses parents adoptifs de lui avoir fait du mal et que ce pardon, elle devait se l'accorder à elle-même, parce qu'elle avait choisi cette famille plutôt qu'une autre pour grandir. Aussi étrange que cela puisse paraître, les Vilpège avaient été placés dans sa vie pour lui apprendre cette vérité. Et ils avaient tenu leur rôle à la perfection. Leyla avait fini par le comprendre.

— Pour en revenir à Bérengère… reprend Leyla.

— Oui ?

— … Qu'est-ce qui a changé en elle ? Il me semble qu'elle n'est plus la même !

— Elle a peur.

— Peur ? De qui ? Certainement pas de moi !

— Tu te sous-estimes, Leyla. Après la défaite que tu lui as fait subir, je pense qu'elle cherchera autant que possible à t'éviter.

— Mais ce ne sera pas suffisant, n'est-ce pas, Zola ?

— Non, ce ne sera pas suffisant. Elle te craint, mais pas assez pour abandonner ses projets. Bérengère est d'autant plus dangereuse qu'elle cherche à regagner sa place auprès de Goulhen.

— Qu'est-ce que tu veux dire ?

— Alison est devenue une entrave pour sa mère. Bérengère était loin de se douter de l'importance qu'elle aurait auprès de Goulhen. Elle croyait que comme Alison était sa fille, elle aussi grimperait dans la hiérarchie de l'Ordre. Mais Alison a acquis énormément de pouvoirs, plus que Bérengère ne pourra jamais en obtenir. Et elle s'est retournée contre sa mère. Alison l'oblige maintenant à ruser davantage pour garder la tête hors de l'eau tandis que Goulhen lui met de la pression pour qu'elle se surpasse. C'est le prix à payer pour accéder à l'élite de l'Ordre.

Paolo a finalement réintégré son domicile, après avoir fait changer toutes les serrures. Même s'il sait que ça n'arrêtera pas Bérengère, il a au moins le sentiment d'avoir fait quelque chose pour se protéger.

Il y a à peine quelques semaines, Bérengère a tenté de l'assassiner. Les derniers vestiges ont été effacés, les murs ont été repeints et le plancher nettoyé, mais la scène s'est imprimée de façon indélébile sur la rétine de ses yeux. Trop souvent encore, il revoit en pensée le visage hostile de sa sœur lorsqu'elle a braqué son arme sur lui. Jamais il n'aurait cru Bérengère capable de tirer, mais elle l'avait fait… et à deux reprises. Où était donc passée cette Bérengère qu'il avait connue ? Cette femme dévouée qui l'avait pratiquement élevé. Jamais il ne pourrait oublier son regard méprisant, cette cruauté qui avait animé ses pupilles noires au moment où elle avait appuyé sur la détente. Ce souvenir le poursuivra à jamais.

Un frisson parcourt le dos de Paolo et il se force à penser à autre chose. Il dépose sa mallette remplie de dossiers sur son bureau et monte à l'étage.

Il n'est pas fâché d'avoir recommencé à travailler, loin de là. Pendant son absence, son agence immobilière indépendante a perdu de gros contrats et même une partie de sa clientèle. Il compte maintenant remédier à la situation en mettant les bouchées doubles. Travailler fort pour remettre son entreprise à flot l'empêchera de penser trop souvent à Leyla et à ce qu'Alfred Bartholdi lui a dit lors de leur première rencontre : « Si vous l'aimez vraiment, renoncez à elle. » Voulait-il simplement l'éloigner ou pensait-il sérieusement que sa présence représentait un danger pour Leyla ?

Après tout ce qu'il a traversé, Paolo est-il seulement capable d'envisager une séparation ? Non. S'éloigner de Leyla, alors qu'il commence à peine à se rapprocher d'elle est tout simplement au-dessus de ses forces. Il tolère déjà mal d'être loin d'elle tout l'été, ne plus la revoir lui briserait le cœur définitivement.

En montant les marches, Paolo défait son nœud de cravate et déboutonne sa chemise. Une fois dans la salle de bain, il ouvre le robinet de la douche et finit de se déshabiller. Il se glisse sous les jets d'eau chaude et reste ainsi une bonne dizaine de minutes afin d'évacuer le stress de la journée. Bientôt, un nuage de vapeur se forme dans la pièce, maculant les surfaces froides d'un film de condensation.

Après s'être savonné et rincé, Paolo se sèche rapidement avant d'enrouler une serviette autour de sa taille. Il passe ensuite dans sa chambre pour s'habiller. La sonnerie du téléphone retentit au moment où il ouvre la penderie. Il presse le pas pour répondre, s'attendant à ce que ce soit Leyla.

— Allo !

Une voix trop familière résonne à l'autre bout du fil. Pas celle à laquelle il s'attendait. Paolo se fige.

— Qui t'a donné ce numéro ?

— Je l'ai trouvé dans le bottin téléphonique.

— Impossible ! C'est un numéro confidentiel.

— Je peux venir chez toi ? Il y a deux ou trois petites choses dont j'aimerais…

Paolo ne la laisse pas finir.

— C'est hors de question !

— Je sais que tu m'en veux encore, mais…

— Jamais je ne pourrai te pardonner, Bérengère, ni te faire confiance à nouveau. Oublie-moi.

— Mais Paolo ! Il faut vraiment que je te…

Paolo raccroche. Son cœur cogne violemment dans sa poitrine. Il se laisse choir sur son lit, soudain vidé de toute son énergie. Bérengère. La seule évocation de ce prénom lui donne la nausée.

Chapitre 57
LES CONSÉQUENCES

Deux hommes en uniforme militaire et armés jusqu'aux dents montent la garde près de la porte du hangar où les trois garçons sont détenus. Un autre est assis derrière un bureau improvisé et griffonne des notes sur son calepin en surveillant les prisonniers du coin de l'œil. Le jour s'est levé depuis plusieurs heures déjà, la lumière filtre à l'intérieur à travers les joints de tôle rongés par la rouille.

Kireg lève les yeux au plafond. Le vent, qui a forci avec le lever du soleil, fait osciller les cinq projecteurs au mercure qui pendent au bout de leur fil, donnant à l'entrepôt bondé de caisses soigneusement empilées un petit côté surréaliste. « On se croirait dans un mauvais film d'espionnage », songe Kireg en se tournant vers Gerald, qui sommeille sur le banc à côté de lui. La journée promet d'être longue ! Joseph a quant à lui été conduit dans un autre bâtiment où il est actuellement interrogé par la sécurité du port. Des éclats de voix à l'extérieur attirent soudain l'attention de Kireg. Il reconnaît la voix de l'agent Rotburgh.

— Ce ne sont que des gamins ! clame-t-il d'un ton moralisateur.

— Ces gamins, comme vous le dites si bien, se sont quand même introduits illégalement dans une zone protégée du port ! Ils ont violé le code de sécurité ISPS mis en place pour justement éviter…

— N'en faites pas une affaire d'État ! coupe le policier.

— J'ai l'intention de…

Le reste de leur conversation se noie dans le vacarme du port au moment où la porte s'ouvre. Les deux gardes s'écartent pour laisser passer les nouveaux venus.

Kireg flanque un coup de coude à son ami pour le sortir de sa torpeur. Gerald sursaute.

— C'est lui, murmure Kireg.

— Qui ça, « lui » ? demande Gerald en se frottant les yeux.

— L'enquêteur Rotburgh. Tu te souviens ? Tu l'as rencontré au parc national de Glenveagh…

Gerald fait non de la tête en bâillant à s'en décrocher les mâchoires.

— Mais oui ! insiste Kireg. Il m'avait donné sa carte de visite en précisant que je pouvais l'appeler n'importe quand…

— En tout cas, il n'a pas du tout l'air d'apprécier de te voir ici ! murmure Gerald à l'intention de son ami.

D'un pas résolu, Allan Rotburgh se dirige vers eux. Un petit homme replet trottine derrière lui pour rester à sa hauteur tout en se répandant en récriminations oiseuses. À bout de patience, l'agent de police s'arrête net. Sur sa lancée, l'autre le percute. Rotburgh le repousse d'un geste brusque avant de lui enfoncer un index menaçant dans la poitrine. Il se penche ensuite vers lui et lui glisse deux ou trois mots à l'oreille. L'effet est quasi instantané. Blême de fureur, l'homme aux formes rebondies fait demi-tour et se dirige vers la sortie d'une démarche un peu raide. Avant de s'éclipser, toutefois, il se retourne sèchement, son visage pivoine trahit sa fureur.

— Je me plaindrai à vos supérieurs ! ajoute-t-il entre ses dents serrées.

L'agent Rotburgh ignore la remarque.

— Comme on se retrouve ! lance-t-il une fois à la hauteur de Kireg. Tu n'abandonnes donc jamais ?

Kireg baisse la tête, penaud.

— C'est dans l'acharnement et la persévérance qu'on reconnaît les grands hommes ! ajoute-t-il en s'asseyant près des deux garçons. Une chose est sûre, Kireg, personne ne pourra jamais te reprocher d'avoir lésiné sur les moyens ! Tu as découvert quelque chose de nouveau ?

— Euh… Rien de concret ! avoue Kireg en se tortillant sur son siège, penaud.

Gerald, qui n'est pas du même avis, n'est pas long à réagir.

— Kireg pense que Rose a pu être enfermée dans un de ces fourgons, précise-t-il. On voulait juste jeter un coup d'œil à l'intérieur… On n'avait pas l'intention de voler quoi que ce soit !

— Je te crois, mon ami. Rose, c'est ta petite sœur, n'est-ce pas ?

Gerald hoche tristement la tête.

— Je suis désolé de ce qui lui est arrivé, sincèrement. Mais il faut que vous arrêtiez tous les deux de jouer au détective. Laissez les autorités faire leur travail.

— Leur travail, s'emporte Gerald, les yeux pleins d'eau, c'est de retrouver Rose ! Pas de surveiller un bateau plein de drogues !

— Qui t'a raconté une chose pareille ?

Gerald se rend compte trop tard qu'il a trop parlé. Il regarde Kireg d'un air navré.

— C'est toi, Kireg ? l'interroge le policier.

Ce dernier approuve d'un hochement de tête.

— Comment l'as-tu appris ? Cette information a été tenue secrète pour des raisons diplomatiques.

— Dans la cale, j'ai bien vu qu'il manquait des caisses ! Vous les avez fait transporter dans un hangar… Il y avait aussi des armes dedans.

— Tu es très fort, Kireg, lance le policier, visiblement impressionné. Mais tu dois me promettre de n'en parler à personne…

— C'est promis.

— Et toi aussi.

Gerald souffle bruyamment. Il donne son accord, mais Rotburgh comprend que ce dernier a d'autres chats à fouetter. Un court moment de silence s'ensuit, chacun s'absorbant dans ses propres pensées. Puis Gerald reprend la parole.

— Pourquoi les policiers ne font-ils rien pour retrouver ma sœur ?

La question frappe l'agent Rotburgh en plein visage. Mal à l'aise, il ne sait trop que répondre. Dans ce dossier particulièrement épineux de l'enlèvement de Rose O'Brien, il est vrai que beaucoup de fautes graves ont été commises, et ce, dès le début.

— Ce n'est pas qu'ils ne font rien, Gerald, tente de lui expliquer l'agent de police, au contraire. Nous avons lancé un avis de recherche dans toutes les grandes villes européennes, la photo de Rose est placardée partout, mais tout ça prend du temps…

— Ce soir, déclare Gerald avec amertume, on voulait juste vous aider à trouver de nouvelles pistes.

— Je sais, mais vous avez enfreint un tas de règles en venant ici… Celui qui vous a fait entrer dans le port, Bill Lattoria, va être suspendu et il va peut-être même perdre son emploi. Ton frère, Kireg, va probablement avoir un casier judiciaire…

Piteux, les deux garçons se regardent sans rien dire.

— Tout est ma faute ! se lamente Gerald, au désespoir. Bill et Joseph voulaient juste m'aider ! S'il vous plaît, ne les punissez pas d'avoir tenté quelque chose !

— Ils connaissaient les risques potentiels. Ils devront en assumer la responsabilité. Ça fait partie de la vie adulte. J'espère que vous deux allez retenir la leçon.

Devant l'ampleur des conséquences, Gerald se met à sangloter.

Kireg prend son ami par les épaules et celui-ci se laisse aller à sa peine. Ému par la scène, le policier se radoucit.

— Je vais faire ce que je peux, mais ce ne sera pas facile. Les autorités du port veulent à tout prix sanctionner les coupables. Ils en feront un exemple pour décourager d'éventuels cambrioleurs.

— Merci, murmure Kireg d'une voix à peine audible.

— Le conteneur dans lequel vous vouliez vous introduire… il y avait quoi à l'intérieur ?

Kireg hausse les épaules.

— C'était juste une intuition. Dans ma vision, un des contremaîtres avait entendu des bruits provenant de l'intérieur… Ce n'était peut-être rien du tout…

— Tu veux que je le fasse ouvrir ?

Les yeux brillants de larmes de Gerald s'agrandissent. Rotburgh réalise que ce garçon a une confiance aveugle dans les pouvoirs de Kireg. Cette loyauté le touche profondément. Il espère juste qu'il ne sera pas déçu.

— Allez, venez ! Allons voir ce qu'il y a là-dedans !

Kireg se lève, mais reste planté là, mal à l'aise. L'agent Rotburgh lui jette un regard interrogatif.

— Joseph… il peut venir avec nous ?

L'agent Rotburgh se tourne vers un des gardes en faction devant la porte.

— Va chercher les deux autres.

Quelques minutes plus tard, Bill et Joseph les rejoignent. Une fois à l'extérieur, Bill, qui connaît bien toute cette section du port, les dirige sans hésiter vers le conteneur.

Kireg a beaucoup de mal à se concentrer. Trop de fatigue, trop d'appréhensions, trop d'images se bousculent dans sa tête. Rose et les autres filles ont effectivement été détenues dans ce conteneur insalubre, mais Kireg voit des choses tellement horribles qu'il ne peut tout simplement pas les répéter. Gerald ne doit jamais savoir ce qu'elle a vécu.

Kireg annonce finalement au policier que Rose a été vendue, mais qu'il n'a aucune idée de l'endroit où elle se trouve désormais. Il tait cependant les détails de son calvaire.

Chapitre 58
L'ARRESTATION

Nancy n'est pas retournée chez elle, à son appartement situé dans le nord de la ville. Elle ne sait même pas si les services secrets le surveillent encore. Probablement. Ils croient peut-être qu'elle se risquera à revenir, mais Nancy a définitivement tiré un trait sur cette partie de sa vie. Sans un regard en arrière, elle a abandonné son passé pour se tourner vers l'avenir, car depuis qu'elle a rencontré les sœurs Wallace, un nouvel espoir a pris racine en elle. Il y a encore des gens bien sur cette planète !

— Tu ne peux pas publier ce genre d'article sans t'attirer encore une fois les foudres des services secrets ! argumente Paolo en faisant les cent pas dans le salon. C'est carrément suicidaire !

— Écoute, Paolo, reprend calmement la journaliste, c'est justement ça, mon boulot, collecter les informations, les vérifier et dénoncer les faits. Crois-tu que je ne me sois jamais exposée auparavant ?

— Non, mais… te rends-tu bien compte des implications qu'aura ton article sur l'Ordre, Nancy ?

— Crois-moi, j'ai témoigné de choses bien pires que celles-là.

— En tout cas, je ne suis pas d'accord ! Dis quelque chose, Leyla !

Cette dernière prend une grande inspiration, elle aurait préféré ne pas avoir à intervenir dans cette discussion.

— Je pense que Nancy a raison, Paolo. En tant que journaliste, elle sait ce qu'elle a à faire…

Un large sourire s'épanouit sur le visage de Nancy tandis que Paolo se renfrogne, croisant les bras sur sa poitrine dans un geste de frustration.

— … Nous ne devons pas l'empêcher de faire son travail, termine Leyla, même si ça nous semble dangereux.

— Tu oublies qu'elle ne bénéficie pas de la même protection que nous…

— Combien de fois as-tu failli mourir depuis qu'on se connaît ? lui balance simplement Leyla.

— Tes paroles sont très sages, approuve la journaliste avant de faire face à nouveau à Paolo. De toute façon, ma décision est prise. Il faut juste que je trouve un journal qui voudra bien publier la nouvelle.

Tous se tournent vers elle.

— Oui, enfin… Après l'article sur la micropuce, paru la semaine dernière, mon ancien rédacteur en chef a perdu son emploi. Faut croire que remplacer la une à la dernière minute et à l'insu de son patron a un prix. La vérité commence à déranger pas mal de monde.

— Quoi ? Et en plus, tu veux récidiver ? s'emporte à nouveau Paolo. Tu vas te jeter dans la gueule du loup, Nancy ! C'est ce qu'ils attendent ! Que tu te plantes toute seule !

Paolo supplie Leyla du regard de plaider en sa faveur, mais cette dernière garde le silence.

— Je n'en reviens pas ! Suis-je le seul ici à voir le danger ?

— Tu es le seul, corrige Leyla en posant une main apaisante sur son bras, qui ne soit pas encore prêt à accepter les risques.

Surpris, Paolo la dévisage.

— Merci de te soucier de moi, Paolo, renchérit Nancy, mais certaines choses doivent être révélées au grand jour. J'ai toujours accompli mon boulot de façon honnête et libre de toutes contraintes, je ne vais pas commencer à bâcler sous prétexte qu'on me menace !

— Personne ne te demande de bâcler ! réplique sèchement Paolo. Seulement de bien réfléchir à toutes les implications de ta situation. Si tu persistes à vouloir les crucifier sur la place publique comme tu le fais présentement et que tu te fais assassiner, ce qui ne manquera pas de se produire, qui informera les gens ?

Nancy prend le temps de bien méditer sa réponse.

— Je ne peux pas, en toute connaissance de cause, cacher la vérité. Ou pire encore, la trafiquer pour qu'elle plaise aux dirigeants corrompus de ce pays. Ce n'est pas moi, Paolo. Je ne travaille pas de cette façon. La démocratie dans laquelle j'ai grandi repose sur un certain libre arbitre. Si je perds ne serait-ce que la liberté d'expression, tout le système auquel je croyais s'écroulera comme un château de cartes. Il y a une phrase que je me souviens avoir entendue à l'université : « Dans la plupart des pays, les citoyens possèdent la liberté de parole. Mais dans une démocratie, ils conservent encore cette liberté après s'être exprimés. » Dis-moi, Paolo, dans quelle genre de société souhaites-tu vivre et voir grandir tes enfants ?

La tirade de Nancy porte Paolo à la réflexion. La journaliste n'a pas tort. La liberté est un droit fondamental de l'homme, mais il semblerait que la justice elle-même ait oublié ce que le mot veut dire !

— Ouais ! rétorque Paolo. Cependant, je persiste à penser qu'il serait trop risqué, du moins pour le moment, de t'exposer davantage.

— Qu'est-ce que tu veux dire ?

— Laisse-moi t'aider ! Je voudrais t'éviter de te faire descendre au beau milieu de la rue.

— En faisant quoi, misère ? s'irrite la journaliste.

— Tu es recherchée, Nancy… insiste encore Paolo. Je peux me rendre sur place, recueillir les informations pour toi…

— C'est hors de question ! C'est moi la foutue journaliste, ici ! Et de toute façon, mourir maintenant ou crever d'un infarctus à soixante ans, qu'est-ce que ça change ?

— Beaucoup de choses, à mon avis, intervient Mégane en posant ses valises au bas de l'escalier.

Elle a profité de l'avant-midi pour terminer ses bagages, le départ pour l'Écosse étant prévu tôt le lendemain matin. Nancy se dévisse le cou pour voir qui a parlé.

— La vie est précieuse, poursuit Mégane, inutile de la gaspiller ! Puisque notre ami Paolo est maintenant immunisé contre certaines… perversités de la secte, pourquoi ne le laisses-tu pas t'aider ? Tu n'as qu'à lui dire quoi faire. Il n'est peut-être pas journaliste, mais il se débrouille fort bien quand il s'agit de fourrer son nez dans les affaires des autres !

— Merci du compliment ! bougonne Paolo en jetant un regard assassin à Mégane.

— De rien !

— Tiens donc ! se moque Nancy. J'ignorais que tu faisais partie de la grande famille des fouille-merdes !

Le principal intéressé se contente de marmonner.

— Les services secrets suivent pas mal de pistes en ce moment, reprend plus sérieusement Nancy. Pas seulement la mienne ! Ils cherchent à savoir d'où provient la fuite. À simplement rencontrer l'un de mes informateurs, tu risquerais de t'exposer. Ils ne lésinent pas avec ce genre de situation, ils sont armés et possèdent des moyens de faire disparaître les indésirables.

Tu vas être confronté à une vraie machine de guerre ! Es-tu prêt à courir ce risque ?

— Il me répugne autant qu'à toi de simplement savoir que de telles organisations existent, Nancy. L'Ordre, ainsi que ses nombreuses ramifications, ne peuvent plus prospérer dans l'ombre. Les gens doivent les voir tels qu'ils sont, découvrir leur véritable visage. Ce combat doit être mené, mais tu ne peux plus le faire seule.

— D'accord ! s'incline Nancy de mauvaise grâce. Je veux bien accepter ton aide.

— Bon ! s'écrie Paolo. Donne-moi l'après-midi pour m'organiser à l'agence, le temps que je délègue la direction à mon assistant et je pars à la recherche de toutes les preuves dont tu as besoin pour rédiger tes articles.

Nancy tend une main amicale à Paolo que ce dernier s'empresse de serrer.

— Bienvenue dans le journalisme d'investigation.

Mégane et Leyla sont parties pour l'Écosse tôt ce matin. Leur avion a décollé à sept heures cinquante. Pile à l'heure ! C'est Paolo qui les a accompagnées à l'aéroport. Ça aurait été trop risqué pour Nancy. Dire au revoir à Leyla a été la chose la plus difficile que Paolo ait eu à faire de toute sa vie. Comme s'il la voyait pour la dernière fois, comme si la prédiction d'Alfred allait se concrétiser pendant qu'elle se trouvait à l'étranger, loin de lui, loin de sa protection, aussi futile soit-elle.

Pendant que la Mercedes cabriolet se faufile dans les embouteillages matinaux, Paolo s'efforce d'oublier ses angoisses. La journée promet d'être longue… et chaude. Il n'est pas huit heures que le thermomètre affiche déjà vingt-sept degrés Celsius.

Le temps est lourd et le soleil plombe. Pas un souffle de vent pour rendre la température plus confortable, pas une once de fraîcheur dans l'air. Le bulletin météo annonce une canicule. L'indice de pollution atteint un niveau record.

Paolo actionne son clignotant pour tourner à droite et s'engage sur la bretelle qui mène à la sortie du centre-ville. Il effectue aujourd'hui sa première mission pour Nancy. Il doit récupérer un important dossier qu'un informateur anonyme a déposé pour elle dans un casier, à la gare Centrale. De l'autre côté du viaduc qui enjambe l'autoroute, Paolo tourne à gauche et s'arrête à un premier feu de circulation. Pensif, il ne réalise pas que la lumière est passée au vert. Un concert de klaxons le ramène vite à la réalité.

Une dizaine de minutes plus tard, il gare son véhicule dans le vaste stationnement situé en face du terminal. Il remonte le toit de sa décapotable, verrouille ses portes et traverse la route.

En entrant dans le bâtiment, une agréable odeur de café lui chatouille les narines. Ce qui lui rappelle qu'il n'a pas encore avalé sa dose de caféine matinale. Levé depuis quatre heures du matin, il a à peine eu le temps de boire un verre de jus d'orange. Il scrute les lieux, à la recherche du comptoir à café. Une foule de voyageurs anonymes se bousculent déjà dans le grand hall, pressés de se rendre à destination. Plusieurs personnes attendent en ligne pour acheter leur billet de train.

Paolo repère rapidement le petit kiosque. Après avoir payé sa commande, il demande à la serveuse où sont les toilettes des femmes. Elle le regarde d'un drôle d'air.

— Deuxième étage, au fond du couloir.

— Merci !

Paolo emprunte l'escalier roulant sur sa droite et suit le flot de passagers jusqu'à l'étage supérieur. D'un coup d'œil rapide, il repère le panneau indicateur. Avant de se glisser dans les toilettes, toutefois, il vérifie que personne ne regarde dans sa direction, puis il ouvre la porte et jette un coup d'œil à l'intérieur. La voie est libre. Paolo se dépêche d'entrer et de refermer derrière lui en poussant le verrou. Comme convenu, la clé est coincée derrière la chasse d'eau de la deuxième cabine, invisible aux yeux de toutes ces dames. Clé en main, il ressort et rejoint l'escalier roulant.

Nancy n'avait d'abord pas voulu donner suite à cette histoire de dossier confidentiel et d'informateur anonyme, craignant que ce ne soit en fait qu'une mise en scène destinée à la piéger. Mais quand son délateur lui avait affirmé détenir des preuves irréfutables de l'implication du ministre Carrey dans l'affaire Ventis, elle n'avait pas pu résister à la tentation d'envoyer Paolo les récupérer.

Les laboratoires Ventis étaient en fait un groupe pharmaceutique multinational œuvrant dans le domaine de la biochimie et de la bactériologie dont la « filiale façade » se spécialisait dans le développement et la production de vaccins humains contre les maladies les plus infectieuses.

La consigne automatique est située au premier niveau, dans une allée transversale, loin de l'affluence des voyageurs qui se pressent vers le terminal. L'endroit est désert à cette heure matinale. Paolo met un certain temps avant de repérer le numéro du casier, inscrit en rouge sur une plaque d'aluminium rivetée au battant. Il jette un coup d'œil nerveux autour de lui. Personne en vue. Jusqu'à maintenant, tout se déroule comme prévu, mais il ne doit surtout pas relâcher sa vigilance. Au moment où il sort la clé de sa poche, une femme surgit au bout du couloir. Sentant son pouls s'accélérer, Paolo dépasse la consigne, dépose sa mallette par terre et fait semblant de rattacher ses lacets de chaussures. Puis il réalise que la femme traîne derrière elle un bambin de cinq ans. Paolo se détend. Fausse alerte. Quand la femme arrive à sa hauteur, il relève la tête et lui sourit, elle lui retourne la politesse avant de poursuivre son chemin. Il attend qu'elle se soit suffisamment éloignée avant de revenir vers le compartiment. À nouveau seul, il insère la clé dans la serrure et ouvre la porte.

Aussitôt, une main ferme se pose sur son épaule et le tire par derrière. Paolo perd l'équilibre et trébuche, s'affalant par terre.

— Police !

Un agent lui plaque un genou dans le dos et attrape rapidement ses poignets pour lui passer les menottes. Pendant que son confrère procède à une fouille minutieuse, un sergent détective en civil s'avance et ouvre la consigne avec précaution. Il demande tout de suite à son équipe d'établir un périmètre de sécurité en attendant l'arrivée des unités spécialisées en explosifs et l'équipe d'intervention à haut risque.

Le détective revient ensuite vers le suspect.

— Vous êtes en état d'arrestation pour possession d'engins explosifs ! Vous avez le droit de garder le silence, tout ce que vous direz pourra être retenu contre vous et également servir de preuves au tribunal. Vous avez droit à un avocat. Si vous n'en avez pas, on vous en commettra un d'office.

Paolo sort de la gare sous escorte policière et monte à l'arrière du véhicule banalisé garé devant l'entrée principale.

Tout au long du trajet jusqu'au poste, il tente de s'expliquer, répétant sans arrêt qu'il s'agit d'une erreur, qu'il a été piégé, qu'il était simplement venu chercher des documents pour une amie…

Bien qu'on lui ait mentionné qu'il avait le droit de garder le silence et de consulter un avocat, Paolo s'époumone à clamer son innocence, mais les policiers qui l'escortent demeurent sourds à ses arguments.

Tôt ce matin-là, le bureau des enquêtes du service de police de Royal-Mount avaient reçu un appel anonyme affirmant que des composantes servant à fabriquer une bombe artisanale avaient été déposées dans une consigne, à la gare Centrale. Six enquêteurs avaient été dépêchés sur place afin d'assurer une surveillance continue.

Chapitre 59
GLASGOW

L'avion d'Alison a atterri à Glasgow trois jours avant celle de ses sœurs. Elle tenait à effectuer un peu de repérage et désirait mettre en place un système de surveillance avant leur arrivée. L'enjeu était beaucoup trop important pour ne pas préparer soigneusement le terrain. La jeune femme avait réussi à réserver la chambre adjacente à celle qu'occuperaient Mégane et Leyla. Un peu de persuasion avait été nécessaire avec le concierge. Les hommes sont si corruptibles. Rien ne serait laissé au hasard.

Installée près de la fenêtre, elle termine les derniers branchements du système d'écoute électronique qui lui permettra d'épier leurs moindres faits et gestes. Elle a également soudoyé un second employé de l'hôtel pour qu'il lui fournisse des renseignements sur leurs déplacements.

La veille, elle s'est rendue à la cathédrale de Glasgow, un lieu de culte et de pouvoir très puissant situé sur Cathedral Square, entre Castel et Wishart Street, dans le but de s'introduire plus facilement dans l'esprit de Mégane. Cette église avait été implantée jadis sur un réseau tellurique dans le but d'amplifier les ondes de pensées émanant des gens en prière. Alison comptait se servir de cette énergie latente pour découvrir où se trouve le troisième enfant. Mais jusqu'à présent, chacune de ses tentatives se sont soldées par un échec. Elle a visiblement sous-estimé la capacité de Mégane à bloquer son esprit aux intrusions. Sa jeune sœur a de toute évidence fait de grands progrès depuis son passage en Annwin. Alison a finalement dû se rabattre sur des moyens disons… plus traditionnels, comme l'utilisation de micros espions dissimulés un peu partout dans la suite que ses deux sœurs vont bientôt occuper.

Elle vérifie une dernière fois que tout son matériel est opérationnel avant de déposer son casque d'écoute sur la table. Elle lève ensuite la tête en direction de la fenêtre et contemple quelques instants la forêt de buildings qui se renvoient les rayons du soleil matinal.

Une idée germe peu à peu dans son esprit. « Oui ! se dit-elle. Ça pourrait marcher ! » Elle ferme les yeux et tourne sa conscience vers le troisième enfant. De Sionrah, ses essais ont tous échoué, mais peut-être était-ce à cause de la distance… À la troisième tentative, elle parvient à établir un contact ténu. Alison s'encourage. Elle recommence, force le passage. Son esprit effleure celui du troisième enfant, mais un mur le protège. Elle plonge plus profondément dans sa transe, contourne les défenses qu'il a érigées. Après plusieurs minutes d'acharnement, le barrage cède enfin. Des milliers d'images explosent alors dans son esprit. Saisie de vertiges, elle tente de les ralentir, mais le débit augmente, provoquant chez elle une perte d'équilibre et de violentes nausées. Secouée, Alison revient à elle. Elle n'a cependant pas dit son dernier mot.

Après quelques heures de repos, elle fait une nouvelle tentative. Les portes mentales se sont refermées, mais cette fois, elle sait où chercher. Au moment où elle pénètre le subconscient du troisième enfant, sa respiration s'emballe d'un coup et son rythme cardiaque monte en flèche. Elle se force à rester calme.

Peu à peu, les projections ralentissent et elle commence à apercevoir quelques détails intéressants, à ressentir diverses émotions. Alison jubile intérieurement. Les images continuent de se succéder dans sa tête, elle les examine attentivement, les enregistre. Elle est sur le point de découvrir quelque chose quand elle perd subitement le contact. La rupture est tellement brutale et la douleur si intense qu'elle tombe en bas de son siège et se cogne la tête contre le pied du lit. Un chapelet de blasphèmes s'échappe de sa bouche.

Alison rage intérieurement. Quelqu'un de très puissant le protège. Encore une chose qu'elle n'avait pas prévue…

Chapitre 60
L'ORDRE

Étant donné qu'elle et sa sœur seront absentes tout l'été, Leyla a offert à Nancy de s'installer provisoirement au manoir de la Pointe-aux-Roches. La journaliste s'est empressée d'accepter, trop heureuse de pouvoir échapper à sa minuscule chambre d'hôtel.

Confortablement installée dans la salle à manger, Nancy termine de rédiger l'article qu'elle prévoit faire parvenir à *Libranews*, un cyber-journal qui a accepté de publier son texte sur l'Ordre. Avant de le transmettre, toutefois, elle s'arrête un instant pour le relire.

Quelques minutes plus tard, elle appuie sur le bouton « Envoyer » de sa messagerie. Puis elle jette un regard sur l'horloge : il est passé midi. Paolo devrait déjà être rentré.

Trop concentrée sur son écriture, Nancy n'a pas vu le temps passer. Elle attrape le téléphone et compose le numéro du portable de son ami. Deux… trois… quatre coups. Au bout de la cinquième sonnerie, sa messagerie prend le relais. Nancy raccroche. Elle a un mauvais pressentiment.

L'avocat de Paolo se présente au poste de police une heure après avoir reçu un coup de fil de son client. Il demande à parler au chargé d'enquête. Le policier en faction le regarde d'un air étonné.

— C'est à quel sujet ?

— Monsieur Nova est mon client.

— Votre nom, je vous prie.

— Jules-Magellan Gamelin.

L'homme relève la tête.

Le policier ne peut s'empêcher de sourire en inscrivant le nom au dossier. « Quel genre de parents peuvent affubler leur progéniture d'un nom pareil ? »

— Asseyez-vous, Maître Gamelin. Le sergent-détective Thomas va vous recevoir dès que possible.

L'avocat se retourne : les deux seuls sièges sont déjà occupés. Il n'a cependant pas à patienter bien longtemps. La porte s'ouvre et un homme aux cheveux hirsutes apparaît dans l'encadrement.

— Jules-Magellan Gamelin, appelle-t-il d'un ton bourru.

L'avocat contourne le bureau de réception.

— Je suis l'inspecteur Thomas, lance le policier en lui tendant la main. Vous représentez Paolo Nova, à ce que j'ai compris.

— Exactement !

L'inspecteur le conduit jusqu'à la salle d'entrevue et lui indique une chaise avant de prendre place de l'autre côté d'un vieux secrétaire en chêne massif.

— Quelles sont les charges qui sont retenues contre mon client ?

L'inspecteur Thomas lui énumère sommairement les chefs d'accusation : complot, possession de matériel explosif, avoir résisté à son arrestation. Le procureur envisage aussi des accusations de terrorisme et d'appartenance à un groupe extrémiste.

— Comme il vous l'a déjà mentionné, mon client n'avait aucune idée du contenu de cette consigne, inspecteur Thomas ! Il venait simplement récupérer des documents quelconques pour une amie.

— S'il est innocent, alors, qui a déposé tout ce matériel dans la consigne ?

— C'est votre travail de le découvrir, inspecteur, pas le mien.

Le timbre de voix de Maître Gamelin démontre l'assurance d'un avocat chevronné, que les tempes grises ne démentent pas. À n'en pas douter, cet homme est capable d'entreprendre un combat de gladiateur pour sortir son client de prison.

Après quelques échanges verbaux plutôt courtois, le ton monte légèrement.

— Je ne vois pas la pertinence de garder mon client en détention à ce moment-ci de l'enquête. Monsieur Nova est connu de la communauté, son comportement est irréprochable…

— Je vous rappelle, Maître Gamelin, que monsieur Nova a été trouvé en possession de matériel explosif ! lance l'inspecteur en se calant dans son fauteuil.

— Il n'a aucun antécédent judiciaire ! poursuit l'avocat. Son dossier est vierge tant au niveau criminel que pénal. Il n'a aucune relation avec des bandes criminalisées, mafieuses ou ne serait-ce que suspectes. Il n'a jamais été connu pour tenir des propos haineux ou revendicateurs. Il réside au même endroit depuis plus de dix ans. En fait, c'est un citoyen exemplaire, victime d'un malencontreux hasard. Il s'est simplement trouvé au mauvais endroit au mauvais moment. Il est évident que monsieur Nova n'a jamais eu une quelconque intention, de près ou de loin, d'être impliqué dans cette affaire. D'ailleurs, avec toute l'expérience et le professionnalisme dont vous faites preuve, vous êtes vous-même en mesure de constater qu'il n'a absolument pas le profil du terroriste. De plus, vous savez très bien, inspecteur

Thomas, qu'il me répugnerait de représenter de tels individus. Notre société se doit de protéger la population contre ce genre de criminels, et pour ce faire, nous avons besoin d'hommes tels que vous…

Le sergent détective Thomas n'est cependant pas dupe des commentaires élogieux de l'avocat à son endroit. Il connaît bien Maître Gamelin. Ils se croisent en cour depuis plusieurs années déjà. Au fil des ans, l'avocat s'est taillé une solide réputation dans les milieux criminels et policiers, irréprochable et sans tache, il est d'une crédibilité avérée. L'inspecteur Thomas sent monter le doute en lui. Il ne peut écarter les propos de Maître Gamelin d'un simple revers de la main, mais d'un autre côté, il ne peut pas non plus donner à ce Paolo Nova le bon Dieu sans confession.

— Vous permettez ? Je dois consulter mes supérieurs.

Maître Gamelin acquiesce d'un signe de tête. Sur ce, le sergent détective Thomas sort du bureau.

Chapitre 61
L'ÉCOUTE ÉLECTRONIQUE

Après onze heures de vol, l'airbus se pose enfin à l'aéroport de Glasgow. Mégane et Leyla sont exténuées. Considérant le décalage horaire, il est passé minuit. Quarante-cinq minutes plus tard, elles franchissent le poste de douane.

Debout devant le carrousel à bagages, Leyla peine à garder les yeux ouverts tellement elle est fatiguée. Elle regarde défiler les valises en bâillant derrière sa main.

Dès qu'elle en a eu fini avec le douanier, Mégane s'est précipitée aux toilettes. Trop énervée pour dormir dans l'avion, elle n'avait pas cessé de jacasser de tout le voyage.

Un de leurs sacs surgit sur le convoyeur. Leyla s'avance pour le ramasser et le dépose sur son chariot. Mégane réapparaît quelques minutes plus tard.

— Il en manque encore trois, lui annonce Leyla. Je me demande pourquoi tu as emporté autant de trucs.

— Six semaines, Leyla, tu n'imagines toujours pas que je vais mettre des vêtements sales !

— Il y a des buanderies même en Écosse, Mégane ! Tu veux bien ramasser la valise rouge ?

Mégane se fraye un chemin à travers le flot de voyageurs jusqu'au tapis roulant. Un beau jeune homme l'aide à décharger le mastodonte. Mégane le gratifie d'un large sourire avant de revenir vers sa sœur.

— Il y a de beaux gars même en Écosse ! lance-t-elle pour faire réagir sa sœur. Je pensais qu'ils étaient tous roux !

— Roux comme toi ? la taquine Leyla.

— Je ne suis pas rousse ! s'indigne Mégane. Mes cheveux sont auburn.

— Oh ! Excuse-moi ! Il reste ton sac à chaussures et ma housse ! déclare Leyla en soulevant l'énorme bagage pour le déposer sur le dessus de la pile.

— Tiens, les voilà ! annonce Mégane en s'approchant. Prends le sac, je m'occupe de l'étui à vêtements.

— D'accord !

Quand elles se présentent au stand de taxi, il est déjà deux heures du matin.

— *One, Devonshire, please !* lance Leyla dans un anglais un peu rouillé.

Le taxi se met tout de suite en route. Elles ont réservé les deux premières nuits à l'hôtel du Vin, un établissement cinq étoiles situé en banlieue, loin de la cohue de la ville. Vingt minutes plus tard, elles sont accueillies à la réception par la préposée qui arbore un large sourire, malgré l'heure tardive.

Un chasseur est aussitôt appelé pour monter leurs bagages. La luxueuse suite est décorée avec goût et rehaussée de meubles victoriens de bonne facture. Un grand lit à baldaquin occupe le centre de la pièce, tandis qu'un élégant bain sur pied repose devant une immense verrière, fermée par des volets. La salle de douche est en marbre beige et porcelaine blanche.

— Je suis tellement énervée que je n'arriverai pas à m'endormir ! s'exclame Mégane en se laissant choir sur le lit. Et toi ?

— Il va pourtant falloir qu'on se repose un peu si on veut être en forme demain.

— Qu'est-ce qu'on a de prévu ? demande Mégane en fouillant dans le minibar.

N'obtenant pas de réponse, elle relève la tête. Leyla allume le téléviseur et monte le volume avant de répondre. Mégane se demande ce qui se passe.

— Mieux vaut ne prendre aucun risque ! explique Leyla. Je vais d'abord passer un coup de fil chez les Radhan. J'espère qu'ils auront reçu ma lettre.

— Quand est-ce qu'on y va ?

— Ça va dépendre !

— Tu crois qu'ils vont vouloir nous recevoir ? l'interroge encore Mégane en décapsulant une bouteille de jus.

— Je ne vois aucune raison de refuser. Mais avant de nous rendre là-bas, je tiens à m'assurer qu'Alison ne nous suivra pas. Elle est certainement au courant que nous avons débarqué dans cet hôtel puisque j'ai fait les réservations à l'agence. Pourquoi lui dévoiler la suite ? Je crois que nous allons improviser le reste du voyage. Nous choisirons nos hébergements à la dernière minute, peut-être même dormirons-nous chez l'habitant.

— J'ai terriblement hâte de les rencontrer tous. Onze cousins, cousines ! Je n'en reviens toujours pas encore ! C'est quoi déjà leurs prénoms ?

Leyla lui fait signe de parler moins fort. Mégane acquiesce.

— L'aîné s'appelle Monroe. Après, il y a Guillian et Andrev, les jumeaux. Et si je me souviens bien, c'est Adriann qui vient ensuite…

— Non, la reprend Mégane, il me semble t'avoir entendue dire que Joseph était plus âgé.

— Peut-être que tu as raison, je ne me souviens plus très bien. Puis, il y a Isobel, Rowenna, Erin et Kireg. Niam et Mell sont les plus jeunes. Mell a, je crois, sept ou peut-être huit ans.

— Ce n'est quand même pas croyable ! Il n'y a plus de famille aussi nombreuse de nos jours !

— Julie et Michel Maudrez ont quand même cinq enfants bien à eux !

— C'est vrai, glousse Mégane, j'ai parfois tendance à l'oublier !

Leyla ouvre sa valise, sort son pyjama et sa brosse à dents. Avant de passer à la salle d'eau, elle se tourne vers Mégane.

— Les Maudrez te manquent, n'est-ce pas ?

— Un peu, avoue Mégane. Pourquoi tu me demandes ça ?

— Est-ce qu'il t'arrive de regretter ta décision de vivre avec moi ?

— Non, jamais.

— Je t'aime, murmure Leyla.

— Moi aussi, je t'aime, répond sa sœur.

Quand Leyla revient dans la chambre, Mégane ronfle déjà. « Dure journée ! » songe-t-elle en s'allongeant à son tour.

Alison s'est vite remise de son échec. Ce qui, tout compte fait, n'en était pas réellement un, puisqu'il lui a permis de savoir exactement qui protège le troisième enfant : Maëlla Liss en personne. Voilà pourquoi elle a été si fortement secouée. Néanmoins, une chose est certaine, elle ne peut pas lutter contre cette femme. Les pouvoirs de Maëlla Liss sont beaucoup trop puissants pour qu'elle arrive à les contourner. Elle devra obtenir les renseignements de ses sœurs. D'ailleurs, le système d'écoute électronique qu'elle a mis en place dans leur chambre est son dernier espoir d'obtenir quelques indices.

Vers deux heures trente du matin, l'employé de l'hôtel qu'elle a soudoyé est venu frapper à sa porte pour lui annoncer que les occupantes de la chambre voisine venaient tout juste d'arriver à l'hôtel. Elles étaient en train de s'enregistrer à la réception. Il s'occuperait personnellement de monter leurs bagages. Alison l'a grassement remercié, après quoi elle a mis en marche son matériel d'écoute.

Trop énervée par les bribes de conversation qu'elle vient d'entendre, Alison n'arrive pas à dormir. Elle est loin d'avoir saisi tout ce qui a été dit – trop d'interférences à cause de la télévision –, mais ce qu'elle a appris lui permettra peut-être de relancer ses recherches. Si elle joue finement, elle remontera jusqu'au troisième enfant avant même que ses sœurs ne s'en rendent compte.

Comme le sommeil la fuit, elle se relève et s'habille. Maintenant que Mégane et Leyla se sont endormies, c'est le moment ou jamais de s'introduire dans leur chambre.

Le ciel de Glasgow est couvert d'une masse opaque de nuages gris et la pluie tombe comme des clous. Des courants d'air marins chargés de vapeur d'eau masquent certaines parties de la ville d'un épais brouillard.

Mégane ouvre un œil, le referme avant de l'ouvrir à nouveau. Elle se lève d'un bond, jette un regard circulaire à la pièce. Leyla n'est plus là. Elle se lève et étire le cou pour voir dans la salle d'eau. Aucune trace de sa sœur là non plus. Son regard revient dans la chambre : le réveil indique onze heures trente-sept.

« Du calme », se morigène-t-elle. « Elle n'a pas pu disparaître sans que je m'en rende compte ! Je dors dur, mais tout de même ! » Mégane se dirige vers sa valise, restée ouverte sur le divan. Une note a été déposée sur la pile de vêtements. Elle se met à lire avec soulagement. « Bonjour, Mégane ! De retour dans quelques minutes avec le petit déjeuner. » Rassurée, elle attrape sa trousse de voyage, une chemise et un pantalon avant de traverser dans la salle de bain. Tout en se déshabillant, elle remarque un minuscule point noir dans le papier peint qui ne semble pas faire partie du motif. « Qu'est-ce que c'est ? » se demande-t-elle en effleurant le mur du bout du doigt. Elle constate un léger renflement, comme si une tête d'épingle avait été enfoncée dans le plâtre. Elle s'approche davantage et gratte la surface avec son ongle. L'objet se rétracte sous la pression. Mégane comprend d'emblée que la chambre a été placée sous écoute. Elle termine sa toilette et quand elle revient dans la chambre, Leyla dépose un plateau chargé de nourriture sur la table.

Mégane lui fait signe de ne rien dire et de la suivre. Après avoir examiné le mur de la salle de bain, toutes deux reviennent dans la chambre. Leyla allume à nouveau la télévision et monte le volume.

— Je ne crois pas qu'elle ait pu entendre quoi que ce soit, chuchote-t-elle dans l'oreille de sa sœur.

— Oui, mais on ne connaît pas la portée du micro. Peut-être même y en a-t-il d'autres dissimulés dans la chambre.

Mégane jette un regard circulaire à la pièce.

— On n'a pas dit grand-chose d'important de toute façon ! tente de se convaincre Leyla.

— Tu trouves ? riposte aussitôt Mégane. On a carrément énuméré le nom de tous les membres de la famille…

Mégane se retient de prononcer Radhan.

— Ils sont désormais tous en danger par notre faute.

Leyla doit se rendre à l'évidence qu'elles n'ont pas été très vigilantes. Toutefois, elle se souvient parfaitement ne pas avoir mentionné l'Irlande. Donc, en admettant qu'Alison ait entendu quelque chose, ce qui lui paraît peu probable, elle les cherchera en Écosse.

— Ne dramatise pas, Mégane ! Même si elle a entendu les noms, elle ne sait pas où ils vivent. Tu as cependant raison sur un point : à l'avenir, il nous faudra redoubler de prudence. Alison est vraiment maligne. Maintenant, on va se comporter comme si de rien n'était.

Mégane acquiesce en silence.

— Qu'est-ce qu'on va faire ? demande-t-elle malgré tout.

Leyla réfléchit quelques instants avant de répondre.

— Mieux vaut que tu ne connaisses pas la suite, Mégane. Sans vouloir t'offenser, Alison pourrait aisément lire dans ton esprit. Mais tiens-toi tout de même prête à quitter l'hôtel. Ferme tes bagages et traîne ton passeport sur toi.

— On devrait peut-être partir tout de suite ! propose Mégane.

— On va d'abord prendre notre petit déjeuner. Tu as faim ?

— Mon estomac gargouille, mais je ne sais pas si j'arriverai à avaler quoi que ce soit…

Leyla soulève le couvre-plat en argent. Mégane s'approche.

— Mmm ! Ça sent drôlement bon ! Qu'est-ce que c'est ?

— Jus d'orange fraîchement pressé ! dit-elle en déposant les verres sur la table. Œufs brouillés avec saucisses et jambon grillé, accompagnés de pommes de terre rissolées et de flageolets. Pour terminer, un café irlandais relevé d'une larme de whisky, pour fêter notre arrivée en Écosse !

— Et ça, qu'est-ce que c'est ?

— Du *soda farl* ! La serveuse m'a dit que c'était une spécialité maison : du pain au lait grillé à la poêle.

— Miam ! Ça a l'air excellent ! Je crois finalement que je vais goûter.

Après avoir avalé ce copieux repas, Leyla descend à la réception. Sans que Mégane le sache, elle règle la note et réserve une chambre dans un autre établissement. Puis elle demande à la réceptionniste de lui réserver les services d'une limousine.

Alison n'a rien trouvé dans la chambre de ses sœurs qui soit susceptible de l'aider à localiser le troisième enfant. Pas d'adresse, pas d'itinéraire, pas de plan de route ni même de liste d'endroits à visiter. Pas même un numéro de téléphone. Par contre, son informateur lui a confirmé qu'elles quitteraient l'hôtel en limousine, en fin d'après-midi. Pendant qu'elles se rendraient au centre-ville pour faire quelques emplettes, tous leurs bagages seraient discrètement transférés à l'hôtel du Vin & Bistro, au 11 Bistro Place, à Edinburgh. « Des débutantes ! » songe Alison en filant un généreux pourboire au garçon. « Si elles croient pouvoir me semer aussi facilement, je leur réserve une surprise ! »

— Vous savez où je peux trouver une carte d'Edinburgh ?

Avant de quitter Sionrah, Alison a pris soin de se faire faire de faux papiers. Autrement, elle n'aurait jamais pu louer un véhicule, l'âge minimal pour une location de voiture en Europe étant de vingt et un ans.

Après une heure de route, elle entre enfin dans la ville d'Edinburgh. À l'hôtel, elle soudoie le préposé à l'accueil qui lui révèle qu'une réservation a effectivement été faite au nom de Leyla et de Mégane Wallace. Selon le registre, les deux jeunes femmes doivent arriver en début de soirée. Satisfaite, Alison réserve à son tour une chambre. Elle n'a pas une minute à perdre.

Tout son matériel de surveillance électronique doit être en place avant leur arrivée.

Leyla a dû ruser pour déjouer les plans d'Alison. C'est pourquoi, après être descendues de limousine, elles sont entrées dans une boutique d'art pour en ressortir aussitôt par-derrière. Elles ont alors hélé un taxi et se sont rendues directement à la gare de Glasgow où elles ont pris le train en direction de Troon. De là, elles ont rejoint le ferry qui traverse à Larne, en Irlande, où elles ont réservé une nuit dans un gîte touristique à proximité du traversier.

Le soir même, elle téléphonait chez les Radhan. Un rendez-vous a été fixé le jour suivant.

— Et puis ? s'exclame Mégane après que sa sœur a raccroché.

— Et puis quoi ?

— Qu'est-ce qu'ils ont dit ?

— Rien de spécial.

— Comment ça, rien de spécial ? Tu as bien parlé à quelqu'un, non ?

— J'ai effectivement parlé avec la mère de Kireg, Léonore Mackenzie ! confirme Leyla. C'est avec elle que nous allons devoir nous entretenir d'abord…

— J'imagine qu'elle veut savoir qui on est et de quoi on a l'air…

— … Et je trouve ça tout à fait normal. Après tout, Kireg n'a que quatorze ans !

— Hum…

— Hum quoi ? Qu'est-ce qui te contrarie, Mégane ?

— Rien.

— Je te connais assez bien pour savoir que ce « hum » cache quelque chose !

— Je n'ai pas un bon pressentiment. Tu crois qu'elle va nous laisser lui parler ?

— Il le faut !

— Et si elle refuse…

— Ne sois pas si pessimiste ! Elle acceptera.

— À quelle heure as-tu fixé le rendez-vous ?

— Je lui ai dit que nous passerions en début d'après-midi. Le trajet en autocar nous prendra environ trois heures. On devra donc partir avec le bus de dix heures. Nous mangerons une fois sur place.

— Leyla ?

— Oui, Mégane ?

— J'ai des papillons dans le ventre.

— Moi aussi.

— Je crois que je n'ai jamais été aussi nerveuse de toute ma vie, poursuit Mégane en se grugeant les ongles.

— En comptant la fois où on s'est rencontrées la première fois ? Julie m'a dit que tu avais vomi ton petit déjeuner avant de sortir.

Mégane se met à rire.

— C'est vrai ! J'étais tellement nerveuse que j'en ai même oublié mon parapluie. Tu te souviens, il pleuvait à boire debout. Mais c'était différent. J'étais certaine que tout allait bien se passer, je le sentais dans mon cœur.

Leyla s'approche et lui prend la main.

— Inutile de t'angoisser pour l'instant, on verra bien ce qu'il adviendra une fois sur place…

Chapitre 62
LA RENCONTRE

Le lendemain matin, Mégane et Leyla se lèvent à la première heure. Elles arrivent à la Belfast Central Railway Station, la gare centrale, vers neuf heures trente et déjeunent dans un petit bistro, de l'autre côté de la rue. Le trajet jusqu'à Londonderry se déroule en silence. Chacune est plongée dans ses propres réflexions.

De son côté, Leyla se demande si elle saura convaincre Léonore Mackenzie de laisser partir son fils de quatorze ans, malgré le fait que ni elle ni Mégane ne puissent lui garantir qu'il sera de retour pour la rentrée scolaire. Même Alfred était resté vague sur les raisons qui le poussaient à demander sa présence à Sionrah.

Mégane est quant à elle impatiente de rencontrer la famille Radhan, mais en même temps, elle demeure craintive. Et s'ils refusaient de les recevoir ! « Mais non ! » se dit-elle. Madame Radhan a d'ores et déjà accepté de les rencontrer ! Elle a hâte de voir de quoi aura l'air sa nouvelle parenté, de découvrir dans quel sorte de maison ils vivent, quel genre de vie ils mènent, bref, elle imagine toutes sortes de choses à leur sujet, échafaude différents scénarios dans sa tête, tous plus farfelus les uns que les autres.

Une fois à Letterkenny, elles descendent de l'autocar et marchent jusqu'à la station de taxis. Leyla n'a qu'à prononcer le nom de Radhan pour qu'aussitôt le chauffeur sache quelle direction prendre. Il démarre et s'engage dans la circulation. Après une trentaine de minutes, le véhicule se gare devant une maison de pierres grises à deux étages, entourée de champs de verdure à perte de vue. Leyla règle la note en ajoutant un généreux pourboire et descend du taxi, aussitôt suivie par Mégane. Comme elles remontent l'allée, une porte s'ouvre. Une femme aux cheveux très noirs leur adresse un sourire engageant.

— Vous devez être Mégane et Leyla Wallace ! lance la femme dans un anglais impeccable.

— Bonjour ! Je suis Leyla.

— Et moi c'est Mégane.

La femme leur tend la main l'une après l'autre.

— Je suis Léonore Mackenzie. Entrez !

Mégane emboîte le pas à Léonore tandis que Leyla referme la porte derrière elle. Léonore les fait passer dans un grand salon tapissé de papier peint aux motifs floraux vert et ocre, qui confère à la pièce un charme un peu vieillot.

— Asseyez-vous ! lance-t-elle en prenant place elle-même sur le canapé. Kireg devrait arriver d'une minute à l'autre.

Tandis que Leyla et Mégane s'installent sur la causeuse qui fait face à la cheminée, une fillette, un peu timide, pointe son nez dans l'embrasure de la porte.

— Je vous présente Mell ! déclare affectueusement Léonore. Mon bébé !

— Maman ! rouspète la fillette. J'aurai bientôt huit ans ! Je ne suis plus ton bébé !

— Bien sûr, mon cœur !

Mell se tourne vers Leyla.

— Pourquoi tu veux parler à Kireg ?

Léonore aurait dû réprimander sa cadette pour son manque de tact, mais elle n'en fait rien, trop curieuse d'entendre ce que la jeune femme a à dire. Leyla ne sait trop quoi répondre.

— Je… je veux juste le connaître… En fait, vous connaître tous ! se reprend-elle maladroitement avec un terrible accent.

— Pourquoi tu parles aussi mal l'anglais ? demande Mell. Je ne comprends rien de ce que tu dis.

— Mell ! la reprend cette fois sa mère. Tu es très impolie.

— Ce n'est pas grave. Je dois dire que je n'ai pas souvent l'occasion de pratiquer.

Des bruits de pas retentissent dans le couloir. Mégane et Leyla se retournent simultanément pour voir qui arrive.

— Voici Erin et Niam. Les filles, je vous présente Leyla et Mégane Wallace.

— Hi ! fait Niam en levant une main timide.

— Salut ! répond Mégane à son tour.

Erin, quant à elle, les salue d'un simple hochement de tête avant de retourner dans sa chambre. Niam s'assoit près de Mégane tout en la dévisageant avec curiosité.

— Où tu restes ? questionne encore Mell qui est restée plantée devant Leyla.

— À Sionrah.

— C'est où Sionrah ?

— De l'autre côté de l'océan, ma chérie, déclare sa mère en la tirant par le bras.

— C'est loin, de l'autre côté de l'océan ?

— Mell ! lui lance sa sœur Niam. Arrête de poser des questions stupides !

— Elles ne sont pas stupides, mes questions ! réplique Mell. Maman ! Niam dit que je suis…

— Arrêtez toutes les deux ou je vous envoie en punition dans vos chambres !

— C'est Niam qui a commencé ! se plaint Mell.

— Tu cherches toujours à faire ton intéressante ! proteste la plus vieille. C'est pareil chaque fois que maman reçoit de la visite…

— Niam, arrête ça tout de suite, gronde sa mère.

Pendant que Léonore a le dos tourné, Mell en profite pour faire une grimace à sa sœur qui lui réplique par un geste grossier.

— Dans ta chambre ! rugit Léonore, à bout de patience. Et que je ne te revoie pas avant l'heure du souper ! Profites-en pour remettre un peu d'ordre dans tes tiroirs, tiens !

Niam sort de la pièce en bougonnant tandis que Mell affiche un sourire malicieux.

— Et toi, jeune fille…

Léonore pointe un index menaçant dans sa direction.

— … Tu as besoin de filer doux, si tu ne veux pas passer le reste de l'après-midi à faire du ménage, toi aussi !

Puis, semblant se souvenir de la présence de ses invitées, elle se tourne vers Mégane et Leyla.

— Je suis désolée…

— Ça me rappelle des souvenirs, s'amuse Mégane. J'ai été élevée avec cinq garçons.

Léonore lui renvoie un sourire sans rien ajouter. Dans la cuisine, une porte s'ouvre et se referme. Quelques secondes plus tard, un grand gaillard aux cheveux roux se pointe au salon. En apercevant Leyla et Mégane, il écarquille les yeux de surprise.

— Joseph ! Je te présente Leyla et Mégane.

— Ravi de vous rencontrer enfin !

— Mon grand, aurais-tu vu ton frère Kireg, par hasard ?

— Papa l'a envoyé chercher des clous à la quincaillerie. Il ne devrait plus tarder.

Léonore se lève et offre une boisson fraîche à ses invitées qui acceptent avec grand plaisir. Le jambon qu'on leur a servi au resto de la gare était un peu trop salé. Une fois Léonore disparue dans la cuisine, Joseph s'assoit sur une chaise, à côté de Leyla.

— Kireg aurait préféré vous rencontrer au village... pour vous prévenir, entame-t-il à voix basse, mais maman a intercepté la lettre...

Joseph omet cependant de leur mentionner que c'est lui qui a vendu la mèche.

— ... Ma mère va vous poser tout un tas de questions, mais elle ne sait pas grand-chose au sujet des pouvoirs de Kireg. Vous allez devoir être inventives...

— Pourquoi tu parles à voix basse ? veut savoir Mell en se rapprochant pour ne rien manquer.

— Pour que tu n'entendes pas, petite fouine !

— Je ne suis pas une fouine ! s'offusque la fillette.

Un bruit résonne dans la cuisine et la voix de Léonore leur parvient en sourdine. « Kireg ! Les sœurs Wallace sont arrivées ! Elles t'attendent au salon ! »

— Mon frère est un peu timide, précise Joseph, sur le ton de la confidence. Surtout avec les filles !

La seconde suivante, le principal concerné apparaît dans l'embrasure de la porte. Leyla se lève pour lui serrer la main.

— Je suis Leyla et voici Mégane.

Kireg ne répond pas. Il se contente de hocher la tête.

— Très heureuse, déclare Mégane en lui tendant une main amicale, mais toute l'attention de Kireg est captée par les deux formidables yeux bleus braqués sur lui.

Mal à l'aise, Mégane retire sa main subtilement et tout le monde se rassoit dans un silence gêné. Léonore dépose un pichet de thé glacé et des gobelets en plastique sur la table basse.

— Parlez-nous un peu de vous, dit-elle en tendant un verre à Leyla.

— Merci ! L'histoire est un peu longue.

— Pas grave ! lance Joseph. Nous avons tout notre temps !

— Nos parents sont morts en 1994… entame Leyla après avoir avalé une gorgée de thé. Comme nous n'avions plus de famille, Mégane et moi avons été séparées et placées en foyer d'accueil.

Mégane enchaîne à son tour avec leurs retrouvailles et parle un peu du manoir de la Pointe-aux-Roches dont elles ont hérité. Leyla reprend avec le compte rendu de ses recherches généalogiques.

— En suivant la branche de Deidre Fadden, termine-t-elle, je suis remontée jusqu'à votre époux, Morag Radhan.

Léonore est littéralement captivée par l'histoire de Leyla. Elle-même a déjà tenté de retracer la généalogie de sa famille, les Mackenzie, mais s'est découragée devant l'ampleur de la tâche. Les nombreux conflits qui ont sévi en Écosse et en Irlande au cours des derniers siècles ont rendu ses recherches pratiquement impossibles.

— Nous voulions connaître la branche irlandaise, précise Mégane. Comme nous n'avons plus de famille à Sionrah, on s'est dit que ce serait une belle occasion de vous rencontrer…

Léonore se racle la gorge avant de prendre la parole.

— Dans votre lettre adressée à Kireg, vous avez parlé de certains gènes héréditaires dont vous auriez tous les trois hérité… Que vouliez-vous dire au juste ?

Leyla réalise que Léonore a lu la lettre ; elle ne peut donc pas lui mentir.

— Maëlla Liss possédait certains... dons. Dans mon enfance, j'ai moi-même développé quelques facultés paranormales...

La famille Radhan est littéralement pendue à ses lèvres, attendant la suite. Leyla jette un coup d'œil à Mégane qui lui fait signe discrètement de se lancer.

— ... Je peux déplacer des objets par la seule force de mon esprit, achève-t-elle. On appelle ça la télékinésie. Je sais que tout cela est difficile à croire, mais c'est la vérité.

Léonore manque de s'étrangler. Pas plus tard que la semaine dernière, elle a justement écouté un reportage à la télé sur certains pouvoirs de l'esprit dont la psychokinésie et la télékinésie. Le phénomène l'avait grandement impressionnée. Au jeu de la roulette, un étudiant était parvenu à faire tomber la bille quinze fois consécutives sur le sept. Un autre avait tordu une cuillère juste en la regardant.

— Tu veux dire que tu serais capable de déplacer mon verre de jus sans même le toucher ? s'extasie Mell.

— Tu veux que je te montre ?

Mell hoche vivement la tête.

— Vous permettez ? demande Leyla en se tournant vers sa mère.

Léonore incline la tête, tout aussi intriguée que sa fille. Erin, qui écoutait dans le couloir depuis un moment déjà, vient s'asseoir au salon, près de Joseph. Personne ne remarque sa présence, chacun est trop concentré sur ce que Leyla est en train de faire. Quand le verre de thé glacé se met à flotter vers la fillette, en parfait équilibre, Mell s'écrie :

— Wow ! Je veux que tu m'apprennes à faire ça !

De son côté, Léonore n'en croit pas ses yeux. Jamais elle n'aurait pensé assister à un tel phénomène, encore moins dans son propre salon !

Tout le monde reste sans voix, sauf Mell, qui continue de se pâmer d'admiration devant Leyla, énumérant tout ce qu'elle va accomplir quand elle saura faire la même chose. Leyla l'écoute avec amusement.

— Laisse-la un peu tranquille ! la réprimande sa mère après un moment.

— De toute façon, intervient Erin à son tour, ça ne s'apprend pas, la télékinésie ! Il faut que tu sois né avec.

— Tu mens ! se renfrogne la petite Mell en croisant les bras. C'est juste parce que tu es jalouse !

— Erin a raison, Mell ! tranche Leyla. La télékinésie est un don qui se développe, ce n'est pas quelque chose que tu peux étudier comme la lecture ou les mathématiques… C'est comme si je te demandais de changer la couleur de tes yeux. Même en le souhaitant très fort, tu n'y arriverais pas.

— Ce n'est pas juste !

— Mais tu possèdes peut-être des pouvoirs encore plus grands ! s'empresse d'ajouter Leyla en la prenant sur ses genoux. Prends Mégane, par exemple, elle ne fait pas de télékinésie, mais elle sait guérir. C'est un pouvoir très puissant…

— C'est vrai ? demande Mell en se tournant vers Mégane.

Cette dernière hoche la tête.

— Et moi ! c'est quoi mon don ?

— Toi seule peux le découvrir, Mell.

— Il va apparaître quand ?

— Personne ne peut le prédire.

— Comment je saurai que j'ai un don, alors ?

— Quand ça arrivera, tu ne te poseras plus de questions, tu le sauras, c'est tout.

Plus personne n'ose parler dans la pièce.

— Voilà ! termine Leyla en jetant un regard circulaire. Mégane et moi avons hérité ces dons de notre ancêtre commun : Maëlla Liss Mac Lyn Fadden.

— Pourquoi croyez-vous que Kireg est comme vous ? s'inquiète soudain Léonore.

— J'ai fait un rêve prémonitoire à propos de votre fils, annonce Leyla. C'est pourquoi je pense qu'il a peut-être hérité lui aussi de certains dons de Maëlla Liss.

— Comme quoi, par exemple ?

Leyla hausse les épaules. C'est alors que l'attention de Léonore se porte sur son fils. Kireg rougit sous le regard inquisiteur de sa mère.

— C'est vrai, chéri ? demande-t-elle sans attendre. Tu as des dons ?

Kireg déglutit. Il hésite une fraction de seconde avant de répondre.

— Je… ne sais pas déplacer des objets à distance, ni guérir d'ailleurs. En fait, je… n'ai rien de bien exceptionnel !

— Alors pourquoi insistes-tu autant pour aider les gendarmes à retrouver Rose ?

Kireg ne s'attendait pas à cette question. Il a cru, visiblement à tort, que sa mère n'avait rien remarqué. Kireg ne veut pas qu'elle sache qu'il est différent des autres parce qu'il craint qu'elle le surprotège. Il étouffe déjà, alors… Mais maintenant que Léonore se doute de quelque chose, il va devoir lui révéler une partie de la vérité.

— Joseph et moi pensons que Doughal est peut-être mêlé à tout ça !

— Doughal… Breenan ? Notre voisin ?

— Oui, maman, notre voisin.

— Qu'est-ce qui vous fait croire une chose pareille ? rétorque sa mère.

Kireg hésite.

— On s'est introduits chez lui.

Léonore fait aussitôt le rapprochement avec l'étrange coup de téléphone qu'elle a reçu de sa voisine. Madame Flanagan lui avait dit de surveiller son grand garçon. Peut-être était-il homosexuel… La vieille femme soupçonnait Doughal Breenan de recevoir régulièrement des hommes chez lui.

— Tu te souviens l'autre soir, poursuit Kireg, quand tu nous as surpris au sous-sol ?

Léonore acquiesce, les yeux grands comme des soucoupes.

— On se préparait à faire une mission de reconnaissance chez lui.

— Quoi ? s'exclame-t-elle en se tournant vers Joseph. Vous aviez en plus l'intention d'embrigader Gerald dans vos histoires ?

— Pas du tout ! proteste Joseph. Gerald s'était lui-même porté volontaire !

— Et qu'est-ce que vous comptiez découvrir, au juste ?

— On pense que Doughal kidnappe des enfants ! répond Kireg.

Léonore s'étrangle.

— Ce sont des accusations graves, mon garçon.

— Je sais.

— À partir d'aujourd'hui, poursuit-elle d'un air grave, je vous interdis de vous approcher de la maison des Breenan ou même de Doughal. Vous m'avez bien compris tous les deux ?

Laissez la police faire son boulot et cessez un peu de jouer au détective !

— Oui, maman ! répondent en chœur Joseph et Kireg, soulagés d'en avoir enfin terminé avec la sainte inquisition.

Léonore n'est cependant pas dupe de la manœuvre de ses fils. Elle voit bien qu'ils lui cachent encore des choses. Kireg a beaucoup changé depuis quelques mois, il s'est refermé, il est devenu plus solitaire, plus taciturne. Elle a d'abord mis cette morosité sur le compte des changements hormonaux qui surviennent à l'adolescence, mais maintenant qu'elle a rencontré les sœurs Wallace, tout s'éclaire. Kireg est différent des autres enfants, tout comme Leyla et Mégane. Elle finira bien par lui faire avouer son secret…

Chapitre 63

LE SUICIDE

Peu de temps après que Paolo s'est fait arrêter par la police, le ministre Daveth Carrey a reçu un coup de fil. Son interlocuteur lui a appris que le piège de la gare Centrale n'a pas fonctionné. Nancy Riopelle ne s'y est pas présentée. Un dénommé Paolo Nova a été appréhendé à sa place.

— Va-t-il falloir que je m'occupe de tout moi-même ? hurle Carrey dans le combiné.

— La journaliste se doutait certainement de quelque chose, se défend son interlocuteur. Elle est prudente.

Un silence embarrassant se prolonge. Le ministre Carrey bout intérieurement. Si son homme de main était devant lui, il l'étranglerait ! Le ministre joue gros dans cette affaire. Il risque de tout perdre à cause de cette fouille-merde de journaliste, à commencer par son poste au sein du gouvernement. Il prend une grande inspiration avant de reprendre la parole.

— Vous savez quoi sur ce Paolo Nova ?

— Pas grand-chose, monsieur, à part le fait qu'on a tenté de le descendre lors d'un cambriolage perpétré à sa résidence, le mois dernier. Il a été atteint par deux projectiles, mais il s'en est miraculeusement tiré.

— Je veux que vous enquêtiez sur cet homme, insiste Carrey, rapportez-moi tout ce que vous trouverez sur lui, sur sa famille, ses amis, ses activités. Je veux tout savoir. Vous m'avez bien compris ?

— Très bien, monsieur.

— Que votre rapport soit sur mon bureau dans deux jours ! Et surtout, ne me décevez pas encore une fois !

Daveth Carrey raccroche le combiné et compose le numéro de son contact à l'Ordre.

— Carrey à l'appareil... Mon cher Barthy, je n'aurais pas à vous contacter de nouveau si vous aviez fait votre travail. Vous deviez me débarrasser de Nancy Riopelle, alors pourquoi diable est-elle encore en vie ? Je me fous royalement de la façon de procéder de l'Ordre ! Si elle n'est pas hors jeu dans une semaine, vous pouvez dire adieu aux milliards que mon gouvernement a promis à Ventis et à Movidas. Me suis-je bien fait comprendre ?

Carrey raccroche et convoque aussitôt son chef de cabinet.

— On annule toutes les ententes de principe avec les laboratoires pharmaceutiques Ventis et la firme de biotechnologie Movidas.

— Êtes-vous certain de ce que vous faites, monsieur ? Vous risquez...

— Faites ce que je vous dis ! le coupe sèchement Carrey.

Après avoir subi un cuisant échec en tentant de récupérer le *Grimoire du Diable*, Bérengère a tenté d'invoquer Goulhen à plusieurs reprises. Le Prince des démons n'a pas daigné se manifester, lui envoyant chaque fois, pour lui signifier son mécontentement, un démon mineur. Bérengère a fini par se lasser et s'est finalement tournée vers la seule personne qui pouvait encore l'aider : son frère. Comme il avait refusé de répondre à son premier appel, Bérengère a joué sur ses sentiments en lui rappelant tout ce qu'elle avait fait pour lui. Paolo a finalement accepté de la rencontrer en terrain neutre. Toutefois, il s'est fait arrêter par la police avant même qu'elle n'ait pu le voir et lui parler. Décidément, la vie est pleine d'embûches ! La sienne, tout particulièrement !

De son côté, le spectre de Maud n'était pas encore parvenu à localiser avec précision le troisième enfant, mais Bérengère sait d'ores et déjà qu'il vit dans un pays situé au nord de l'Europe.

Bérengère met son clignotant et tourne à droite sur le chemin des Caps. Comme le portail est fermé à clé, elle gare sa voiture en bordure de la route et contourne les portes de fer forgé en se glissant à travers l'imposante haie de rosiers sauvages. Puis elle marche jusqu'au manoir. Mégane et Leyla s'étant envolées la veille pour l'Écosse, il n'y a donc plus personne.

En montant l'escalier du porche, elle sort son assortiment d'outils à crocheter. Du temps où Alison vivait encore au manoir, elle avait fait faire un double de sa clé, mais Leyla a fait changer toutes les serrures récemment.

Bérengère enfile une paire de gants de latex et insère le crochet racleur dans le barillet de la serrure, puis l'entraîneur. D'un geste souple, elle effectue un léger mouvement rotatif pour débloquer la goupille active, puis soulève les autres tiges métalliques, les unes après les autres. Un déclic se produit, le verrou cède et la porte s'ouvre.

La maison est silencieuse, mais une odeur de nourriture laisse supposer que quelqu'un y vit encore. Sur ses gardes, Bérengère sort son Beretta 9 mm et sa lampe de poche. Le doigt sur la gâchette, elle pénètre plus avant dans le couloir menant à la cuisine. Les restes d'un repas sont étalés sur le comptoir, comme si l'occupant était parti en toute hâte. Bérengère entame son exploration en commençant par la cave.

Au bout d'une heure, elle a fait le tour de toutes les pièces de la maison. Manifestement, les lieux sont déserts. Elle range son arme et gagne l'escalier étroit de la cuisine, celui-là même qui mène aux quartiers des domestiques. En montant, elle appuie prudemment sur chaque marche, se souvenant combien la structure est fragile. Une fois à l'étage, elle redouble de prudence. Toutefois, elle n'a pas franchi la moitié du couloir que le parquet cède sous son poids. Son pied se retrouve coincé entre deux lattes. « Il ne manquait plus que ça ! » rage-t-elle en arrachant d'un coup sec la planche qui lui blesse la cheville. Le bois pourri n'offre aucune résistance. Heureusement que les solives sont encore solides malgré les années, sinon c'est toute sa jambe qui se serait encastrée dans le plancher ! Bérengère boitille jusqu'à la porte menant au grenier. Elle traficote la serrure qui cède au bout de seulement quelques secondes. Elle s'assoit au bas des marches pour examiner sa cheville. Les chairs sont à vif, mais il ne semble pas y avoir de foulure. Elle se remet debout et grimpe jusqu'en haut.

Ce qu'elle est venue chercher se trouve au fond de la pièce. Bérengère se traîne jusque-là, mais au moment où elle pose la main sur la malle, celle-ci disparaît de sa vue.

— Vous n'avez rien à faire ici ! claironne une voix féminine.

Bérengère sursaute. Elle dégaine son arme en vitesse et pivote dans la direction d'où provient la voix.

— Je suis venue reprendre ce qui appartient à mon maître ! réplique-t-elle, en cherchant du regard son interlocutrice.

— Foutaise !

Aveuglée par la lumière qui vient d'apparaître, Bérengère place une main devant ses yeux.

— Qui êtes-vous ?

— Je suis Maëlla Liss et cette malle est sous ma protection.

Bérengère se met à rire franchement.

— Vous ne pouvez pas m'empêcher de reprendre ce que vous avez jadis dérobé à mon maître !

— Cette malle n'appartient pas à Goulhen !

— Attention ! la prévient Bérengère. Je n'hésiterai pas à tirer.

— Faites donc !

Bérengère tire un premier coup, mais la balle se perd dans le mur.

— Cette arme ne vous servira à rien.

— Alors je ferai appel à tous les démons de l'Annwin pour la récupérer.

— Votre maître n'a aucun droit sur ce qui se trouve dans cette malle !

— Pas plus que vous, d'ailleurs !

— J'en suis la gardienne.

Bérengère tente une nouvelle fois de saisir la malle. Sa main traverse les fibres du bois comme s'il s'agissait d'une image virtuelle.

— Donnez-moi le *Grimoire du Diable* et je repartirai immédiatement.

— Savez-vous seulement ce que compte en faire Goulhen ?

— Il va fusionner nos deux mondes, nous permettre de voyager de l'un à l'autre.

C'est au tour de Maëlla Liss d'éclater de rire.

— Comme vous êtes crédule, Bérengère ! Goulhen vous a dupée. Laissez-moi vous dire ce qui va se passer réellement. Goulhen va écraser toute résistance sur Terre en remplaçant les hommes intègres par ses pantins de l'Ordre. Il détruira ensuite tous les voiles qui séparent et protègent les mondes afin de coloniser chacun d'eux par la force, comme il a tenté de le faire en Annwin. Heureusement que son plan a été contrecarré par les Seigneurs des éléments…

— Vous ne savez strictement rien des intentions de Goulhen ! proteste vivement Bérengère.

— Pourquoi servez-vous un être aussi immonde ? se radoucit Maëlla Liss. Il vous a pourtant abandonnée depuis longtemps !

— C'est faux ! rugit Bérengère.

— Depuis le début, il vous manipule, poursuit Maëlla Liss. Et en son nom, vous avez trahi tous ceux qui vous aiment et qui ont tenté de vous venir en aide ! Vous êtes en train de faire le vide autour de vous, Bérengère. Alors même que votre cher maître se désintéresse de votre sort.

— Vous mentez ! Goulhen m'a promis de me garder une place auprès de lui pour l'éternité !

— Une place en enfer, oui ! Est-ce là votre désir, Bérengère ? Dans le meilleur des cas, vous vous retrouverez complice d'un génocide ! Il n'est pas trop tard pour faire marche arrière. Pour retrouver un peu de votre dignité humaine. Souvenez-vous que vous faites aussi partie de cette race qu'il tente d'anéantir.

— Si j'échoue, il va me détruire.

— Ne vous leurrez pas, Bérengère ! Il vous a déjà fait tant de mal. Regardez ce que vous êtes devenue ! Votre cœur s'est flétri. Vous ne ressentez plus rien. Votre âme est ce que vous possédez de plus précieux dans cette vie, ne la lui cédez pas aussi facilement. C'est ce qu'il attend de vous. Il a déjà pris celle de votre fille…

— Alison n'est plus ma fille !

— Vous avez raison, Bérengère. Vous avez livré le corps et l'âme de votre fille à Goulhen. Il la possède totalement. Vous voulez devenir comme elle ? Une marionnette, incapable de ressentir la moindre compassion ?

— Vous ne savez rien de qui je suis et de ce que j'ai souffert.

— Oh si ! je vous connais et je connais votre histoire ! Votre père n'a pas toujours été très tendre avec vous, mais vous n'êtes pas la seule à avoir vécu des moments difficiles ! La vie vous a donné un frère qui vous aime profondément. Malgré tout ce que vous lui avez fait, Paolo est encore prêt à vous aider. Parce que les liens du sang ont encore une valeur à ses yeux…

Soudain happée par ses souvenirs, Bérengère se laisse tomber à genoux. C'est vrai, Paolo ne l'a jamais abandonnée… C'est elle, au contraire, qui a coupé les ponts. Elle ne pouvait plus supporter que son frère soit heureux, alors qu'elle avait elle-même tant de mal à vivre avec ses fantômes. Pendant toutes ces années, elle lui en a voulu d'être resté, d'avoir tenu le cap pendant la tempête. Paolo est un battant, un survivant.

— Noooon ! se lamente Bérengère, le visage entre les mains. Qu'ai-je fait ?

— Renoncez à Goulhen, Bérengère. Il ne peut que vous détruire. Vous pouvez encore réparer vos torts…

— Non ! Dès qu'il saura que je l'ai trahi, il me fera subir les pires tortures. Je ne veux pas expier de cette façon !

— Vous avez fait beaucoup de mal autour de vous. Il y a malheureusement un prix à payer. Vous êtes versée dans la magie noire. Pensiez-vous que la loi du triple retour n'avait plus d'emprise sur vous ? Ce qui vous arrive n'est que la juste conséquence de vos actes passés.

Bérengère relève la tête, un éclair de colère traverse ses yeux noirs.

— Cette loi… Mon père la connaissait ?

Comme pour répondre à cette réaction belliqueuse, la silhouette de Maëlla Liss se met à briller plus intensément, calmant aussitôt la colère de Bérengère.

— Votre père a payé un lourd tribut pour le mal qu'il a fait, croyez-moi ! Il est mort seul, abandonné de tous, sans parvenir à se pardonner lui-même. La rancœur l'a complètement anéanti. Si vous ne voulez pas finir comme lui, ne permettez pas qu'elle vous détruise à votre tour, laissez-la s'en aller. Ne cherchez pas à vous venger. Pardonnez…

Les paroles de Maëlla Liss agissent sur Bérengère comme un sédatif, annihilant toute velléité, endormant sa vigilance et sa colère.

— Déjouez ses plans, poursuit Maëlla Liss d'une voix persuasive, comme je l'ai fait jadis pour protéger cette malle.

Plus Maëlla Liss discourt, plus Bérengère sent ses capacités faiblir, comme si sa propre volonté se désagrégeait.

— C'est la seule façon de vous racheter, Bérengère. Vous le savez…

Désormais consciente du mal qu'elle a engendré, Bérengère se dit que ce serait effectivement la solution à tous ses problèmes…

Pendant que la voix de Maëlla Liss continue de résonner dans sa tête, Bérengère s'approche de l'unique fenêtre du grenier.

— Ayez confiance, l'encourage encore Maëlla Liss.

Quelques secondes s'écoulent avant que Bérengère ne se décide à se jeter dans le vide.

Chapitre 64
LA RÉUNION

Vers seize heures, Leyla annonce qu'elles doivent retourner à l'hôtel. Joseph refuse que ses cousines appellent un taxi et insiste pour les reconduire. Léonore jette un regard suspicieux à son fils. Chercherait-il à échapper à sa sentence ?

— Ne t'inquiète pas, maman, la rassure ce dernier avec un sourire enjôleur. Je serai de retour pour le dîner.

— C'est bon, mon grand, je te fais confiance !

Mais Joseph sait lire entre les lignes. Par cette simple phrase, il comprend que sa mère le met en garde, il a plutôt intérêt à ne pas enfreindre les règles.

— Tu viens avec nous, Kireg ? demande Joseph à son jeune frère.

— Je peux, maman ?

Léonore approuve d'un signe de tête.

— Soyez ici au plus tard à dix-sept heures trente ! Votre père a horreur d'attendre son repas !

— Je peux y aller, moi aussi ? l'implore Mell à son tour.

— Tu sais que je n'aime pas que tu montes avec ton frère, Mell. Joseph n'a son permis de conduire que depuis quelques mois !

— S'il te plaît, maman !

Léonore réfléchit quelques secondes avant de trancher.

— Non ! J'ai besoin de toi ici.

— Pour faire quoi ?

— Pour mettre la table…

— Niam peut s'en charger à ma place pour une fois !

— Pas question ! proteste sa sœur de douze ans. Moi, je m'occupe de la desservir et de mettre les assiettes dans le lave-vaisselle.

— Erin, alors ? S'il te plaît…

— Non, Mell ! intervient à nouveau sa mère.

— C'est toujours non avec toi ! éclate la fillette. J'ai hâte d'avoir vingt et un ans pour quitter la maison et aller vivre en appartement, comme Adriann et Isobel !

— Ne sois pas trop pressée de vieillir, jeune fille, coupe Léonore, profite de tes sept ans !

Trop fâchée pour répliquer, Mell tourne les talons sans dire bonjour à ses cousines. Quelques secondes plus tard, on entend une porte claquer.

— C'est toujours comme ça, se plaint Léonore. Mell est la plus jeune et elle me donne déjà du fil à retordre. Mais j'en ai vu d'autres.

— Elle ne connaît pas sa chance ! murmure Leyla en se levant pour emboîter le pas à Joseph. Un jour, elle va réaliser que vous avez fait tout ça pour son bien.

— Votre mère vous manque, n'est-ce pas ?

Leyla s'arrête et la regarde dans les yeux.

— Terriblement, oui. Si vous voulez, je peux essayer d'aller lui parler.

— Venez plutôt dîner demain, Mell sera en de meilleures dispositions. Peut-être qu'elle vous écoutera ?

Leyla renvoie à Léonore son sourire.

Dans la voiture, Leyla monte devant, tandis que Mégane prend place derrière, à côté de Kireg, qui épie subtilement du coin de l'œil chacun de ses mouvements.

— Léonore est un peu mère poule ! entame Joseph d'un ton dégagé. Elle gère tout le monde de cette façon, même notre père.

— Vous êtes privilégiés d'avoir une mère aussi attentionnée, réplique un peu sèchement Leyla. Elle vous aime énormément et s'inquiète pour vous tous.

Sa remarque jette un froid sur la conversation. Personne n'ose plus parler. Leyla s'en veut d'avoir été aussi abrupte.

— Je suis désolée, mais…

— Ne t'excuse pas, je comprends, la rassure Joseph. J'ai moi-même été un peu maladroit dans mes propos. Ce que je voulais dire, c'est que parfois ma mère prend beaucoup de place… D'accord, elle veut nous éviter le pire, mais elle finit par trop en faire. J'ai vingt et un ans et elle agit encore avec moi comme si j'étais un gosse de quinze ans !

— Bienvenue dans le club, s'exclame Mégane.

Leyla se tourne vers elle, des points d'interrogation dans les yeux.

— D'accord, j'avoue que tu as changé. Mais au début, tu me couvais comme si j'étais ton poussin !

Kireg éclate de rire.

— Vous avez de ces expressions ! Il faudra que je la retienne, celle-là !

— Ce n'était pas pareil ! se défend Leyla. Michel me surveillait littéralement et remettait en question toutes mes décisions.

— Qui est Michel ? demande le frère de Kireg.

— Mon père adoptif, répond Mégane. C'est vrai qu'il est un peu protecteur, mais…

— Un peu ? rugit Leyla. Je dirais plutôt hyper protecteur !

— Leyla ne s'entend pas très bien avec lui, précise Mégane en passant.

— Ce n'est pas faute d'avoir essayé, riposte la principale concernée. Il ne m'a jamais donné de chance !

— Michel est père de cinq garçons, le défend Mégane, j'étais sa seule fille.

— Heureusement ! rouspète Leyla avec emportement. Il aurait cessé de dormir la nuit, sinon !

— Ce doit être triste de ne plus avoir de parents, intervient Kireg. Même si maman nous surprotège, j'aurais beaucoup de mal à envisager la vie sans elle.

— C'est vrai, admet Joseph à son tour. Il n'y a rien de plus important aux yeux de maman que la famille. Elle se battrait à mort pour n'importe lequel d'entre nous.

— Vous êtes au moins capables de le reconnaître, concède Leyla. C'est bien !

— Nous sommes arrivés à destination ! annonce Joseph en s'engageant dans le stationnement. J'y pense, mais où sont vos bagages ?

— On a dû les sacrifier, soupire Mégane en faisant de gros yeux à sa sœur. J'avais apporté toute ma garde-robe ! Il va falloir que je me rhabille des pieds à la tête ! Il y a de belles boutiques à Dunfanaghy ?

— Comment ça les sacrifier ? veut savoir Joseph, intrigué.

— C'est une longue histoire.

— Les histoires sont toujours longues par chez vous, on dirait ! lance Kireg.

Leyla s'amuse de sa remarque.

— C'est vrai que notre vie est un peu compliquée en ce moment.

Joseph coupe le moteur et retire la clé du contact.

— Vous voulez entrer quelques minutes ? s'enquiert Leyla.

— Pas longtemps, déclare Joseph en consultant sa montre. Je ne voudrais pas que maman pense que j'abuse. Si on arrive en retard, ne serait-ce que de quelques minutes, je peux dire adieu à ma libération conditionnelle.

— C'est quoi cette histoire ? questionne Mégane en ouvrant la portière.

— Joseph s'est fait prendre la main dans le sac, rigole Kireg en sortant du pick-up à son tour.

— Il a fait quoi ? demande encore Mégane.

— On s'est introduits par effraction chez le voisin, continue Kireg comme si la situation était tout ce qu'il y a de plus normal. Notre voisine, madame Flanagan, l'a surpris en train de ressortir de la maison. Elle a aussitôt téléphoné à maman pour tout lui bavasser.

— Léonore a coupé là où ça faisait mal ! reprend Joseph. Je n'ai plus le droit de sortir, à part bien sûr pour aller travailler à la station-service, et ce, pour le reste des vacances !

— Houlala ! s'exclame Mégane. Elle est drôlement sévère ta mère !

— Je peux t'assurer que sa copine n'apprécie pas trop son humeur cinglant, glousse à nouveau Kireg.

— C'est ça, s'offusque Joseph en retenant la porte de l'hôtel pour laisser entrer ses cousines, amusez-vous à mes dépens !

— Tu m'as l'air d'être un sacré rebelle, le taquine Leyla.

Le hall est divisé en trois sections bien distinctes : un comptoir de réception, un vaste espace où sont disposés canapés en cuir et tables basses et, tout au fond, sous la verrière qui donne sur une terrasse avec vue sur la mer, un piano-bar. Pendant que Mégane et les garçons s'installent dans un coin tranquille, Leyla s'enregistre au comptoir.

— Vous venez ? lance-t-elle en revenant vers eux. On est au troisième étage.

Une fois dans la chambre, Leyla leur relate en détail tout ce qui s'est produit depuis qu'elles ont découvert leurs pouvoirs. Elle leur parle de Zola et de l'accident de Mégane en terminant par l'Annwin et Alison.

— C'est quoi l'Annwin ? questionne Kireg.

— Un monde… parallèle, enfin, si on veut ! Une sorte de dimension hors du temps. Mégane et moi y sommes allées pour apprendre à contrôler nos pouvoirs.

— Tu penses que je vais y être convié, moi aussi ?

— J'en suis presque certaine ! Tu dois apprendre à maîtriser tes dons et même à les développer.

— Comment s'appelle ta jumelle déjà ? demande Joseph à son tour.

— Alison.

— Et tu dis qu'elle me cherche, enchaîne Kireg. Pourquoi ?

— La treizième prophétie fait mention de trois enfants qui doivent s'unir pour sauver le monde. Tu es ce troisième enfant, Kireg. D'ailleurs, tu dois toi aussi avoir une marque sur la poitrine pour le prouver, le sceau de l'Ange, un triskèle.

Kireg ouvre sa chemise.

— Elle est apparue le jour où j'ai été électrocuté. Je croyais que c'était la brûlure qui m'avait fait cette cicatrice.

— On l'a tous ! précise Mégane en lui montrant la sienne.

— Nous devons unir nos forces avant qu'Alison ne te retrouve, Kireg, poursuit Leyla. Sois certain qu'elle cherchera par tous les moyens à t'empêcher d'acquérir ton plein pouvoir. Comme tu es actuellement le maillon le plus faible étant donné que tu n'as pas appris à contrôler tes pouvoirs, elle s'en prendra d'abord à toi. Si elle parvenait à t'éliminer, notre cause serait perdue d'avance.

— Si je sais lire entre les lignes, riposte Kireg, ça veut dire qu'elle va essayer de me tuer ?

Leyla acquiesce tristement.

— Je suis désolée de te l'apprendre… Elle va guetter le moment où tu seras le plus vulnérable pour attaquer. À moins que tu n'apprennes à maîtriser ton pouvoir.

— Qui va se charger de lui apprendre ? coupe Joseph. Toi ?

— Non, rétorque aussitôt Leyla. Je ne sais pas grand-chose de son don. Je ne lui serais d'aucune utilité. Seul Kireg peut découvrir son guide. Dans mon cas, ce fut ma tante Zola, enfin, son spectre puisqu'elle est décédée depuis longtemps.

— Attends ! s'écrie Joseph, impressionné. Tu vois des fantômes ?

— Je discute même avec elle ! précise Leyla. Mais j'avoue qu'au début, j'ai eu un peu de mal à m'y faire. Je m'étais même persuadée que j'hallucinais. Mais j'ai vite appris à lui faire confiance.

— Dans mon cas, intervient Mégane à son tour, des êtres de Lumière me sont apparus, alors que j'étais entre la vie et la mort, après mon accident. Ce sont eux qui m'ont offert mes dons de guérison. Sans eux, je serais morte à l'heure qu'il est.

— Nous avons toutes les deux été conviées en Annwin peu de temps après l'arrivée d'Alison au manoir, reprend Leyla. C'est là-bas que nous avons appris qu'elle n'était pas le troisième enfant.

— Elle n'avait pas de marque ? s'étonne Kireg.

— Non, lui confirme Leyla, mais elle a bien caché son jeu. Dans les trois cités fortifiées d'Annwin : Fallias, Murias et Gorias, nous avons appris à maîtriser et à accroître nos pouvoirs auprès des Seigneurs des éléments.

— C'est quoi cette histoire de cités fortifiées ?

— Le pays d'Annwin est divisé en plusieurs contrées, leur explique Leyla. Chacune est délimitée soit par une chaîne de montagnes, par une forêt très dense, ou encore par un océan ou un désert. Fallias est la première cité que nous avons visitée, celle où vit le Seigneur de l'élément Terre, Falliasos. Nous nous sommes ensuite rendues à Murias pour rencontrer le Seigneur de l'élément Eau. Protégée par un immense dôme de verre, cette cité est érigée sous la mer. Nous avons terminé notre périple par la cité de Gorias, abritée et protégée par le volcan de Mantorini, près des grottes oubliées et du massif des gorges.

— Et la cité de l'élément air ? s'exclame Joseph. Vous n'y êtes pas allées ?

— Elle ne se trouve pas en Annwin, précise encore Leyla, mais en Agartha.

— Et c'est où l'Agartha ? demande Kireg à son tour.

— C'est un endroit protégé, au centre de la Terre. Je suis la seule à y avoir été jusqu'à maintenant. La cité de l'Air se nomme Aradéhël. C'est un elfe du nom de Gil-Estel qui la gouverne.

Devant la mine déconfite de Kireg, Leyla ajoute :

— Je sais, ça fait beaucoup de choses à retenir, mais ne t'en fais pas, ton guide saura te conduire là où tu dois aller.

— Parlant de guide…

— Oui ? répond Leyla.

— Tout à l'heure, tu as parlé de Maëlla Liss Mac quelque chose.

— Mac Lyn Fadden. Oui…

— Se pourrait-il que ce soit justement elle mon guide ? Elle me parle, parfois.

Leyla lui sourit affectueusement.

— Je suis contente de savoir qu'elle t'a choisi. Fais-lui confiance. Maëlla Liss te montrera le chemin.

— Cette Maëlla Liss, réfléchit Joseph, c'est notre ancêtre commun ?

— Maëlla Liss est beaucoup plus que ça ! souffle Leyla. Comme il existe treize prophéties, il y a également treize femmes qui se sont incarnées sur Terre à des époques différentes, chacune porteuse d'un important message. Depuis l'aube des temps, les prophéties nous parviennent par l'intermédiaire de ces grands êtres. Maëlla Liss était l'Ange de la douzième prophétie. Elle a joué un grand rôle dans l'histoire, même si elle n'est pas parvenue à enrayer complètement le mal sur la Terre. Je suis la dernière de cette lignée, celle qui doit accomplir la treizième et dernière prophétie.

— Et elle dit quoi, cette prophétie ? demande Joseph à brûle-pourpoint.

— Elle n'est pas très encourageante, si tu veux mon avis, réplique Mégane.

— Quoi ? Elle parle de la fin du monde ? veut savoir Kireg à son tour.

— Pire encore.

— Mégane ! la gronde Leyla.

— Quoi ? Il a le droit de savoir dans quoi il s'embarque !

— La treizième prophétie, explique Leyla, est présentée sous la forme d'un scénario. J'ai moi-même été frappée par son réalisme et sa justesse. Jusqu'à maintenant, seules vingt-cinq strophes ont été traduites. Et ce n'est pas très optimiste. Je te les ferai lire un jour. Tu dois cependant savoir que le décompte est enclenché.

— Qu'est-ce qu'on peut faire s'il est déjà trop tard ? questionne encore Kireg.

— Je n'ai pas dit qu'il était trop tard, j'ai seulement dit que la treizième prophétie a déjà commencé à se réaliser.

— Ça veut dire quoi en gros ?

— On doit travailler conjointement. Nos trois pouvoirs, lorsqu'ils seront réunis, auront un effet d'entraînement. Je ne détiens pas encore toutes les clés, mais si j'ai bien compris la leçon d'Alfred, l'unification des trois enfants aura pour effet de déclencher un processus de reconnexion dans l'ADN de tous les êtres humains.

— C'est qui Alfred ? s'informe Joseph qui commence à trouver que ça fait pas mal de monde. Et c'est quoi cette histoire de reconnexion ?

— Le processus de reconnexion est un peu compliqué, je ne suis pas sûre de pouvoir te l'expliquer convenablement. Ce que tu dois retenir, c'est qu'il entraîne une plus grande ouverture de conscience sur Terre et permet, par la même occasion, de développer certains dons. Pour ce qui est d'Alfred, c'est un bon ami à nous. Il a cent treize ans et il est le dernier messager du temps. C'est lui qui m'a révélé ton nom, Kireg, après que tu as commencé à te servir de tes pouvoirs. Il dit avoir un message important à nous livrer et il le fera lorsque tu accepteras de le rencontrer. Mais pour ça, tu devras venir à Sionrah, au manoir de la Pointe-aux-Roches, là où tout a commencé.

— Ça ne va pas la tête ? s'écrie Kireg. Jamais ma mère ne me laissera partir aussi loin !

— Il te faudra pourtant la convaincre…

Kireg pivote vers Joseph, cherchant son appui. Mais son frère se contente de lui sourire sans rien ajouter.

— Je parlerai à Léonore, le rassure Leyla, mais c'est toi qui devras la persuader de te laisser partir. Pas pour toujours, juste le temps de rencontrer Alfred.

— Mais… objecte encore Kireg. Papa n'a pas les moyens de me payer ce genre de voyage ! Il doit rentabiliser la ferme et…

— C'est moi qui paierai, Kireg. Tes parents n'auront rien à débourser.

— Chanceux ! l'envie son frère. J'aimerais bien voyager, moi aussi ! Vous n'auriez pas besoin d'un garde du corps, par hasard ? Non ? D'un chauffeur ? D'un porteur de bagages ? Zut alors !

— Kireg, reprend doucement Leyla, tu n'as pas à décider tout de suite. Et qui sait, Maëlla Liss a peut-être d'autres projets pour toi. Garde juste en tête que cette éventualité pourrait devenir nécessaire.

— Je pourrais y aller à sa place ? propose encore Joseph.

Kireg lui jette un regard noir.

— Très bien, je me tais !

— Kireg, intervient Mégane. Tout à l'heure, tu as mentionné ton voisin. Tu disais avoir des soupçons à son sujet…

— Je pense que Doughal kidnappe des enfants. Je n'ai pas de preuves, poursuit-il, mais tous les faits me ramènent à lui. Rose, la petite sœur de mon meilleur ami, a été enlevée par le même type que j'ai vu chez lui l'autre jour.

La voix de Kireg se brise.

— Ses ravisseurs lui ont fait traverser la frontière de l'Écosse, il y a maintenant une semaine.

— Katelyn Haley, ça te dit quelque chose ? le questionne Mégane.

— Non, répond Kireg, pourquoi ?

— Katelyn Haley a elle aussi été kidnappée ici, en Irlande.

— En fait, reprend Kireg, je ne vois que des visages anonymes. C'est plus tard que je les reconnais, quand je vois leur photographie dans les journaux…

Leyla et Mégane réalisent combien Kireg se sent impuissant, voire même coupable de la disparition ou de la mort de toutes ces jeunes filles.

— J'ai rêvé de Katelyn, poursuit Mégane. Elle a été enlevée à la sortie de son école, le 7 février dernier. Elle habitait dans le nord de la province d'Ulster, dans le comté de Donegal, en Irlande du Nord. On ne l'a jamais revue depuis.

— Je ne connais pas leurs noms, répète Kireg, en revanche, je n'oublie jamais leurs visages. Tu as une photo ?

— Je pourrais t'en montrer une sur Internet. Merde ! Le portable faisait partie de nos bagages ! Vous avez le temps de passer dans un café Internet ?

Joseph jette un coup d'œil à sa montre.

— Nenni ! On est déjà en retard ! On doit y aller, Kireg !

— Je te la montrerai demain, alors. Tu as Internet chez toi ?

— Même si on vit sur une ferme, fillette, riposte aussitôt Joseph, offusqué, tu sauras qu'on n'est pas complètement coupés de la civilisation !

Si les yeux de Mégane avaient pu lancer des flammes, Joseph flamberait déjà en enfer. Se faire appeler « fillette »… l'insulte suprême !

Chapitre 65
LA FAMILLE

Le lendemain, Leyla et Mégane se rendent à nouveau chez les Radhan. Léonore leur a cuisiné son traditionnel gigot d'agneau glacé au miel. Toute la famille est là. Même Adriann et Isobel ont fait la route depuis Dublin pour être présentes à cette réunion informelle et faire ainsi connaissance avec leurs cousines éloignées. Seule Guillian, qui vit désormais au Canada avec son copain, manque à l'appel.

Pas une seule fois pendant toute la durée du repas la conversation ne dévie sur le sujet des pouvoirs surnaturels des deux sœurs ou de Kireg. L'atmosphère est à la fête et chacun est détendu. Tout le monde plaisante et en profite pour prendre du bon temps.

Morag Radhan, qui d'ordinaire est un homme autoritaire et taciturne, s'amuse comme un fou des péripéties racontées par Mégane. Ça faisait bien longtemps qu'il n'avait pas ri autant !

Monroe et Andrev, les deux frères aînés de Kireg, sont quant à eux subjugués par la beauté de Leyla. Leur cousine éloignée ne parle pas beaucoup, mais quand elle le fait, ses yeux couleur d'émeraude pétillent d'intelligence. Elle est drôle, attentionnée, discrète et tolérante. Léonore l'a assise à table à côté de Mell qui, visiblement ravie, occupe toute son attention. Monroe ne cesse de l'observer du coin de l'œil, attentif à chacun de ses gestes, épiant subtilement sa discussion avec sa jeune sœur.

— Quel âge as-tu ? l'interroge la fillette en enfournant un énorme morceau de viande.

— Dix-neuf ans. Et toi ?

Mell répond la bouche pleine :

— J'en aurai bientôt huit, mais maman me prend encore pour un bébé. Ça m'énerve !

— Je suis certaine que ta mère ne fait pas ça méchamment !

Mell avale laborieusement sa bouchée avant d'en engloutir une deuxième, tout aussi grosse.

— Je n'ai pas besoin qu'elle me couve comme si j'avais encore deux ans !

— Tu sais, Mell, quand on aime quelqu'un vraiment beaucoup, on a tendance à le surprotéger, et ce, même sans s'en rendre compte. Ta mère fait probablement ça pour t'éviter de faire des faux pas, pas pour t'enquiquiner !

— Hum… réfléchit la fillette en cessant de mastiquer. J'aimerais mieux qu'elle préserve quelqu'un d'autre !

Elle ouvre la bouche pour ajouter autre chose, la referme, hésite encore une seconde avant de finalement décider de se lancer.

— Papa, lui, il me traite comme une grande. Maman le chicane, parfois, mais il me laisse quand même conduire le tracteur à gazon ! Il dit que c'est maintenant que je dois apprendre à travailler.

Leyla sourit devant tant de candeur.

— J'avais ton âge, Mell, quand mes parents sont décédés… commence Leyla.

La fillette dépose sa fourchette et attrape son verre de lait à deux mains.

— … Je n'étais pas prête à devenir une grande fille, ni même à être une grande sœur pour Mégane, mais je n'ai pas eu le choix. Il a fallu que je sois forte… pour nous deux. Ce passage a été plutôt douloureux, parce que je n'avais plus personne pour prendre soin de moi… Et j'étais terrifiée à l'idée de devoir me débrouiller toute seule.

La cadette de la famille Radhan dépose son verre de lait tout en continuant de fixer sa cousine.

— … À huit ans, Mell, continue Leyla, la voix de plus en plus rauque, on n'a pas ce qu'il faut, on n'est pas préparée à affronter les exigences du monde des adultes, avec toutes les responsabilités que cela comporte. Je le sais, car je suis passée par là. Ne cherche pas à grandir trop vite.

La fillette est au bord des larmes. Mell lève les yeux vers sa mère qui lui sourit tendrement. Elle repousse sa chaise et court vers elle.

— Pardon, maman, pour ce que je t'ai dit hier.

Sa mère la serre dans ses bras.

— Ce n'est rien, mon cœur, c'est déjà oublié.

— Je t'aime, maman !

— Moi aussi je t'aime, Mell !

Mell revient s'asseoir près de Leyla, le cœur plus léger. Elle lui prend la main sous la table, comme pour sceller leur amitié. Un sourire radieux illumine son visage poupin, encore marqué par les rondeurs de l'enfance.

Au cours du repas, Andrev raconte son initiation universitaire qui s'est déroulée sous le thème de *La guerre des étoiles*. Tout le monde se met à rire aux éclats quand il avoue avoir joué le rôle de la princesse Leia. Un grand gaillard de six pieds, affublé d'une robe échancrée jusqu'aux cuisses et de bottes à talons hauts !

— Ça devait être hilarant, lance Joseph en se tapant sur la cuisse. J'aurais bien voulu voir ça !

Après avoir dégusté un excellent dessert, une terrine de chocolat à l'orange concoctée par Adriann le matin même, Leyla aide Erin et Rowenna à débarrasser la table. Isobel nettoie les casseroles pendant que Léonore dépose les restes dans des petits plats. Une fois sa tâche terminée, elle s'approche de Leyla et lui souffle à l'oreille :

— Même là où elle est, votre mère doit être drôlement fière de vous.

Leyla lui sourit, un peu mal à l'aise.

— Je le serais à sa place, renchérit Léonore.

— Merci, madame Radhan, pour tout.

Des rires sonores fusent du salon. Tout le monde a l'air de bien s'amuser. Sans doute Mégane est-elle en train de raconter quelques mésaventures hilarantes à propos de ses frères. Leyla connaît toutes ces histoires par cœur ! Mégane aime beaucoup capter l'attention, être le centre d'intérêt. Leyla, elle, est plus discrète, plus réservée, plus solitaire aussi. Elle préfère les choses simples aux grandes effusions. Au moment où elle s'apprête à sortir dans le jardin pour prendre l'air, Monroe l'aborde. Elle sursaute.

— Désolé, s'excuse-t-il en lui tenant la porte. Je ne voulais pas te faire peur. Tu veux que je te fasse visiter un brin ?

— Avec plaisir !

Tout en marchant sur la route, Monroe lui explique qu'un peu plus au nord, il y a une plage de sable d'environ trois kilomètres de long.

— On l'appelle Killahoey Strand. C'est un très bel endroit. Il y a aussi la baie de Sheep Haven, qui est bordée par les péninsules de Rosguill et Horn Head. Ces falaises font près de cent quatre-vingts mètres de hauteur et protègent Dunfanaghy et les villes avoisinantes de l'océan Atlantique. Sur Horn Head, il y a beaucoup de vestiges de cercles de pierres…

— Vraiment ? s'étonne Leyla.

Devant tant d'enthousiasme, Monroe se lance :

— Si tu veux, je peux t'emmener les voir… Tu es libre cette fin de semaine ?

— Tu veux dire… après-demain ?

— Après-demain, ce serait parfait ! Je pourrais passer te chercher à l'hôtel en matinée. Disons vers… neuf heures trente ? Ça te va ?

— Euh… Ça me tente.

— Alors, accepte !

— D'accord !

Chapitre 66

L'AGRESSION

Alison a besoin de prendre l'air. Elle rage encore de s'être fait avoir comme une débutante. Visiblement, elle a sous-estimé ses sœurs.

Pendant qu'un courrier livrait tous leurs bagages à l'hôtel du Vin & Bistro, à Edinburgh, Mégane et Leyla disparaissaient de Glasgow sans laisser de traces. La limousine, que Leyla avait pris soin de payer à l'avance, les avait conduites au centre-ville et s'était garée devant une boutique d'art. Mégane et Leyla étaient entrées dans le commerce, mais n'en étaient jamais ressorties. Alison devait bien admettre que la manœuvre était simple, mais très habile, même elle n'y aurait pas songé. Ses deux sœurs pouvaient maintenant se trouver n'importe où. Elles pouvaient même avoir quitté l'Écosse !

Alison accélère le pas pour se réchauffer. Elle a négligé de prendre une veste avant de sortir. Les nuits sont fraîches dans ce coin de pays, surtout à cette époque de l'année. La brise du large fait descendre la température à six ou sept degrés dès que le soleil disparaît derrière l'horizon. Alison continue d'avancer d'un pas rapide sans trop porter attention à ce qui se passe autour d'elle. Les trottoirs sont pratiquement déserts, mis à part un groupe de jeunes gens qui attend devant la porte d'un pub. Elle contourne les fêtards un peu éméchés et poursuit sa route. Maintenant qu'elle a perdu la trace de ses deux sœurs et avec elles la chance de retrouver le troisième enfant, elle envisage de rentrer à Sionrah prématurément. Peut-être qu'en fouillant le manoir de la Pointe-aux-Roches elle serait en mesure de découvrir un indice susceptible de la remettre sur une piste. Quelle perte de temps !

« Bérengère va bien se marrer ! » songe-t-elle avec amertume. Depuis le meurtre de Maud, sa mère s'est passablement détachée d'elle. Perdue dans ses pensées, Alison ne voit pas qu'un véhicule se gare en bordure de la route, à sa hauteur.

— Je peux te déposer quelque part ?

Alison réalise, après avoir jeté un coup d'œil aux alentours, que c'est à elle que le type s'adresse.

— Non. Ça ira, je vous remercie ! répond-elle, sans cesser d'avancer.

Le gars sort sa tête par la fenêtre en roulant doucement pour rester à la même hauteur.

— Tu as l'air frigorifiée. Monte !

— Je viens de te dire que ça va ! s'énerve Alison en haussant le ton. Tu es sourd ou quoi ?

— Hey ! Pas la peine de crier. Je voulais juste t'aider.

Avant qu'Alison ne réalise ce qui lui arrive, un complice se faufile par derrière, lui plaque un linge sur la bouche et la force à monter dans le véhicule. Une forte odeur de solvant lui fait perdre connaissance.

Quand Alison se réveille la première fois, il fait noir. Elle est étendue sur un lit, complètement nue. Elle ignore totalement où elle se trouve. Un affreux mal de tête lui vrille les tempes et elle n'arrive pas à s'éclaircir les idées. La pièce tangue, lui donnant la nausée, ses yeux n'arrivent pas à faire le point. Quelqu'un la pousse sans ménagement, la soulève, la fait rouler sur le côté.

Son corps endolori lui fait terriblement mal. Un gars la rhabille, tente de la remettre sur pied, mais ses jambes sont comme de la guenille, elle s'écroule par terre et son esprit s'embrouille encore.

Au moment où Alison ouvre à nouveau les yeux, elle est allongée sur la banquette arrière d'un véhicule qui roule à toute allure sur un chemin cahoteux. Le conducteur ne porte même pas attention à elle, comme s'il avait oublié sa présence. Une chanson des Beatles qu'elle n'arrive pas à reconnaître joue à tue-tête à la radio et le gars bat le rythme en frappant sur le volant.

Alison tente une nouvelle fois de relever la tête, mais tous ses membres sont engourdis. C'est à peine si elle arrive à lever le petit doigt. C'est le chaos dans son esprit. Elle n'arrive pas non plus à se concentrer assez pour se servir de ses pouvoirs.

Tout à coup, le moteur décélère, le véhicule ralentit, s'engage sur l'accotement et s'immobilise. La portière avant claque, celle de derrière s'ouvre. Le gars se penche au-dessus d'elle. Les yeux mi-clos, elle le reconnaît. C'est le type qui l'a abordée dans la rue. Il la tire par les chevilles et la fait tomber en dehors du véhicule sans ménagement. Sa tête heurte le marchepied. D'un coup de pied dans les côtes, il la fait rouler dans le fossé. Il remonte ensuite dans son véhicule et redémarre sur les chapeaux de roues. Encore paralysée par la drogue, Alison peine à remuer ses membres.

Il lui faut plusieurs heures encore avant de refaire surface. Son esprit est toujours confus, mais elle peut maintenant garder les yeux ouverts plus de quelques secondes. Les effets de l'anesthésiant commencent à se dissiper.

Alison n'a pratiquement aucun souvenir de ce qui s'est déroulé la nuit dernière. En revanche, elle se rappelle parfaitement le visage de celui qui l'a forcée à monter dans sa voiture et qui l'a ensuite abandonnée au bord de la route, comme un vulgaire déchet.

Le cœur au bord des lèvres, encore tout étourdie, elle tente d'abord de s'asseoir. Une douleur atroce lui vrille le derrière du crâne. Elle se rappelle s'être frappé la tête sur le marchepied au moment où son agresseur la tirait hors du véhicule. Son corps pèse une tonne, mais elle doit se relever, ne serait-ce que pour se venger. Forte de cette certitude, elle parvient à se remettre debout. Ses muscles endoloris protestent vivement. « Tu ne perds rien pour attendre ! » rage-t-elle intérieurement. « Je te retrouverai, et je te jure que tu paieras pour ce que tu m'as fait. »

Déterminée à se faire justice, elle franchit les trois kilomètres de terre battue qui la séparent de la route A6094. Pendant qu'elle avance comme un automate, elle trace l'ébauche de sa vengeance. Une terrible violence monte en elle et lui procure un plaisir innommable. « Il connaîtra la douleur et la peur, il m'implorera de prendre sa vie. »

Une fois sur Rosewell Road, elle n'a pas à marcher très longtemps avant qu'une jeune femme, au volant d'une Audi TTS coupé sport gris métallique, s'arrête pour lui porter secours.

— Mon Dieu ! Que vous est-il arrivé ?

Alison a l'œil gauche tuméfié, la lèvre inférieure fendue et du sang séché dans les cheveux. Ses chaussures sont maculées de boue, son jean est taché, son t-shirt, déchiré.

— Montez ! Je vais vous conduire tout de suite à l'hôpital.

Sans rien dire, Alison prend place à côté d'elle. La jeune femme tente d'en apprendre davantage sur ce qui s'est passé, mais Alison reste obstinément muette, alors la femme se tait. Le trajet se déroule dans un silence quasi religieux.

À l'hôpital Royal d'Edinburgh, on admet Alison aux urgences, mais lorsque les preuves manifestes d'un viol sont constatées, elle est aussitôt prise en charge par une intervenante du département de psychologie. Un protocole est dès lors enclenché. On l'invite à prendre une contraception d'urgence et à recevoir un traitement préventif contre le VIH. Des antibiotiques lui sont également administrés contre d'éventuelles infections. Malgré la pression exercée par le médecin et la psychologue, Alison refuse catégoriquement de porter plainte contre son agresseur. Sa vengeance ira bien au-delà de ce que la justice peut accomplir. Et la jouissance qu'elle en tirera sera d'autant plus grande. Pendant que les médecins pansent ses plaies, elle rêve de torture et de mutilation.

Une folie meurtrière l'habite. Une rage féroce bien pire que la mort. Alison se vengera. Elle boira le sang de ce salaud qui a osé la profaner. Peu importe le temps qu'il faudra, elle le traquera. Il payera pour son crime de la plus horrible façon…

De retour dans sa chambre d'hôtel, elle file dans la salle de bain et ouvre le robinet d'eau chaude. Rapidement, une brume vaporeuse envahit la pièce. Même si elle a pu se nettoyer des souillures de l'agresseur à l'hôpital, ce dont elle a besoin maintenant, c'est de purification. Elle se déshabille et jette ses vêtements dans la poubelle. Elle se glisse sous le jet brûlant de la douche et laisse couler l'eau sur sa peau. Quand elle sent que son corps ne peut pas en supporter davantage, Alison sort de la douche et enfile un peignoir de ratine. Détendue, elle se laisse tomber sur le lit. Elle s'endort presque aussitôt. Ses rêves sont peuplés de violence, de carnages et de destruction.

Chapitre 67
LA PROIE

Goulhen a ressenti ce qui est arrivé à Alison. Il a tout vu, mais n'est pas intervenu pour la simple et bonne raison que cet évènement inespéré sert son plan. Un pas de plus dans sa machination machiavélique. Avec son aide, Alison retrouvera son agresseur et se vengera. Une vengeance à la hauteur de la treizième épouse du Prince des Démons.

Alison a mis trois jours à retrouver Greg Bottov. L'imbécile a continué son recrutement clandestin dans un coin moins touristique de la ville d'Edinburgh.

Elle gare son véhicule de l'autre côté de la rue, en face du Collège des arts, sur Lauriston Place, éteint le moteur et attend là, épiant discrètement sa proie. De là où elle se trouve, Bottov ne peut pas la voir. Et de toute façon, il est beaucoup trop absorbé par sa drague pour seulement se rendre compte qu'on l'observe.

Alison le guette encore quelques minutes avant de finalement se décider à descendre de la voiture. Elle défait un autre bouton à son chemisier de dentelle noire, creusant profondément son décolleté déjà vertigineux. Dans un déhanchement félin, elle appuie ses hanches contre la portière, la bouche légèrement entrouverte, provocatrice. Greg Bottov la repère rapidement, attiré par les ondulations de son corps. Lorsqu'il la reconnaît, un étrange rictus étire ses lèvres trop minces, désagréablement estompées aux commissures, dévoilant une rangée de dents bien droites tachées par la nicotine.

D'un geste machinal, il congédie l'adolescente androgyne aux formes émergentes encore ambiguës. Toute son attention est maintenant focalisée sur Alison, cette tigresse au regard d'émeraude qui fait naître en lui des pulsions animales.

Pourquoi Alison ne l'a-t-elle pas dénoncé ? Il n'en sait fichtre rien. Mais en ce moment même, il se plaît à croire que c'est parce qu'elle aime être dominée, domptée comme une pouliche. Tout en spéculant sur les raisons qui la poussent à revenir vers lui, il descend dans la rue. « Cette fille n'a pas froid aux yeux ! » se dit-il, impressionné. « Elle n'a même pas l'air effrayée ! » Le tempérament ardent et lascif d'Alison l'intrigue. Il se demande si elle n'est pas sadomaso. « Quelle chance ce serait ! » soupire-t-il. Son sourire béat s'élargit d'un cran à cette idée.

Empli d'une suffisance éhontée, Greg Bottov traverse Lauriston Place d'un pas désinvolte sans quitter des yeux l'objet de ses vils désirs. Les traits virils et anguleux de son visage tanné par le soleil ainsi que ses pupilles d'automne aux reflets mordorés lui confèrent un certain charisme, mais on ne pourrait pas le qualifier de bel homme. Peut-être est-ce dû à ce front proéminent qui rejoint trop tôt la ligne dominante de ses sourcils sans parvenir à s'en dégager, ou encore à ce nez court et trop épaté pour être proprement esthétique. Quoi qu'il en soit, un certain déséquilibre des formes, engendré par cette disharmonie physionomique, lui donne un air un peu ringard.

Alison le dévisage à son tour. Elle ne recule pas, aucunement intimidée par ses allures de macho. Au contraire, elle lui renvoie son sourire, l'air engageant. Le moindre de ses gestes est étudié, calculé pour plaire. Elle joue le rôle de la femme fatale pendant que la sorcière en elle guette, jauge et analyse. Elle ne veut surtout pas perdre l'avantage de la situation. Elle doit séduire, sans avoir recours à ses pouvoirs psychiques, du moins pour le moment. Il faut qu'elle lui démontre qu'elle est inoffensive et vulnérable. Qu'il peut la dominer facilement. Il ne doit aucunement soupçonner qu'elle est en mesure de soumettre n'importe qui à sa volonté par la seule force de son esprit.

Une flamme s'allume dans les yeux du jeune homme, attisée par la tentation irrésistible de la chair, exacerbée par la promesse d'une dépravation à venir.

— Content de te revoir, lui lance-t-il. D'ordinaire, les filles que je… côtoie ne reviennent pas me donner leurs impressions.

— Il faut croire que je suis différente de tes autres conquêtes, souffle Alison. Ça t'indispose ?

— Au contraire !

L'homme fait encore quelques pas dans sa direction. Il est maintenant tout près. Alison incline la tête en avant, mouille voluptueusement ses lèvres. Tout son corps l'invite, son regard l'ensorcelle. Il est totalement sous son emprise.

— On prend ma voiture ? s'enquiert-elle en ouvrant la portière.

— C'est une invitation ?

Alison s'assoit derrière le volant sans répondre. De toute façon, elle ne s'attendait pas à ce qu'il refuse.

— On dirait que c'est mon jour de chance, lance Bottov en montant à son tour. Où on va ?

— C'est une surprise.

— J'adore les surprises !

Il n'a pas sitôt bouclé sa ceinture qu'Alison démarre en trombe.

Alison roule sur l'autoroute A90 Nord depuis maintenant plus de deux heures. Trois kilomètres avant d'entrer dans la ville de Stonehaven, elle bifurque sur la A92. Greg Bottov ne peut détacher son regard de ces jambes interminables, parfaitement lisses et bien galbées, de cette poitrine saillante, ronde et bien ferme. Il la dévore des yeux, la détaille sans vergogne, fantasme sur les plaisirs pervers que lui procure la proximité de ce corps féminin, flirtant avec le voyeurisme et l'obscénité. Le parfum enivrant de cette chair tendre excite tous ses sens.

Alison roule jusqu'aux ruines de Dunnottar comme le lui a suggéré Goulhen, une ancienne forteresse médiévale, érigée sur les fondations d'un précédent château datant du premier siècle. Cette fortification, sise sur une étroite terrasse côtière, occupe une position stratégique du fait qu'elle surplombe les voies navigables du Nord de l'Écosse, mais ce n'est pas pour cette raison que Goulhen a choisi cet endroit étrange et mystérieux. Non. Le château de Dunnottar a jadis été érigé sur une importante veine du maillage tellurique. Tout rituel s'y déroulant génère automatiquement un vortex énergétique considérable qui est aussitôt transmis à travers le réseau. L'immolation de Greg Bottov va permettre à Alison non seulement d'ouvrir une brèche dans le treillis cosmique pour répandre le mal, mais également lui offrir la chance de se connecter, l'espace de quelques précieuses secondes, à la conscience des trois enfants…

Alison gare sa voiture le long d'un chemin agricole, éteint les phares et le moteur. Bottov esquisse un geste dans sa direction, mais elle bloque sa main en agrippant son poignet.

— Pas ici ! Je veux que tu te souviennes longtemps de cette nuit…

Alison attrape son volumineux sac à main, ouvre la portière et descend de la voiture. L'homme reste immobile, dubitatif.

— Tu viens ?

Il hésite. Son instinct le met soudain en garde contre une possible ruse. Une lumière vient de s'allumer dans sa tête. Cette petite escapade improvisée pourrait vite se transformer en piège. Alison aurait très bien pu orchestrer sa vengeance. L'endroit est idéal pour disparaître et ne laisser aucune trace. Pourquoi n'y a-t-il pas songé avant ?

Alison s'arrête à quelques mètres pour l'attendre.

— Tu ne vas tout de même pas renoncer maintenant ? susurre-t-elle en prenant la pose.

— Je croyais qu'on irait à l'hôtel !

Alison se met à rire, un rire qui vous glace le sang dans les veines. L'homme se fige.

— J'ai changé d'idée, lance-t-il. Donne-moi les clés.

— Tu n'iras nulle part, Greg Bottov, c'est à mon tour de m'amuser !

Il tente de se glisser sur le siège du conducteur, mais Alison l'immobilise en levant simplement la main.

— Qu'est-ce que tu fous ?

— Je t'empêche de fuir comme une poule mouillée. Ne me dis pas que tu as peur d'une fille comme moi ? Tu m'étonnes !

— Laisse-moi !

— Hors de question.

Alison le contraint à descendre du véhicule. Malgré tous ses efforts pour résister, il ne peut absolument pas lutter contre elle. La panique s'installe en lui.

— Qui es-tu ? parvient-il à articuler avec peine.

— Celle qui te fera regretter d'être venu au monde… Quand j'en aurai fini avec toi, même ta petite amie ne te reconnaîtra plus.

— Je t'en prie, ne me fais pas de mal…

— La ferme ! À chacun son tour de se marrer.

Les yeux fous, l'homme tente désespérément de se libérer de l'emprise invisible d'Alison, mais même son corps refuse de lui obéir. « Cette fille est le démon en personne ! » songe-t-il, à bout de force. « Tu ne croirais jamais si bien dire », lui répond mentalement Alison.

Chapitre 68
LA DÉTENTION

Arrêté et conduit au quartier général de la police, Paolo a vécu la plus horrible journée de sa vie. Totalement dépendant face à l'autorité policière dès l'instant où on lui a passé les menottes derrière le dos, il s'est senti basculer dans le vide. Un vide où il a perdu toute emprise sur sa propre vie. Il n'a reçu aucune sympathie de la part de ses geôliers, bien au contraire, ils sont restés totalement indifférents à tout ce qu'il a pu leur dire. En route vers le poste de police, ils lui ont lancé des regards méprisants, l'ont injurié, comme si Paolo était le pire des criminels. Paolo a senti monter une tension très négative qui lui a donné froid dans le dos. Il a alors compris qu'un citoyen ordinaire peut rapidement devenir une victime innocente de la machine judiciaire.

Dès son arrivée au poste, on l'a soumis aux formalités d'usage. On l'a ensuite dépossédé de son argent et de tous ses objets de valeur. Ses papiers d'identité et son permis de conduire lui ont été confisqués et ont été déposés dans une enveloppe avec sa montre et son alliance qu'il ne récupérera qu'à sa sorte de prison. Il a ensuite été parqué dans une cellule exiguë, sombre et oppressante, avec pour seul ameublement un lit de métal boulonné au mur. Privé de son statut d'homme libre, Paolo ne peut même plus uriner sans obtenir au préalable une autorisation du gardien. Bien qu'on lui ait permis d'appeler son avocat, il se sent seul et démuni. Que va-t-il devenir ? Reverra-t-il seulement Leyla un jour ? Une guerre psychologique venait de s'enclencher dans son esprit.

Après plusieurs heures d'une attente interminable, un policier est finalement venu le chercher pour le conduire à la salle d'interrogatoire. L'inspecteur Thomas, un homme dans la quarantaine, a été gentil et courtois avec lui, du moins au début. Il s'est intéressé à sa personne, lui a posé des questions sur son travail, sur sa vie… Paolo a eu l'impression que le policier cherchait un terrain d'entente, qu'il était prêt à le croire, à l'aider. Puis l'espace de quelques secondes, la conversation a complètement dérapé. L'inspecteur s'est mis à l'accuser de vouloir s'en prendre à la communauté, de fournir à des terroristes du matériel pour fabriquer des armes de destruction massive.

Après plusieurs heures de ce régime infernal, Paolo a finalement été reconduit dans sa cellule. Vidé de toute son énergie, il s'est laissé tomber sur la couchette. Comment tout cela va-t-il finir ?

Soudain, un bruit de métal qu'on entrechoque lui parvient en sourdine. Il bouge à peine. La porte qui ferme la section des cellules s'ouvre à la volée. La lumière l'éblouit. Paolo se relève, s'approche des barreaux pour voir ce qui se passe. Un policier vient vers lui. « Reculez », rugit-il. Il fait ensuite un signe de tête à un collègue, qui l'observe à l'aide d'une caméra de surveillance, celui-ci déverrouille la porte grillagée. Le policier fait un pas de côté comme pour inciter le prisonnier à sortir. Paolo ne bouge pas, se demandant si c'est un piège. L'homme s'écrie :

— Sortez !

Nerveux, Paolo obtempère. Il se retrouve à marcher dans le couloir en se demandant s'il va de nouveau être conduit à la salle d'interrogatoire pour y être interrogé.

Quand les policiers l'ont reconduit dans sa cellule il y a à peine une heure, Paolo était resté sur l'impression qu'il allait officiellement être inculpé. Qu'on l'enverrait croupir en prison.

Le policier l'escorte jusqu'au bureau de contrôle où on lui remet une grande enveloppe jaune cachetée. Encore une fois, Paolo s'interroge sur la suite des événements.

— Qu'est-ce que c'est ? demande-t-il au policier.

— Les objets saisis à votre arrivée.

L'homme en uniforme le mène jusqu'à la sortie du commissariat.

— Vous êtes libre.

Paolo franchit la porte en s'attendant à tout moment à être interpellé. Une fois à l'extérieur, il inspire un grand coup.

— Monsieur Nova ?

Paolo sursaute. Ça y est, on va lui annoncer qu'il y a eu une erreur, qu'il doit retourner sous les verrous. Un homme en complet sombre s'avance vers lui. Paolo se raidit.

— Maître Jules-Magellan Gamelin ! déclare l'inconnu en lui tendant une main amicale. On s'est parlé au téléphone ce matin.

Ouf ! C'est son avocat. Enthousiaste, il répond à son geste en le gratifiant d'une chaleureuse accolade.

— Merci ! Je vous serai à jamais reconnaissant…

— La partie n'est pas encore gagnée, réplique l'avocat, mais vous pouvez considérer que c'est un bon début. Quelqu'un aimerait vous parler.

Maître Gamelin fait un geste en direction d'une voiture noire, garée devant l'édifice. L'homme dans le véhicule ouvre la portière côté passager et l'incite à monter.

Paolo hésite.

— Julian Devaux ! lance-t-il. Enquêteur pour la Sûreté municipale d'Orseille…

Paolo fronce les sourcils, flairant un piège.

— … Nancy Riopelle est ma nièce…, ajoute-t-il pour le rassurer.

Les yeux de Paolo s'agrandissent de surprise.

— Elle m'a demandé de passer vous prendre.

Paolo soupire de soulagement. Il adresse un signe de la main à son avocat pour lui montrer que tout va bien avant de se glisser dans la voiture. Aussitôt qu'il referme la portière, Julian démarre et s'engouffre dans la circulation.

— Vous êtes réellement son oncle ?

— Effectivement ! Elle est bien la digne fille de ma sœur ! Tout comme elle, Nancy sait ce qu'il faut faire pour s'attirer des ennuis ! Et apparemment, elle arrive aussi à plonger ses amis dans le pétrin.

— Vous n'avez pas l'air de les apprécier beaucoup !

— Détrompez-vous ! J'aime réellement ma sœur, mais elle a toujours été un peu écervelée. Heureusement, Nancy est plus forte et plus prudente que sa mère, à ce que je constate. Mais il lui arrive à l'occasion de se mettre les pieds dans les plats. Si elle m'avait parlé de ce colis à récupérer à la gare, je lui aurais tout de suite déconseillé de s'y présenter. Trop d'éléments échappaient à son contrôle !

Un court silence suit cette déclaration. Puis Julian reprend.

— Vous êtes l'amoureux de Leyla, n'est-ce pas ?

Surpris par la question, Paolo se tourne pour faire face à son interlocuteur.

— C'est un peu compliqué…

— Leyla est encore fragile, s'empresse d'ajouter Julian, mais elle vous aime beaucoup. Laissez-lui du temps. Sa vie n'a pas été facile…

— Je sais.

Le regard de Paolo s'égare, happé par des souvenirs. Il ne sait pas pourquoi, mais parler de Leyla avec cet homme le met mal à l'aise.

— Vous avez l'air d'avoir le cœur à la bonne place, ça se voit au premier coup d'œil. Et croyez-moi, j'ai le flair pour ça. Nancy et Leyla peuvent se compter chanceuses de vous avoir… Que faites-vous dans la vie ?

— Je suis dans l'immobilier.

— Ah bon ! J'aurais plutôt pensé que vous étiez architecte, ingénieur, ou quelque chose dans ce genre.

— Comme quoi il ne faut jamais se fier aux apparences !

— Vous avez tout à fait raison ! Où est-ce que je vous dépose, Paolo ?

— Chez moi, à Orseille, si ça ne vous dérange pas.

— Aucun problème !

— Vous avez des nouvelles de Leyla ? demande Paolo à brûle-pourpoint.

— Elle a téléphoné à ma femme, il y a deux jours. Elle et Mégane ont rencontré le jeune Radhan et toute sa famille. Des gens très sympathiques, apparemment. Elles n'ont pas beaucoup visité l'Écosse, mais elles espèrent faire un peu de tourisme en Irlande. Il y a tellement de choses à visiter là-bas. Un pays d'histoire et de légendes !

Paolo n'est pourtant pas du genre timide, mais il ne sait quoi dire.

— Leyla est très secrète, poursuit Julian sur sa lancée, elle ne donne pas beaucoup de nouvelles, mais je sais que ce n'est pas par manque d'intérêt.

Julian jette un regard furtif à son passager. Il espère que Paolo a compris le message.

— Vous êtes important pour elle, Paolo, plus que vous ne le croyez. Elle a beaucoup changé depuis qu'elle vous connaît. Elle a commencé à s'ouvrir. Soyez patient…

— Je l'attendrai toute ma vie, s'il le faut..

Une fois dans le stationnement souterrain, Barthy éteint le moteur de sa Volvo noire, enfile une cagoule et sort du véhicule. Il emporte avec lui son sac à dos rempli de matériel à la fine pointe de la technologie. Barthy a bien pris soin de brouiller le signal des caméras de surveillance avant de s'introduire dans le bâtiment.

L'affaire qu'il doit traiter ce soir est d'une importance capitale ; elle aura des retombées politiques majeures, mais Barthy ne se préoccupe guère de ce genre de considérations : pourvu qu'il touche sa prime à la fin de sa mission, le reste lui importe peu.

Il dégaine son Pistolet Colt 1911 A1 tactical, 4,5 mm, muni d'un silencieux et d'un viseur laser, puis il appelle l'ascenseur.

Avant de s'engager dans la marine, Barthy était un garçon timide et un peu gourd que personne ne remarquait. Après avoir fait son service militaire, il fut envoyé en mission au Koweït. Il avait été l'un des éléments déterminants des forces spéciales. À son retour au pays, il a été embauché par les services secrets pour des missions clandestines. C'est à ce moment-là que l'Ordre l'a remarqué et recruté à son tour. Quelques mois plus tard, il a été transféré dans un département fantôme. Depuis, il travaille directement pour l'Ordre et n'a de comptes à rendre à personne d'autre.

Un bip lui indique que les portes vont bientôt s'ouvrir. Arme en joue, il se déplace sur sa droite, de façon à voir l'intérieur de la cabine sans devenir lui-même une cible. D'un geste ample, Barthy balaie l'espace devant lui avec son pistolet. La cage d'ascenseur est vide.

Dans le dossier qu'on lui a remis, il est mentionné que seuls deux gardes sont de faction cette nuit. « Probablement à l'entrée de l'immeuble », se dit-il en s'engouffrant à l'intérieur. « Vaut quand même mieux être prudent. » Il fouille dans son sac et sort un petit tournevis électrique avec lequel il défait les vis du panneau de contrôle, dénudant un enchevêtrement complexe de fils. Il en sort deux, un vert et un bleu, retire une partie de la gaine isolante et les connecte ensemble. Le bouton du dernier étage s'allume. Il remet le morceau de laiton en place et enfonce, de sa main gantée, le numéro vingt-quatre, celui qui donne accès au penthouse. L'ascenseur se met aussitôt en branle.

Les deux gardiens doivent maintenant savoir que quelqu'un est entré par effraction, mais ils n'auront pas le temps de réagir.

Vingt et un, vingt-deux, vingt-trois. Le signal sonore retentit. Les portes coulissent, dévoilant un appartement luxueux. Barthy sait exactement où se trouve la cible…

Nancy n'est pas retournée sur le domaine de la Pointe-aux-Roches après que Bérengère s'est jetée par la fenêtre. C'est devenu trop dangereux. Une investigation a été ordonnée par le coroner afin de déterminer les circonstances du drame. La victime, âgée de quarante-huit ans, a été retrouvée sur les lieux, morte. Dans le sac qui était attaché à sa taille, les policiers ont découvert une arme à feu, un Beretta 9 mm, chargé. Selon les premiers éléments de l'enquête, la femme se serait suicidée en se jetant par la fenêtre du troisième étage. Son corps a été transféré à la morgue pour qu'on l'autopsie. Une enquête de routine aurait vite expédié l'affaire si la dépouille n'avait pas mystérieusement disparu quelques heures seulement après son arrivée à l'Institut médicolégal.

Paolo a gentiment offert à Nancy de l'héberger chez lui, mais cette dernière a refusé, Julian lui ayant révélé que depuis son arrestation Paolo était sous filature. Elle a donc accepté l'offre de son oncle de lui prêter son chalet d'été. Nancy espère juste que les policiers ne remonteront pas jusqu'à elle. Elle en a déjà assez sur les bras… Elle n'a pas séjourné longtemps au manoir, mais ses empreintes peuvent désormais être relevées partout au rez-de-chaussée.

Après que son article sur l'Ordre a paru sur *Libranews*, le journal a reçu une montagne de courriels, ce qui a fait planter ses serveurs. Certains internautes la traitent de conspirationniste ou de fanatique. Les plus crus la qualifient simplement de folle. On l'accuse de vouloir semer la panique au sein de la population, de nuire au bon fonctionnement du régime démocratique en place ; d'autres la taxent de gauchiste, de communiste, mais Nancy s'attendait à ce genre de réactions. Que les lecteurs la traitent d'illuminée ne la dérange guère. Ce qu'elle voulait, au fond, c'était les obliger à réagir. Et ils l'ont fait !

Toutefois, malgré les nombreuses retombées positives qu'a engendrées son article pour le journal – le taux de visite sur le site a plus que doublé –, *Libranews* a catégoriquement refusé de la publier à nouveau. Nancy soupçonne l'Ordre d'avoir encore une fois usé d'intimidation. Cependant, elle n'a pas dit son dernier mot.

Daveth Carrey se redresse brusquement dans son lit. Il pourrait jurer avoir entendu le tintement de l'ascenseur. Sans faire de bruit, il ouvre le tiroir de sa table de nuit et sort son revolver qu'il dépose sur le lit.

— Qu'y a-t-il ? s'inquiète sa femme à côté de lui.

— Quelqu'un vient de pénétrer dans l'appartement.

— Tu en es sûr ? Je n'ai rien entendu.

— Chut !

Un léger frottement sur le parquet vient confirmer la présence d'un intrus. Carrey attrape le chargeur et l'insère dans le pistolet.

— Appelle la police ! murmure-t-il avant d'enfiler son pantalon de pyjama. Et enferme-toi dans le placard.

— Non, chéri ! N'y va pas ! Laisse la sécurité faire son travail…

— Si quelqu'un est parvenu à monter jusqu'ici, ma chérie, c'est que les gardiens sont déjà morts.

Il reprend son arme et se dirige vers la porte pendant que sa femme attrape le téléphone et court s'enfermer dans la penderie. Le front crispé, les sourcils froncés, le ministre tourne la poignée avec prudence. Puis, son arme pointée devant lui, il s'aventure dans le couloir. Ses mains tremblent légèrement. Son cœur bat à un rythme fou dans sa poitrine. Une sueur froide perle sur ses tempes grisonnantes. Il continue d'avancer, longeant le mur du couloir pour éviter de se faire prendre à revers. Un bruit sur sa droite attire soudain son attention. Il tourne la tête. Erreur fatale. Une ombre se glisse derrière lui et un bras puissant se referme autour de son cou. Carrey n'a pas le temps de réagir. Par réflexe, il tire un premier coup de feu qui se perd dans la pièce. Il tente de retourner son arme contre son agresseur, mais celui-ci bloque son geste. Une deuxième détonation retentit. La prise autour de son cou se raffermit. Carrey n'arrive plus à respirer.

Puis un bruit sec survient. Le ministre s'effondre au sol, les vertèbres cervicales brisées.

Alors que les sirènes retentissent déjà à l'extérieur, Barthy s'enfuit par le toit. Sa mission a été un franc succès.

Depuis qu'il travaille pour l'Ordre, Barthy n'a jamais raté une cible. Quand on lui demande d'éliminer un indésirable, il le fait.

Chapitre 69
LA VENGEANCE

Attaché par les poignets à deux anneaux métalliques fixés à même la voûte, distants d'un mètre l'un de l'autre, Bottov est littéralement suspendu dans le vide, flambant nu, au-dessus d'une étoile à cinq branches, tracée à la hâte sur le sol pierreux. Au centre de ce pentacle improvisé, une fosse d'environ quatre-vingt-dix centimètres de diamètre s'enfonce profondément dans le sol. Ses jambes sont lestées par de lourdes plaques de fonte attachées à chacune de ses chevilles et ancrées à même le roc au moyen de chaînes à demi rongées par la rouille. L'esprit brouillé par la drogue qu'Alison lui a administrée pour le tenir amorphe, l'homme ne garde qu'un vague souvenir des événements qui se sont déroulés ces dernières heures.

Le donjon du château Dunnottar, une cellule lugubre et privée d'air, est plongé dans une pénombre sinistre. Seule une ampoule électrique de faible intensité grésille tout en projetant des ombres mouvantes sur les murs couverts d'embruns. Le sifflement du vent sur les falaises, le mugissement des vagues se fracassant en contrebas sur les rochers, le cri perçant des oiseaux marins nichant à même les corniches qui surplombent la mer, se chargent, à chaque seconde de chaque minute, de rappeler à Bottov la précarité de sa situation.

Accroupie dans un coin, Alison observe sa proie. Elle étudie ses réactions à mesure qu'il prend conscience du danger qui le guette. Sa frayeur va bientôt atteindre son paroxysme. Alison ressent maintenant sa peur. D'ici peu, son sang va être chargé d'adrénochrome, une substance sécrétée par la glande pinéale dans des moments de grande terreur. L'adrénaline qui circule déjà dans tout son organisme accroît son rythme cardiaque et sa pression artérielle, et fait monter le taux de sucre dans son métabolisme. Les souffrances physiques qu'elle projette de lui infliger vont contribuer à alimenter cette peur, à la garder bien vivante au creux de son ventre.

Même s'il ne la voit pas, il devine son regard qui pèse sur lui comme une condamnation. « Cette fille est complètement folle », angoisse-t-il. Comment sortir de cette impasse, maintenant qu'il est crucifié et à sa merci ? Elle ne le laissera certainement pas repartir en vie ! « Eh merde ! Je suis foutu ! »

Un mouvement subtil attire soudain son attention. Son cœur bondit dans sa poitrine, battant à un rythme de plus en plus effréné. Sa peau se couvre de sueur et tout son corps se met à trembler convulsivement. L'air dans la pièce se raréfie, l'espace autour de lui se contracte, comme un spasme d'agonie. La lumière vacille et finit par s'éteindre. Il suffoque. Sa vision se trouble. Son monde bascule. Un silence oppressant envahit le donjon, hostile et innommable. Il voudrait hurler sa peur, mais aucun son ne franchit le seuil de ses lèvres. Son sphincter vésical se relâche, un liquide chaud s'écoule le long de ses jambes et goutte au fond du puits.

Pour la première fois de sa vie, Greg Bottov tient le rôle de la victime. Tétanisé à l'idée de mourir, il redoute plus que tout les affres de la douleur.

Le supplice de la suspension en croix, une torture lancinante anciennement utilisée pour arracher des aveux de culpabilité aux prisonniers, était l'une des plus douloureuses parce que le corps, ainsi suspendu, se contractait dans une tétanisation générale. La crispation des muscles de la poitrine finissait par provoquer l'étouffement.

Avec difficulté, Bottov avale sa salive tout en réprimant un haut-le-cœur. Une poulie grince derrière lui. Il sursaute. Au même moment, une brusque traction s'exerce sur ses membres inférieurs. Une brûlure intense au niveau de ses muscles jambiers lui arrache un cri de douleur qui se répercute en écho sur les murs du donjon. Après un moment, la force de traction se relâche. Il se détend un peu. Il n'ose plus bouger, de peur de souffrir encore.

Alison choisit ce moment pour apparaître dans son champ de vision. Vêtue d'une longue tunique blanche, elle avance, la tête haute, tenant un chandelier à cinq branches dans sa main droite, son sac à main dans l'autre. Le visage impassible, elle marche vers lui d'un pas léger et solennel. Sur le coup, Bottov ne saisit pas le sens de toute cette mascarade, mais il ne peut, encore une fois, que constater la gravité de sa situation. Sa vie ne tient plus qu'à un fil.

Alison se place devant lui, dépose le candélabre sur la pointe de l'étoile qui lui fait face.

— Je t'en prie, libère-moi ! murmure-t-il d'une voix éteinte, à peine audible.

Alison ignore sa supplique. Dans un ultime effort, Greg tente de se libérer. La traction ainsi exercée sur ses muscles, déjà en hyperextension, le fait atrocement souffrir.

— J'ai enclenché le mécanisme, exulte Alison. Plus tu te débattras, plus les chaînes se tendront et plus la douleur augmentera. Si j'étais toi, je resterais bien sage.

Une larme d'impuissance roule sur la joue de Bottov.

— Qu'est-ce que tu veux de moi ? demande-t-il, résigné.

— Je veux juste te rendre la pareille. Tu m'as enlevée, droguée, abusée, violée, humiliée et abandonnée en bordure de la route. J'ai dû marcher des heures avant de trouver du secours.

— Nooon ! hurle le jeune homme, impuissant. Je ne voulais pas… Ce n'est pas moi… Je suis désolé.

— Désolé ? éclate Alison. Tu crois que ça va me suffire ?

— Je… je ne t'ai pas fait de mal ! pleurniche-t-il. Je t'ai laissé la vie sauve !

— Dis plutôt que tu ne voulais pas te salir les mains ! Tu es faible, Bottov, le monde se portera mieux sans toi.

Sans plus se soucier de lui, Alison s'accroupit, ouvre son sac et dépose au pied de sa victime un calice d'argent ciselé et un petit coffret en bois de rose incrusté d'ivoire. À l'intérieur, se trouve un poignard à lame triangulaire dont le manche d'ébène est orné de crânes humains. La lame scintille à la lueur des bougies lorsqu'elle ouvre le boîtier.

— Eh merde ! panique Bottov en l'apercevant. Qu'est-ce que tu vas faire avec ce couteau ?

Alison ignore sa question tout en continuant de s'affairer. Elle sort ensuite un contenant de verre et dévisse le bouchon qu'elle pose juste à côté. Elle referme son sac et le laisse tomber près du mur, avant de revenir vers sa victime.

C'est alors qu'une autre silhouette encapuchonnée se matérialise dans la pièce. « Elle avait un complice ! » songe le crucifié en voyant l'intrus. Sa situation déjà précaire est en train de tourner au cauchemar.

— Je suis fier de toi ! lance Goulhen à l'intention de sa protégée. Tu as bien travaillé.

— Merci, maître ! Mais sans votre aide, je n'y serais jamais parvenue…

Alison se penche pour récupérer la dague. Au bord de la psychose, Bottov s'agite, mais la traction augmente d'un cran pour l'immobiliser à nouveau. La douleur est à présent insoutenable.

— Ne sois pas trop modeste ! proteste Goulhen en faisant fi des horribles cris qui se répercutent en écho sur les murs du donjon. Je n'ai fait que te mettre sur la piste ! Comment va-t-il ? Il est mûr pour le rituel ?

Goulhen s'avance alors vers le supplicié. Celui-ci cesse aussitôt de respirer en découvrant le visage du nouveau venu, qui n'a rien d'humain…

— Je crois que oui, lui répond simplement Alison en s'approchant à son tour.

Avant même que Bottov ne comprenne ce qui lui arrive, Alison entaille la face interne de son pied gauche, sectionnant l'artère tibiale postérieure. Puis elle s'attaque au pied droit. Le sang se met aussitôt à goutter au fond du puits. Goulhen se saisit du calice d'argent et récupère le précieux liquide chargé d'adrénochrome.

En état de choc, Bottov hurle comme un dément. Alison continue son étrange rituel en tranchant cette fois l'artère poplitée, puis, dans le pli de la cuisse, la fémorale. Elle dirige ensuite la pointe de son couteau vers l'artère dorsale qui irrigue son membre viril. Les yeux fous, l'homme se contorsionne, ignorant cette fois la douleur, s'entaillant la peau des chevilles et des poignets dans un vain effort pour éviter la castration. Une nouvelle augmentation de la traction sur ses jambes l'immobilise malgré lui. Totalement à la merci de ses bourreaux, il ne peut dorénavant que subir.

Alison ouvre ensuite l'artère axillaire sous l'aisselle, mais Bottov n'a plus ni la volonté ni l'énergie de se débattre. Il a perdu trop de sang. Ses forces l'abandonnent. Il ferme les yeux et glisse dans le néant, comme on glisse dans le sommeil. Alison le regarde, fascinée, mourir au bout de son sang.

Une fois qu'il a expiré son dernier souffle, Alison lui ouvre la cage thoracique et plonge une main à l'intérieur de son thorax pour récupérer son cœur qu'elle dépose dans le bocal. Les mains pleines de sang, elle revisse le couvercle et dépose le récipient par terre. Puis elle désengage le mécanisme de traction, défait les sangles aux chevilles et tranche les liens des poignets. Le corps de l'homme s'écroule lourdement dans la fosse, heurtant à plusieurs reprises les parois de pierres dans un concert épouvantable de craquements osseux. Un bruit sourd survient quand la masse de chair s'écrase finalement au fond du trou.

Alison se tourne ensuite vers Goulhen en lui tendant le contenant de verre qu'elle vient tout juste de récupérer.

— Non. Garde-le ! Tu en auras besoin pour la suite de tes recherches.

Il lui tend le calice rempli de sang.

— Bois et concentre-toi sur le troisième enfant, ajoute-t-il avant de disparaître.

Chapitre 70
LE CROMLECH

Dans la nuit qui suit son escapade à Horn Head avec Leyla, Mégane, Joseph et Monroe, Kireg se réveille au beau milieu de la nuit, transi de froid. Ouvrant les yeux, il réalise que l'environnement familier de sa chambre a disparu pour faire place à un étrange décor. Dans l'obscurité, des ombres menaçantes s'étirent sur le sol bleui par les reflets de la pleine lune. Il pivote sur lui-même pour voir de quoi il s'agit.

Une quinzaine de stèles, à demi avalées par la tourbière, sont disposées en cercle. L'enceinte ainsi formée possède un diamètre d'une dizaine de mètres. Kireg se trouve précisément au centre de ce curieux assemblage. Il se relève prestement, réalisant soudain qu'il est étendu sur une sorte d'autel de pierre, à même le sol.

Un vent furieux souffle du large par bourrasques, forçant les herbes hautes à se coucher sur son passage. Au loin, l'écho des vagues se fracassant sur le roc lui parvient. Kireg fait quelques pas en direction de la route dans l'espoir d'y découvrir un indice, un nom de lieu peut-être, la raison de sa présence sur ce promontoire rocheux. Il ne connaît pas cet endroit. Est-il seulement encore en Irlande ?

Généralement, quand Kireg a des visions, il s'en rend compte tout de suite. C'est un peu comme si la scène était projetée devant ses yeux sur grand écran et qu'il n'était là qu'en spectateur passif et invisible. Cette nuit, par contre, la trame est différente. Il peut toucher la pierre, caresser l'herbe, sentir le vent lui fouetter le visage, entendre la mer qui se déchaîne tout près. La seule explication qui lui vient à l'esprit est que son pouvoir s'est développé rapidement. Peut-être est-ce dû au fait qu'il a enfin rencontré ses cousines de Sionrah.

Kireg a maintenant rejoint la route. Sur un panneau il peut lire un nom : Drombeg.

Le cromlech de Drombeg, mieux connu en Irlande comme étant l'Autel du druide, date du deuxième siècle avant Jésus-Christ. Il fait partie d'un gigantesque réseau tellurique qui s'étend, comme une toile d'araignée, sur tous les continents du globe par le moyen de constructions mégalithiques dont certaines remontent même jusqu'à l'Âge du bronze. Le cromlech de Gabbro, situé à Sionrah – celui-là même qu'Alison a activé en revenant du pays d'Annwin –, fait partie de ce circuit énergétique, de même que ceux de Stonehenge et d'Avebury, en Angleterre. Ils sont tous les trois reliés par une importante ligne de courants telluriques. Ces hauts lieux, émetteurs-récepteurs d'énergie où se développent de massifs vortex en forme de spirales, sont des emplacements de pouvoir et de puissance incomparables, bien connus des occultistes noirs et de leurs sociétés secrètes.

Kireg se retourne vers le cromlech et ce qu'il voit alors le pétrifie d'horreur.

Sur l'autel de pierres, celui-là même où il se trouvait quelques minutes plus tôt, un enfant est étendu, bras et jambes écartés. Ses poignets et ses chevilles sont retenus en place par des cordons de cuir attachés à des pieux.

Au moment où Kireg s'approche, le rêve prend fin et il se réveille en sursaut. Jamais auparavant un cauchemar ne lui a paru aussi réel.

Dès qu'il met le pied hors du lit, Kireg s'empresse de raconter à Joseph son rêve étrange. Si son pouvoir a évolué pendant la nuit, comme il le croit à présent, peut-être sera-t-il en mesure de prévoir le futur au lieu d'avoir à subir continuellement le passé. Cette perspective lui redonne espoir parce qu'elle implique non seulement qu'il n'est peut-être pas trop tard pour sauver la vie de l'enfant dans le cercle de pierres, mais également qu'il pourrait retrouver la trace de Rose et la sauver. Il espère désormais que Leyla et Mégane pourront l'aider à comprendre ce qui lui arrive.

Heureux et confiant, Kireg expose aux deux sœurs sa vision des choses.

— J'ai rêvé d'Alison cette nuit, dit Leyla en fronçant les sourcils.

— Moi également ! s'exclame Mégane à son tour.

Tous se regardent sans rien dire, tentant chacun de son côté de mesurer la portée d'un tel rebondissement. Leyla est la première à réagir.

— Sincèrement, je doute qu'il s'agisse de l'évolution de ton pouvoir, Kireg. C'est en Annwin que tu apprendras à le développer, pas ici et surtout pas lors d'un rite sacrificiel. Non, j'aurais plutôt tendance à penser qu'il y a du Alison là-dessous.

— Attends, attends ! l'interrompt Joseph en se levant d'un bond. Qu'est-ce que tu veux dire par là ?

— On va devoir devancer nos plans ! poursuit Leyla sans tenir compte de l'interruption. Kireg, essaie de t'entretenir avec Maëlla Liss. Demande-lui de t'expédier en Annwin le plus rapidement possible. Il faut absolument que tu apprennes à contrôler ton don.

— Je ne veux pas partir en Annwin ! proteste vivement Kireg.

— Pourquoi ? s'étonne Joseph. Ça a l'air plutôt cool là-bas !

— Gerald compte sur moi pour retrouver Rose, ajoute-t-il simplement d'un air buté. Je ne peux pas le laisser tomber maintenant !

Leyla s'approche et prend place sur le fauteuil, en face de lui. Kireg se cale dans le sien en croisant les bras sur sa poitrine avec obstination. Il est hors de question qu'il aille où que ce soit ! Et personne, pas même cette cousine, ne lui fera changer d'idée...

— Le temps ne s'écoule pas de la même façon en Annwin, lui explique doucement Leyla. Une seconde ici peut durer un jour entier là-bas. Même si on a l'impression d'avoir été absent une semaine, il ne s'est en fait écoulé que quelques heures, voire un jour, tout au plus. Par ailleurs, quand tu auras appris à mieux contrôler ton pouvoir psychique, il te sera beaucoup plus facile de retrouver la sœur de ton ami parce que tu contrôleras non seulement tes visions, mais la manière dont elles se présenteront à toi.

Kireg ne réagit pas, alors Leyla poursuit.

— C'est ta vie que tu risques, Kireg. Alison ne te donnera aucune chance. Elle frappera sans avertir. Même Maëlla Liss ne pourra pas te protéger.

Cette dernière affirmation porte Kireg à réfléchir. Il est vrai qu'actuellement il ne contrôle pas grand-chose. Il ne peut qu'observer, sans pouvoir intervenir d'aucune façon. Certains détails s'estompent même avant même qu'il n'ait émergé de sa vision, comme ce fut le cas pour le nom du cargo sur lequel Rose avait été embarquée, le *Nicolaï Borislav*. S'il avait pu révéler ce détail aux policiers plus tôt, peut-être que Rose aurait déjà été retrouvée. Comprendre comment fonctionne son don est peut-être la meilleure solution, finalement !

— D'accord, se résigne Kireg.

— Le plus tôt sera le mieux, précise encore Leyla. Et si tu as raison et que ton pouvoir a suffisamment évolué pour pouvoir voir l'avenir, tu n'en seras que plus fort.

Comme chaque fois qu'Ismaël se pointe chez lui, Doughal s'assure que sa mère va dormir jusqu'au lendemain. La semaine dernière, il a dérobé à son travail de puissants tranquillisants. Il compte bien en injecter une dose massive à sa mère, immédiatement après qu'elle se sera endormie. Depuis quelque temps, il la soupçonne de recracher une partie des somnifères qu'il lui administre. Hier encore, il a trouvé des traces de vomissure sur ses draps. Avant longtemps, il devra se débarrasser d'elle. S'il devait se faire arrêter, sa vieille mère deviendrait vite un témoin gênant.

Doughal monte à l'étage et se rend directement dans la salle de bain où il prépare le sédatif avant de traverser dans la chambre de sa mère.

Jeannine, comme toujours, est étendue dans son lit. Doughal s'approche sur la pointe des pieds. Il dirige la seringue vers le haut pour faire sortir l'air du tube de verre avant l'injection.

— Qu'est-ce qu'il y a là-dedans ? s'affole sa mère en écarquillant les yeux.

Doughal sursaute.

— Comment se fait-il que tu ne dormes pas encore, maman ? Tu as recraché les valiums ?

— Tu me gaves de somnifères à longueur de journée, il ne faut pas t'étonner qu'ils ne fassent plus effet !

Sans rien dire, Doughal dépose le sédatif sur la table de chevet et marche jusqu'au meuble où il range les vêtements de sa mère. Comme il n'a maintenant plus le temps d'attendre qu'elle se rendorme toute seule, il va utiliser les grands moyens. Il ouvre le premier tiroir et fouille à l'intérieur. Pendant ce temps, Jeannine se redresse doucement, étire le bras et attrape la seringue qu'elle s'empresse de faire disparaître sous le matelas.

De plus en plus impatient, Doughal retourne le contenu du tiroir. Il se souvient pourtant très bien d'avoir rangé les sangles là-dedans. Un mouvement derrière lui attire son attention. Il se retourne. Sa mère est debout, chancelante mais debout, dans l'embrasure de la porte. Elle pointe une arme sur lui.

— Tu as retrouvé l'usage de tes jambes ? s'étonne-t-il.

— Et ce n'est certainement pas grâce à toi !

Doughal avance d'un pas, convaincu que sa mère n'osera pas tirer sur lui.

— Je te conseille de rester où tu es, mon garçon.

— Où as-tu trouvé ce revolver ?

— Il appartenait à ton salaud de père, le Diable ait son âme.

— Tu n'oserais pas tirer sur ton propre fils…

— Détrompe-toi ! Je t'assure que je n'hésiterai pas une seconde à appuyer sur la détente. Tu m'as droguée et torturée pendant seize ans, je suis parfaitement capable de tirer sur le monstre que tu es devenu. Mon petit Doughal est mort il y a longtemps ! Tu ne représentes plus rien pour moi.

— Dépose ton arme, maman. On va discuter. Je suis sûr que ce petit malentendu peut être dissipé.

Doughal fait encore quelques pas, puis s'arrête net en entendant le son du percuteur qu'on enclenche.

— Reste où tu es, le prévient de nouveau sa mère.

L'homme n'ose plus bouger.

— Je ne sais que trop bien ce qui se passe dans ma maison, poursuit Jeannine. Je les entends pleurer, je les entends gémir…

Comment peux-tu faire une chose pareille, après tout ce que ton père nous a fait endurer ? Je t'ai protégé pour que tu ne deviennes pas comme lui. S'en prendre à des enfants, Doughal… Tu es un monstre, une abomination ! Si j'avais su que tu deviendrais comme lui, il y a longtemps que je t'aurais étouffé dans ton sommeil.

— Je te défends de me comparer à lui ! s'emporte Doughal. Je n'ai jamais touché à un enfant !

— Tu fais bien pire que lui. Tu me dégoûtes…

Jeannine recule d'un pas avant d'ajouter :

— Cordelia est au courant de tout. Je lui ai même parlé de l'endroit où tu caches les petites. S'il m'arrive malheur, elle appellera la police. Rends-toi, Doughal… Je ne te laisserai pas…

Doughal bondit sur sa mère. Un coup de feu éclate, puis le silence retombe dans la pièce, lourd des rancœurs de trois existences gâchées. Un silence définitif, qui entraîne dans son sillage une longue vie de misère, de chagrins et d'épreuves.

La détonation se fait entendre jusque dans l'étable des Radhan, où Morag et Léonore ont entamé la tonte des moutons avec deux semaines d'avance. Léonore se fige.

— Qu'est-ce que c'était ? s'inquiète-t-elle. On aurait dit un coup de feu !

Morag éteint son outil et tend l'oreille. Rien. Seul le bêlement impatient du mouton qui donne des coups de patte pour se dégager de l'emprise de son bourreau trouble le silence de cette fin d'après-midi pluvieuse.

— Probablement la tondeuse électrique…

— Non non, Morag. J'ai bel et bien entendu une détonation !

Morag jette un coup d'œil par la porte entrouverte de l'étable. La pluie a redoublé d'intensité.

— C'était peut-être un coup de tonnerre…

— Morag ! s'emporte Léonore. Je sais quand même faire la différence entre un coup de tonnerre et un coup de feu !

— Qu'est-ce que tu veux ? éclate à son tour Morag. Qu'on appelle la police ? Parce que si c'est le cas, je t'avertis tout de suite que cette fois, ce ne sera pas moi le dindon de la farce ! J'en ai déjà plein les bras avec la ferme sans avoir en plus à m'occuper de surveiller mes arrières. Tout le monde au village me regarde de travers, depuis que Kireg a porté plainte contre notre voisin ! Tu n'apprendras donc jamais à te mêler de tes affaires ?

Léonore préfère se taire plutôt que de relancer le débat. Elle sait fort bien que son mari lui en veut encore d'avoir encouragé Kireg à dénoncer Doughal, mais il finira bien par lui pardonner un jour. Même si les accusations se sont révélées non fondées, Léonore ne regrette pas son geste. Il y a tellement de fous furieux en liberté dans la nature… Si tout le monde faisait son devoir de citoyen, la Terre s'en porterait beaucoup mieux ! Léonore soupire.

— Quoi ? s'impatiente Morag.

— Laisse tomber ! rugit Léonore en empoignant fermement la tête du mouton qu'elle emprisonne entre ses jambes.

— Allez ! On continue !

— À vos ordres, chef !

Morag attrape rageusement les cisailles et se remet à l'ouvrage, manœuvrant l'outil par gestes saccadés.

Léonore se retient d'ajouter autre chose. Avec encore une soixantaine de moutons à tondre avant la tombée du jour, ils ne peuvent se quereller longtemps. Une fois de plus, elle ravale son amertume et sa frustration.

Depuis que les sœurs Wallace sont débarquées à Dunfanaghy, Joseph et Kireg se sont quelque peu déchargés de leurs tâches domestiques et de leurs corvées sur la ferme afin de passer plus de temps en leur compagnie. Léonore est heureuse que ses fils aient créé des liens avec leurs cousines éloignées. Elle aime bien Mégane et Leyla. Mais pendant qu'ils s'amusent, elle écope de tout le boulot. Et ce n'est pas parce que Morag réclame plus souvent sa présence à l'étable que ses travaux ménagers disparaissent pour autant ! Elle doit continuer de préparer les repas, faire le ménage et le lavage et s'occuper des enfants. Léonore en a beaucoup sur les bras.

Cordelia Flanagan s'était préparé un copieux repas avant de venir s'installer au salon pour écouter la messe du dimanche, qui joue en boucle sur la chaîne communautaire durant tout l'après-midi. Pendant que le prêtre prononce l'homélie, elle entend un coup de feu. Elle se précipite aussitôt sur le téléphone.

— Bonjour, mon nom est Cordelia Flanagan. Un coup de feu a été tiré chez mon voisin.

— Vous êtes certaine que c'était bel et bien un coup de feu, madame ?

— Absolument !

— Pouvez-vous me donner votre adresse ?

— 850, Cottage Road.

— Et celle où les coups de feu ont été tirés ?

— Au 853.

— Vous connaissez les gens qui habitent là ?

— Oui.

— Pouvez-vous me donner leurs noms ?

— Jeannine et Doughal Breenan.

— J'envoie tout de suite une patrouille pour vérifier, madame.

— Je vous en prie, faites vite !

Maintenant postée devant sa fenêtre, Cordelia guette la maison de son voisin. Les secondes, les minutes s'écoulent sans que rien ne se passe. De plus en plus inquiète pour Jeannine, elle rappelle le central de la police. On lui confirme que le véhicule est en route et qu'il ne devrait plus tarder à arriver sur les lieux.

Une demi-heure plus tard, toujours pas de trace des policiers. Cordelia reprend le téléphone et compose cette fois le numéro des Radhan. Trois, quatre, cinq coups sonnent sans que personne ne réponde. Cordelia laisse sonner une vingtaine de fois avant de finalement renoncer et raccrocher. « C'est à croire qu'il n'y a que moi qui me préoccupe de ce qui se passe dans le voisinage ! »

Quelque chose a mal tourné chez les Breenan, Cordelia en est maintenant convaincue. Le téléphone toujours en main, elle signale le numéro de son amie Jeannine. Elle va en avoir le cœur net ! Après sept sonneries, quelqu'un décroche.

— Je sais que c'est toi, Flanagan ! claironne la voix à l'autre bout du fil. Je vais te régler ton compte une bonne fois pour toutes !

Saisie d'horreur, Cordelia échappe le combiné par terre.

La tonalité résonne comme une sentence à ses oreilles. Elle n'ose plus bouger, figée sur place dans son fauteuil roulant. Puis elle se remémore les dernières paroles que Jeannine a prononcées la veille : « … Ne permets surtout pas qu'il s'en tire ! »

Cordelia se ressaisit aussitôt. Elle attrape la déclaration écrite et signée de la main même de sa voisine dans laquelle elle relate les horribles traitements que lui a fait subir son fils et mentionne l'existence du bunker. Au passage, elle ramasse son calepin spirale dans lequel elle note toutes les allées et venues de la fameuse fourgonnette blanche qui visite régulièrement la résidence des Breenan depuis cinq ans. Elle roule ensuite jusqu'à sa chambre à coucher, ouvre sa penderie et compose la combinaison du coffre-fort. Elle glisse ces deux précieux documents à l'intérieur avant de refermer la porte à double tour.

Alors seulement, elle entend au loin les sirènes. « C'est pas trop tôt ! » se dit-elle, vaguement rassurée. Mais comme elle revient vers la cuisine, la fenêtre de sa chambre vole en éclats. Terrorisée, Cordelia roule jusque derrière le comptoir, ouvre le tiroir à ustensiles et attrape un couteau qu'elle dissimule dans sa manche. Puis elle se laisse glisser dans son fauteuil de façon à être cachée par le pan d'armoires. Un bruit de pas résonne à présent dans le corridor. Il vient vers elle.

Le cœur battant, Cordelia retient son souffle pour ne pas trahir sa présence. Elle prie de toutes ses forces pour que les policiers arrivent à temps.

— Je sais où tu te caches ! lance Doughal en continuant d'avancer.

Il contourne la table et se penche par-dessus le comptoir.

— Coucou ! rugit-il.

Cordelia sursaute et tombe par terre. Le couteau glisse de sa manche. Avant qu'elle n'ait le temps de le reprendre, Doughal enjambe le comptoir et le pousse du pied. Il l'immobilise ensuite au sol.

La sirène est maintenant toute proche.

C'est en rentrant pour préparer une collation que Léonore a aperçu les véhicules de police garés sur la route. Comme elle s'apprêtait à sortir prévenir son mari, un policier est venu cogner à sa porte.

— Bonjour madame ! J'aimerais vous poser quelques questions concernant les événements qui se sont produits chez votre voisin.

— Heu… oui, entrez.

Léonore le fait passer au salon avant de lui offrir quelque chose à boire.

— Non merci, madame.

Sans tarder, il lui expose les faits. Quand il lui apprend que non seulement madame Breenan a été abattue d'une balle en plein cœur, mais que madame Flanagan a elle aussi été assassinée, Léonore se sent défaillir.

— Ça va, madame ? s'inquiète soudain le policier en la voyant si pâle.

« Kireg avait donc raison ! » songe Léonore. Elle prend une grande inspiration.

— Vous savez qui a fait ça ? demande-t-elle dans un filet de voix.

— L'enquête débute, madame. Auriez-vous eu connaissance de quoi que ce soit ? Vous ou un membre de votre famille ?

Léonore lui révèle avoir entendu un coup de feu depuis la grange et lui fait part de la plainte que son garçon avait déposée contre Doughal Breenan. Le policier note ces détails dans son calepin et lui pose encore plusieurs questions. Avant de quitter la résidence, il s'assure d'avoir bien noté ses coordonnées et de lui avoir transmis les siennes.

Chapitre 71
LE RITUEL

Kireg a pris un peu à la légère les avertissements de Leyla concernant sa jumelle Alison. Il se disait que sa cousine avait sans doute exagéré un brin, histoire de l'inciter à partir plus rapidement pour le pays d'Annwin.

Complètement crevé, il s'endort dès qu'il pose la tête sur l'oreiller, sombrant aussitôt dans un sommeil profond.

Le bruit des vagues se fracassant sur les rochers lui parvient en écho. À la fois terriblement lointains et terriblement proches. La brise saline lui caresse le visage. En ouvrant les yeux, il se retrouve au bord de la falaise, près du cercle de pierres. Exactement au même endroit que dans son rêve précédent. Pourquoi ? Que doit-il comprendre ? Sur l'autel de pierre, le gamin a disparu pour faire place à une fillette qu'il ne reconnaît pas tout de suite. La pauvre enfant est attachée aux chevilles et aux poignets à des pieux enfoncés dans la terre. Treize silhouettes en robes de bure forment un cercle autour d'elle, la cachant partiellement à sa vue. Kireg s'approche davantage du cromlech. Un homme se retourne vers lui, sa capuche glisse sur ses épaules. Kireg a aussitôt un mouvement de recul. Ce visage n'a rien d'humain. Comme pour le défier, il appuie sa lame sur la gorge de la fillette.

— Tu dois intervenir, lance une voix féminine derrière lui.

Kireg se retourne.

Une jeune femme lui sourit. On dirait Leyla. Ses cheveux sont très courts, ses yeux plus sombres, mais elle lui ressemble beaucoup.

— Elle ne doit pas mourir, insiste-t-elle encore, tu dois la sauver.

Kireg hésite, visiblement troublé. Un élément essentiel lui échappe, il le sent, mais il n'arrive pas à mettre le doigt dessus. Il a beau chercher, rien ne lui vient à l'esprit, comme s'il souffrait tout à coup d'amnésie. Son regard passe de la scène qui se déroule dans le cromlech à cette femme qui ressemble tant à Leyla.

Pendant qu'il cherche à recouvrer la mémoire, la créature enfonce la pointe de sa lame dans le cou de la fillette. Un filet de sang coule sur sa peau tendue. Une goutte tombe sur la pierre.

— Si elle meurt, poursuit cette femme, tu te le reprocheras toute ta vie, Kireg ! Rappelle-toi la promesse faite à ton ami.

Au même moment, une voix enfantine déchire le silence, perçant les ténèbres, se répercutant en écho sur les falaises. Kireg reconnaît l'enfant, c'est Rose.

Sans réfléchir il s'élance, mais au moment même où il franchit l'enceinte du cercle, il disparaît dans les entrailles de la Terre, entraîné par le vortex engendré par le rituel.

— Quoi ? hurle presque Leyla dans le combiné. Tu en es sûr ? Bon, très bien. Donne-moi cinq minutes et je suis prête !

Leyla raccroche, enfile un jean et un t-shirt. Avant de passer se brosser les dents à la salle de bain, elle réveille Mégane.

— Il est quelle heure ? marmonne cette dernière en s'étirant.

— Six heures vingt-huit.

— Il est beaucoup trop tôt pour se lever, lui fait remarquer Mégane.

Elle remonte les draps par-dessus sa tête.

— Dépêche ! Joseph va être ici dans quelques minutes.

Leyla s'approche de la fenêtre.

— En fait non, le véhicule est déjà là.

Leyla jette sur le lit les vêtements de sa sœur, ceux qu'elle portait la veille puisqu'elles n'ont pas encore eu le temps d'en acheter d'autres.

— Tu peux me dire ce qui se passe ?

— Kireg a disparu.

— Quoi ? Comment ça disparu !

— Joseph dit qu'il n'était plus dans son lit ce matin.

— Bizarre ! J'ai rêvé de lui cette nuit ! déclare Mégane en cherchant à se rappeler son rêve.

Leyla se fige.

— Tu peux m'en dire plus ?

— Attends ! Je me souviens qu'il s'est de nouveau rendu au cromlech…

— Que faisait-il encore au cromlech ? s'inquiète soudain Leyla.

Mégane tente de revoir mentalement la scène, mais les images qui se présentent à son esprit sont confuses et dénuées de sens.

— C'est trop flou, répond-elle.

Trois petits coups frappés à la porte retentissent. Pendant que Mégane file à la salle de bain s'habiller, Leyla va ouvrir.

— Salut Joseph ! Je ne t'avais pas demandé cinq minutes ?

— Si, mais je ne tenais plus en place… Et si j'étais resté plus longtemps à la maison, maman aurait probablement deviné…

— Attends ! s'étrangle Leyla. Ta mère n'est pas au courant ?

— Je n'ai pas osé le lui dire.

Joseph baisse la tête, penaud.

— Mais…

— Je sais, Leyla, j'aurais peut-être dû, mais j'ai pensé qu'avec vos dons, vous pourriez m'aider à y voir plus clair avant qu'elle n'alerte tout le village.

En revenant dans la chambre, Mégane attrape un élastique sur le bureau et attache négligemment ses cheveux en chignon.

— Raconte-nous exactement ce qui s'est passé, l'intime Leyla en l'invitant à s'asseoir.

Mégane s'installe au pied du lit tandis que Leyla prend place sur l'autre chaise.

— Je n'ai aucune idée de ce qui s'est passé ! s'emporte Joseph. Je travaillais à la station-service cette nuit. Je sais juste qu'il n'était plus dans son lit quand je suis allé le réveiller ce matin. Kireg m'avait demandé de le déposer chez la tante de Gerald avant d'aller me coucher.

— Est-ce qu'il aurait pu se rendre là-bas par ses propres moyens ? demande Mégane.

— Son vélo était encore dans le cabanon quand je suis parti tout à l'heure. J'ai pris la peine de vérifier. Je ne vois pas comment il aurait pu y aller autrement.

— Ton père ou ta mère aurait pu l'y conduire, avance Leyla à son tour, ou peut-être même Monroe.

— Monroe et Andrev sont repartis pour Dublin hier matin et ni maman ni papa n'étaient encore levés quand je suis arrivé à la maison.

Un silence s'ensuit. Pendant que tous réfléchissent à ce qui aurait bien pu se produire, une lumière blanche apparaît dans la pièce. La silhouette de Zola se matérialise sous les yeux ébahis de Joseph.

— Tante Zola ! s'écrie Leyla en se levant. Kireg a disparu…

— Je sais. C'est d'ailleurs la raison de ma présence ici. Alison s'est servie du cromlech pour l'attirer dans un piège.

— Je le savais ! s'écrie Mégane. Voilà pourquoi j'ai rêvé de lui.

— Un piège ? répète Leyla, incrédule. Qu'est-ce que tu veux dire ?

— Goulhen et Alison ont découvert le moyen de pénétrer son esprit par le truchement des rêves. Ne me demande pas comment ils y sont parvenus, j'arrive à peine à y croire… Kireg a été littéralement aspiré par l'énergie qui s'est dégagée du cromlech lors du rituel.

Leyla se laisse choir sur le lit, complètement anéantie.

— Ça veut dire qu'on a échoué ?

— Pas encore. Mais vous allez devoir mettre les bouchées doubles.

— Et Kireg ? Que va-t-il advenir de lui ?

— Je n'en sais rien, je suis désolée.

— Qu'est-ce qu'on peut faire, maintenant ? l'interroge encore Leyla.

Zola soupire.

— Il y a bien une façon de le sortir de là, mais le péril est grand.

— Dis toujours !

— Comprends-moi bien, Leyla, cette solution ne doit être envisagée qu'en dernier recours. Pèse bien ta décision, car elle sera irréversible. Si tu t'engages sur cette voie et que tu échoues, jamais tu ne pourras revenir en arrière. Je te conseille de parler avec Alfred Bartholdi avant de t'aventurer plus loin.

— Pourquoi Alfred ? demande Leyla.

— Il sait des choses sur Goulhen et sur l'endroit où Kireg se trouve, une cité de cuivre située sous les montagnes de la Lune, en Afrique centrale.

— Très bien. Alors nous rentrons à Sionrah, déclare tristement Leyla.

Chapitre 72
LE VOYAGE

Léonore ne tient plus en place. Elle arpente la pièce comme une lionne en cage. Elle est furieuse. Non ! Carrément enragée.

— Comment ont-ils pu nous faire une chose pareille ? s'emporte-t-elle. Et elles... je croyais qu'on pouvait leur faire confiance ! Ça m'apprendra aussi...

Léonore se tait, pour ne pas dire de monstruosités. Morag se rapproche et enlace sa taille.

— Calme-toi, chérie !

D'un coup de hanche, elle se dégage.

— Ça n'a pas l'air de t'inquiéter qu'ils soient partis sans nous demander la permission !

— Léonore, Joseph a vingt et un ans.

— Vingt et un ans ! rugit Léonore. Joseph n'est pas plus mature qu'un enfant de cinq ans ! Et si toutes ses imprudences n'impliquaient que lui, ça passerait encore, mais il entraîne son frère dans toutes sortes de situations impossibles !

— Kireg n'a pas besoin de Joseph pour faire des mauvais coups, proteste Morag.

Léonore le dévisage comme s'il venait de dire une bêtise. Morag poursuit :

— Tu le savais, toi, que le soir où Kireg a pratiquement été électrocuté, il avait tenté de trafiquer le câble ? Il voulait écouter la coupe du monde de rugby.

Léonore se contente de soupirer. Bien sûr qu'elle le savait. Elle sait toujours tout, bien avant son mari, d'ailleurs, qui est toujours occupé avec la ferme !

— Léonore, reprend Morag plus doucement, tu le couves beaucoup trop. Laisse-lui un peu d'air…

Morag continue sur sa lancée, espérant ne pas être trop dur avec sa femme, guettant sa réaction, mais Léonore ne l'écoute déjà plus. Son esprit est ailleurs.

Le matin même, elle a découvert la lettre de Joseph sur la table de la cuisine l'informant que Kireg et lui étaient partis pour Sionrah, avec Mégane et Leyla. Il lui demandait de ne pas s'inquiéter. Ils seraient de retour pour la rentrée scolaire. Joseph terminait sa missive en ajoutant : « Ne t'en fais pas, maman, je veillerai sur mon petit frère. » Comme si Joseph pouvait s'occuper de quelqu'un d'autre que de lui-même ! Léonore l'en croit tout simplement incapable, pas parce qu'il est égoïste ou trop ingrat, loin de là, mais plutôt parce qu'il a le don de toujours se mettre les pieds dans les plats.

Mis à part sa frustration d'avoir été dupée et trahie, Léonore ne peut tout simplement pas s'empêcher de se faire du mauvais sang pour ses enfants, en particulier pour Kireg. Plus pour lui, d'ailleurs, que pour tous les autres mis ensemble. Pourquoi ? Elle serait bien en peine de répondre à cette question. En fait, elle n'en sait trop rien. Mais dans son cœur de mère, elle pressent que Kireg doit être protégé. Son fils est différent. À commencer par cette sorte d'empathie, cette capacité qu'il a de s'occuper de tout le monde, voulant les protéger, même au détriment de son propre bien-être. Et avec ce que les sœurs Wallace lui ont appris au sujet de leur ancêtre commun, Maëlla Liss, elle ne doute plus une seconde que Kireg possède également d'autres aptitudes particulières dont il n'a pas osé lui parler.

— De toute façon, achève Morag en enfilant sa chemise de laine, Joseph a promis de t'appeler chaque fois qu'il en aura l'occasion. Tu verras, ça leur fera du bien d'être loin de la maison quelque temps, loin de tes petits soins. Quand ils reviendront, ils apprécieront davantage tout ce que tu fais pour eux.

— Tu as sans doute raison, soupire Léonore. Mais il y a tout de même quelque chose qui me chicote…

La main sur la poignée de la porte, Morag se retourne.

— … Kireg a toujours refusé de se rendre même à Belfast pour visiter ses frères. J'ai du mal à comprendre ce qui motive sa décision d'aller chez ses cousines, à Sionrah…

— Il vieillit, Léonore !

— Joseph a plutôt intérêt à bien s'occuper de lui…

— Léonore ! Kireg n'a plus six ans. Il va en avoir quinze le mois prochain !

— Quinze ans… Pfft ! C'est encore un enfant.

— Un adolescent, corrige Morag.

— Mouais !

Léonore a du mal à décrocher de son rôle de mère poule. Chaque séparation a été pour elle une déchirure, comme si on lui amputait un membre ou un organe vital. Le plus beau présent que ses enfants puissent lui offrir, encore aujourd'hui, c'est de venir la visiter, tous ensemble, le plus souvent possible. C'est seulement dans ces moments-là qu'elle se sent entière et heureuse.

Léonore entreprend de débarrasser la table. Elle s'empresse d'écraser d'une main rageuse la larme qui roule sur sa joue, s'en voulant d'être aussi émotive. Morag s'approche et l'enlace.

— Je t'aime, Léonore.

Cette fois, Léonore se laisse faire. Son mari dépose un baiser sur son front et la serre tendrement dans ses bras. Elle se laisse aller à son chagrin contre sa poitrine.

La décision de Joseph de traverser l'océan en compagnie de ses deux cousines n'avait pas fait l'unanimité. Leyla s'y était carrément opposée. Selon elle, Joseph aurait dû mettre sa mère et son père au courant de la disparition de Kireg. Leyla se sentait fourbe et méprisable de faire une chose pareille à la famille Radhan, à Léonore surtout, qui les avait reçues comme si elles étaient déjà de la famille, entourée de ce qu'elle avait de plus précieux, ses enfants.

Mégane, elle, avait l'esprit moins chevaleresque et plus pragmatique. Elle était d'avis qu'il valait mieux attendre avant d'annoncer la disparition de Kireg à sa famille. De toute façon, personne d'autre que Leyla ne pouvait le sauver ou même le retrouver, là où il se trouve. Partir sans rien dire était ce qu'il y avait de mieux à faire, selon elle. Il fallait à tout prix retarder l'onde de choc. Moins il y aurait de gens au courant, mieux ce serait. Léonore s'inquiéterait de toute façon, alors que de connaître la vérité l'anéantirait complètement.

Leyla avait fini par se rallier à Mégane. Même si elle continuait de croire que la vérité valait toujours mieux que de piètres mensonges et de vains espoirs. Cependant, elle en était tout à fait consciente, les Radhan n'étaient peut-être pas prêts à examiner les faits tels qu'ils s'étaient réellement produits.

La pauvre sentait la pression s'accumuler sur ses épaules. Si elle faisait chou blanc, la famille Radhan ne reverrait jamais plus Kireg, mais par-dessus tout, leur mission échouerait. C'est ce qu'Alfred avait affirmé. La treizième et dernière prophétie ne se réaliserait que si les trois enfants étaient réunis.

Avant de partir, Joseph est passé chercher quelques effets personnels dont son passeport ainsi que celui de Kireg. Il a également pris des vêtements pour son frère, ses souliers, sa brosse à dents et un manteau pour faire croire à son départ. Il a déposé la lettre d'explications sur la table de la cuisine et est reparti. Il n'a dit au revoir à personne, pas même à Mell, qui va terriblement lui manquer. Mell est son petit rayon de soleil, toujours de bonne humeur et d'agréable compagnie. Elle ne manque jamais de le surprendre avec toutes ses questions... Malheureusement, sa jeune sœur a la fâcheuse manie de répéter tout ce qu'on lui confie.

À l'aéroport, ils ont dû attendre six bonnes heures avant qu'un avion ne décolle pour l'Amérique. Aucun vol direct. Ils feront escale à Newark, aux États-Unis, et atterriront à l'aéroport de Royal-Mount, à deux heures cinquante du matin.

Paolo doit venir les cueillir à l'aéroport. Leyla l'a senti inquiet quand elle lui a téléphoné. Il n'a pas voulu lui dire pourquoi, mais Leyla devine que quelque chose de grave s'est produit en leur absence.

Leyla n'a pas fermé l'œil de toute la durée du vol, se demandant ce qu'Alfred pouvait bien avoir à lui révéler concernant la disparition de Kireg. Zola lui avait seulement dit qu'il connaissait des choses sur Goulhen et sur son repaire secret. C'était quoi cette histoire ? Zola avait refusé de lui en divulguer davantage, alléguant qu'elle n'en savait pas plus. Leyla en doutait, mais bon.

Mégane et Joseph sont assis côte à côte, un peu plus loin dans l'allée. Leyla les entend discuter à mi-voix. La préposée n'avait pas pu trouver trois sièges contigus, le vol étant presque complet.

Soudain, le voyant rouge du dispositif de sécurité s'allume. Un steward parcourt les allées pour demander aux passagers de boucler leur ceinture. Une voix dans les haut-parleurs annonce que l'avion entame sa descente. Dix minutes plus tard, l'airbus se pose sur la piste. Le steward reprend le micro :

— Merci d'avoir voyagé avec Air Trans-Atlantique. Il fait présentement dix-neuf degrés Celsius à Royal-Mount et le ciel est dégagé. Veuillez attendre l'arrêt complet de l'appareil avant…

Leyla attrape son sac sous le siège et regarde en direction de Mégane, qui lui adresse un sourire fatigué. « Joseph l'a probablement tenue éveillée pendant tout le trajet ! » s'amuse Leyla. « Une vraie pie, celui-là ! Ceux qui disent que ce sont les filles qui passent leur temps à jacasser, c'est qu'ils ne connaissent pas Joseph Radhan ! »

Le jeune homme leur a avoué, avant l'embarquement, qu'il n'avait jamais pris l'avion. Il rêve de voyager, de visiter le monde, de découvrir comment les gens vivent, mais il ne sait toujours pas ce qu'il désire faire de sa vie. Il a dû entretenir Mégane de ses différentes hypothèses concernant l'enlèvement de son frère pendant toute la durée du vol. Leyla ne lui a pas tout dit, seulement ce qu'il doit savoir.

Le passage aux douanes s'est déroulé sans anicroche. Ils n'ont de toute façon rien à déclarer. De l'autre côté, Paolo les attend, plus beau que jamais dans son jean et sa chemise en denim ajustée.

— Tu m'as manqué, lui murmure Leyla dans le creux de l'oreille, plus frondeuse qu'à son habitude.

— Et toi donc ! lui répond Paolo.

— Salut Paolo ! lance Mégane en s'étirant sur la pointe des pieds pour lui faire la bise.

— Paolo, voici Joseph Radhan, déclare Leyla. Joseph, Paolo Nova, un ami de la famille, ajoute-t-elle en anglais.

Les deux hommes se serrent la main.

— Hum… chuchote Paolo en se tournant vers Leyla. Tu ne m'avais pas dit qu'il avait quatorze ans ?

— Joseph est l'un des frères de Kireg. Kireg a été enlevé.

Paolo rougit.

— Je… je suis désolé… bégaie-t-il.

— Ce n'est rien, ne t'en fais pas pour ça ! lance Joseph, amusé de sa méprise.

Leyla ramasse une petite valise sur le convoyeur à bagages. Paolo la lui prend des mains et la dépose sur le chariot.

— Il est plutôt mignon, ce Joseph !

Paolo n'a pas pu s'empêcher d'aller à la pêche.

— C'est vrai qu'il paraît bien, lui répond Leyla qui a compris son petit manège. Et encore, tu n'as pas vu ses frères !

— Coudon ! Ils sont combien dans cette famille ?

— Onze !

Paolo reste sans voix.

— Pas tous des gars, tout de même !

— Quatre garçons et sept filles !

Paolo ne se sent pas soulagé pour autant. « Je vais avoir de la concurrence ! » songe-t-il, en voyant la manière dont Joseph couve Leyla des yeux. Il se renfrogne.

— Qu'est-ce qui lui est arrivé ?

— Goulhen et Alison l'ont attiré dans le cromlech par le biais d'un rêve. Ils y auraient accompli un rituel…

Mégane et Joseph se rapprochent.

— De quoi parlez-vous, tous les deux ? veut savoir Mégane.

— De Goulhen, répond sa sœur avant de reporter son attention sur Paolo. Selon Zola, ils ont enlevé Kireg et l'ont entraîné dans le repaire secret de Goulhen en lui faisant traverser le cromlech de Drombeg…

— Pourquoi êtes-vous revenues, alors ? questionne Paolo. Si je ne me trompe, le cromlech de Drombeg est en Irlande, non ?

— Exact. Mais je dois parler avec Alfred.

— Alfred ? Pourquoi ?

— Il sait des choses…

— Ça y est ! s'exclame Mégane en bâillant derrière sa main. Toutes nos valises sont là ! On peut y aller maintenant ? J'ai hâte de dormir dans mon lit !

Soudain mal à l'aise, Paolo se racle la gorge.

— Il y a quelque chose que je dois vous dire avant de vous conduire au domaine de la Pointe-aux-Roches…

Leyla dévisage son amoureux, attendant la suite avec impatience.

— … Bérengère est retournée au manoir.

— Quoi ? s'emporte Mégane. Encore cette folle ? Qu'est-ce qu'elle a bousillé cette fois ?

— La fenêtre par laquelle elle s'est jetée.

Goulhen sait très bien que pour nuire à l'expansion de l'âme, il lui faut utiliser les lieux de pouvoir pour engendrer le mal. Les retombées de ces maléfices se propagent alors sur tout le réseau, déstabilisant le niveau de conscience de tous les êtres en incarnation sur Terre. À la longue, cette baisse subite de moralité empêchera l'humanité d'accéder à sa véritable nature, l'enchaînant irrémédiablement à la troisième dimension d'existence.

De terribles secrets entourent les origines de Goulhen. Des secrets fort bien gardés. Des choses que la plupart des gens n'oseraient jamais croire. Maëlla Liss en connaissait quelques-uns. Il ne s'agissait pourtant que de la pointe émergée de l'iceberg.

À plusieurs reprises dans l'Histoire, Goulhen a tenté de déjouer les forces de la Lumière, mais chaque fois, une femme s'est opposée à lui. Solen Forgathy, l'ange de la cinquième prophétie, était sensible aux énergies engendrées par les forces du mal. Elle savait toujours contrer ses attaques. La seule fois où elle a baissé sa garde, elle l'a payé de sa vie. Nolwenn Galway, incarnée sur Terre pour faire face à la neuvième prophétie, possédait sensiblement les mêmes dons que Solen, ceux de repérer le danger. Elles ont toutes deux été pour lui des adversaires redoutables. Toutefois, Maëlla Liss a été de loin la plus coriace de toutes. À elle seule, elle est arrivée, à plusieurs reprises, à faire reculer les forces de l'ombre. Malgré cela, elle n'est jamais parvenue à détruire complètement les racines du mal qui s'enfoncent profondément dans le cœur des hommes.

À l'époque où il a connu Maëlla Liss, Goulhen était druide et faisait partie du Grand Conseil des treize de la cité centrale d'Erundy. Un Conseil d'êtres bienveillants qui surveille ce qui se passe dans l'Univers et intervient en faveur de la justice et de la paix. Ce poste lui servait en fait de couverture, car pendant qu'il faisait semblant de participer à l'amélioration du monde, il complotait en coulisse.

Quand Maëlla Liss lui a été présentée, il a vu en elle un pantin malléable, facile à contrôler. Il l'a sournoisement interrogée sur son monde d'origine, sur la façon dont elle était parvenue à intégrer l'Annwin et, naïve, Maëlla Liss a répondu à toutes ses questions sans se douter du subterfuge, creusant inconsciemment sa propre tombe. Sans s'en rendre compte, elle lui a pratiquement livré la Terre sur un plateau d'argent.

Goulhen était presque parvenu à ses fins lorsque Maëlla Liss a finalement compris que le druide l'avait trompée. Voyant qu'il n'obtiendrait plus rien d'elle, il l'avait provoquée en duel. Pour protéger son savoir et ses recherches, Maëlla Liss a dû faire disparaître tous les livres de Lumière ainsi que le Grimoire du Diable.

Démasqué, Goulhen a été forcé de fuir le Conseil des druides. Il s'est vengé plus tard de Maëlla Liss en la brûlant vive, mais plutôt que d'avoir peur de mourir, elle s'est volontairement sacrifiée, sans regret. Goulhen n'a jamais pu mettre la main sur le livre maudit qui devait lui ouvrir toutes grandes les portes des Ténèbres.

Aujourd'hui, Goulhen est plus prêt que jamais de réaliser son plan. Tout est en place dans le monde des hommes pour la grande révélation. Les portails énergétiques sont ouverts et le mal se répand comme un fléau, partout sur la Terre. Maintenant qu'il détient l'arme ultime, le jeune Kireg Radhan, troisième et dernier enfant de la prophétie, plus rien ne pourra lui résister. Les sœurs Wallace seront anéanties. Leur mission échouera. La Terre ainsi que tous les êtres vivants lui appartiendront définitivement. Tous deviendront des esclaves à son service.

Chapitre 73
LE SACRIFICE

Après avoir dormi une première nuit à l'hôtel, Leyla, Mégane et Joseph se sont finalement installés au manoir, après avoir fait remplacer la fenêtre brisée du grenier.

Alfred n'a pas été vraiment surpris d'entendre la voix de Leyla au téléphone ce matin. Il se doutait bien qu'un incident grave s'était produit en Irlande. Il l'avait pressenti. Leyla a demandé à le voir le plus tôt possible. La rencontre a été fixée le jour même, en fin d'après-midi. Elle et Mégane sont rentrées de voyage dans le courant de la nuit et Leyla a très peu dormi, quelques heures à peine.

Assis dans son fauteuil à bascule près de la porte, Alfred se berce, l'air grave. La révélation qu'il doit faire à Leyla va fortement l'ébranler, peut-être même la choquer, mais il n'y a plus de temps à perdre. Il ira droit au but en espérant qu'elle sera réceptive. Il avait escompté lui parler de ces choses beaucoup plus tard. En fait, quand elle serait revenue d'Irlande avec le troisième enfant, mais maintenant que Kireg a disparu dans le gouffre du mal, il ne peut de toute évidence plus retarder cet entretien.

Dix-septième descendant de la lignée des messagers du temps et dépositaire d'un savoir oublié de tous, Alfred sait des secrets dont nul ne soupçonne l'existence. Pas même le plus averti des scientifiques ou le plus éveillé des sages. Ces secrets, il les porte en lui depuis sa naissance, ils sont encodés dans son ADN.

Son métier d'historien et de chercheur l'a conduit sur le chemin de la vérité, celle qui dérange, celle que peu de gens sont prêts à entendre. S'il se hasardait aujourd'hui à divulguer les connaissances qu'il détient au commun des mortels, on exigerait certainement son internement. Démence sénile. Fou furieux. Irrécupérable.

Trois petits coups à peine audibles sont frappés à sa porte.

— Entre, Leyla.

— Je ne vous dérange pas, j'espère, s'inquiète cette dernière. Je suis un peu en avance.

— Pas du tout. Je t'attendais.

— Vous êtes drôlement élégant, Alfred, le complimente Leyla.

Alfred a revêtu sa chemise vert céladon, celle qui fait tant ressortir le gris de ses iris, et son complet anthracite. Il s'est levé tôt et a demandé à prendre un bain. Il s'est coiffé et rasé de près. Son après-rasage dégage une odeur légèrement épicée.

— Merci ! répond simplement Alfred, ravi que Leyla l'ait remarqué. Assieds-toi.

Leyla dépose sa veste sur le lit et prend place sur une simple chaise droite, en face du vieil homme.

— Ce que j'ai à te révéler va te déstabiliser, Leyla, mais je t'en prie, ne ferme pas ton esprit.

— À vrai dire, plus rien ne peut m'étonner après ce qui est arrivé à Kireg.

Alfred hoche la tête, conscient que Leyla porte sur elle le fardeau de la disparition du troisième enfant. Il lisse les plis imaginaires de son pantalon avant d'entamer :

— Nous sommes à l'aube d'un grand changement, Leyla, tu le sais sans doute déjà. Les années à venir vont être porteuses de bien des révélations, de bien des revirements, de multiples bouleversements, et ce, dans le monde entier. Une rare occasion est offerte à l'humanité de progresser. Nous sommes à un tournant décisif de l'Histoire, celui où les nations du monde doivent s'unir pour combattre les racines du mal. Des décisions majeures doivent être prises, des décisions qui influenceront, dans un avenir proche, la vie sur cette planète. Tu es l'Élue de la treizième prophétie, Leyla, celle qui doit rassembler les peuples de la Terre, à commencer par les enfants. C'est à toi qu'incombe aujourd'hui la tâche de libérer l'espèce humaine de la prison mentale qui l'a tenue dans l'ignorance si longtemps. C'est l'heure ! Les gens doivent se réveiller, prendre conscience de leur grandeur et de leur divinité avant qu'il ne soit trop tard.

Alfred fait une pause pour rassembler ses idées. Un bruit dans le couloir attire son attention, la porte de la chambre s'ouvre. Une préposée au ménage s'avance avec un chariot rempli d'articles de literie.

— Oh pardon ! Je pensais que vous étiez descendu manger à la cafétéria. Je reviendrai plus tard.

— Merci, Solange. Pourriez-vous refermer la porte en sortant, je vous prie.

Alfred s'assure que la jeune femme est repartie avant de poursuivre son élocution.

— J'ai étudié l'Histoire toute ma vie, Leyla. Celle que les livres racontent, celle qui est enseignée dans les grandes universités, celle que l'archéologie moderne tente de prouver avec des procédés comme la datation au carbone 14. Je me suis également intéressé au récit des civilisations à travers les siècles, à celui également de nos origines et de la naissance du monde. J'ai d'abord recherché des preuves, des indices, pour finalement comprendre que tout ce qui est raconté dans les livres n'est pas nécessairement vrai. Les événements ne se sont pas tous déroulés comme on veut bien nous le faire croire. Plusieurs anomalies ont volontairement été glissées dans nos manuels. Des irrégularités, des omissions, des ambiguïtés ont biaisé le cours de notre histoire. Des faits et des découvertes ont été écartés sous prétexte qu'ils ne cadraient pas avec la version « officielle ». Au fil des siècles, certains hommes ont sciemment modifié nos récits pour les faire correspondre avec leur vision du monde. Pourquoi ? Simplement pour s'octroyer plus de pouvoir. Pour dominer et soumettre les hommes.

Alfred prend une grande inspiration, afin de se donner du courage pour la suite.

— La vérité est ailleurs, Leyla. Notre passé, celui de notre planète a été fabriqué. Il est truffé d'aberrations historiques. Nous avons été bernés…

Les yeux de Leyla s'agrandissent.

— Il y a peu de temps, je me suis penché sur la traduction de textes anciens, gravés sur de l'argile. Ces tablettes ont été retrouvées en 1850, à Ninive, en Irak. L'histoire les a boudées pendant nombre d'années parce qu'elles contredisaient l'idée que nous nous faisions de l'Univers, de la vie sur cette planète.

Alfred lui explique qu'à l'origine, la configuration du système solaire était différente de ce qu'elle est aujourd'hui.

— Il y avait neuf planètes, autrefois.

— Oui, avec Pluton.

— Euh… oui. Mais ce n'est pas de Pluton dont il est question ici. Une planète, du nom présumé d'Artémis, orbitait jadis entre Mars et Jupiter, là où se situe actuellement la ceinture d'astéroïdes. Cette planète est entrée en collision avec Jupiter, il y a de cela plusieurs milliers d'années, lors du passage de Bulon, un corps céleste qui décrit une orbite elliptique dont la révolution dure trois mille six cents ans. Cette collision a bousculé l'ordre des planètes, éjectant Mars de son orbite pour la propulser là où elle se trouve maintenant. La Terre l'a remplacée sur son ancienne orbite.

— Je croyais que les astronomes pensaient que la ceinture d'astéroïdes n'était qu'une protoplanète dont la masse n'était pas suffisante pour constituer une véritable planète.

— C'est ce que tout le monde croit.

— Est-ce que des gens savent ce qui est réellement arrivé ?

— Certains sont au courant. Mais ce n'est pas dans leur intérêt d'en parler.

— Pourquoi ?

— Parce que de toute façon on les ferait taire. Soit en les éliminant, soit en les discréditant. C'est ce qui se passe actuellement avec Nancy Riopelle, non ?

Nancy était effectivement en train de tout perdre. Pourquoi ? Parce qu'elle a osé se tenir debout et dire la vérité. Parce qu'elle tient tête à un système qui s'enlise de plus en plus dans la duplicité et la fourberie.

— Les habitants de Bulon, reprend Alfred, se nomment les Dragonis. Ils sont… différents des humains.

Leyla sent qu'Alfred s'exprime par euphémismes. Celui-ci donne quelques instants à la jeune femme pour qu'elle assimile cette nouvelle information.

— Goulhen, mieux connu sous le nom de Lucifer, de Satan, ou encore de JaBulon, est de cette race d'archontes, puissante et autoritaire. En fait, il en est le chef…

Des images défilent rapidement dans la tête de Leyla. Un visage s'imprime sur la rétine de ses yeux. La première fois qu'elle avait vu Goulhen sous son véritable jour, c'était lorsqu'elle et ses sœurs avaient tenté de contacter Maëlla Liss la première fois. Après le rituel d'invocation, son esprit s'était projeté dans le corps de son ancêtre. Elle avait revécu les derniers moments de sa vie, puis sa mort par le feu. Goulhen lui était par la suite réapparu pour la mettre en garde. Il l'avait saisie à la gorge, soulevée de terre et menacée de lui faire subir le même sort que Maëlla Liss si elle ne se rangeait pas de son côté. Leyla n'avait jamais pu oublier ses yeux aux pupilles ovoïdes, profondément enfoncés dans leurs orbites, l'aspect écailleux de sa peau décolorée, le mince orifice qui lui servait de bouche.

— À l'heure actuelle, termine Alfred, Goulhen se terre dans des grottes sous les montagnes de la Lune, un impressionnant massif situé sur la frontière entre l'Ouganda et la République démocratique du Congo, en Afrique centrale. C'est aussi à cet endroit qu'il détient Kireg.

— Je me souviens parfaitement de lui, l'interrompt Leyla qui n'a pas suivi la conversation.

— De qui ? Goulhen ? Tu l'as déjà rencontré ?

— À deux reprises. J'ai cru à cette époque que ma vision me jouait des tours. Je comprends mieux à présent, à la lumière de ce que vous venez de m'apprendre, que c'est bel et bien lui que j'avais vu.

— Troublant, n'est-ce pas ?

— C'est le moins qu'on puisse dire. Zola a fait allusion à une cité de cuivre…

— En réalité, c'est une mine. C'est à partir de là qu'il dirige ses opérations.

— Je pensais qu'il se cachait en Annwin !

— Plus maintenant. Depuis que son armée a été décimée dans les grottes oubliées, il s'est réfugié en Afrique.

— Je ne comprends toujours pas comment Kireg a pu être piégé pendant qu'il dormait dans son lit.

— L'énergie dégagée par un sacrifice humain pénètre la grille terrestre en profondeur, précise Alfred, en particulier lorsque celui-ci est commis au croisement de plusieurs lignes de courants telluriques.

— Comme à Drombeg.

— Exactement. Je pense qu'au départ l'immolation rituelle a pu provoquer les visions de Kireg, et la puissance qui s'en est dégagée a littéralement transporté son corps jusqu'au cromlech. Lorsqu'il a pénétré dans le cercle, il a été happé par le vortex énergétique et entraîné contre son gré à travers le réseau tellurique jusqu'à la cité de cuivre. Et maintenant, il se trouve à la merci de Goulhen.

— Zola a affirmé qu'il restait encore une chance de le sortir de là. C'est d'ailleurs elle qui m'a suggéré de venir vous voir. Elle m'a dit que vous sauriez m'aider…

— Cela représente un très grand péril, Leyla.

— Je sais, mais je suis prête à tenter le coup.

— Non, Leyla, tu ne comprends pas…

Le regard d'Alfred s'égare, triste de devoir en arriver là.

— Il n'y a rien que tu puisses faire. Kireg est définitivement perdu. Oublie-le, cela vaudra mieux pour toi, pour Mégane, pour tous ceux que tu aimes et qui sont encore en vie.

— C'est hors de question que je baisse les bras ! s'écrie Leyla plus durement qu'elle ne l'aurait voulu.

Elle se radoucit avant d'ajouter :

— Zola m'a avertie que ce serait difficile, mais pas irréalisable…

— Leyla, cette perspective implique que tu te rendes toi-même là-bas. Que tu localises les entrées des tunnels, chose que peu de gens sont parvenus à faire à ce jour, que tu affrontes les multiples dangers que recèlent ces grottes, sans compter le fait que tu risques de ne jamais en revenir… Je t'en conjure, renonce à cette folle initiative !

— Je ne peux pas abandonner Kireg ! Vous m'avez dit vous-même que la treizième prophétie ne pouvait s'accomplir que si nous étions réunis tous les trois. Je n'ai pas le choix !

Chapitre 74
LES CLÉS

Leyla a invité Alfred Bartholdi à séjourner quelque temps au domaine de la Pointe-aux-Roches. Comme il doit lui révéler plusieurs clés, leur rencontre risque de dépasser les heures de visite permise par la maison de retraite. Elle a également convié Nancy Riopelle, pensant que ce qu'Alfred a à raconter est susceptible d'intéresser la journaliste. Paolo a promis de venir les rejoindre plus tard.

Le vieil homme est tout simplement enchanté de cette idée. Il adore se retrouver en compagnie de Leyla, s'asseoir au salon après un bon repas et discuter jusque tard en soirée en sirotant un verre de porto, son péché mignon. D'autant plus qu'il a hâte de rencontrer Joseph Radhan, le frère de Kireg. Son anglais est quelque peu rouillé, mais avec un peu de pratique, l'aisance d'antan reviendra rapidement. De plus, Leyla est une excellente cuisinière. Elle lui prépare toujours des petits plats qui sortent de l'ordinaire. Un contraste saisissant avec les repas fades et sans consistance qu'on lui sert à la cafétéria de l'hospice.

Bien calé dans la bergère près de la cheminée, son fauteuil favori, Alfred imprime un mouvement circulaire au liquide grenat, presque noir, dans sa coupe. Il hume la puissance de son bouquet légèrement boisé, respire ses arômes de mûres, de cacao et de bleuet. Puis il ferme les yeux et trempe ses lèvres. Riche, dense et profond en bouche, le Taylor Fladgate a la texture du velours, un véritable délice. Dans un élan de douce béatitude, Alfred tend l'oreille aux mugissements du vent qui secoue les arbres dans sa tourmente, au tambourinement de la pluie contre les carreaux, au silence qui règne à présent dans son cœur. Même si la tempête fait rage à l'extérieur, Alfred a retrouvé son calme. Il s'est résigné à laisser partir Leyla, même s'il craint qu'elle ne revienne jamais. Demain, il demandera à Paolo Nova de partir avec les sœurs Wallace, de veiller sur elles. Comme il regrette que Leyla soit si jeune, ou plutôt, que lui-même soit si vieux ! Il l'aurait volontiers accompagnée s'il n'y avait eu cet abîme de presque cent ans entre eux. Alfred soupire.

— Tout va comme vous le voulez, Alfred ? s'informe Leyla en entrant dans le salon.

Elle s'approche et lui offre un chocolat fin. Alfred accepte avec joie.

— Je me porte toujours à merveille après un tel festin ! ajoute-t-il. Tu cuisines comme un chef ! Te l'ai-je déjà dit ?

— Vous êtes trop gentil, Alfred, et avouons-le, pas très difficile à satisfaire…

— Assieds-toi, il faut qu'on discute.

Leyla s'exécute.

— J'ai bien réfléchi, entame Alfred. Je pense que Paolo devrait t'accompagner en Afrique. Je sais qu'il te protégera mieux que quiconque. Et… il t'aime. Avant ton départ pour l'Écosse…

Il suspend sa phrase. Son regard dévie sur Mégane, Joseph et Nancy qui viennent d'entrer dans la pièce. Ce qu'il a à avouer à Leyla ne les regarde pas.

— C'était vraiment succulent, Leyla ! la complimente Nancy.

— Excellent ! renchérit Joseph. Je suis plein comme un boudin !

— Ça m'a fait plaisir, répond Leyla en les gratifiant d'un sourire.

— On va faire une promenade, intervient à son tour Mégane, histoire de digérer un peu. Vous venez avec nous ?

— Mais il fait un temps de chien ! proteste Leyla.

— Je sais, coupe Joseph, mais j'ai vraiment besoin de bouger. Ce n'est qu'un peu de pluie après tout !

— On prendra des impers, ajoute Nancy, trop heureuse d'avoir enfin un peu de compagnie.

Leyla jette un coup d'œil rapide à Alfred et comprend qu'il vaut mieux qu'elle décline l'offre, même si prendre l'air lui aurait fait le plus grand bien à elle aussi.

— Allez-y sans nous.

— Très bien ! s'exclame Mégane. À tout à l'heure, alors.

Elle entraîne Joseph et Nancy à sa suite.

— Où en étions-nous déjà ? demande Alfred, après qu'ils se sont éclipsés.

— Vous me disiez que Paolo devrait m'accompagner en Afrique.

— Oui, c'est vrai. Mais je dois d'abord lui parler. Avant ton départ pour l'Écosse, je lui ai demandé de sortir de ta vie.

Leyla met quelques secondes avant de réaliser ce que son vieil ami vient de dire.

— Mais… pourquoi ? s'insurge-t-elle. De quel droit ?

Alfred lève une main impérieuse pour l'empêcher de poursuivre sur sa lancée.

— … J'avais tort ! J'en suis conscient. Simplement, mes fantasmes m'ont aveuglé.

— Vos fantasmes ? coupe à nouveau Leyla, plus perdue que jamais. Qu'est-ce que vous voulez dire ?

— Comme tu le sais déjà, dans ma jeunesse, j'étais secrètement amoureux de Maëlla Liss, au point même de ne plus apercevoir les autres femmes. Ton aïeule était vraiment remarquable, Leyla, bien au-delà de la simple beauté physique. Je l'ai aimée de tout mon cœur, de tout mon être. Ce qui n'arrange rien, c'est que tu lui ressembles… énormément. Bien plus que tu ne peux te l'imaginer. Et pas seulement physiquement. La première fois que je t'ai vue à l'hospice, j'ai cru que Maëlla Liss était revenue pour moi. Encore aujourd'hui, il m'arrive de…

Alfred se racle la gorge, embarrassé par la nature des sentiments qu'il va dévoiler. Il a toutefois décidé de jouer la carte de l'honnêteté, alors il ira jusqu'au bout. Après s'être bercé d'illusions pendant toutes ces années, il réalise à quel point cette attirance obsessionnelle est inconvenante. Maëlla Liss était trop âgée pour lui, et Leyla, qui l'a graduellement remplacée dans ses pensées, beaucoup trop jeune. Un amour impossible !

— … il m'arrive d'espérer être aimé en retour, termine-t-il en baissant les yeux, honteux de s'être ainsi mis à nu.

« Ça y est », songe-t-il, soulagé. « Je l'ai dit. » Cependant, il n'ose plus regarder Leyla en face, de peur d'y lire de la pitié. Comment pourrait-il en être autrement ?

Leyla se lève, s'approche tout doucement, prend la main du vieil homme et la serre entre les siennes. Elle choisit ses mots avec soin, pour ne pas blesser son vieil ami.

— Je suis très flattée, Alfred, même si je suis certaine que cet amour ne m'est pas réellement destiné. C'est Maëlla Liss que vous aimez, que vous avez toujours aimée à travers moi.

Une larme glisse doucement sur la joue d'Alfred, empruntant les rides profondes creusées par les années. Leyla attend que le vieil homme se sente prêt à affronter de nouveau son regard. Quand il lève les yeux vers elle, elle lui confie :

— Je vous aime aussi, Alfred, à ma manière. Je suis heureuse et fière de vous compter parmi mes amis.

« Le pire est fait », se dit le vieil homme comme pour se convaincre lui-même. Cette épine retirée de son pied, il peut dorénavant marcher la tête haute, sans craindre son propre jugement.

— Bon. Assez chialé ! déclare-t-il avec aplomb en s'essuyant les yeux, après s'être mouché un bon coup. Revenons à nos moutons.

Leyla retourne s'asseoir en face de lui.

— Tu n'as pas oublié la troisième clé, n'est-ce pas ? Celle que je t'ai révélée avant que tu ne quittes Sionrah pour l'Écosse ?

« L'éveil ! » se rappelle Leyla.

— Oui, je me souviens. Mais je dois cependant vous avouer que je n'ai pas bien compris toutes les implications de cette révélation.

Le vieil homme avait fait allusion à un puissant flux magnétique qui allait souffler sur la magnétosphère fin 2010, début 2011. Il lui avait également expliqué qu'environ tous les onze ans, l'activité du Soleil s'intensifiait de façon remarquable. Il se créait alors de violentes perturbations atmosphériques qui déstabilisaient le champ magnétique de la Terre. Ces orages géomagnétiques pouvaient causer, comme c'est arrivé en 1989 et en 1998, de graves détériorations sur les réseaux électriques de la planète, perturbant les communications satellites et déstabilisant les signaux GPS, voire même les neutralisant complètement. Ces vents solaires pouvaient, selon leur violence, modifier le climat de la Terre. Le cycle qui allait bientôt débuter promettait d'être d'une intensité exceptionnelle. En fait, ce serait la séquence la plus intense de transformation jamais observée jusqu'à maintenant.

— Ces tempêtes solaires vont non seulement apporter d'importants changements climatiques et géologiques, mais également entraîner l'extirpation de multiples secrets, les propulsant vers la surface pour être transmutés. La Terre est un carrefour multidimensionnel très convoité, un réseau de portes spatiotemporelles également. Dans les prochaines années, l'axe de rotation de la Terre va achever son oscillation de vingt-six mille ans. C'est ce qu'on appelle la précession des équinoxes. Cette fin de cycle va générer de multiples perturbations électromagnétiques et cosmotelluriques qu'on appelle aussi « effets d'oscillation ». La Terre cherchera naturellement à retrouver son équilibre et une fois que son mouvement de balancier se sera stabilisé, elle restera bien assise sur son axe. Le fait d'être suspendue ainsi sans bouger aura des conséquences atmosphériques et environnementales catastrophiques.

— Et c'est là que je devrai agir, j'imagine ! intervient Leyla.

— C'est là que *vous* allez devoir agir, corrige Alfred. Parce que d'ici là, tu devras avoir réuni les enfants et tous les peuples de la Terre sous une même bannière, celle de l'ascension dans la Lumière. Plus il y aura de gens éveillés, plus il te sera facile d'adoucir ou même de contrer les soubresauts de la planète. Pour cette raison, l'éveil est donc la troisième clé.

Alfred sirote une gorgée de porto avant de reprendre.

— Pour ce qui est de la quatrième, j'irai droit au but. La femme doit reprendre sa place au sein de l'Univers. Et quand je dis « femme », je parle en réalité de cette énergie féminine, totalement bienfaisante et holistique, présente autant chez la femme que chez l'homme. Cette énergie développe l'inspiration, l'intuition, la compassion ainsi que les dons du cœur. Depuis la nuit des temps, la malheureuse a été victime d'un complot qui a cherché à anéantir son pouvoir, car à lui seul, il peut libérer tous les êtres vivants des contraintes de la matière.

Alfred lui rappelle qu'au cours des siècles, la femme a été pourchassée, persécutée et torturée par l'Église, entre autres. Elle a porté et porte toujours le poids des malheurs du monde. On l'exploite, la mutile, la viole, on la traite comme du bétail, on en fait le trafic depuis toujours, on nie son identité.

— Il est grand temps de la décharger de son fardeau, poursuit-il, car ce sera elle la grande maîtresse des temps futurs. Comme le dit la dernière prophétie, « Elle répandra sa douceur, après le règne du Diable. La beauté supplantera la laideur et tout ce qui a surgi du chaos se transformera en énergie créatrice. »

Cette phrase, Leyla ne pouvait aucunement l'avoir oubliée puisqu'elle est inscrite en toutes lettres dans le *Livre des prophéties*, celui que Bramah Voldar lui a remis dans le cimetière, lorsqu'elle a fugué de chez les Vilpège. Son nom y figure également, car c'est elle l'Élue de la treizième prophétie.

Les yeux de Leyla se posent sur la bibliothèque. Le livre est là, rangé à sa place. La dernière fois qu'il avait disparu, presque tous les vers avaient été traduits. Il en restait cependant quelques-uns, intacts. Leur interprétation lui serait révélée en temps opportun.

— Leyla ?

— Désolée ! J'étais perdue dans mes pensées.

— Tu veux qu'on arrête là pour ce soir ?

— Non. Ça va. Vous pouvez continuer.

— J'enchaîne donc avec la cinquième clé : l'ouverture du cœur. Tout ce qui va se produire d'ici 2012, incluant le déclenchement d'une série de cataclysmes, va servir et la planète et ses habitants.

— Attendez ! Je croyais que je devais empêcher ces grandes catastrophes de se produire ! N'est-ce pas ce que vous venez de dire à l'instant ?

— Absolument. Certains bouleversements seront néanmoins inévitables et j'irais même jusqu'à dire nécessaires. Toutefois, leur fréquence et leur intensité pourront être contrôlées ; tout cela dépendra en fait de l'éveil, la troisième clé. Plus il y aura de gens conscients sur Terre, plus l'ascension se fera sans heurts. Ce qui s'en vient ne doit surtout pas être vu comme une punition par les êtres humains, mais bien comme une opportunité, une fenêtre ouverte sur un avenir lumineux.

— Je comprends.

— Pour poursuivre son évolution, la Terre doit changer de dimension, accéder à un spectre de fréquences plus élevées. C'est ce qu'on appelle la voie de l'ascension. Le processus est déjà amorcé, depuis en fait la convergence harmonique qui a eu lieu en 1987.

— Qu'est-ce que la convergence harmonique ?

— C'est un alignement planétaire particulier qui a permis à la conscience humaine de s'élever. Ce seuil vibratoire est évalué à peu près tous les vingt-cinq ans, et ce, depuis le jour où la conscience spirituelle est apparue sur Terre. Ce laps de temps représente une génération humaine, c'est-à-dire la durée nécessaire pour qu'un être naisse, grandisse et procrée à son tour. L'addition de ces deux chiffres (2+5) donne sept, la somme des clés de sagesse que je dois te livrer. Tout comme les nombres l'indiquent, la deuxième et la cinquième clé sont importantes et interreliées, car tant que l'ADN n'aura pas muté, le cœur ne pourra pas s'ouvrir. Tu comprends ?

Leyla acquiesce d'un signe de tête.

— La dernière fois que le seuil vibratoire va être évalué ce sera en 2012. Si l'humanité est parvenue à élever suffisamment la conscience planétaire, la transition se fera en douceur. Dans le cas contraire, il risque d'y avoir pas mal de grabuge.

Le vieil homme s'interrompt à nouveau pour déguster une autre lampée de porto. Il pose sa coupe sur le guéridon et s'avance pour prendre un morceau de chocolat qu'il croque. Il ferme les yeux et savoure la douceur du cacao quelques secondes avant de reprendre son verre.

— Tu devrais essayer, articule-t-il, la bouche pleine. C'est tout simplement divin !

— Non, merci ! Trop sucré à mon goût.

— Tout comme l'alchimiste cherche à transformer le plomb en or, l'homme doit tendre vers la perfection, non pas physique, mais spirituelle. L'humanité doit combattre l'énergie négative représentée par Alison. L'amour est la clé qui ouvre le cœur. Laisse-moi maintenant te résumer la chose simplement. Plus la Terre augmentera ses fréquences vibratoires, plus ce qui n'est pas en harmonie sera libéré. Ce qui m'amène maintenant à te parler du cromlech de Gabbro.

Alfred lui explique qu'à la base de chacun des treize monolithes qui constituent le cercle de pierres, le Conseil des druides d'Erundy a implanté jadis un cristal de quartz, d'une dizaine de centimètres de diamètre, gravé d'un caducée, symbole fait d'un bâton surmonté de deux ailes et autour duquel s'enroulent deux serpents.

— Ce même dessin se retrouve en Annwin, sur la face interne des pierres levées formant le cromlech. Cette porte, poursuit Alfred, servait jadis aux druides, qui visitaient occasionnellement la Terre. Ils étaient les gardiens de l'évolution de la race humaine et veillaient à ce qu'il n'y ait aucune interférence en provenance des autres dimensions. L'homme devait se transformer tout en conservant son libre arbitre, mais Goulhen a changé les règles du jeu.

Alfred fait une pause pour enfourner une autre douceur. Leyla en profite pour boire une gorgée de vin.

— Quand les druides ont enfin compris que Goulhen était parvenu à envahir l'Annwin avec ses légions de démons, ils ont bien entendu condamné l'accès au cercle de pierres, mais il était déjà trop tard, le mal était fait. Goulhen avait tissé dans notre monde et celui d'Annwin un réseau complexe de sectes, d'Ordres secrets, de loges noires et de confréries occultes, sans que le Conseil se doute de rien. Les druides ont cru longtemps que le statu quo avait été préservé sur Terre, alors que cette toile opaque obscurcissait déjà notre avenir. Tant que le cromlech est demeuré scellé, les druides ont gardé l'illusion qu'un certain équilibre avait été préservé dans notre monde. Ils n'ont pas vu que la civilisation avait été programmée, hypnotisée, manipulée par les forces invisibles. Ils réalisent aujourd'hui que la situation avait commencé à dégénérer bien avant la fermeture du cromlech de Gabbro.

— Quel rapport y a-t-il entre Gabbro, Drombeg et Stonehenge ? l'interroge Leyla.

— La triangulation de ces trois sites forme une matrice. Un moule naturel où la vie peut prendre forme, se développer et se reproduire. Ces trois principaux endroits sont reliés par un maillage tellurique, aussi appelé réseau sacré. Ce treillis d'énergie positive ou négative selon le cas est extrêmement puissant. Les anciens le savaient, c'est pourquoi ils ont construit tous ces monuments à travers le monde. Tout comme les systèmes lymphatique et sanguin transportent les fluides vitaux dans le corps humain, la Terre est elle aussi parcourue d'un entrelacement de canalisations énergétiques. Le rayonnement dégagé par ce réseau a une influence prépondérante sur les cellules de notre organisme. Goulhen se sert actuellement de ce réseau pour affaiblir nos défenses afin de nous empêcher de nous élever et de nous harmoniser avec la planète qui de toute façon va ascensionner avec ou sans nous. Si tu ne dois retenir qu'une seule chose de cette conversation, Leyla, dans tout ce que je viens de t'expliquer, c'est que tous les peuples de la Terre sont reliés les uns aux autres, qu'ils ne forment qu'une seule et même entité : l'humanité. Ce que nous faisons aux autres, que ce soit en bien ou en mal, c'est à nous-mêmes que nous le faisons. L'homme est malheureusement captif de son ignorance. La sixième clé est donc l'« Unité ». Tu veux qu'on aborde la septième ce soir ou préfères-tu patienter jusqu'à demain ?

— Je suis fatiguée, pas vous ?

— Un peu.

Alfred cale son verre de porto et s'apprête à se lever. Leyla s'approche pour l'aider.

— Vous attendrez que je sois revenue d'Afrique avant de partir pour de bon, n'est-ce pas ?

Il y a tant de désespoir dans la voix de Leyla qu'Alfred en est ému jusqu'aux larmes. En réalité, Leyla n'est pas fatiguée, elle craint simplement qu'Alfred s'éteigne pendant la nuit, après lui avoir révélé la dernière clé, après avoir accompli et terminé sa mission.

Le vieil homme réfléchit longuement avant de se prononcer. Il ne veut pas l'ébranler davantage. Beaucoup de choses reposent désormais sur ses frêles épaules et elle est seule pour gérer toute cette pression. D'un autre côté, il lui doit la vérité, au nom de l'affection qu'il lui porte, au nom de cette précieuse amitié qui s'est développée entre eux.

De toute sa vie, Alfred n'a jamais été aussi heureux et comblé que depuis ces quatre derniers mois passés en compagnie de Leyla. Il n'aurait jamais cru cela possible. Maëlla Liss avait été une sorte de rêve inaccessible, tandis que Leyla a été présente et disponible chaque fois qu'il a eu besoin d'elle.

Alors qu'Alfred réalise que son rôle tire à sa fin, il résiste et souhaiterait retarder l'échéance de ce grand départ, mais il sait également que ce n'est plus possible, qu'il doit maintenant accepter de tirer sa révérence.

Leyla attend, anxieuse. Elle connaît déjà la réponse et craint de l'entendre, mais elle n'a pu s'empêcher de poser la question.

— Mon heure est arrivée, entame doucement Alfred d'un ton qu'il aurait voulu plus assuré. Je n'attends plus que de t'avoir transmis cette dernière clé pour…

Alfred regrette de ne pas avoir davantage de temps pour la préparer à ce qui l'attend. Kireg est prisonnier de Goulhen, et elle ne peut donc plus compter sur lui. Si elle ne parvient pas à le ramener vers la lumière, sa mission sera vouée à l'échec.

— … je ne peux rien te promettre, Leyla. Je suis désolé.

Chapitre 75
LES DERNIERS PRÉPARATIFS

Dans la cuisine, Joseph et Alfred bavardent ensemble comme s'ils se connaissaient depuis des années, se tutoyant l'un l'autre. Ils semblent très bien s'entendre tous les deux. À tous moments, des éclats de rire fusent dans la maison.

Leyla se retourne furieusement dans son lit en ramenant l'oreiller sur sa tête. Elle voudrait bien dormir encore quelques heures, étant donné qu'elle a passé la nuit à préparer mentalement son voyage, mais avec tout ce boucan, c'est peine perdue.

Comme le lui a conseillé Nancy la veille, Leyla a l'intention de passer à la banque aujourd'hui même pour retirer un gros montant d'argent en prévision du voyage, histoire de ne pas être prise au dépourvu. Elle veut également prendre rendez-vous pour elle et Mégane à la clinique de vaccination pour recevoir des injections contre la polio, la malaria, la fièvre typhoïde, la rage, l'hépatite virale A et B et la fièvre jaune avant leur départ.

De nouveaux éclats lui parviennent du rez-de-chaussée. Il est question du voyage en Afrique. Leyla tend machinalement l'oreille. Alfred explique à Joseph que l'entrée des grottes dans les montagnes est bien dissimulée. Le bruit du séchoir, dans la chambre de Mégane, lui fait manquer le reste. Leyla se lève en vitesse et attrape sa robe de chambre. « Alfred n'est tout de même pas en train de renseigner Joseph à mon insu », songe-t-elle en dévalant les marches à grandes enjambées.

Dans l'encadrement de la cuisine, elle enfile son peignoir de ratine.

— Bonjour Leyla ! lui dit Alfred sans même se retourner.

— Comment vous savez que c'est moi et pas Nancy ou Mégane ?

— Oh ! Simple intuition !

Mais Alfred l'avait entendu descendre l'escalier en catastrophe, juste après qu'il eut prononcé le mot « grotte ». Il la connaît suffisamment bien pour savoir qu'elle ne tolère pas que quelqu'un d'autre soit dans la confidence et pas elle.

— Bien dormi ? s'informe à son tour Joseph.

Leyla lui jette un regard irrité.

— Pas vraiment et toi ?

— Comme un bébé ! Tu aurais dû sortir avec nous, hier, le grand air prépare au sommeil. À Dunfanaghy, je marche toujours avant…

— Vous parliez de quoi au juste ? le coupe Leyla avant qu'il ne se mette à raconter sa vie.

— Alfred me disait à quel point il aurait aimé venir avec nous, en Afrique.

— Avec nous ? s'étrangle Leyla en se tournant vers le vieil homme.

Alfred pivote sur son banc pour lui faire face.

— Joseph m'a convaincu que vous ne serez pas trop de quatre.

— Mais, monsieur Bartholdi ! Joseph doit rentrer chez lui, en Irlande, pour annoncer à ses parents qu'il a menti à propos de son frère. Il ne vous l'a pas dit ?

— Il a peut-être menti pour leur épargner un trop grand chagrin, riposte aussitôt Alfred.

Un énorme sourire s'épanouit sur les lèvres de Joseph. Il s'est fait un nouvel allié, et pas n'importe lequel, le gourou de l'ashram lui-même. Fier de cet exploit, il renchérit :

— Si je rentre à la maison sans Kireg, je ne suis pas mieux que mort. Maman va m'étriper avant que je n'aie pu prononcer un seul mot. Figure-toi que j'ai autant de bonnes raisons que vous de partir à sa recherche, peut-être même plus : c'est mon frère !

Leyla reste interloquée. Elle dévisage tour à tour Alfred et Joseph qui s'échangent des clins d'œil complices, pas du tout subtilement.

— On appelle ça la solidarité masculine, intervient Mégane en entrant dans la pièce. Une chance pour toi que Paolo ne soit pas encore arrivé ! Quoiqu'en y réfléchissant bien, il aurait probablement été en conflit d'intérêt...

— Merci de m'aider, Mégane ! Qu'est-ce que tu fais de la solidarité féminine ?

— Désolée, mais je me range du côté du plus fort ! De toute façon, Joseph est assez vieux pour savoir ce qu'il a à faire.

— Tape là-dedans ! s'écrie Joseph, qui apprécie de plus en plus le sens commun de sa lointaine cousine.

— Assieds-toi, Leyla, la prie Alfred en lui offrant un siège. On a encore quelques petites choses à discuter avant que Paolo n'arrive.

— Quoi ? Vous lui avez déjà téléphoné ? Y a-t-il autre chose dont je ne suis pas encore au courant ?

— Évidemment que je l'ai appelé ! rouspète Alfred. Il doit d'ailleurs arriver d'une minute à l'autre.

Décidément, Leyla a complètement perdu le contrôle de la situation. Résignée, elle se laisse tomber sur une chaise. Pendant qu'elle se prépare un café, Alfred tire un calepin et un crayon de sa poche et se met à griffonner. Nancy se pointe dans la cuisine au moment où il glisse le papier vers Leyla. Elle se penche au-dessus de son épaule pour voir le dessin : un dragon dont la queue forme une boucle avec son corps.

— Je connais ce signe ! lance-t-elle. C'est celui de l'Ordre.

— Ce symbole, ajoute le vieil homme, ne laisse place à aucune interprétation. Si vous le rencontrez, soit inscrit sur une roche, soit gravé sur un tronc d'arbre, c'est que vous êtes tout près des souterrains. L'entrée peut par contre avoir été dissimulée par un buisson ou se trouver derrière un éperon rocheux, elle peut également se nicher dans une anfractuosité de la montagne. Mais à partir du moment où vous verrez ce signe, dites-vous bien que l'ennemi vous a déjà repérés et que vous êtes dès lors en danger. Une fois que vous aurez pénétré dans les grottes, suivez le conduit principal. Trouvez le panneau métallique sur lequel apparaît le serpent. Cette porte est pratiquement invisible et ne possède ni poignée ni serrure. En revanche, vous découvrirez non loin un appareil cylindrique muni de deux engrenages à dentures, en forme de spirales. Enclenchez-les de façon qu'ils ne forment plus qu'un seul cylindre. Lorsque ce sera fait, la porte s'ouvrira, vous donnant accès à une autre chambre plus petite où vous découvrirez une sorte d'ascenseur qui vous mènera jusque dans les profondeurs de la Terre.

— On trouvera quoi en bas ? s'impatiente Joseph.

— Les Dragonis, habitants de Bulon, une étoile errante qui traverse notre système solaire tous les trois mille six cents ans. Ce sont les derniers descendants de la race des dragons.

— Non ! Vous vous moquez de moi, là !

— Pas du tout ! riposte le vieil homme, piqué. C'est très sérieux. Ce sont de plus des créatures excessivement imprévisibles et dangereuses.

— Si tu ne te sens pas de taille, intervient Leyla, trop heureuse de pouvoir le rembarrer, tu peux toujours rentrer en Irlande !

— Pas question ! s'exclame Joseph. Des dragons…

Un sourire béat s'épanouit sur ses lèvres.

— … Je ne raterais ça pour rien au monde ! J'ai toujours rêvé de vivre au Moyen Âge !

— Tu es un véritable enfant, Joseph ! soupire Leyla. Tu vas acheter une cotte de mailles avec ça ?

— Bonne idée ! la taquine Joseph. Un heaume et une épée aussi. Tu sais où ils en vendent par ici ?

Nancy éclate de rire.

— Tu risquerais légèrement de te faire remarquer dans cet accoutrement !

Leyla soupire, préférant se taire plutôt que d'être désagréable.

Joseph comprend que la mauvaise humeur de Leyla n'est pas vraiment dirigée contre lui. Il se plaît à croire qu'elle est simplement déçue qu'Alfred ne se soit pas rangé de son côté ! Non, mais… rencontrer des dragons ! Qu'est-ce qu'ils vont s'amuser !

Une bonne odeur de brioches aux framboises flotte dans la maison. Avant qu'Alfred n'en vienne à révéler la septième et dernière clé, Leyla tenait à ce que tout le monde ait l'estomac plein. Même Paolo, qui a déjà déjeuné, a droit à sa part.

— Vraiment délichieux ! marmonne Joseph, la bouche pleine.

— Laisses-en donc un peu pour les autres ! s'écrie Mégane en lui tapant sur la main. Tu en as déjà mangé trois !

— C'est parce qu'elles sont chucculentes ! dit-il en se léchant les doigts.

— Tu manges toujours autant ? s'informe Paolo.

— Que veux-tu ? Quand c'est bon, c'est bon !

— Tu es chanceux de ne pas engraisser ! lance à son tour Nancy. J'ai pris un kilo à simplement les regarder.

Le repas se termine dans la bonne humeur. Mégane et Joseph se chargent de débarrasser la table et de placer les assiettes et les verres dans le lave-vaisselle. Comme à son habitude après un bon repas, Alfred va s'asseoir au salon. Leyla, Paolo et Nancy le rejoignent après avoir été chassés de la cuisine.

— Encore une fois, Leyla, tu t'es surpassée.

Paolo approuve énergiquement de la tête.

— N'est-ce pas qu'elle est merveilleuse ? ajoute-t-il, attendri.

— Elle l'est, répond tristement Alfred. Vous êtes un homme privilégié, Paolo, j'espère que vous en êtes conscient…

Paolo se tourne amoureusement vers Leyla et dépose un baiser sur sa joue, à peine un effleurement.

— N'ayez crainte, je le suis ! répond-il, les yeux brillants.

Un raclement de gorge tire Paolo de sa contemplation.

— Passons maintenant aux choses sérieuses.

Alfred entre aussitôt dans le vif du sujet.

— Depuis plusieurs centaines d'années, un petit groupe de reptiliens travaillent dans l'ombre à la réalisation d'un plan secret. Ils s'efforcent, par tous les moyens, de contrôler la psyché humaine. Ce qu'ils veulent, c'est la mainmise totale sur notre planète. Cette race, les Dragonis, dont personne ne soupçonne même l'existence, cherche à asservir l'humanité, à la réduire en esclavage.

— Rien de moins ! s'exclame Paolo qui se rend vite compte, au regard acéré que lui lance Alfred, qu'il aurait dû se taire.

— La structure de base de cette cellule, reprend le vieil homme, telle une immense toile d'araignée, s'organise autour d'un gouvernement mondial, qui détiendra toute autorité sur les affaires de la planète. Comme vous le savez sans doute déjà, nous sommes très près de la réalisation de ce plan. À moins que d'importants changements ne surviennent, ils parviendront à leurs fins. Les six premières clés ont un rôle à jouer de la plus haute importance, mais la septième est capitale. Sans elle, rien ne sera possible. Cette clé est « l'information ».

Le regard d'Alfred dévie vers Nancy.

— … Pas celle des médias, non, ils sont pratiquement tous sous le contrôle de l'État, mais la vraie information, celle qu'ils cherchent désespérément à occulter, celle que vous vous efforcez de publier, mademoiselle Riopelle. Les gens doivent savoir ce qui se passe dans le monde. Ils doivent comprendre rapidement qu'ils ont un rôle important à tenir dans l'histoire de notre planète. Le temps est venu d'ouvrir son cœur et son esprit, d'éteindre la boîte à images qui condamne l'humanité à l'inertie, de refermer les livres théoriques et de passer enfin à l'action.

Une fois la cuisine propre, Mégane et Joseph se joignent à eux.

— Désolé de vous interrompre, s'excuse Joseph en s'assoyant. Faites comme si on n'était pas là…

Tout le monde se tourne vers lui. Mégane lui donne un bon coup de coude dans les côtes.

— Ce que vous allez rencontrer dans les cavernes, résume Alfred avec gravité, va vous surprendre. Et probablement vous effrayer. Je sais que c'est rationnellement dur à avaler, mais les Dragonis sont des êtres… différents de nous, dépourvus d'émotions et de sentiments humains. Cette race se nourrit des énergies de basse vibration que produisent la peur et la culpabilité, mais surtout, de la violence et de l'agressivité. Ils encouragent les guerres, les conflits, les génocides, les tueries et toutes les autres formes de perversion. Leur évolution passe par là. Tout ce qu'ils font, tout ce qu'ils sont empêche la conscience humaine de rejoindre les dimensions supérieures. La Terre est retenue en otage par les Dragonis. Mais le fait que vous soyez au courant de leur plan et que vous sachiez désormais où les trouver vous donne une bonne longueur d'avance sur eux.

Chapitre 76
LA MACHINATION

Une faible lueur crépusculaire filtre par la fenêtre, jetant sur les meubles de la chambre à coucher un voile de cendre qui éteint les couleurs. Depuis un bon moment déjà, Nancy observe les minutes qui s'égrènent lentement sur l'écran lumineux de son réveille-matin. Les chiffres défilent, les uns après les autres, sans interruption, lui rappelant que sa propre vie lui échappe de la même manière, sans qu'elle puisse y changer quoi que ce soit.

Nancy a fini d'écrire son texte la veille, un éditorial consacré à l'Ordre, mais elle ne l'a pas encore envoyé. Voilà où ses deux ans de carrière journalistique l'ont conduite : au bord d'un gouffre. Par sa faute, Paolo Nova s'est fait arrêter par la police à la gare Centrale et est désormais sous surveillance policière, Marcus Kenberg a perdu son emploi chez *Primeur* et, à la suite de la parution de son reportage sur la micropuce, le directeur général du journal, Gabriel Bourdier, a également été congédié. Nancy a appris par Marcus que l'Ordre a nommé un de ses pantins à sa place. Combien d'autres auront à souffrir de la vérité ?

Gabriel a finalement décidé de rejoindre les rangs de la résistance. Il s'est affilié à Marcus pour créer un nouveau type de journal électronique indépendant, dédié exclusivement à l'Ordre et à ses machinations. Ils y présentent tous les articles de Nancy ainsi que divers reportages controversés faisant état des projets noirs de l'Ordre. Plusieurs liens externes avec d'autres sites Web traitant du même sujet ont été ajoutés au blogue. Nancy a découvert en les parcourant qu'elle n'est pas la seule à lutter contre l'Ordre. Gabriel et Marcus lui ont offert de rédiger l'éditorial. Nancy a accepté, sachant fort bien qu'elle n'a plus aucun allié prêt à se mouiller dans les journaux traditionnels.

Pour l'occasion, les deux associés ont décidé de produire un exemplaire papier. Une fois que ce numéro spécial sera en vente, Nancy n'aura que très peu de temps pour disparaître.

Depuis plusieurs années déjà, la vraie nouvelle a peu à peu cédé la place à la désinformation, au matraquage publicitaire et à la propagande. La liberté d'expression a été étouffée par l'inconscience d'un peuple docile et trop obéissant ! Qui l'aurait cru ?

Jamais Nancy n'aurait pensé terminer sa carrière ainsi : désabusée, recherchée, traquée pour avoir seulement osé se tenir debout et clamer haut et fort la vérité, celle qui dérange. Mais où s'en va donc la démocratie ? À vingt-deux ans, Nancy se retrouve seule, acculée au pied du mur par la bête qu'elle a si vaillamment tenté de terrasser. Puisqu'elle ne peut plus exercer son métier librement, elle va quitter le navire avant qu'il ne sombre. Elle a d'ailleurs conseillé à Gabriel et Marcus de faire de même. *La plus infâme machination*, l'article le plus explosif de sa courte carrière sera son dernier apport à la liberté d'expression, son cheval de Troie, sa façon bien à elle de tirer sa révérence.

Le soleil se pointe à l'horizon. Un nouveau jour se lève. Une carrière s'achève. Une vie s'évanouit. Aujourd'hui, Nancy Riopelle, journaliste, cesse d'exister.

Dans la pénombre de sa chambre, Nancy s'installe devant son ordinateur. Elle relit son texte une dernière fois avant d'appuyer sur la commande « Envoyer ».

LA PLUS INFÂME MACHINATION

De tout temps, nous avons été trompés sur nos origines ! Nous ne sommes pas de simples mortels, mais bien des êtres multidimensionnels, dotés de facultés extraordinaires. Nous avons simplement été coupés de notre véritable pouvoir, départis de notre mémoire collective.

Selon Carl Vilponi, chercheur pour la Société de développement psychique du Royal-Mount, il nous incombe aujourd'hui de reconquérir cette liberté qui nous a délibérément été enlevée. Nous devons reprendre les rênes de nos vies avant qu'il ne soit trop tard et développer notre vision intérieure de la vérité, avec douceur et doigté, sans cris ni violence.

Et ce chemin vers l'illumination passe inévitablement par la connaissance de notre véritable histoire. Seule cette compréhension peut nous affranchir de l'esclavage mental dans lequel nous nous trouvons. Nous devons réagir et vite, car nous nous dirigeons vers une dictature mondiale.

« Dans les sombres annales de notre passé, des pages de notre histoire ont mystérieusement disparu », nous dit un vieil historien qui a préféré taire son nom. « À cette époque, de puissants personnages, issus de treize lignées consanguines, ont découvert comment contrôler l'humanité. Certaines sources les nomment les Illuminati ; d'autres, les Dragonis. »

La Terre est un carrefour très convoité ! Il existe de multiples portes spatio-temporelles et multidimensionnelles, disséminées aux quatre coins du monde. Notre planète tient un rôle prépondérant au sein de l'Univers du fait qu'elle permet de voyager d'une dimension à l'autre au moyen de ces nombreux portails. Lorsque les Dragonis ont débarqué sur Terre, ils y ont vu une formidable opportunité de conquête ! Ils cherchent depuis à empêcher la conscience humaine d'accéder aux dimensions supérieures vers lesquelles elle devrait tout naturellement tendre. L'humanité est délibérément retenue prisonnière des basses fréquences par un blocage mental qui vise à la garder dans l'ignorance de la vérité, celle qui concerne ses origines divines et la véritable place qu'elle devrait occuper dans l'Univers. »

Toujours selon le vieil historien, il existe de nombreuses traces du passage des Dragonis sur Terre. « Nos sites archéologiques et nos livres d'histoire regorgent de détails les concernant. Même nos vieilles légendes font mention de leur venue. »

L'Ordre de Lucifer, autrefois appelé Confrérie du serpent, en référence aux Dragonis, remonte aux racines de la civilisation occidentale, à Sumer et Babylone, deux cités qui ont prospéré il y a plus de cinq mille ans. Au sommet de cette pyramide du pouvoir se trouve un seigneur et maître, Goulhen Baphomet, ange déchu, prince des démons, Lucifer, Satan, autant de noms qui le désignent.

Les Dragonis vampirisent non seulement les ressources naturelles de la Terre, mais également ses populations. À travers les siècles, ils ont infiltré les partis politiques, l'armée, les grands groupes financiers, ceux-là mêmes qui commanditent les conflits et les guerres à travers le monde, qui plongent les pays dans l'endettement et la famine. C'est ainsi que les Dragonis, et par le fait même Goulhen Baphomet, s'assurent un contrôle absolu sur l'ensemble des États à travers le monde.

Par différents mécanismes, dont les projets Binaire, Ionosphère et Balise, ils manipulent les populations à des fins de contrôle. Pour éviter que les gens ne se rebellent, ils divertissent sans informer. Une stratégie de censure plutôt efficace qui consiste à noyer les informations essentielles dans un déluge d'actualités insignifiantes. Les Dragonis se servent également de la méthode du dégradé pour faire accepter l'inacceptable en étalant sur plusieurs années les changements trop draconiens qui risqueraient de susciter l'indignation générale. En maintenant le public dans l'ignorance et la médiocrité, dans la vulgarité et le vice, ils étouffent toute révolte dans l'œuf. Ils provoquent les crises mondiales, pour ensuite offrir aux nations leurs propres solutions.

La manière la plus efficace de garder une nation dans l'ignorance est de la maintenir dans l'illusion du savoir, puisque celui qui est convaincu du mensonge ne cherchera jamais à découvrir la vérité…

Réveillons-nous avant qu'il ne soit trop tard…

Après avoir achevé sa lecture, Nancy enlève ses lunettes et les pose sur le lit. « Mission accomplie ! » se dit-elle en haussant vertigineusement les épaules pour décontracter ses trapèzes et son cou endoloris par la tension des dernières heures. Elle reste ainsi quelques secondes, puis relâche complètement ses muscles. Le dos appuyé contre la tête du lit, elle ferme les yeux, contente du travail qu'elle a accompli malgré le peu de ressources dont elle disposait. Ce rare moment de bien-être va lui manquer, cette sorte de plénitude qui survient quand tout a été écrit, avec rigueur et professionnalisme.

Nancy étire le bras pour atteindre le clavier de son ordinateur et clique sur « Envoyer ». Elle reste un moment à regarder l'écran vide de sa messagerie électronique, comme hypnotisée par la page blanche qui vient d'apparaître.

De retour à la réalité, elle ferme son traitement de texte et éteint son portable. Il ne lui reste plus qu'un coup de fil à passer. Après, elle disparaîtra pour toujours. Nancy compose le numéro qu'elle connaît maintenant par cœur.

Chapitre 77
BRUSQUE REVIREMENT

Leyla est d'une humeur de dogue, ce matin. Elle parle peu, répond par monosyllabes avant de se réfugier dans un mutisme obstiné. Elle laisse parfois s'installer un silence extrêmement pesant avant de répondre d'un simple hochement de tête. Alfred comprend ses réticences, il en partage même quelques-unes. Mais bonté divine, Joseph est tout de même le frère de Kireg ! Et il est assez vieux pour savoir ce qu'il doit faire.

— Je sais que tu n'approuves pas mon initiative, Leyla, se lance à nouveau Alfred en espérant cette fois ébranler sa résolution de se taire.

Comme si elle n'entendait pas, Leyla continue de nettoyer la cuisine sans même relever les yeux.

— Je sais aussi que tu m'en veux d'avoir encouragé Joseph à se joindre à l'expédition. Je t'assure que je ne cherchais pas à t'imposer quoi que ce soit, mais Kireg est son frère ! Vas-tu enfin arrêter de frotter qu'on se parle, toi et moi ?

Leyla interrompt son mouvement en soupirant. Elle lève la tête et le regarde droit dans les yeux. Elle ouvre la bouche, puis la referme sans rien dire.

— Vas-y ! s'emporte Alfred. Dis ce que tu as sur le cœur qu'on crève enfin l'abcès !

— Vous avez fait ce que vous croyiez être le mieux, Alfred. Je ne vous en veux pas. C'est juste que cette fois, je ne suis pas d'accord avec votre décision. Même si Joseph a vingt et un ans, même s'il est le frère aîné de Kireg, il est tout ce qu'il y a de plus égocentrique, immature et… téméraire. Et je m'efforce ici de n'utiliser à son égard que les qualificatifs les plus élogieux. Il est dangereux pour lui-même et pour les autres. Si vous voulez mon avis, sa seule présence est un risque de dérapage majeur.

— Tu exagères, Leyla.

Leyla se referme comme une huître et se remet à astiquer de plus belle. Tout y passe, le grille-pain, le four, le lavabo, les surfaces de travail. Elle est bien décidée, cette fois, à garder le silence. Elle sait que de toute façon elle n'aura pas le dernier mot avec Alfred.

Paolo, qui écoutait la conversation depuis le corridor, se faufile derrière elle, enlace sa taille et l'oblige à interrompre sa soudaine crise de ménage. D'un mouvement brusque, Leyla se libère et pivote vers lui, la bouche ouverte pour tempêter, mais Paolo est plus rapide.

— Joseph est prêt à renoncer au voyage…

Leyla ouvre de grands yeux étonnés.

— … Il sait, poursuit ce dernier maintenant qu'il a toute son attention, que cette colère que tu exprimes n'est pas dirigée contre lui. Il est prêt à rentrer en Irlande aujourd'hui même, si c'est ce que tu désires réellement.

Leyla était loin de s'attendre à ce qu'il capitule aussi facilement.

— Pourquoi a-t-il brusquement changé d'idée ? s'inquiète-t-elle soudain.

— Il ne veut pas nuire à ta mission, répond simplement Paolo. Il a réalisé que même involontairement, tu chercheras toujours à le protéger parce qu'il est le frère de Kireg et que tu t'es beaucoup attachée à sa famille.

— Pourquoi n'est-il pas venu me le dire lui-même ?

Joseph, qui vient à peine de rentrer d'une longue marche, se plante dans l'embrasure de la porte.

— J'avais peur de ta réaction, Leyla, ou plutôt j'avais peur de ma réaction.

Le silence se fait dans la pièce. Leyla se tourne vers lui.

— Je me suis comporté comme un enfant, ajoute-t-il. J'aurais adoré être du voyage, mais je comprends mieux maintenant les raisons qui te poussent à m'en écarter. Je sais aussi que tu feras l'impossible pour nous ramener Kireg… en vie. La famille est importante pour toi, tu l'as mentionné à plusieurs reprises à Dunfanaghy, mais je n'avais pas réalisé à quel point c'était vrai avant aujourd'hui. Je sais que tu cherches à préserver mes parents… Perdre un fils est déjà bien suffisant ! Et je suis tout à fait d'accord avec toi !

À ces mots, le regard de Leyla s'embrouille.

— Demain, je prendrai le premier vol pour l'Irlande.

Leyla réalise à l'instant qu'elle a largement sous-estimé le jugement de Joseph et sa compassion.

— Attends, Joseph !

Celui-ci s'immobilise dans l'escalier. Leyla monte les trois premières marches pour être à sa hauteur.

— J'ai été injuste envers toi. Je le réalise à présent. Si c'était Mégane qui avait disparu à la place de Kireg, je serais la première à vouloir partir à sa recherche. Et personne ne pourrait m'en empêcher…

— Je sais que tu es sincère, l'interrompt Joseph. Mais ma décision est prise… Je rentre en Irlande. Tu avais raison depuis le début, Leyla. La vérité vaut mieux qu'un piètre mensonge, même s'il est prononcé dans le but de protéger. Je vais tout dire à mes parents, prendre soin d'eux en attendant que tu retrouves Kireg. J'en ai assez de me comporter en gamin. Il est temps que je grandisse… En revanche, je te demande une seule chose, c'est de me tenir au courant du moindre dénouement. Léonore et Morag, moi également, nous aurons besoin de savoir, pour ne pas perdre espoir… tu comprends ?

— Tu peux compter sur moi, Joseph.

Le lendemain, à la première heure, Joseph quitte Sionrah pour l'aéroport. Son vol pour Belfast décolle à neuf heures. Le jeune homme est bien décidé à être enfin honnête avec ses parents. Après en avoir longuement discuté, Leyla, Alfred et lui ont tous trois convenu qu'il valait mieux leur dire toute la vérité. Joseph va donc raconter à Léonore et Morag ce qui s'est réellement produit le jour où Kireg a tenté de trafiquer le câble. Cette fameuse nuit où il a été électrocuté et transporté d'urgence à l'hôpital pour arrêt cardiaque et insuffisance respiratoire. Il va leur parler des étranges pouvoirs que son frère a développés par la suite, de ces sinistres visions qui le hantent depuis. Malgré qu'il ait encore du mal à y croire lui-même, il tentera de leur expliquer ce qui s'est produit le soir où Kireg a disparu dans le cercle de pierres de Drombeg, des recherches que Leyla et Mégane vont entreprendre prochainement en République démocratique du Congo pour le retrouver.

Joseph espère que ses parents voudront bien lui pardonner. Que son frère comprendra les raisons qui l'ont poussé à révéler la vérité le concernant. Kireg lui avait fait promettre de ne rien dire à propos de ses pouvoirs et, sans en connaître toutes les implications, Joseph avait prêté serment.

« Un Radhan ne trahit jamais ses promesses ! » avait déclaré un jour son père. Joseph a tout fait pour respecter la volonté de Kireg. Aujourd'hui, il est confronté à une terrible décision, décevoir son frère ou tromper ses parents. « Un Radhan ne revient jamais sur sa parole ! » Il se demande si Morag sera encore du même avis après qu'il aura appris toute l'histoire. Il existe parfois des exceptions…

Chapitre 78
LE GRAND DÉPART

De retour à l'hospice, loin du brouhaha animé des conversations des derniers jours, Alfred se sent affreusement seul. Leyla va terriblement lui manquer. Maintenant que sa mission de messager est terminée, que va-t-il advenir de lui ?

Quelqu'un frappe deux petits coups discrets à la porte de sa chambre. Alfred se réjouit déjà à l'idée que ce puisse être Leyla. Malheureusement, c'est une préposée qui lui apporte son souper.

— Votre repas, monsieur Bartholdi. Je le dépose ici, sur la table. Ça vous va ?

Alfred hoche pensivement la tête.

— Vous avez l'air fatigué…, ajoute-t-elle.

Les épaules d'Alfred s'affaissent. Il soupire.

— Je peux appeler l'infirmière si vous voulez.

— Ce ne sera pas nécessaire, Victoria. J'ai seulement besoin de me reposer un peu. Merci.

— Très bien. Alors, bon appétit ! Je reviendrai chercher le plateau vers…

La femme jette un coup d'œil à sa montre.

— … vers dix-neuf heures… Vous aurez terminé ?

— Oui !

— Alors, à tout à l'heure ! Reposez-vous bien !

Victoria referme doucement la porte derrière elle. Alfred s'affale sur son lit, soudain vidé de toute énergie.

Quand il rouvre les yeux pendant la nuit, Sylva, sa femme décédée, est là, assise au bord du lit. Elle l'observe en silence.

— Qu'est-ce que tu fais ici ? sursaute-t-il.

— Le moment est venu, Alfred. Je suis venue te chercher.

— Maintenant ? s'étonne le vieil homme, un peu égaré.

— Ta mission sur Terre est terminée, poursuit Sylva.

Elle lui tend la main. Alfred la regarde, effrayé. Il ne veut pas partir, tout ce qu'il désire, c'est de rester auprès de Leyla.

— Je ne peux pas te suivre, Sylva. Que deviendront les trois enfants sans moi pour les guider ? J'ai encore tant de choses à leur enseigner…

— Alfred, le succès de leur mission ne repose désormais plus entre tes mains. Tu leur as donné le meilleur de toi-même et ils t'en seront infiniment reconnaissants. Tu dois quitter le plan terrestre. Ta route s'arrête ici.

Sylva attrape la main d'Alfred, qui respire de plus en plus difficilement. Sa peau est fraîche et moite.

— J'ai peur…

— Tout va bien aller, Alfred.

— Où va-t-on ?

— Dans la Lumière. Tu rentres enfin chez toi.

— Mais c'est ici chez moi ! proteste vivement Alfred. Il me reste tellement de choses à accomplir ! Je dois…

Alfred s'interrompt, soudain mal à l'aise. Il n'ose plus regarder Sylva en face. Sa femme lui a-t-elle pardonné tout le mal qu'il lui a fait ? Comme si elle avait deviné ses inquiétudes, cette dernière lui répond d'un air serein :

— Il n'y a rien à pardonner, Alfred.

— Attends ! Je ne comprends pas !

— Nous nous sommes incarnés sur Terre pour jouer un rôle…

— Un rôle ? s'étrangle Alfred.

— La Terre est une école, un endroit où l'âme apprend, progresse et se transforme.

— Ça veut dire quoi au juste ?

— La Terre a été créée pour offrir à ses habitants un grand nombre de choix et d'alternatives. Joyau de l'Univers, elle est un des éléments clés dans cette œuvre magistrale qui implique de nombreuses civilisations. L'importance des enjeux qui se jouent ici est d'ordre universel et s'applique donc à tout ce qui existe, sur Terre comme ailleurs.

Sylva explique à Alfred que d'autres planètes ont accepté jadis de résoudre certains problèmes liés à la croissance de l'âme, mais jamais au même titre que la Terre et jamais avec autant d'implication, ni avec autant d'amour et d'altruisme.

Au début, l'énergie négative engendrée par la chute de l'homme ne devait occasionner à la planète et à la race humaine que très peu de malaises, mais les événements ont dégénéré. Tous les problèmes irrésolus, toutes les erreurs, toutes les formes de négativité, tous les aspects du mal ont été recréés sur Terre pour être transmutés par les âmes humaines. Aujourd'hui, les forces de l'ombre utilisent une multitude de stratagèmes pour empêcher l'humanité de regagner sa place dans l'Univers.

— Ta mission, reprend Sylva, a permis l'éveil. Il est temps pour toi, Alfred, de réintégrer les royaumes de Lumière. Viens ! Suis-moi !

Alfred résiste. Il sait qu'il lui reste une dernière chose à accomplir sur Terre avant de partir, mais il n'arrive pas à se rappeler ce que c'est. Il se concentre, mais l'effort qu'il déploie lui demande trop d'énergie. Les battements de son cœur s'estompent, ses membres ramollissent, sa respiration devient plus laborieuse. Puis, dans un sursaut de lucidité, la mémoire lui revient d'un coup. Il doit prévenir Leyla…

— Il est trop tard, Alfred ! Tu dois me suivre.

— Que va-t-il se passer…

— L'histoire va suivre son cours, le coupe Sylva.

Chapitre 79
LA CÉRÉMONIE

Paolo travaille jusque tard dans la nuit afin de préparer les documents qui vont faire de Dan Bradley, son bras droit actuel, le principal administrateur de l'agence immobilière NOVATEC. C'est lui qui va diriger les opérations en son absence, compte tenu du fait qu'il ne connaît pas la durée de son séjour en Afrique. Paolo a pleinement confiance en lui. Dan est un homme intègre et consciencieux.

Le départ pour la République démocratique du Congo est prévu dans une semaine. Leyla a réservé les trois billets tout de suite après le départ de Joseph pour l'Irlande.

Le vol n'étant pas direct, ils effectueront deux escales, une à Londres, l'autre à Nairobi. L'avion atterrira finalement à l'aéroport international de Kisangani, après dix-huit heures de vol et quinze heures d'attente. En tout, trente-trois longues heures de trajet. À Kisangani, ils prévoient louer une jeep afin de parcourir les quelque six cents kilomètres qui les sépareront encore de Beni. De là, ils retiendront les services d'un guide qui les conduira dans les montagnes du Rwenzori.

Paolo lance l'imprimante et envoie le fichier, puis il monte à sa chambre pour préparer ses bagages. Un petit mot a été laissé là, sur le meuble, à son attention.

Merci pour tout, Paolo ! Jamais je n'oublierai ce que tu as fait pour moi. Je te souhaite la meilleure des chances en

Afrique ! J'ose espérer que ce que nous avons fait ici aura au moins servi à quelque chose !

Nancy

Paolo se laisse choir sur son lit, ne sachant trop quel sens donner à ce billet. Il aurait aimé que Nancy les accompagne en Afrique, mais la journaliste a poliment décliné l'offre, prétextant avoir besoin de faire une pause, histoire de reprendre sa vie en main. Nancy a tout perdu : son travail, son appartement, ses économies, ses amis et sa famille qu'elle ne pourra plus contacter de peur de les compromettre à leur tour. Et elle ne peut désormais plus exercer sa profession, la seule chose qui comptait vraiment pour elle. Comment réapprendre à vivre après un tel constat d'échec ? Il lui faut tout reprendre à zéro. En a-t-elle seulement envie ?

Paolo lui a offert une propriété, lui a proposé un montant d'argent substantiel, un travail : elle a tout refusé en bloc, sans se justifier.

La maison est plongée dans le noir. Mégane et Leyla dorment à poings fermés depuis un bon moment déjà, préférant accumuler un peu de sommeil avant le grand départ.

Cinq heures trois du matin. Le téléphone sonne, brisant le silence de la nuit. Un, deux, trois coups. Arrachée à ses rêves, Leyla cherche à tâtons l'appareil sur sa table de chevet. Quatre, cinq, six sonneries retentissent avant qu'elle ne décroche enfin.

— Allo ! répond-elle, la voix ensommeillée.

Bien qu'elle se soit couchée tôt, Leyla a l'impression de n'avoir dormi que quelques heures. À l'autre bout du fil, une voix nasillarde lui annonce que monsieur Bartholdi s'en est allé cette nuit. Quelques secondes s'écoulent avant que l'information ne parvienne à son cerveau.

— La préposée au bain l'a trouvé mort dans son lit ce matin.

Le cœur de Leyla est sur le point d'éclater. Un goût amer envahit sa bouche et une boule se forme au fond de sa gorge, l'empêchant de déglutir.

— Le corps a été transféré à la morgue de l'hôpital de Château-Fort, poursuit la femme, sur le même ton condescendant. Un médecin doit signer l'acte de décès…

Encore trop remuée par la nouvelle, Leyla est incapable d'ajouter quoi que ce soit. Une première larme se forme au coin de son œil. Lentement, elle se détache et glisse le long de son nez pour se blottir à la commissure de ses lèvres. Une deuxième suit le même trajet, délogeant la précédente qui disparaît dans son cou. La boule dans sa gorge devient plus volumineuse, semblable à un orage qui menace d'éclater à tout moment. Quand elle raccroche le combiné, Mégane est là, dans l'embrasure de la porte.

— C'était qui ?

— L'hospice. Alfred est décédé cette nuit…

La voix de Leyla se brise. Même si elle s'y attendait, elle ne pensait pas que la mort frapperait si vite.

— … Il est parti pendant son sommeil. Son cœur a lâché.

Mégane s'élance vers Leyla, la prend dans ses bras pour partager sa douleur.

— Je suis désolée, murmure-t-elle à son oreille.

— Moi aussi…

Les deux sœurs demeurent ainsi un long moment, à se consoler mutuellement. Puis Leyla se ressaisit.

— Je dois organiser ses funérailles…

— Rien ne presse, Leyla.

— À l'hospice, ils m'ont demandé ce qu'ils devaient faire du corps. Je leur ai dit d'attendre. Je veux le revoir une dernière fois. Il va terriblement me manquer, Mégane.

— Je sais.

Par une belle journée ensoleillée, seules cinq personnes sont réunies au salon funéraire pour saluer le départ du vieil homme. Leyla, Mégane, Paolo, le prêtre de l'hospice et un employé de la maison funéraire. Alfred Bartholdi a traversé la vie en solitaire, il va la quitter de la même manière.

Un chant grégorien plonge le petit salon dans une atmosphère de contemplation, de plénitude et d'éternité. Leyla avance d'un pas lent et solennel en direction du cercueil, soutenue fermement par le bras de Paolo. Elle s'agenouille quelques minutes sur le prie-Dieu avant de se relever et de se diriger vers le lutrin, où elle avait déposé plus tôt le texte de son allocution. Paolo retourne s'asseoir auprès de Mégane.

— Nous voici rassemblés aujourd'hui pour rendre un dernier hommage à un grand homme.

Leyla fait une pause pour affermir sa voix.

— Alfred Bartholdi était juste et bon. Il a consacré sa vie et sa carrière à l'histoire, celle des livres, mais surtout celle des hommes. Il a œuvré pour la paix, pour la fraternité et pour la liberté. Il est parti en laissant derrière lui peu de gens, mais de grandes réalisations pour l'humanité. Son départ va laisser un grand vide dans notre vie…

Sous le coup de l'émotion, la voix de Leyla se brise. Elle baisse la tête, une larme brille sur sa joue. Avant de reprendre sa lecture, elle inspire profondément.

— … Repose en paix, Alfred.

Leyla replie son discours, le glisse dans sa poche. Elle va conserver précieusement le souvenir de cet instant, si intime et si protocolaire à la fois. Comme elle s'apprête à déposer une gerbe de roses blanches sur le cercueil de son vieil ami, un rayon de soleil frappe les dorures du coffre, éclaboussant son visage de mille lumières. « Merci, Alfred, pour ce dernier au revoir. La porte du paradis s'ouvre maintenant pour vous accueillir. Franchissez-la, partez l'âme en paix. Jamais je n'oublierai ce que vous avez fait pour moi. » Puis un sourire s'épanouit sur ses lèvres.

Leyla recule pour laisser la place à Mégane. Paolo enlace sa taille et la tire doucement vers lui. Il dépose un baiser sur sa joue mouillée.

Chapitre 80
LA FUITE

Sans cesser de multiplier les coups d'œil rapides dans son rétroviseur, Julian Devaux tourne à droite au feu de circulation pour s'engager dans la rue Notre-Dame, l'artère commerciale la plus achalandée de la ville. Loin derrière lui, un 4x4 fait de même. Julian a repéré le véhicule tout-terrain depuis un bout de temps déjà, seulement il attendait le bon moment pour le semer. La chance lui sourit enfin. À deux pâtés de maisons, le feu tourne au rouge. Julian accélère. Au dernier moment, il donne un coup de volant à gauche pour sortir de sa voie, se frayant un chemin en sens inverse parmi les véhicules venant dans la direction opposée. À l'intersection, il ralentit à peine, le temps de vérifier des deux côtés s'il vient des voitures, puis il traverse le carrefour dans un crissement de pneus. Il rejoint sa voie et pousse l'accélérateur à fond, espérant ainsi semer le Land Rover.

Quand l'inspecteur s'est présenté au quartier général de la police pour prendre son service, il a eu la surprise de sa vie. Un mandat d'arrestation allait être émis ce matin même contre Mégane et Leyla Wallace et une opération policière serait lancée un peu plus tard dans la journée contre leur résidence. D'ailleurs, le groupe d'intervention tactique se tenait sur un pied d'alerte. Une information anonyme avait été transmise de façon peu habituelle au service de renseignements policiers. L'Ordre n'avait pas perdu de temps. D'abord il y avait eu Nancy et maintenant les sœurs Wallace.

Au poste de commandement du centrale de la police, des données concernant les deux sœurs ont été distribuées à tous les effectifs policiers avec comme consigne de ne courir aucun risque lors de l'arrestation. Accusées de meurtre, les deux suspectes sont considérées comme dangereuses. En clair, les cibles doivent être éliminées à la moindre résistance. Déjà, une équipe de filature a été dépêchée sur les lieux en attendant l'arrivée de l'escouade tactique qui a reçu ses directives dans le plus grand secret.

Julian n'a pas hésité une seconde. Tout comme il l'a fait pour sa nièce, il va aider Leyla et Mégane à sortir du pays, peu importe ce qu'il lui en coûtera.

Après s'être assuré qu'il a bel et bien semé ses poursuivants, Julian gare son véhicule dans une ruelle isolée, loin des regards indiscrets. « J'espère que je n'arrive pas trop tard », se dit-il en sortant de sa voiture. Il longe les murs du salon funéraire et pénètre à l'intérieur par une entrée secondaire. Aussitôt, il perçoit des éclats de voix en provenance du salon principal. Il marche dans cette direction.

— Julian ! s'exclame Leyla en le voyant approcher à grands pas.

Dès que l'employé du salon funéraire s'est éloigné, Julian annonce :

— Un mandat d'arrêt vient d'être émis contre vous… pour le meurtre de Bérengère Soren. Ils ont déployé toute la cavalerie.

— Quoi ? s'écrie Paolo en entendant le nom de sa sœur. C'est tout à fait absurde !

Puis il baisse le ton.

— Elle s'est suicidée !

— On n'était même pas là quand ça s'est produit ! renchérit Mégane à son tour.

— Je sais, mais c'est ce qu'ils ont trouvé de mieux pour vous inculper, Leyla et toi…

— Qui ça « ils » ? veut savoir Paolo.

— Les pantins de l'Ordre.

Paolo acquiesce d'un signe de tête.

— À l'heure qu'il est, poursuit Julian, ils ont certainement bloqué l'accès à tous vos comptes bancaires. Débarrassez-vous au plus vite de vos téléphones portables et de vos cartes de crédit pour éviter qu'on ne vous retrouve. Vous ne devez courir aucun risque. Je vais m'arranger pour vous faire quitter le pays.

— Mais Julian ! réplique Leyla. Notre avion ne décolle que dans trois jours !

— Oubliez ce vol ! insiste Julian en les entraînant vers la sortie. L'Ordre est sur le pied d'alerte. Ils ont d'ores et déjà contacté la sécurité nationale. Tous les services de police vous recherchent activement.

Tout en continuant d'avancer, Julian fouille dans son veston et sort une enveloppe jaune qu'il tend à Leyla.

— Ce sont vos nouveaux passeports et papiers d'identité, déclare-t-il en lui tendant les documents. Quelqu'un m'en devait une.

Une fois à l'extérieur, Julian les entraîne d'un pas pressé vers sa voiture, scrutant attentivement les alentours, à l'affût du moindre mouvement suspect.

Une fois qu'ils ont tous pris place à bord, il leur annonce que Joseph Radhan a été appréhendé à sa descente d'avion, à Belfast.

— La police britannique l'accuse de complot terroriste. Il risque la prison à perpétuité s'il est reconnu coupable…

Mégane et Leyla se regardent, horrifiées.

Julian s'empresse d'ajouter :

— Vous devez fuir le pays avant qu'il ne vous arrive la même chose. L'Ordre a déployé tout son arsenal pour vous mettre le grappin dessus.

— Mais… tu es policier, Julian, tu ne peux pas tenter de faire quelque chose… pour Joseph ?

— Oublie ça, Leyla ! Je ne peux rien pour lui.

Julian insère la clé dans le contact et se tourne une dernière fois vers Leyla.

— Il y a également dans cette enveloppe trois billets d'avion pour l'Amérique centrale. De là, vous pourrez prendre un autre vol qui vous mènera au Congo… enfin, je l'espère. Le départ aura lieu dans quelques heures à peine, ce qui vous laisse peu de temps pour changer d'apparence. Leyla, est-ce que tu as fait provision de petites coupures comme Nancy te l'a conseillé ?

— J'ai retiré tout ce que j'ai pu.

— Excellent !

Paolo a fait de même de son côté.

— J'ai peur, murmure Mégane.

— Ça va aller, la rassure Leyla, sans en être totalement convaincue elle-même.

— Il y a dans le coffre de la voiture, continue Julian avec flegme, une valise. Verres de contact, lunettes, perruques, maquillage, appareils dentaires pour Mégane, vêtements, accessoires, tout y est ! Nous allons nous arrêter dans un motel pour vous permettre de vous déguiser.

Un long silence suit cette déclaration. Plus personne n'ose parler. Julian met le moteur en marche et sort discrètement de la ruelle pour s'engager dans l'artère principale. Un nœud s'est formé dans sa gorge. Le sentiment d'urgence qu'il avait ressenti ce matin vient d'être balayé par la douleur d'une perte immense. Reverra-t-il seulement Leyla un jour ?

De son côté, Leyla se demande à partir de quand la situation a commencé à lui échapper. Les événements ont déboulé tellement vite qu'elle n'a rien vu venir ! D'abord, le troisième enfant a disparu dans le cercle de pierres, puis son frère Joseph s'est fait arrêter à sa descente d'avion. Et comme si ce n'était pas encore assez, Alfred a quitté ce monde en la laissant plus démunie que jamais.

Leyla soupire en se demandant ce qui les attend désormais en Amérique centrale, puis en Afrique.

Julian gare son véhicule derrière le motel du Souvenir, un bâtiment délabré dissimulé par un viaduc ferroviaire.

Il ouvre le coffre de la voiture et en sort une grosse valise qu'il remet à Paolo.

— Numéro cinq. La clé est sous le paillasson.

Pendant qu'il semait le 4x4, Julian avait téléphoné à sa femme pour qu'elle aille réserver une chambre. Valéria savait exactement comment s'y prendre, ce n'était pas la première fois que son mari lui demandait de lui rendre ce genre de petit service.

Ils n'avaient maintenant plus le temps pour de longs et pénibles adieux. Julian se devait de quitter les lieux le plus rapidement possible afin que les agents de filature ne puissent pas le localiser.

— C'est ici que nous nous séparons, lance-t-il en s'approchant de Leyla pour l'embrasser et la serrer dans ses bras.

Même si la jeune femme n'a été que de passage dans sa vie, elle a transformé sa vision du monde à jamais. Il lui est de jour en jour plus difficile d'accomplir son travail en sachant que la justice est désormais tombée aux mains de l'Ordre. Incapable de prononcer un mot, Leyla pleure à chaudes larmes.

— Prenez bien soin d'elles, ajoute Julian à l'intention de Paolo.

— Comptez sur moi !

— Je croyais que tu nous accompagnerait à l'aéroport, murmure Leyla en s'essuyant les joues.

— Ce serait beaucoup trop dangereux pour vous. À l'aéroport, il y a des policiers, des douaniers, des caméras de surveillance. On pourrait me reconnaître. De l'autre côté de la rue, il y a un bureau de location de voitures. Une fois à l'aéroport, laissez le véhicule dans le stationnement. Soyez prudents.

— Merci pour tout, Julian.

Leyla pose un dernier baiser sur sa joue et rejoint Mégane et Paolo qui marchent déjà en direction du motel.

Un quart d'heure plus tard, un homme chauve portant une grosse moustache grisonnante sort du motel, accompagné d'une jeune femme aux cheveux noirs et aux yeux bruns. Une adolescente excentrique, maquillée à outrance les suit en écoutant de la musique grunge. Tous les trois se dirigent vers l'agence de location avec une certaine appréhension. C'est là qu'ils vont devoir tenir leur rôle pour la première fois, apprivoiser leur nouvelle identité avant les procédures douanières de l'aéroport. Ils n'auront pas de seconde chance…

Remerciements

Un merci tout spécial à Germain, mon conjoint, qui en plus de m'avoir accordé un soutien moral continu, a été d'une aide précieuse pour tout ce qui touche le métier de policier.

Merci à Pierre-Yves Villeneuve, à Marie-Josée Lacharité, à Isabelle Longpré d'avoir lu et relu mon histoire avec attention, de m'avoir conseillée et guidée tout au long du processus éditorial. Merci à Jacques Fortin ainsi qu'à toute l'équipe de Québec Amérique d'avoir cru en Sionrah.

J'aimerais également remercier Luc Deschênes, qui a œuvré à la création du site Internet de Sionrah et qui travaille encore régulièrement à sa mise à jour.

Enfin, merci à vous tous, chers lecteurs, qui attendez l'arrivée du second tome de Sionrah depuis maintenant deux ans. Merci de votre patience et de votre fidélité.

TABLE DES MATIÈRES

Prologue
LES RÉVÉLATIONS 11

Chapitre 1
LA VISION 15

Chapitre 2
L'ENLÈVEMENT 25

Chapitre 3
NANCY RIOPELLE 35

Chapitre 4
LE COMMERCE 39

Chapitre 5
LA CHASSE 53

Chapitre 6
L'ESPIONNAGE 65

Chapitre 7
L'HOSPICE 75

Chapitre 8
LA MISSION 85

Chapitre 9
CONFÉRENCE DE PRESSE 93

Chapitre 10
LA CONSPIRATION 99

Chapitre 11
L'INTRUSION 107

Chapitre 12
RETROUVAILLES FAMILIALES 115

Chapitre 13
JUSTICE SOMMAIRE 123

Chapitre 14
LE SECRET 135

Chapitre 15
DAVETH CARREY 149

Chapitre 16
LA DISPUTE 153

Chapitre 17
LE VRAI VISAGE D'ALISON SOREN 161

Chapitre 18
LA RÉCONCILIATION 167

Chapitre 19
MAGIE NOIRE 175

Chapitre 20
LE PLAN 185

Chapitre 21
LA POURSUITE 191

Chapitre 22
LE TÉLEKTONON 195

Chapitre 23
LE MENSONGE 209

Chapitre 24
LE TROISIÈME ENFANT 213

Chapitre 25
LE DRAME 229

Chapitre 26
L'HISTOIRE DE BRAMAH VOLDAR 233

Chapitre 27
UN SENTIMENT D'IMPUISSANCE 241

Chapitre 28
LA DISPARITION 249

Chapitre 29
LE COBAYE 253

Chapitre 30
LES RECHERCHES 265

Chapitre 31
LE TRÉSOR 273

Chapitre 32
LA BATTUE 277

Chapitre 33
INTIMIDATION 281

Chapitre 34
L'ARTICLE 285

Chapitre 35
LES COUSINES 291

Chapitre 36
LA LETTRE 297

Chapitre 37
UNE ENQUÊTE BÂCLÉE 313

Chapitre 38
L'INFORMATEUR 317

Chapitre 39
LA SECONDE CLÉ 327

Chapitre 40
LE DERNIER EXAMEN 333

Chapitre 41
LES NANOTECHNOLOGIES 337

Chapitre 42
DUNFANAGHY 343

Chapitre 43
LE RETOUR 345

Chapitre 44
LE NICOLAÏ BORISLAV 355

Chapitre 45
LE RENDEZ-VOUS 361

Chapitre 46
L'ENFER DE ROSE 371

Chapitre 47
L'ATTIRANCE 373

Chapitre 48
LE POIDS DU DOUTE 381

Chapitre 49
LE DANGER 387

Chapitre 50
UNE NOUVELLE CARGAISON 393

Chapitre 51
LA BOMBE 397

Chapitre 52
LE PLAN DE KIREG 403

Chapitre 53
LE CONTRAT 409

Chapitre 54
UNE ESCAPADE PORTUAIRE 425

Chapitre 55
LA SURPRISE 431

Chapitre 56
LE GRIMOIRE DU DIABLE 439

Chapitre 57
LES CONSÉQUENCES 447

Chapitre 58
L'ARRESTATION 453

Chapitre 59
GLASGOW 463

Chapitre 60
L'ORDRE 467

Chapitre 61
L'ÉCOUTE ÉLECTRONIQUE 471

Chapitre 62
LA RENCONTRE 481

Chapitre 63
LE SUICIDE 493

Chapitre 64
LA RÉUNION 501

Chapitre 65
LA FAMILLE 513

Chapitre 66
L'AGRESSION 519

Chapitre 67
LA PROIE 525

Chapitre 68
LA DÉTENTION 531

Chapitre 69
LA VENGEANCE 541

Chapitre 70
LE CROMLECH 547

Chapitre 71
LE RITUEL 559

Chapitre 72
LE VOYAGE 565

Chapitre 73
LE SACRIFICE 575

Chapitre 74
LES CLÉS 583

Chapitre 75
LES DERNIERS PRÉPARATIFS 595

Chapitre 76
LA MACHINATION 603

Chapitre 77
BRUSQUE REVIREMENT 609

Chapitre 78
LE GRAND DÉPART 615

Chapitre 79
LA CÉRÉMONIE 619

Chapitre 80
LA FUITE 625

Remerciements 631